2018年国家统一法律职业资格考试专题讲座系列

陈璐琼 讲 理论法学

众合奉献 法考元年

陈璐琼 编著

图书在版编目（CIP）数据

陈璐琼讲理论法学 / 陈璐琼编著 . —北京：人民日报
出版社，2017.10
ISBN 978-7-5115-5006-4

Ⅰ．①陈… Ⅱ．①陈… Ⅲ．①法的理论－中国－资格
考试－自学参考资料 Ⅳ．① D920.0
中国版本图书馆 CIP 数据核字（2017）第 245030 号

书　　　名：陈璐琼讲理论法学
作　　　者：陈璐琼

出 版 人：董　伟
责任编辑：周海燕
封面设计：飞翔的企鹅

出版发行：人民日报出版社
社　　　址：北京金台西路 2 号
邮政编码：100733
发行热线：（010）　65369509　65369527　65369846　65363528
邮购热线：（010）　65369530　65363527
编辑热线：（010）　65369518
网　　　址：www.peopledailypress.com
经　　　销：新华书店
印　　　刷：北京长阳汇文印刷厂

开　　　本：787mm×1092mm　　　1/16
字　　　数：487 千字
印　　　张：20.00
印　　　次：2017 年 10 月第 1 版　2017 年 10 月第 1 次印刷

书　　　号：ISBN 978-7-5115-5006-4
定　　　价：58.00 元

第十六版序

拥抱国家统一法律职业资格考试[1]

法律职业共同体成员，需要经由统一的入职资格考试而成为一个共同体。此乃一个法治国家不争的司法制度之基。幸运的是，在最近三十多年，我们在此道路上一直朝着正确的方向前进。

第一次国家律师资格考试始于1986年，其后每两年举行一次。邓公"南巡"讲话之后，考试主管部门决定在1992年之后每年举行一次。这一国家级考试制度的逐步规范化及其常年推行为我国早期建立统一的律师资格奠下制度之基，对保障律师队伍的整体较高法律素养居功甚伟。

但在同时期，法官、检察官的入职考试制度却迟迟未能同步建立。直到九十年代中期才有法、检两家各自组织的内部资格考试，这种自家考自家人的考试，在报名资格、命题组织、批卷以及通过率等环节的规范化、严肃性上都不足以与当时的国家律师资格考试相提并论，也客观上导致法、检两家队伍与律师队伍在整体法律素养上的难言优势甚至是劣势。这一局面与域外法治社会的情形恰形成对照。为此，从九十年代中后期开始，法律界有识之士疾呼建立统一司法考试制度，渐获体制内外的更多响应与回应。最终促成2001年10月最高人民法院、最高人民检察院、司法部联合颁布《国家司法考试实施办法（试行）》，规定除院长、检察长之外的所有新任法官、检察官以及律师必须参加统一的国家司法考试，取得法律职业资格证书。这是法官、检察官职业化启动的标志性工程。是年，三部门各自终止了初任法官资格、初任检察官资格、律师资格考试，于2002年初成功举行了首次国家统一司法资格考试，"三考合一"落地有声，法官、检察官、律师及公证员等四类主要法律职业群体的统一入口制度设想获得实现。此举获得了法律界乃至全社会、全世界的一致好评，被普遍视为司法改革

---

[1] 为节省篇幅，本丛书的第十六版只列本版的序言。前15版的序言，题目分别是：《我们工作的全部意义》（2017年，第十五版）；《法律人的时代担当》（2016年，第十四版）；《我们为什么学习法律》（2015年，第十三版）；《常识及其获取的路径》（2014年，第十二版）；《期待国家统一司法考试的再完善》（2013年，第十一版）；《众合三年：为法治而努力》（2012年，第十版）；《众合为什么：我们的法学教育观（下）》（2011年，第九版）；《众合为什么：我们的法学教育观（上）》（2010，第八版）；《再认真一些》（2009，第七版）；《与读者的愉快聊天》（2008，第六版）；《做法律的传播者》（2007，第五版）；《激情传道法治信仰》（2006，第四版）；《投身法学》（2005，第三版）；《法学教育的责任》（2004，第二版）；《写一本好书》（2003，首版）。有兴趣的读者可以到众合教育官网 www.zhongheedu.com 的图书频道阅读，也可以联系作者的新浪微博索取：民法李建伟，http://weibo.com/u/1924585171。

迈出了实质性、基础性的一步，也是取得的最大成果之一。[①]

在 2002-2017 年期间的将近 16 年间，[②] 这一举世瞩目、也被视为"中国第一考"的考试制度在组织、命题、报考、通过等多环节上都历经多次制度演变。总的情况看，可以从两方面来历说其制度演变的功过得失。

一方面，国家统一司法考试的权威性获得了更高层次、更大范围的认可。标志性之一，这项考试对于全国范围内法学院的法学教育发挥了极其深刻的潜移默化的影响；标志性之二，全社会参加这项考试的总人数一直保持稳定的增长，"港澳台"地区申请参考的人数也一直保持稳定；标志性之三，多种经验性证据证明，全社会对于司法考试的认知度也在稳定的上升。虽然法律法规并不要求公职律师、企业法律顾问须过司法考试，但绝大多数企业尤其是大中型企业（特别是国企）在招聘以上岗位时，几乎都无例外的要求应聘者的法律职业资格证书，尤其是国家国资委主管的历经多年的企业法律顾问资格考试，干脆取消了事。与国资委的决定类似，公安部关于全国警察执法资格考试的相关管理办法也规定，凡通过司法考试者可以免考。所有这些，既可以视为国家统一司法资格考试的外溢效应，也可以当作司法考试权威性不断受到全社会更高层次的认可的结果。类似的这些成就还有很多，无需一一列举，总之都可以视作司法考试制度在过去 16 年间取得的令人骄傲的成就。

但另一方面，司法考试在某些方面的规则变更与政策执行，也出现了不少令人遗憾或者困惑之处。众所周知，国家统一司法考试的制度设计灵魂在于"统一性"，也即保障法律职业共同体的门槛一致，保持司法人员在法律知识、法律意识、法律思维乃至法律信仰上的同质性。此处的统一性，包括参考人员的考试资格（也即教育背景）统一、考试内容（科目）与方式统一、过关分数统一、考试结果（颁发的法律职业资格证书）统一等各个方面。据我观察，在 2001 年的《国家司法考试实施办法（试行）》当年以及随后的三年（2002、2003、2004 年）的实施中，基本上维持了这种统一性。但在其后的 10 多年间，这项考试统一性的坚守似乎越来越困难，甚至遭受一步步的啃噬。对此，2013 年出版的本书第十一版的序言在当年的背景下曾经做过一一列举与深刻剖析。今天再次温习这篇序言，不仅未显落伍，而是更加的深刻。举其要者：特殊地区的照顾分数一降再降，有些地方的过关标准低的令人诧异；报考者的条件降格的区域面积越来越大，大专法律学历报考者愈来愈多；受"双降"（降低报考条件、降低通过分数）照顾的所谓"特殊地区"范围越来越大；通过率一升再升；[③] 令人遗憾的"小司考"（即给西部等部分地区的现任法官、检察官开设带有明显照顾性质的"司考小灶"，据悉其通过率极高）。这些举措，站在中国特殊国情论的立场看，似乎应该获得更多的理解；但另一方面，也可以说削弱了司法人员职业化的入门标准，某种意义上伤害了国家统一司法考试的权威性，也是不争的事实。

要之，实施了 16 年的国家统一司法考试，整体上取得的成绩非常之大，这是首先

① 参见贺卫方：《北大法学教授贺卫方阐述统一司法考试的方法》，载《南方周末》2001 年 7 月 23 日；贺卫方：《统一司法考试的意义》，载《西政青年》2004 年总第 45 期；李建伟：《本科法学教育、司法考试与法律职业共同体：关系架构及其改革命题》，载《中国司法》2007 年第 9 期。

② 首次国家统一司法考试在 2002 年 2 月底举行，末代司考在 2017 年 9 月第三个周末举行，可谓跨度恰好十五年半。

③ 多年来司法考试过关率到底几何，似乎一直是一个秘密，考试组织者未见公开公布。但从司法部部长张军同志 2017 年 9 月 16 日视察中国政法大学考点时的讲话可知，2002-2016 年的 15 次司法考试已有 88.8 万人通过司法考试获得法律职业资格，按照这一期间年均不超过 35 万人的实际参考人数计算，司法考试过关率维持在一个比较高的数字。考虑到前几次司法考试过关率不足两位数的实际，可见后期的通过率可能会更高。

予以肯定的。但是，与时俱进的重大改革也是势在必行的。2014年10月中国共产党十八届四中全会通过的《关于全面推进依法治国若干重大问题的决定》对建设法治社会的全局作出整体性部署，将依法治国确定为党领导人民治理国家的基本方式，提出要保证公正司法，提高司法公信力，为此的重大制度保障就是加强法治工作队伍建设，包括"加强立法队伍、行政执法队伍、司法队伍建设"，具体的举措包括："推进法治专门队伍正规化、专业化、职业化，提高职业素养和专业水平"，"完善法律职业准入队伍，健全国家统一法律职业资格考试制度，建立法律职业从业人员统一职前培训制度"，还要"加强法律服务队伍建设"，具体包括："构建社会律师、公职律师、公司律师等优势互补、结构合理的律师队伍"，"各级党政机关和人民团体普遍设立公职律师，企业可设立公司律师"，"发展公证员、基层法律服务工作者、人民调解员队伍"等。作为执政党的纲领性文件，《关于全面推进依法治国若干重大问题的决定》不仅为建立取代国家统一司法考试的国家统一法律职业资格考试制度确立了框架，指明了方向，也提出了配套制度举措。

为贯彻执行《关于全面推进依法治国若干重大问题的决定》，中共中央办公厅、国务院办公厅在2015年年底印发《关于完善国家统一法律职业资格制度的意见》（以下简称《意见》）。《意见》明确规定建立健全国家统一法律职业资格考试制度，将现行司法考试制度调整为国家统一法律职业资格考试制度，同时改革法律职业资格考试内容，加强法律职业资格考试科学化、标准化、信息化建设。《意见》具体明确了法律职业的范围和取得法律职业资格的条件，一方面，在司法考试制度确定的法官、检察官、律师和公证员四类法律职业人员基础上，将部分涉及对公民、法人权利义务的保护和克减、具有准司法性质的法律从业人员纳入法律职业资格考试的范围，也就是扩大了需要法律职业资格的从业人员范围，另一方面，《意见》还分别从思想政治、专业学历条件和取得法律职业资格等三个方面明确了法律职业的准入条件，总体上看提升了未来有资格参加法律职业资格考试人员的法律专业学历条件。要之，通过"一扩一升"，法律职业资格考试不可仅仅被视为司法考试的升级版或者加强版，而是一个质的飞跃版。当然，至于与司法考试相比，哪些人员将被排斥在报考门外，哪些新法律职业需要持证上岗，还有待于十九大之后考试主管部门颁布的最新法规、政策来揭晓答案，让我们拭目以待。但无论细节如何，国家统一法律职业资格考试的时代已经来临了。

尚未拿到法律职业资格证书的法律学人，应该张开双臂，迎接这个新的时代。

我们期待，要珍惜来之不易的国家统一司法考试制度在促进法治专门队伍正规化、专业化、职业化上的重大贡献，坚定维护作为其正义灵魂的"统一性"，为此，未来的国家统一法律职业资格考试的制度设计成败要点包括：一是根本上杜绝小司考及所有类似"小灶"举措的再发生；二是既要统一本科层次的法学教育背景之报考资格，又要根据国情不可一蹴而就，应当尊重早前已经通过各种渠道取得法律学历文凭的基本期待权益，老人老办法，新人新办法；三是坚决统一过关分数，特殊地区的司法人员队伍的稳定通过其他制度性安排获得解决与保障；如确有必要设置C证，建议严格限定于欠发达的少数民族自治区域的少数民族考生；四是科学设计通过率，保持合理的总通过人数的社会保有量；五是下狠力气改革考试内容，依法限定在合理的法律科目，逐步推进考试方式的变革，改变目前过于依赖选择题的单纯笔试局面，突出对法理素养与执业能力的考查比重，等等。

在迎接与拥抱法律职业资格考试的新时期，众合教育的诸位教授同仁该当何为？自古以来，法律无不围绕着利益的分配这一核心问题而展开。之所以要进行利益分配，乃是物质供给的紧张所致，是人类面临的资源、利益稀缺性所致，也即韩非子所说的"人民众而财富寡"。由于半个多世纪前人口政策的严重失误，物质和利益稀缺的事实在当代的中国最为凸显，法律之于利益的定分止争更显紧要。放眼世界，全人类的物质生活的发展背景也是人多物寡、供不应求，这决定了必须以法律的统一性、规范性、利导性来推进物质利益的分配和主体交往的合作。在此背景下，法治不彰，意味着人类物质生活和利益分配的必然失序。这正是法治秩序成为不同民族、国家共同追求的基本缘由，即使在国际社会，建立国家间、国际组织间、私人主体间跨国交往、跨国贸易交往之基本秩序，也必须以国际法、冲突法为基准。① 那么，法律职业资格考试与此话题何干？我想，我们走向富强、公正、民主与法治社会之路的不二路径方向，就是走向开放社会。开放社会的实质是允许人们建立各种的联系，使得社会从星状体走向网体。就是青年学人熊培云提出的，衡量人类社会进步有两个关键词：一是自由，二是合作。② 对此我很赞同。比如我所讲授的专业领域民法的精神，一言以蔽之，就是在讲社会中人与人之间基于独立个体之前提自由地进行财产权、人身权的合作与交换。作为辅导各路法律精英人才顺利通过法律职业资格考试的本丛书作者而言，就如张军部长所言的，为法治建设输送更多的的优秀人才，就会大益于这个时代的法治事业。法治社会能否成功建设，这是关涉到我民族伟大复兴事业能否成功的最艰巨的考验之一。希望我们透过参与法律职业资格考试的尺寸之努力，能够有益于、助力于这项伟大事业的实现。

让本丛书的作者与读者，共同展开怀抱，一起迎接国家统一法律职业资格时代的到来，拥抱即将在 2018 年隆重登场的首次法律职业资格考试！

这一切的启端，从愉快的阅读本丛书开始。

是为序言。

2017 年 10 月 8 日，初稿
10 月 18 日，定稿

---

① 谢晖：《法律文化，沟通物质文化和精神文化的桥梁》，载《人民法院报》2011 年 12 月 16 日，《法律文化周刊》第 92 期。

② 熊培云：《自由在高处》，新星出版社 2011 年版，第 261 页。

前言 *Preface*

在这里，读懂中国法治

——十五年论述题选题的宏观解读

先定个小目标，让法治国家早日实现！2015年是中国司法改革的元年，中共中央十八大四中全会的召开，《关于全面推进依法治国若干重大问题的决定》的公布，标志着中国这个古老的多民族国家，又一次义无反顾地进入了现代法治的洪潮中。2016年是改革攻坚的一年！当岁月流逝，中国人民回望历史的时候，这一年必然是值得书写的一年！2017年，《法治中国》宣传片的广泛传播，科学立法、严格执法、公正司法和全民守法的法治理念深入人心！2018年，新的一轮司法体制改革扬帆起航。为了完善法律职业资格制度，将"国家统一司法考试（原司考）"修改为"国家统一法律职业资格考试"（简称法考），从法官、检察官、律师、公证员扩大到从事行政处罚决定审核、行政复议、行政裁决的工作人员，以及法律顾问、仲裁员（法律类）。21世纪的头十几年对于中国来说注定是一个伟大的"黄金年代"，这十几年中，中国的经济迅猛发展，中国的国际形象和地位大幅提升。这里，作为一个法律人，一个从业十三年的法律资格考试的培训师，我从十五年论述题主题选择的宏观分析中，试图寻找中国法治发展的一条径路。沿着这条径路，我们可以欣喜地看到，中国法治在螺旋式地发展，这期间虽然有崎岖，虽然有干扰（如争议极大的2010年试题，它考查当时提出的"能动司法"理念，但是，又在之后销声匿迹），但是，总体上向着中国特色的法治价值前进，法律至上、权利保障、权力制约和正当程序等价值几乎可以在十多年的论述题中得到体现。沿着这一路径，也不难理解2013年的试题（《民事诉讼法》修改中的秩序与效率的选择）不仅可以合理预计并且事实上也被纳入了2014年论述题的主题（通过《公司法》的修改来论述依法行政的内容），在司法改革的浪潮中，实体正义和程序正义的传统和碰撞，催生了2015年论述题的主题，非法证据排除规则与冤假错案的防止体现的正是，与时代同步的中国特色法治价值的选择与考查！2016年，在《行政诉讼法》修改的浪潮下，行政公开、法治政府的建设成为不二选择。于是在2016年考查了"行政信息公开的意义"。《南方周末》提倡的是：在这里，读懂中国。法律职业资格考试的出题人，这些以法治为业的法律人，同样会有这样的法治大视野、大关怀：将论述题的选题与它身处的法治时代结合起来，能够让学员在他们的选择中，读懂中国法治的进程。尤其值得一提的是，2017年的试题，它传达出的当今中国法治的主题是"深化简政放权放管结合优化服务改革"。放宽市场准入，可以促进公平竞争、防止垄断，也能为更好的"管"和更优的"服"

创造条件。这个是时代自豪感的体现。法治人如此，法考命题人亦是！2017 年发生的案件，如徐玉玉案，吃香蕉意外死亡案，以及"于欢案"的全民目击等都显示了中国法治背后的复杂因素，权力、舆论、人情和制度的冲突与平衡，最终它的结果向世人证明了，其实，中国的法治进程要比想象的更好！

一、论述题选题就是对法治价值的判断

法治事件随着时代的前进层出不穷，但是，论述题只能有一个或者两个主题，那出题人是如何进行选择呢？胡适在《努力周报》1922 年 7 月 17 日至 23 日的《这一周》里这样写道：这一周的中国大事，并不是董康（当时的财政总长）的被打，也不是内阁的总辞职，也不是四川的大战，乃是十七日北京地质调查所的博物馆与图书馆的开幕。胡适的这段交代就旗帜鲜明地表达了自己对选题的价值判断。在一般人看来，贵为财政总长的政府官员被打、内阁的总辞职、四川的大战，这些都是热点和焦点，是公众最关注的事件，应该最有价值了。可胡适放弃了这些焦点，而是选择了"博物馆和图书馆开幕"这样一个看起来很不起眼的文化新闻，这就是他的价值判断，他认为相比那些事件，影响到国人精神和思想层次的图书馆开幕更有意义，更能决定中国的前途和命运。同样，论述题选题中，往往拒绝跟着那些此起彼伏的法治新闻热点走，而是选择在一般人看来并非热点和焦点，实际上是很容易被人忽略。而这些选题却隐藏着大关怀、涉及每个人利益，特别是公民权利保障和权力制约的大问题。如 2005 年的超市搜身题，2008 年的裸聊案，2012 年的刑诉逼供案，2013 年的多元化纠纷解决机制，2014 年《公司法》改革背后体现的政府理念的转变，2015 年的冤假错案直接面对的司法改革顽疾，2016 年的政府信息公开，2017 年的政府行政垄断的打破，要求推动的"放管服"改革、转变政府职能等因为触及社会深层次的问题和每个人的内心，往往会立即成为热点。因此，考题选题的过程，就是一个不断需要进行价值衡量和判断的过程。

论述选题，与选题者（出题人）一以贯之的法治价值观有关，他有什么样的价值观，在他的价值观中哪种价值居于优先位置，他的选题往往就会倾向于哪个方面。正如胡适的那个例子，因为在胡适的价值观中思想启蒙居于很重要的位置，他当然会将"博物馆和图书馆开幕"这种事关思想启蒙和国民教育的新闻当作头等大事。作为一个研究中国法治的人，会对社会中发生的法治事件特别敏感，他能从这种别人看来很一般的法治事件中看出特别的意味；同样，当他作为命题者时，一定会对他所研究的法治话题有特别的关注。这样的法治价值观，其实就是出题人在学术研究的经验和阅读积累中所形成的"问题意识"。这也就是为什么我每年授课都要推荐考生们看当年的"十大法治事件"的原因，事实上，每年的论述题选题也几乎都出自以上的事件。还有就是各个法学会的年会主题。如 2017 年行政法的年会主题是行政监察制度的完善和《行政复议法》的修改，为 2018 年法考的行政法的考查重点和热点做了提示。

当然，人的价值是多元的，问题意识是不一样的，所以论述题每年的选题自然也有所不同。往往，题目与出题人擅长的领域有关。所以，在解题中，首先要分析题目是法学的哪个学科与法理学进行交叉。一个对刑事诉讼法有所研究、长期关注刑事诉讼法改革的出题人，他一定会优先选择《刑事诉讼法》修改中最有特点的内容进行评论，如 2012 年的刑诉出题人选择了"非法证据排除"的这个考点，这当然和他们的学术研究不可分割。而 2013 年的热点无疑是《民事诉讼法》的修改，而其中最重要的就是"小额速裁"制度的引进和对"简易程序"的修订，从而体现民事领域"意思自治"原则和背后的效率法治价值。2013 年的论述题果然不出意料地考查了民事诉讼法的相

关制度，并且在"调解和审判"的选择中暗含了"秩序和效率"的两难困境。2015年，举世瞩目的《行政诉讼法》在沉寂20多年后又再次进行大的修订，其中反映的权力"囚徒困境"又再一次赤裸裸地展现在民众之前。"民告官"之难，难于上青天。我国行政诉讼面临"立案难、审理难、执行难"的问题，为解决"立案难"问题，制度性的"倾向性"安排就很重要，比如新制度中引入了"口头起诉"、"异地管辖"、"不执行判决就拘留官员"等亮点，其背后限制权力，把"权力关进笼子里"的价值选择非常明显。这又将是中国法治进程中的又一里程碑。2016年"民法典"的编纂，公民私有财产的保护成为了热门话题。2017年是司法体制改革的关键年份，对司法制度要求提出了更近严格的要求。

二、从十五年论述选题中读懂中国法治进程

可喜的是，出题人并没有挑选刺激、重磅、带着明显炒作色彩的法治焦点新闻进行出题，而是很明显地自觉地把自己的研究方向与这个时代结合起来出题。如2010年"司法能动主义"的提出，就与当时中国司法系统正倡导的"能动司法"相呼应。2013年多元化纠纷解决机制考查和2015年的非法证据排除规则也正是和目前司法改革的进程暗合。2016年考查政府信息公开，与十三五规划要求建成法治政府有密切联系。2017年出题人的目的就是要把命题与这个时代的法治使命结合起来，希望考生能够脚踏实地认识真实的中国，要有强烈的历史使命感和呼应时代需求的责任感。中国身处的这个时代，是一个大变革的时代，是对法治呼唤最为强烈的时代。公民权利不时受到侵犯，权力滥用和不受制约导致的腐败已引起全社会的高度关注。出题人正是敏感地把握住这个时代的脉动，主动把社会对法治、民主与自由的追求融入题目中。命题不是个人的事情，也不是学术观点的推介，更不能是孤芳自赏地玩弄文字。它是一种导向，是一种与一个人身处的社会和时代所发生的关系，它必须具有追问的时代意义。它是一种公共话语，立论（与法治相关）与论证（符合法律思维）的公共性，而非私人性，决定了它的生命力和价值。

自晚清而始，中国社会的基本命题便是要实现一个现代国家与民族复兴的"中国梦"。当然，更重要的是"法治宪政梦"。期间的种种努力，所要解答的不过是国家独立的民族主义诉求、经济发展的民生主义诉求与政治文明的法治主义诉求。法治是社会有序、公平和正义的保证，在所有西方政治取向中，它是极少数受到中国执政者们认同的因素之一，因此推动建立法治社会成为一项历史共识和公共政策的目标。但在建立和完善法治社会的历史进程中，权力、人情和舆论在中国的政治环境中对贯彻法治具有不可忽视的影响，人情和舆论因素也就无法被杜绝。良好的愿望如果不辅以有效的制度和措施，就无法变成现实。不难发现，十八大后，特别是十八大五中全会和十三五规划开局后的中国正处在这一历史大变革的关键阶段，身处其中的每一个成员，都无可避免地要成为这一历史进程的推动者，也无可逃遁地要成为这一历史进程的被触动者。十九大的召开，更是为中国未来三十年定基调，中国要举什么样的旗，要走什么样的路，自然要高举中国特色社会主义理论大旗，走中国法治之路！因此，在这场转型中，这个国家的方向、所获得的进展、所遭遇的困顿、所影响的命运，正是命题人所要紧密关注、积极表达的法治话语，也是我们法律人应当面对的法治前景。因此，每一年的论述题实际都围绕着"法治价值"前行，从2003年的开篇强调"权力制约"，到2004年和2005年的"权利保障"，2006年、2007年和2008年的"法律至上"，2009年到2012年回归"权利保障"。2014年、2015年、2016年和2017

年的主题果然回归到"权力制约"。2018年的主题预计依然是规制国家权力从而保证公民的基本权利。这十几年正是中国法治从"权力制约"立法途径（法律至上）到"权利保障"的正当程序，然后再回归到"权力规制"的十四年路径。

2018年将会是中国法治转型的"关键年份"，随着党的十九大的召开和落实相应的政策。在大转型的时代关注这个转变的国家与社会的法治发展是我们的时代使命！因此，在讲每一年论述题的时候，我并没有觉得沮丧，相反，我认为自己在传播法治进步的种子。虽然是普法，却也是在推动这个时代法治意识的进步，每讲一题，每到一处，我要将自己与自己身处的这个伟大的法治时代紧密地联系起来，感受自己的授课正影响着未来的法律人，正与中国法治的时事进程、中国法治社会的进步息息相关！我授课，故我在现场。在众合这个中国的大普法课堂上，我将我的授课与法治时代结合起来，就有一种与时代和社会共同发展的感觉，从而影响中国的一代青年法律人。谁能影响青年，谁就能影响未来！谁能影响中国法治的年青一辈，谁就能主导中国法治的进程，让中国尽快进入法治的春天！在授课解题中与考生一道读懂中国的法治发展，这就是每年授课的意义。

鉴于个人能力有限，加之时间仓促，本书有许多错误和不足，欢迎各位考生批评指正。每次写书就是希望和考生们做真诚的交流，这并不是在表达谦虚。由于论述题考查的往往都是最新最热门的事项。同时，司法文书考查方式的预测也是考生关注的对象，为了让考生获得最新的消息，我也将在新浪的陈璐琼微博（@理论法学陈璐琼，地址：http://weibo.com/chenluqiong）不断更新论述题的热门事件和司法文书的考查消息，敬请关注！法考路上，有我相伴！

是为前言，与自己和读者共勉！

附：十四年论述题的主题及其法治价值

年份	论述题	法治主题	法治价值
2003	交通治理的新措施	行政执法的合理性	权力制约
2004	肖像自动合成技术的影响	肖像权的保护	权利保障
2005	超市搜身	权利保护和精神损害赔偿	权利保障
	判例、案例和司法解释	法律渊源的多元性	法律至上
2006	瑞士民法典第一条	法无明文规定不禁止与罪刑法定	法律至上
2007	无讼、厌讼到诉讼膨胀	为权利而诉讼的公民意识	权利保障
	撤回已经生效的许可	行政许可的信赖利益保护	正当程序
2008	裸聊案	法律对自由的限制与罪行法定	法律至上
2009	信用卡事件	权利行使的法律边界	权利保障
2010	行政争议的调解	和谐社会	权利保障
2011	能动司法	社会效果与法律效果的统一	权利保障
2012	刑讯逼供	非法证据排除规则	程序正当
2013	审判和调解的关系	秩序与效率的关系	公正与效率
2014	《公司法》	修改背后的行政规制	权力清单
2015	冤假错案	非法证据排除规则	程序正当
2016	政府信息公开的意义及其原则	法治政府	依法行政
2017	简政放权放管结合优质服务	法治政府	保障权利

陈璐琼

2017年8月于合肥（初稿）
2017年9月于北京（终稿）

目录

法制史

论述题

法理学

専題一
法的概述

> ┌相◆关◆法◆理┐
>
> 　　什么是法，或者法是什么，是千年未决但却是学习好法理学的入门钥匙！本专题开篇关于法律概念的三种学说和现代法（国法）的基本特征。三种学说包括实证主义法律观、非实证主义法律观和马克思主义法律观，前两种学说有上千年的恩怨纠葛，直到现在还在相爱相杀，考查频率很高。第三种马克思主义法律学说是中国的主流学说，自然考查频率比较高。此外，在法的特征中，规范性、普遍性和可诉性属于重点，需要结合案例理解应用。在法的概念和特征后指出法的作用和价值。法的作用属于法理学中的重大考点和高频考点。法的规范作用经常结合案例进行考虑，需要区分各个作用之间的区别。法的价值，尤其是自由和正义，既可以在客观题中进行辨析考核，也可以成为卷四论述题的解题素材，因此务必重视。

项目	内容
法的概念、本质和特征	三大学说，三层本质和七大特征
法的作用	五大规范作用
法的价值	三大价值和三大解决方案

知识点及实例

一、法的概念的争议

　　围绕着法的概念的争论的中心问题是关于法与道德之间是否存在概念上的必然联系。

（一）实证主义

　　所有的实证主义理论都主张，在定义法的概念时，没有道德因素被包括在内，即法和道德是分离的。具体来说，实证主义认为，在法与道德之间，在法律命令什么与正义要求什么之间，在"实际上是怎样的法"与"应该是怎样的法"之间，不存在概念上的必然联系。

　　同时，法实证主义者是以下列两个要素定义法的概念的：权威性制定和社会实效。有的法实证主义者是以权威制定作为法的概念的定义要素，有的是以社会实效作为定义要素。但是，更多的法实证主义者是以这两个要素的相互结合来定义法的概念的。以社会实效为首要定义要素的法的概念的主要代表是法社会学和法现实主义。以权威性制定为首要定义要素的法的概念的主要代表是分析主义法学，如奥斯丁、哈特，或纯粹法学的凯尔森等。

（二）非实证主义

非实证主义者以内容的正确性作为法的概念的一个必要的定义要素。这就意味着这类法的概念中不排除社会实效性要素和权威性制定要素。也就是说，非实证主义的法的概念中不仅以内容的正确性作为定义要素，同时可以包括社会实效性要素和权威性制定要素。以内容的正确性作为法的概念的唯一定义要素，以传统的自然法理论为代表；以内容的正确性与权威性制定或社会实效性要素同时作为法的概念的定义要素，超越自然法与法实证主义之争的所谓第三条道路的法学理论，例如阿列克西。

【小结】

法的概念	争议的中心问题：法与道德之间是否存在概念上的必然联系		
	（1）实证主义（法与道德是分离）	社会实效为首要	法社会学和法律现实主义
		权威性制定为首要	分析主义法学
	（2）非实证主义（法与道德是相互关联的）	内容的正确性作为唯一	传统的自然法理论
		三要素可以同时具备	第三条道路：阿列克西
	注意：首要是强调其重要性，并不排斥其他的要素		

例

恶法亦法还是恶法非法？

实证主义的困境——希特勒的灭绝人性的法律是不是法律？德国纳粹份子认为自己当时是按照德国法律行动，其行为是合法的，不应受到惩处，而法官则认为种族灭绝法违反了人类尊严这个基本的价值，不再是真正的法律，因此当时所谓"依法办事"实际是犯罪，应受处罚。

二、马克思主义关于法的本质的基本观点

（一）正式性（官方性、国家性）

法是由国家制定或认可的并由国家强制力保证实施的正式的官方确定的行为规范。

1. 法总是公共权力机关（如国家）按照一定的权限和程序制定或认可的。

2. 法总是依靠正式的权力机制保证实现。一般而言，法的实现主要依靠社会成员的自觉遵守，但是国家强制力是不可缺少的。

3. 法总是借助于正式的表现形式予以公布。法的正式性表明法律与国家权力存在密切联系，法律直接形成于国家权力，是国家意志的体现。

（二）阶级性

在阶级对立的社会，法所体现的国家意志实际上是统治阶级的意志。法所体现的国家意志实际上只能是统治阶级意志，国家意志就是法律化的统治阶级意志。

注意：

法体现统治阶级的意志，但并不是说统治阶级的意志均体现为法。统治阶级的意志还可以通过其他方式体现，比如政策。

（三）物质制约性

物质制约性是指法的内容受社会存在这个因素的制约，其最终也是由一定的社会物质生活条件决定的。立法者不是在创造法律，而只是在表述法律。所以，法的本质存在于国家意志、阶级意志与社会存在、社会物质条件之间的对立统一关系之中。马克思在评论资产阶级法律时

陈璐琼讲理论法学　2018年国家统一法律职业资格考试专题讲座系列

指出：你们的观念本身是资产阶级的生产关系和所有制关系的产物，正像你们的法不过是被奉为法律的你们这个阶级的意志一样，而这种意志的内容是由你们这个阶级的物质生活条件决定的。

> **注意：**
> 　　法的内容并非只受物质生活条件的制约，影响法的内容的因素有很多，如政治、文化、宗教和道德等等，但物质生活条件是最根本的、起决定性作用的。

三、"国法"及其外延

　　国法为特定国家现行有效的法，其外延包括：（1）国家专门机关（立法机关）制定的"法"（成文法）；（2）法院或法官在判决中创制的规则（判例法）；（3）国家通过一定方式认可的习惯法（不成文法）；（4）其他执行国法职能的法（如教会法）。

> **注意：**
> 　　不成文法是不表现为条文的法，而非"没有文字的法"。不成文法包括习惯法和判例法。（1）习惯法不仅不表现为条文，也不表现为文字。习惯法在被认可之前是习惯，习惯本身不是法，但经过国家认可赋予其法效力之后，就变成了习惯法。（2）判例法有文字形式，但没有条文。

【小结】

国法（人定法）	国家法	成文法	制定法
		不成文法	习惯法
			判例法
	其他法	如教会法	

四、法的特征

　　（一）规范性：法是调整人的行为的一种社会规范

　　社会规范是指人与人相处的准则。作为社会规范，法律不同于技术规范和自然法则。自然法则是自然现象之间的联系，自然现象的存在与人的思维和行动无关。至于技术规范，它的调整对象是人与自然的关系，是规定人们如何使用自然的力量和生产工具以有效地利用自然的行为准则。如《环境保护法》不是调整人与自然的关系，而是调整人对待环境的行为将给他人造成的影响（人与人的关系）。

　　（二）国家性：法是由公共权力机构制定或认可的具有特定形式的社会规范

　　1. 法律形成于公共权力机构。因此，公司章程，党章和村民公约都不是法律。

　　2. 社会规范大体上可以分为两类：一类是在长期的社会演变过程中自发形成的，如道德、习俗、礼仪等。这类规范内容上也在不断变化和丰富，但这一变化过程总体上是自然的、自发的。另一类社会规范则主要是人为形成的，如宗教规范、政治规范（政策等）、职业规范（纪律等）。这类规范内容的产生往往是人为的、自觉的。法律有习惯法和成文法之分，前者是自发形成的，后者是人为的、自觉创制的。

　　（1）制定。即享有国家立法权的机关，按照一定的权限划分，依照法定的程序将掌握政权阶级的意志转化为法律。通过制定方式形成的法律就是成文法或制定法。它一般具有系统的条文化的逻辑结构。

　　（2）认可。对社会中已有的社会规范（如习惯、道德、宗教教义、政策）赋予法的效力。一种是国家立法者在制定法律时将已有的不成文的零散的社会规范系统化、条文化，使其上升为法律；另一种是立法者在法律中承认已有的社会规范具有法的效力，但却未将其转化为具体的法律规定，而是交由司法机关灵活掌握，如有关"从习惯"、"按政策办"等规定。

（三）普遍性：法是具有普遍性的社会规范

1. 普遍有效性，即在国家权力所及的范围内，法（不仅仅是指法律）具有普遍效力或约束力。

2. 近代以来，法的普遍性也表现为普遍平等对待性，即要求平等地对待一切人，要求法律面前人人平等。

3. 普遍一致性，即近代以来的法律虽然与一定的国家紧密联系，具有民族性、地域性，但是，法律的内容始终具有与人类的普遍要求相一致的趋向。

注意：

法的普遍性主要是指"普遍有效性"。普遍有效性有两个特征，即：（1）调整的对象是不特定的；（2）调整的事是反复发生的，而非只发生一次。例如，地方性法规虽然只在地方生效，但该规定调整的人是不特定的，所以地方性法规仍然具有普遍性。

（四）权利义务两面性：法是以权利义务为内容的社会规范

法是通过设定以权利义务为内容的行为模式的方式，指引人的行为，将人的行为纳入统一的秩序之中，以调节社会关系。而道德和宗教主要是义务而非权利。此外，法的存在，意味着人们谋求自身利益的行为的正当性，意味着现实的有生命的个人追求现实利益的正当性。

（五）程序性：法是以国家强制力为后盾，通过法律程序保证实现的社会规范

规范都具有保证自己实现的力量。道德、宗教等规范都有强制力，只是法律强制是一种国家强制，是以军队、宪兵、警察、法官、监狱等国家暴力为后盾的强制。同时，法律的制定和实施都必须遵守法律程序，法律职业者必须在程序范围内思考、处理和解决问题。法的程序性是法区别于其他社会规范的重要特征。

（六）可诉性：法是可诉的规范体系，具有可诉性

法的可诉性是指法律具有被任何人（包括公民和法人）在法律规定的机构（尤其是法院和仲裁机构）中通过争议解决程序（特别是诉讼程序）加以运用以维护自身权利的可能性。而道德不具有可诉性。

五、法的作用

（一）概念

法的作用泛指法对社会产生的影响。法的作用与法的本质及目的是密切联系、相互作用的。

1. 法的作用体现在法与社会的交互影响中。法在由社会所决定的同时，也具有相对的独立性。这种独立性在一定意义上就体现在法能够促进或延缓社会的发展。

2. 法的作用直接表现为国家权力的行使。无论是制定法还是习惯法、判例法，都是与国家权力相联系的。

3. 法的作用本质上是社会自身力量的体现。法能否对社会发生作用，法对社会作用的程度，法对社会所发生作用的效果，不是法律自身能够决定的。

（二）分类

法的作用可以分为规范作用与社会作用。这是根据法在社会生活中发挥作用的形式和内容对法的作用的分类。任何社会的法律都有法的规范作用；从法的本质和目的看，法又具有社会作用，社会作用是法规制和调整社会关系的目的。

1. 规范作用。

（1）指引作用。法对本人的行为具有引导作用。在这里，行为的主体是每个人自己。包括：

①确定的指引，即通过设置法律义务，要求人们作出或抑制一定行为，使社会成员明确自己必须从事或不得从事的行为界限。

②不确定的指引，又称选择的指引，是指通过宣告法律权利，给人们一定的选择范围。

注意：

故意杀人，处死刑、无期徒刑或者十年以上有期徒刑为确定性指引。

（2）评价作用。法律作为一种行为标准，具有判断、衡量他人行为合法与否的评判作用。行为的对象是他人。

（3）教育作用。通过法的实施使法律对一般人的行为产生影响。分示警作用和示范作用。

（4）预测作用。凭借法律的存在，可以预先估计到人们相互之间将会如何行为。对象是人们相互之间的行为。社会是由人们的交往行为构成的，社会规范的存在就意味着行为预期的存在。而行为的预期是社会秩序的基础，也是社会能够存在下去的主要原因。

（5）强制作用。法可以通过制裁违法犯罪行为来强制人们遵守法律。对象是违法者的行为。

口诀总结：指引本人，评价他人，教育大多数，强制一小撮。

2. 社会作用。三个领域即社会经济生活、政治生活、思想文化生活领域；两个方向即政治职能（通常说的阶级统治的职能）和社会职能（执行社会公共事务的职能）。

（三）法的局限性（法律不是万能的）

在法学上，既要反对法律虚无主义，即否认法的规范作用，也要反对法律万能主义，即无限扩大法的作用与价值，而是应该理性看待法的能与不能。

1. 法律是以社会为基础的，因此，法律不可能超出社会发展需要"创造"或改变社会，但不能否定立法适度的前瞻性和适当的超前。

2. 法律是社会规范之一，必然受到其他社会规范以及社会条件和环境的制约。

3. 法律规制和调整社会关系的范围和深度是有限的，有些社会关系（如情谊关系、同居关系）不适宜由法律来调整。

4. 法律自身条件的制约，如语言表达力的局限。

题

材料1. 甲抓住了潜入家中行窃的窃贼，非常生气，本想教训教训他，但后来想起老师曾经说过抓住窃贼应该交给公安机关处理，私自对窃贼用刑是违法的，于是就和家人一起将窃贼送到了当地派出所。

材料2. 乙因涉嫌行凶杀人而被公安机关依法逮捕，邻里一片哗然，邻居们议论纷纷，有的说乙可能会被判处死刑，实属罪有应得，有的说乙虽属杀人，但罪不至死。

材料3.我国刑法规定了贪污贿赂犯罪，但是当有人以谋取不正当利益为目的，向国家工作人员进行性贿赂时，法律并没有规定为犯罪。

结合上述材料回答下列问题：

（1）材料1和材料2体现了法的何种规范作用？为什么？

（2）结合材料3说明法的作用的局限性。

【参考答案】

（1）①材料1体现的是法的指引作用。指引作用是指法律规范对本人行为起到的导向和引导的作用。指引作用的对象是本人的行为。材料1中，甲在法律的指引下，没有对窃贼用刑，而是将其交给公安机关处理，体现了法的指引作用。②材料2体现的是法的评价作用。评价作用是指法作为人们对他人行为的评价标准所起的作用。评价作用的对象是他人的行为。材料2中，有的评价乙的行为可获死刑，有的评价乙的行为罪不至死，这正是利用法律对他人行为的评价，因此是评价作用。

（2）材料3表明了法的作用存在局限性，法的局限性表现在诸多方面，本题所体现的法的作用的局限性体现在法的特性与社会生活的现实之间存在矛盾。作为一种规范，法必然具有抽象性、稳定性特征，而现实生活中的问题却是具体的和不断变化的。法还具有保守性，它总是落后于现实生活的变化，而立法者认识能力上的局限性也会使法律存在某种不合理、不科学的地方。基于上述理由，我国刑法具有稳定性，其规定往往落后于现实社会生活，因此导致刑法对性贿赂犯罪的调整与现实不协调，这正是法的局限性之所在。

六、法的价值

（一）概念与意义

法的价值是指这种规范体系（客体）有哪些为人（主体）所重视、珍视的性状、属性和作用。

1. 同价值的概念一样，法的价值也体现了一种主客体之间的关系。法律无论其内容抑或目的，都必须符合人的需要，这是法的价值概念存在的基础。

2. 法的价值表明了法律对于人们而言所拥有的正面意义，它体现了其属性中为人们所重视、珍惜的部分。

3. 法的价值既包括对实然法的认识，更包括对应然法的追求。

注意：

事实判断和价值判断的区别：1.事实判断是实然判断，判断"是不是"；价值判断是应然判断，判断"应不应当（好不好）"；2.事实判断具有客观性，是就是，不是就不是；价值判断具有主观性，应不应当，因人而异。

（二）秩序

秩序（主要指社会秩序）表明通过法律机构、法律规范、法律权威所形成的一种法律状态。在秩序问题上，根本就不存在法律是否服务于秩序的问题。所存在的问题仅在于法律服务于谁的秩序、怎样的秩序。秩序是法的其他价值的基础。诸如自由、平等、效率等法的价值表现，同样也需要以秩序为基础。因为没有秩序，这些价值的存在就会受到威胁或缺乏必要的保障，其存在也就没有现实意义了。

秩序虽然是法的基础价值之一，但秩序本身又必须以合乎人性、符合常理作为其目标。现代社会所言的"秩序"还必须接受"正义"的规制。

（三）自由

"自由"，即意味着法以确认、保障人的行为能力为己任，从而使主体与客体之间能够达到一种和谐的状态。孟德斯鸠《论法的精神》：自由是做法律所许可的一切事情的权利……在一个有法律的社会里，自由仅仅是：一个人能够做他应该做的事情，而不被强迫去做他不应该做的事情。洛克《政府论》（下）：自由意味着不受他人的束缚和强暴，而哪里没有法律，哪里就没有自由。

1. 法律是自由的保障。"法典就是人民自由的圣经"。它以"自由"为最高的价值目标。"个别公民服从国家的法律也就是服从他自己的理性即人类理性的自然规律"，从而达到国家、法律与个人之间的完满统一。

2. 自由可以衡量国家的法律是否是"真正的法律"。任何不符合自由意蕴的法律，都不是真正意义上的法律。"法律只是在自由的无意识的自然规律变成有意识的国家法律时，才成为真正的法律。哪里法律成为实际的法律，即成为自由的存在，哪里法律就成为人的实际的自由存在"。专制制度下的法律虽然由国家制定，形式上具有合法权威，然而由于本质上背离了自由的要求，因而只能是一种徒具形式的"恶法"。从这个意义上而言，任何不符合自由意蕴的法律，都不是真正意义上的法律。

3. 自由体现了人性最深刻的需要。没有自由，法律就仅仅是一种限制人们行为的强制性规则，而无法真正体现它在提升人的价值、维护人的尊严上的伟大意义。

注意：

生命诚可贵，爱情价更高；若为自由故，两者皆可抛。正如英国思想家洛克所说：法律的目的不是废除和限制自由，而是保护和扩大自由。这是因为在一切能够接受法律支配的人类的状态中，哪里没有法律，哪里就没有自由。

（四）正义

正义要求平等地对待他人的观念形态。"把各人应得的东西归予各人"。法国思想家皮埃尔·勒鲁《论平等》：平等已经成为一种原则，一种信条，成为社会的基础。"平等"本身就有一个"不平等"的他者存在，没有平等自然无所谓不平等；同样，没有不平等也无所谓平等。法国思想家托克维尔：一个社团的基本努力或许就是设法使其成员平等，但其成员个人的自尊心却总是希望自己出人头地，在某处形成某种对自己有利的不平等。美国法哲学家博登海默《法理学：法律哲学与法律方法》：平等乃是一个具有多种不同含义的多型概念。它所指的对象可以是政治参与权利、收入分配制度，也可以是不得势的群体的社会地位和法律地位。其范围涉及法律待遇平等、机会的平等以及人类基本需要的平等。它可能关注保护诺成合同的义务与对应义务间的平等，关注因损害行为进行赔偿时作出恰当补偿与恢复原状，并关注在执行刑法时维护罪行与刑罚间的某种程度的均衡。

1. 正义是法的基本标准。法律只有合乎正义的准则时，才是真正的法律；如果法律充斥着不正义的内容，则意味着法律只不过是推行专制的工具。

2. 正义是法的评价体系。正义可以成为独立于法之外的价值评判标准，用以衡量法律是"良法"抑或"恶法"。

3. 正义也极大地推动着法律的进化。法律的执行不仅要有利于秩序的维持，更主要的是要实现社会正义。

正义不仅要实现，而且要以看得见的方式实现。

（五）法的价值冲突及其解决

1. 价值位阶原则。 这是指在不同位阶的法的价值发生冲突时，在先的价值优于在后的价值。在利益衡量中，首先就必须考虑"于此涉及的一种法益较其他法益是否有明显的价值优越性"。一般而言，自由代表了人的最本质的人性需要，它是法的价值的顶端；正义是自由的价值外化，它成为自由之下制约其他价值的法律标准；而秩序则表现为实现自由、正义的社会状态，必须接受自由、正义标准的约束。即基本价值上，自由＞正义＞秩序。基本价值高于次要价值。例如，我国《宪法》第51条规定：中华人民共和国公民在行使自由和权利的时候，不得损害国家的、社会的、集体的利益和其他公民的合法的自由和权利。

2. 个案平衡原则。 这是指在处于同一位阶上的法的价值之间发生冲突时，必须综合考虑主体之间的特定情形、需求和利益，以使得个案的解决能够适当兼顾双方的利益。比如，中国大妈十点跳广场舞的自由和考生晚上上自习自由的冲突和解决。

3. 比例原则。 指"为保护某种较为优越的法价值须侵及一种法益时，不得逾越此目的所必要的程度"。例如，为维护公共秩序，必要时可能会实行交通管制，但应尽可能实现"最小损害"或"最少限制"，以保障社会上人们的行车自由。

注意：

以上价值冲突原则是相互区分的，如果价值是同一位阶的，采用个案平衡原则，如果价值是不同位阶的，看是否具有绝对优先性，如果有，则为价值位阶原则，如果是相对优先性，为比例原则。

题

某市为加强道路交通管理，规范日益混乱的交通秩序，决定出台一项新举措，由交通主管部门向市民发布公告，凡自行摄录下机动车辆违章行驶、停放的照片、录像资料，送经交通部门确定后，被采用并在当地电视台播出的，一律奖励人民币500元至1000元。此举使许多市民踊跃参与，积极举报违章车辆，当地的交通秩序一时间明显好转，市民满意。新闻报道后，省内甚至外省不少城市都来取经、学习。但与此同时，也发生了不少意想不到的事情：有违章驾驶者去往不愿被别人知道的地方。电视台将车辆及背景播出后，引起家庭关系、同事关系紧张，甚至影响了当事人此后正常生活的；有乘车人以肖像权、名誉权受到侵害，把电视台、交管部门告上法庭的；有违章司机被单位开除，认为是交管部门超范围行使权力引起的；有抢拍者被违章车辆故意撞伤后，向交管部门索赔的；甚至有利用偷拍照片向驾车者索要高额"保密费"的；等等。报刊将上述新闻披露后，某市治理交通秩序的举措引起了社会不同看法和较大争议。

请结合上述材料，回答下列问题：

（1）材料中，交警部门出台相关措施，体现了法律的何种价值？为什么？

（2）材料中，交警部门出台相关措施使诸如个人隐私等遭受损害等问题出现，这说明什么？应当如何解决出现的问题？

（3）运用法理学知识，请谈谈你对某市治理交通秩序新举措合法性、合理性的认识。

【参考答案】

（1）交警部门出台相关措施，体现了法的秩序价值。交警部门出台的措施旨在恢复混乱的交通秩序，从而减少违章车辆，减少冲突和混乱，维护正常的社会秩序。

（2）交警部门出台相关整顿违章车辆的新举措，出现了个人隐私受到侵害等问题，这说明法的价值之间存在冲突，体现在材料中，就是法的秩序价值和法的自由、人权等价值之间存在冲突。就材料本身案例而言，解决法的秩序价值和自由、人权等价值之间的冲突，应当遵循价值位阶原则和比例原则：①在价值位阶上，虽然秩序、自由、人权价值属于同一位阶，但自由和人权价值优于秩序价值，在秩序和自由、人权价值发生冲突时，秩序价值应当作出一定的让渡。②在保护法的秩序价值而对自由、人权等基本价值造成损害时，要遵循比例原则，不得逾越达到目的所必要的程度。为了维护公共秩序，要尽可能实现最小损害或最小限制，以保障自由和人权价值。

（3）①交通管理部门向市民发布的这一通告有合法性依据。依法行政原则，是指行政机关必须依照法定权限、法定程序和法治精神进行管理，越权无效。该原则的具体要求包括执法的主体合法、执法的内容合法和执法的程序必须合法。从这些方面看，交通管理部门做到了依法行政，因为对于违反道路交通安全的行为，交通管理部门有权对违章车辆实施行政管理权，也有权接受他人对道路交通违章行为的举报并作出处理。此外，依据交通管理部门的要求，市民的举报属于委托社会组织、个人的执法情形，是符合法律规定的。
②交通管理部门的做法缺乏合理性依据。首先，法律与道德毕竟属于不同的社会规范，二者不能混同。正因为二者具有各自不同的特性，才能在各自的范围内发挥不同的作用。违反道德的行为不一定违法，甚至是符合法律规定的。从本题中交代的情形看，交通管理部门行使行政管理权时使他人的肖像权和名誉权等的保护成为一个关注的问题，做法虽然不具有法律的可责性，但却具有道德的非难性。其次，出现的抢拍者和索要"高额保密费"是道德所不允许的，是应受到道德谴责的。最后，在法治社会，必须是有权利保障的社会，如果是没有权利保障的社会，那么制定出来的法律只能是恶法。综上分析，交通管理部门的做法缺乏合理性依据。

专题二
法的要素

本专题从具体的文本入手，细致的观察法的静态构成，从组成法的基本内容的法律要素入手，到规范性文件，到法律渊源，直到中国的法律体系的构成。其中，法的要素是最重要的内容，特别是法律规则与法律原则的区别。它们属于常考考点，且有一定难度。法律的形式是法律语言和法律条文，而法律的内容是法律规则和法律原则。法律规则常考其逻辑结构和几个分类，而法律原则一定要把握它与规则的区别以及它在审判中的运用。此外，还要掌握法的渊源的分类，不同的法源对司法审判的意义，法的效力中比较重要的是法的溯及力问题。

相◆关◆法◆理

知识点及实例

一、法律规则

（一）法律规则的含义

法律是由法律规范组成的，法律规范被区分法律规则与法律原则。而法律规则是采取一定的结构形式具体规定人们的法律权利、法律义务以及相应的法律后果的行为规范。

（二）逻辑结构（新三要素说）

1. 假定条件，指法律规则中有关适用该规则的条件和情况的部分，即法律规则在什么时间、空间、对什么人适用以及在什么情境下对人的行为有约束力的问题。它包含两个方面：（1）法律规则的适用条件。其内容有关法律规则在什么时间生效，在什么地域生效以及对什么人生效等。（2）行为主体的行为条件。

2. 行为模式，指法律规则中规定人们如何实施具体行为之方式或范型的部分。
（1）可为模式。（2）应为模式。（3）勿为模式。从另一个角度看，可为模式亦可称为权利行为模式，而应为模式和勿为模式又可称为义务行为模式。

3. 法律后果，指法律规则中规定人们在作出符合或不符合行为模式的要求时应承担相应的结果的部分，是法律规则对人们具有法律意义的行为的态度。法律后果又分为两种：（1）合法后果，又称肯定式的法律后果，是法律规则中规定人们按照行为模式的要求行为而在法律上予以肯定的后果，它表现为法律规则对人们行为的保护、许可或奖励。（2）违法后果，又称否定式的法律后果，是法律规则中规定人们不按照行为模式的要求行为而在法律上予以否定的后果，它表现为法律规则对人们行为的制裁、不予保护、撤销、停止，或要求恢复、补偿等。

（三）法律规则与语言

陈璐琼讲理论法学　2018年国家统一法律职业资格考试专题讲座系列

1. 语言依赖性。一切法律规范都必须以作为"法律语句"的语句形式表达出来的，具有语言的依赖性。离开了语言，法律就无以表达、记载、解释和发展。"语言不仅是理解不语的客体之当然实用工具，其本身也是法律工作者的核心对象——他要理解法律，描述事实行为，根据规范对案件进行推论"。法律规则是通过特定语句表达的，但是，法律人适用法律解决具体案件时适用的不是语句自身或语句所包含的字和词的本身，而适用的是语句所表达的意义。因此，我们要将法律规则与表达法律规则的语句予以区分。同时，它也表明法律是开放的而不是封闭的。

2. 规范语句与助动词。表达法律规则的特定语句往往是一种规范语句。根据规范语句所运用的助动词的不同，规范语句可以被区分为命令句和允许句。命令句是指使用了"必须"、"应该"或"禁止"等这样一些道义助动词的语句。例如"要求结婚的男女双方必须亲自到婚姻登记机关进行结婚登记"、"出卖的标的物，应当属于出卖人所有或者出卖人有权处分"、"送养人不得以送养子女为由违反计划生育的规定再生育子女"。允许句是指使用了"可以"这类道义助动词的语句。例如"当事人协商一致，可以变更合同"。

注意：

并非所有法律规则的表达都是以规范语句的形式表达，而是可以用陈述语气或陈述句表达，例如《民法总则》第25条规定："自然人以户籍登记或者其他有效身份登记记载的居所为住所；经常居所与住所不一致的，经常居所视为住所"。但是，这句话不能理解为是在描述一个事实，而是表达了一个命令，因为这句话可以被改写为一个规范语句，即"经常居所与住所不一致的，经常居所应当视为住所"。

（四）法律规则与法律条文

法律条文可以分为规范性条文和非规范性条文。规范性条文是直接表述法律规范（法律规则和法律原则）的条文，非规范性条文是指不直接规定法律规范，而规定某些法律技术内容（如专门法律术语的界定、公布机关和时间、法律生效日期等）的条文。比如《物权法》第2条规定：本法所称物权，是指权利人依法对特定的物享有直接支配和排他的权利，包括所有权、用益物权和担保物权；《信托法》第2条规定：本法所称信托，是指委托人基于对受托人的信任，将其财产权委托给受托人，由受托人按委托人的意愿以自己的名义，为受益人的利益或者特定目的，进行管理或者处分的行为。还包括对法律的效力进行说明的条文，例如《侵权责任法》第92条规定：本法自2010年7月1日起施行。《民法总则》第206条规定：本法自2017年10月1日起施行。由此看出，应当把法律规则和法律条文区别开来。

注意：

法律规则是法律条文的内容，法律条文是法律规则的表现形式，并不是所有的法律条文都直接规定法律规则的，也不是每一个条文都完整地表述一个规则或只表述一个法律规则。具体而言，大致有以下几类情形：1.一个完整的法律规则由数个法律条文来表述；2.法律规则的内容分别由不同规范性法律文件的法律条文来表述；3.一个条文表述不同的法律规则或其要素；4.法律条文仅规定法律规则的某个要素或若干要素。

（五）法律规则的分类

1. 授权性规则和义务性规则。按照规则的内容规定不同，法律规则可以分为授权性规则和义务性规则。

（1）授权性规则，是指规定人们有权做一定行为或不做一定行为的规则，即规定人们的"可为模式"的规则。

（2）义务性规则，是指在内容上规定人们的法律义务，即有关人们应当作出或不作出某种行为的规则。分两种：

①命令性规则，是指规定人们的积极义务，即人们必须或应当作出某种行为的规则，例如婚姻法规定的"现役军人的配偶要求离婚，须得军人同意"即属于此种规则。

②禁止性规则，是指规定人们的消极义务（不作为义务），即禁止人们作出一定行为的规则，例如宪法规定"禁止任何组织或者个人用任何手段侵占或破坏国家和集体的财产"即属于此种规则。

2. 确定性规则、委任性规则和准用性规则。按照规则内容的确定性程度不同，可以把法律规则分为确定性规则、委任性规则和准用性规则。

（1）确定性规则，是指内容本已明确肯定，无须再援引或参照其他规则来确定其内容的法律规则。

（2）委任性规则，是指内容尚未确定，而只规定某种概括性指示，由相应国家机关通过相应途径或程序加以确定的法律规则。例如，我国《计量法》第 32 条规定：中国人民解放军和国防科技工业系统计量工作的监督管理办法，由国务院、中央军事委员会依据本法另行制定。此规定即属委任性规则。

（3）准用性规则，是指内容本身没有规定人们具体的行为模式，而是可以援引或参照其他相应内容规定的规则。例如，我国《商业银行法》第 17 条规定：商业银行的组织形式、组织机构适用《公司法》的规定。此规定即属准用性规则。

3. 强行性规则和任意性规则。按照规则对人们行为规定和限定的范围或程度不同，可以把法律规则分为强行性规则和任意性规则。

（1）强行性规则，是指内容规定具有强制性质，不允许人们随便加以更改的法律规则。义务性规则、职权性规则属于强行性规则。如《刑事诉讼法》第 54 条规定：采取刑讯逼供等非法方法收集的犯罪嫌疑人、被告人供述和采用暴力、威胁等非法方法收集的证人证言、被害人陈述，应当予以排除。

（2）任意性规则，是指规定在一定范围内，允许人们自行选择或协商确定为与不为、为的方式以及法律关系中的权利义务内容的法律规则。

二、法律原则

法律原则，是为法律规则提供某种基础或本源的综合性的、指导性的价值准则或规范，是法律诉讼、法律程序和法律裁决的确认规范。如《行政许可法》第 5 条第 1 款规定：设定和实施行政许可，应当遵循公开、公平、公正的原则。《行政许可法》第 6 条规定：实施行政许可，应当遵循便民的原则，提高办事效率，提供优质服务。

（一）法律原则的种类

1. 公理性原则和政策性原则。按照法律原则产生的基础不同：

（1）公理性原则，即由法律原理（法理）构成的原则，是由法律上之事理推导出来的法律原则，是严格意义的法律原则，例如法律平等原则、诚实信用原则、等价有偿原则、无罪推定原则、罪刑法定原则等，它们在国际范围内具有较大的普适性。

（2）政策性原则是一个国家或民族出于一定的政策考量而制定的一些原则，如我

陈璐琼讲理论法学

2018 年国家统一法律职业资格考试专题讲座系列

国宪法的"国家实行社会主义市场经济"的原则，婚姻法中"实行计划生育"的原则，等等。政策性原则具有针对性、民族性和时代性。

2. 基本原则和具体原则。按照法律原则对人的行为及其条件之覆盖面的宽窄和适用范围大小：

（1）基本法律原则是整个法律体系或某一法律部门所适用的、体现法的基本价值的原则，如宪法所规定的各项原则。

（2）具体法律原则是在基本原则指导下适用于某一法律部门中特定情形的原则，如（英美）契约法中的要约原则和承诺原则、错误原则等。

3. 实体性原则和程序性原则。按照法律原则涉及的内容，可以把法律原则分为实体性原则和程序性原则。

（1）实体性原则是指直接涉及实体法问题（实体性权利和义务等）的原则，例如，宪法、民法、刑法、行政法中所规定的多数原则属于此类。

（2）程序性原则是指直接涉及程序法（诉讼法）问题的原则，如诉讼法中规定的"一事不再理"原则、辩护原则、非法证据排除原则、无罪推定原则等。

（二）法律原则与法律规则的区别

标准	法律规则	法律原则
内容不同	明确而又具体，着眼于共性。目的是防止或削弱法律适用上的"自由裁量"	不仅共性，而且个别性，笼统模糊。为法官的自由裁量留下了一定的余地
适用范围	某一类型的行为	更大的覆盖面和抽象性，其适用范围宽广
适用方式	法律规则是以"全有或全无的方式"或涵摄的方式应用于个案当中的：如果一条规则所规定的条件被该案件事实所满足，那么，这条规则所规定的法律后果就会确定地适用该案件；如果该规则规定的条件没有被满足或者由于与另一个规则相冲突而被排除，那么，该规则对该案件就是无效的	不以全有或全无之方式应用于个案，强度原则。当两个原则在具体的个案中冲突时，法官必须根据案件的具体情况及有关背景在不同强度的原则间作出权衡，但另一原则并不因此无效。例如，在民法中，无过错责任原则和公平责任原则，可能与意志自由原则是矛盾的。所以，当两个原则在具体的个案中冲突时，法官必须根据案件的具体情况及有关背景在不同强度的原则间作出权衡，但不否定其他原则的效力

（三）法律原则的适用条件

1. 穷尽法律规则，方得适用法律原则。在有具体的法律规则可供适用时，不得直接适用法律原则。只有出现无法律规则可以适用的情形，法律原则才可以作为弥补"规则漏洞"的手段发挥作用。这是因为法律规则是法律中最具有硬度的部分，能最大程度地实现法律的确定性和可预测性，有助于保持法律的安定性和权威性，避免司法者滥用自由裁量权，保证法治最起码的要求得到实现。

2. 除非为了实现个案正义，否则不得舍弃法律规则而直接适用法律原则。如果某个法律规则适用于某个具体案件，没有产生极端的人们不可容忍的不正义的裁判结果，法官就不得轻易舍弃法律规则而直接适用法律原则。

3. 没有更强理由，不得径行适用法律原则。所谓"更强的理由"，是指将要适用的原则要战胜应适用的规则背后的原则。因为规则本身是原则的具体化，规则背后都有原则来支撑它。比如泸州"二奶"继承案中，黄先生生前立下遗嘱让"二奶"继承其遗产，《继承法》第5条的规则是遗嘱继承优于法定继承，该规则背后的原则是意思自治。泸州市中级人民法院没有适用该规则而是适用了公序良俗原则，那么它就必须证明在该案中，公序良俗原则是优于意思自治原则的。即基于某一原则所提供的理由，其强度必须强到足以排除支持此规则的形式原则，尤其是确定性和权威性。而且，主张适用法律原则的一方（即主张例外规则的一方）负有举证（论证）的责任。

 题

在美国著名的黑格斯诉帕尔默案中，一名16岁男孩毒死了他的祖父，围绕他是否能够继承被害人遗产的问题引起了很大争议。肯定者认为他是合法继承人，按照美国法律规定应当继承其祖父的遗产。反对者则认为，其继承的目的与法律的目的不符。最终法院以"一个人不能从他的不当行为中得利"这一原则剥夺了男孩的继承权。

请运用法理学法律原则的知识和理论并结合材料回答下列问题：

（1）材料中美国该法院的判决是否正确？为什么？

（2）结合材料说明法律原则发挥作用的前提。

（3）如何解决我国确定既有法律规则和法律原则的矛盾与冲突？为什么？

【参考答案】

（1）法院的判决是正确的。按照美国的法律，男孩是合法继承人，应当继承财产，但由于财产继承的出现是男孩的不当乃至犯罪行为所致，如果允许男孩继承遗产，无疑是对其犯罪行为的肯定甚至鼓励，是对法律所体现的正义价值的违背。因此，法院应当判决剥夺该男孩的继承权。

（2）要使法律原则直接作为判案依据，发挥其应有的作用，必须具备如下前提条件：①案件在法律上必须是有争议的特殊或疑难案件。②没有明确的法律规则作为依据，即存在法律漏洞，或者存在法律规则，但两个或两个以上的规则存在冲突，无法判定适用何者；或者存在一个法律规则，但适用法律规则得出的结果违背立法目的，且显而易见使人无法接受。就材料中的案件而言，男孩是否享有继承权是有法律规则可以适用的，但适用该规则不仅违背立法目的，而且难以接受，因此法院引用法律原则作出判决，剥夺了男孩的继承权。

（3）一般而言，在确定的既有的法律规则的前提下，不能援引法律原则作出判决，因为在确定的既有的法律规则前提下，必须适用该规则，这在成文法国家显得尤为突出。但在判例法国家，通过判例形式较好地解决了两者的冲突。在确定的既有的法律规则与法律原则发生冲突时，应采取下列方式解决：①法律原则是法律规则的基础，是在法律中较为稳定的原理和准则，法律规则不能违反法律原则，否则就不能实现法律的目的和价值。因此，二者存在冲突的情况下，必须通过立法形式对违反法律原则的法律规则实行废止或修改。②直接援引法律原则判案，必须有充分的理由，必须进行法律论证，做到内容的融贯性和结论的可接受性。

三、权利与义务

（一）含义

权利和义务是一切法律规范、法律部门（部门法），甚至整个法律体系的核心内容。

1. 权利的各种学说。（1）自由说。（2）范围说。（3）意思说。（4）利益说。（5）折中说（综合意思说和利益说），认为权利是保护利益的意思力或依意思力所保护的利益。（6）法力说。（7）资格说。（8）主张说。（9）可能性说。（10）选择说。

2. 法律权利，就是国家通过法律规定对法律关系主体可以自主决定作出某种行为的许可和保障手段。其特点在于：

（1）权利的本质由法律规范所决定，得到国家的认可和保障。

（2）权利是权利主体按照自己的愿望来决定是否实施的行为，因而权利具有一定程度的自主性。

（3）权利是为了保护一定的利益所采取的法律手段。因此，权利与利益是紧密相连的。

（4）权利总是与义务人的义务相关联的。离开了义务，权利就不能得以保障。

3. 义务的概念。法律义务，是指国家通过法律规定的法律主体应当按照他人的要求为或不为一定行为，以满足他人利益的手段。

（1）应然性。义务所指出的，是人们的"应然"行为或未来行为，而不是人们事实上已经履行的行为。已履行的"应然"行为是义务的实现，而不是义务本身。

（2）强制性。义务具有强制履行的性质，义务人对于义务的内容不可随意转让或违反。

义务在结构上包括两个部分：第一，义务人必须根据权利的内容作出一定的行为。在法学上被称作"作为义务"或"积极义务"（如赡养父母、抚养子女、纳税、服兵役等）。第二，义务人不得作出一定行为的义务，被称为"不作为义务"或"消极义务"，例如，不得破坏公共财产，禁止非法拘禁，严禁刑讯逼供。

（二）权利与义务的分类

1. 基本权利义务与普通权利义务。根据根本法与普通法律规定的不同，可以将权利义务分为基本权利义务和普通权利义务。基本权利义务是宪法所规定的人们在国家政治生活、经济生活、文化生活和社会生活中的根本权利和义务。普通权利义务是宪法以外的普通法律所规定的权利和义务。

2. 绝对权利义务与相对权利义务。根据相对应的主体范围可以将权利义务分为绝对权利义务和相对权利义务。

（1）绝对权利和义务，又称"对世权利"和"对世义务"，是对应不特定的法律主体的权利和义务，绝对权利对应不特定的义务人；绝对义务对应不特定的权利人。如物权。

（2）相对权利和义务又称"对人权利"和"对人义务"，是对应特定的法律主体的权利和义务，"相对权利"对应特定的义务人；"相对义务"对应特定的权利人。如债权。

3. 个人权利义务、集体权利义务和国家权利义务。根据权利义务主体的性质，可以将权利义务分为个人权利义务、集体（法人）权利义务和国家权利义务。

（三）权利和义务的相互联系

1. 从结构上看，两者是紧密联系、不可分割的。"没有无义务的权利，也没有无权利的义务"。

2. 从数量上看，两者的总量是相等的。

3. 从产生和发展看，两者经历了一个从浑然一体到分裂对立再到相对一致的过程。在原始社会，权利和义务的界限也不很明确，两者实际上是混为一体的。随着阶级社会、国家的出现和法律的产生，权利和义务发生分离，统治者集团只享受权利，而几乎把一切义务强加于被统治者。社会主义法律制度的建立，实行"权利和义务相一致"的原则，使两者之间的关系发展到了一个新的阶段。

4. 从价值上看，权利和义务代表了不同的法律精神，它们在历史上受到重视的程度有所不同。一般而言，在等级特权社会（如奴隶社会和封建社会），法律制度往往强调以义务为本位。而在民主法治社会，法律制度较为重视对个人权利的保护，为权利本位。此时，权利是第一性的，义务是第二性的，义务设定的目的是为了保障权利的实现。注意，我国是民主社会，属于权利本位。

四、法的渊源

（一）法的渊源的含义和分类

所谓法的渊源，就是指特定法律共同体所承认的具有法的约束力或具有法律说服力并能够作为法律人的法律决定之大前提的规范或准则来源的那些资料，如制定法、判例、习惯、法理等。注意，即使同一个法律共同体在不同历史时期，法的渊源的范围与种类也是不同的。

1. 正式的法的渊源是指具有明文规定的法律效力并且直接作为法律人的法律决定的大前提的规范来源的那些资料，如宪法、法律、法规等，我国主要为制定法。

2. 非正式的法的渊源则指不具有明文规定的法律效力，但具有法律说服力并能够构成法律人的法律决定的大前提的准则来源的那些资料，如正义标准、理性原则、公共政策、道德信念、社会思潮、习惯、乡规民约、社团规章、权威性法学著作，还有外国法等。

3. 适用原则。没有正式渊源，才能适用非正式渊源。但是，由于"罪刑法定原则"的存在，刑事领域不适用非正式渊源。

注意：

英美法系国家，法的正式渊源主要是判例法；大陆法系国家，法的正式渊源主要是制定法。

（二）当代中国法的正式渊源

当代中国法的渊源主要为以宪法为核心的各种制定法，包括宪法、法律、行政法规、地方性法规、经济特区的规范性文件、特别行政区的法律法规、规章、国际条约、国际惯例等。

宪法	最根本的渊源、最高的法律地位和效力，最高法，授权法和母法。一切法律、行政法规和地方性法规都不得同宪法相抵触
	全国人大有权修改宪法；全国人大常委会有权解释宪法
法律	（1）基本法律：全国人大制定。（2）非基本法律：人大常委会制定，修改基本法律。（3）全国人大常委会无权修改特区基本法。 注意：法律公布在《全国人大常务委员会公报》为标准文本
	法律绝对保留事项（《立法法》第9条）有关犯罪和刑罚、对公民政治权利的剥夺和限制人身自由的强制措施和处罚、司法制度等事项除外
行政法规	国务院制定。我国行政法规的名称一般为"条例"、"规定"、"办法"
地方性法规	（1）省、自治区、直辖市的人大及其常委会；（2）设区的市的人大及其常委会（含省会城市，经济特区所在的市【深圳厦门珠海汕头】，国务院批准的较大的市）
民族自治	自治区、自治州和自治县的人大
经济特区	经济特区所在省、市的人大及其常委会。目前包括广东省、福建省、海南省和深圳市
特别行政区	《香港基本法》和《澳门基本法》

陈璐琼讲理论法学
2018年国家统一法律职业资格考试专题讲座系列

部门规章	国务院组成部门及具有行政管理职能的直属机构、直属事业单位
地方政府规章	省、自治区、直辖市人民政府；设区的市的人民政府
条约与惯例	缔结或者参加的国际条约有不同规定的，适用国际条约的规定，但保留的除外。法律和国际条约没有规定的，可以适用国际惯例

（三）正式的法的渊源的效力原则

正式的法的渊源是以宪法（或根本法）为核心，由不同层次或等级的法律有机结合组成的整体，在这个整体中，宪法（或根本法）属于第一层次，而民法、刑法、行政法、诉讼法等基本法律属于第二层次，基本法律之下还可能有第三和第四层次的法律等。不同位阶的法的渊源之间的冲突原则包括宪法至上原则、法律高于法规原则、法规高于规章原则、行政法规高于地方性法规原则等。

同一位阶的法的渊源之间的冲突原则，主要包括：1. 全国性法律优先原则；2. 特别法优先原则；3. 后法优先或新法优先原则；4. 实体法优先原则；5. 国际法优先原则；6. 省、自治区的人民政府制定的规章的效力高于本行政区域内的设区的市的人民政府制定的规章。此外，法律之间对同一事项的新的一般规定与旧的特别规定不一致，不能确定如何适用时，由全国人民代表大会常务委员会裁决。行政法规之间对同一事项的新的一般规定与旧的特别规定不一致，不能确定如何适用时，由国务院裁决。

位阶出现交叉时的法的渊源之间的冲突原则，根据我国《立法法》规定，1. 自治条例和单行条例依法对法律、行政法规、地方性法规作变通规定的，在本自治地方适用自治条例和单行条例的规定。2. 经济特区法规根据授权对法律、行政法规、地方性法规作变通规定的，在本经济特区适用经济特区法规的规定。3. 地方性法规、规章之间不一致时，由有关机关依照下列规定的权限作出裁决：（1）同一机关制定的新的一般规定与旧的特别规定不一致时，由制定机关裁决。（2）地方性法规与部门规章之间对同一事项的规定不一致，不能确定如何适用时，由国务院提出意见，国务院认为应当适用地方性法规的，应当决定在该地方适用地方性法规的规定；认为应当适用部门规章的，应当提请全国人民代表大会常务委员会裁决。（3）部门规章之间、部门规章与地方政府规章之间对同一事项的规定不一致时，由国务院裁决。（4）根据授权制定的法规与法律规定不一致，不能确定如何适用时，由全国人民代表大会常务委员会裁决。

注意：

1. 自治条例与单行条例与上位法矛盾并不必然丧失法律效力，因为该立法机关具有一定的变通权限，在此权限内不服从"下位法必须服从上位法"的原则。

2. 经济特区的法律与法律矛盾，由于经济特区的立法属于授权立法，因此由全国人大常委会裁决。

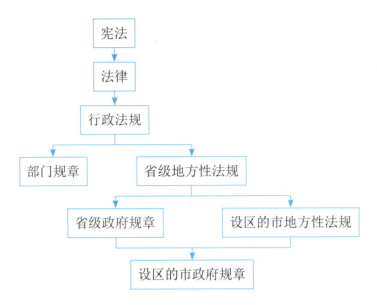

（四）当代中国法的非正式渊源

非正式渊源存在的原因：第一，正式的法的渊源完全不能为法律决定提供大前提；第二，适用某种正式的法的渊源会与公平正义的基本要求、强制性要求和占支配地位的要求发生冲突；第三，一项正式的法的渊源可能会产生出两种解释的模棱两可性和不确定性。

1. 习惯。能够作为法的非正式的渊源的习惯只是指社会习惯，特别是那些与重要的社会事务即为了确保令人满意的集体社会而必须完成的各种相关的习惯，因为后者往往与人们的一些具体义务和责任相关。习惯之所以能够成为法的非正式的渊源是因为它是特定共同体的人们在长久的生产生活实践中自然而然形成的，是该共同体的人们事实上的共同情感和要求的体现，也是他们的共同理性的体现。如《民法总则》第10条规定，处理民事纠纷，应当依照法律；法律没有规定的，可以适用习惯，但是不得违背公序良俗。

2. 判例。判例在英美法系属于法的正式渊源。在当今的大陆法系，判例的重要性已被大家所承认。如法国行政法就是以判例法为主。在中国，判例的重要性也被人们普遍承认，我们主要采用的是案例指导制度。判例之所以在法的适用中具有重要性，是因为它可以弥补制定法的不足。具体地说，任何判例都是法官结合特定案件事实将具有一般性和抽象性的制定法规范具体化的一种结果，也就是说判例不再是一般的和抽象的了。这至少为将来的法官运用该制定法解决具体案件提供了思路、经验和指导。同理，任何判例都是法官针对具体案件事实将具有模糊性和歧义性的制定法进行解释而得到的一种结果，也就是说，任何判例都在一定程度上消除了语言的模糊性和歧义性，使制定法的语言的外延和内涵在一定程度上得到厘清。这样，判例就为将来的法官适用制定法解决具体案件提供了帮助，至少可以减轻法官的工作负担。

3. 政策。在我国，中国共产党的政策属于法的非正式渊源。中国共产党是我国的执政党，宪法以及各种法律、法规中规定的诸多原则是国家政策的体现，有的内容甚至成为宪法、法律和法规本身的有机组成部分。因此，党的政策对法律的制定或实施都有指导作用。

陈璐琼讲讲理论法学 2018年国家统一法律职业资格考试专题讲座系列

题

材料 1.2002 年最高人民法院《关于案例指导工作的规定》第 2 条规定：本规定所称指导性案例，是指裁判已经发生法律效力，并符合以下条件的案例：（1）社会广泛关注的；（2）法律规定比较原则的；（3）具有典型性的；（4）疑难复杂或者新类型的；（5）其他具有指导作用的案例。

材料 2. 天津市高级人民法院的案例指导制度实行于 2002 年 10 月，其主要做法是：将该院民商事审判领域中的典型案例选编为"判例"，经审判委员会讨论决定后正式予以公布，供司法管辖区内所有的法院在审理同类型案件时作为裁判的参考。经选编的"判例"由案情、审判要旨和评析三部分组成。

请结合上述材料回答下列问题：

（1）最高人民法院《关于案例指导工作的规定》是否属于我国正式的法律渊源？为什么？

（2）材料 1、2 中的"案例指导"和材料 2 中的典型案例汇编是否属于司法判例？为什么？"案例指导"和"案例汇编"在司法审判中有何意义？

（3）结合材料说明我国是否应当将判例法作为法律渊源。

【参考答案】

（1）最高人民法院《关于案例指导工作的规定》从性质上看属于司法解释，并非属于我国正式意义上的法律渊源。因为司法解释是对如何具体适用法律问题所作的说明，其法律渊源地位尚不明确。

（2）"案例指导"和"案例汇编"并非判例，判例作为普通法系的重要法律渊源，是法院对于诉讼案件所作判决的成例，判例对于法院以后类似案件具有普遍约束力，判例可以确定新的审判原则，它不仅是个案的决定，而且具有普遍适用的意义，判例实际上是创造了法律。我们不承认判例法。材料 1 和材料 2 中提及的"案例指导"和"案例汇编"对辖区内各级法院不具有法律意义上的强制约束力，只具有指导性；"案例指导"和"案例汇编"不能作为裁判的依据，也不具有普遍适用的意义；"案例指导"和"案例汇编"也不是造法。尽管"案例指导"和"案例汇编"并非判例，但"案例指导"和"案例汇编"在司法实践中却具有非常重要的意义：①"案例指导"和"案例汇编"能引导司法工作者正确适用法律和司法政策，切实体现司法公正和司法高效。②最高人民法院的指导性案例，从其性质上看是解释法律的一种形式，实际上起到了解释、明确、细化相关法律的作用。③实行案例指导制度能够充分发挥这些案例独特的启示、指引、示范和规范功能，实现裁判尺度的统一和司法个案的公正。

（3）我国目前还不能将判例法作为正式意义上的法律渊源，理由在于：判例法的原则与中国现行政治制度不符；从法律文化角度来看，中国并没有普通法意义上的判例法传统；从法律实践角度看，我国也不宜实行判例法制度；判例法本身既有长处也有不足之处。但我国可以采取"案例指导"或"案例汇编"的形式，指导司法工作人员的司法活动，同时充分发挥最高司法机关司法解释的作用，来指导审判工作方面出现的疑难问题。

五、法律部门与法律体系

（一）法律部门的含义

法律部门，也称部门法，是根据一定标准和原则所划定的调整同一类社会关系的法律规范的总称。

法律部门离不开成文的规范性法律文件，但二者并不是一个概念。有的法律部门的名称是用该部门基本的规范性法律文件的名称来表述的，如作为一个法律部门的"刑法"和作为一个规范性文件的《刑法》或《刑法典》。但是单一的规范性法律文件不能包括一个完整的法律部门，作为一个法律部门的刑法部门并不仅仅为刑法典，而是所有刑事法律规范的总和。同时，大多数规范性法律文件并非各自包含一个法律部门的规范，可能还包含属于其他法律部门的规范，如大量的经济法、行政法的规范性文件中都含有规定刑事责任的刑法规范。

一般认为划分法律部门的主要标准是法律所调整的不同社会关系，即调整对象；其次是法律调整方法（如刑法）。

公法与私法的划分，是大陆法系国家的一项基本分类。最早是由古罗马法学家乌尔比安提出来的。现在公认的公法部门包括了宪法和行政法等，私法包括了民法和商法等。随着社会的发展，"法律社会化"现象的出现，又形成了一种新的法律即社会法，如社会保障法等。有鉴于此，社会法是介于公法和私法之间的法律。社会法包括彩票法、慈善法等。

（二）法律体系

法律体系，也称为部门法体系，是指一国的全部现行法律规范，按照一定的标准和原则，划分为不同的法律部门而形成的内部和谐一致、有机联系的整体。法律体系是一国国内法构成的体系，不包括完整意义的国际法，即国际公法。同时，法律体系不包括历史上废止的已经不再有效的法律，一般也不包括尚待制定、还没有生效的法律。

（三）当代中国法律体系

经过多年不懈的努力，以宪法为核心的中国特色社会主义法律体系基本形成。当代中国的法律体系，部门齐全、层次分明、结构协调、体例科学，主要由七个法律部门和三个不同层级的法律规范构成。七个法律部门是：宪法及宪法相关法，民法商法，行政法，经济法，社会法，刑法，诉讼与非诉讼程序法。三个不同层级的法律规范是：法律，行政法规，地方性法规、自治条例和单行条例等。

六、法的效力

（一）含义

法的效力，即法的约束力。法的效力可以分为规范性法律文件的效力和非规范性法律文件的效力。

1. 规范性法律文件的效力，指法律的生效范围或适用范围，即法律对什么人、什么事、在什么地方和什么时间有约束力。

2. 非规范性法律文件的效力，指判决书、裁定书、逮捕证、许可证、合同等的法的效力。注意，非规范性法律文件是适用法律的结果而不是法律本身，因此不具有普遍约束力。

（二）法的效力的根据

1. 法的效力来自于法律。法律有国家强制力，法律规定了具体的否定性法律后果，任何明显的违法行为都会受到国家相应的制裁；法律保障社会成员的利益满足，因此法律具有效力。

2. 法的效力来自于道德。法律与人们的道德观念相一致，法律建立在社会主流道德基础之上，法律体现了公平、正义，因而人们服从政府、遵守法律。

3. 法的效力来自于社会。民众从小就养成了模仿他人所为的习惯，包括按照别人的行为守法的习惯。法律维护社会秩序，社会要求人们的行为符合法律。

（三）法的效力范围（对人的效力、对事的效力、空间效力、时间效力）

1. 法对人的效力。法对人的效力，指法律对谁有效力，适用于哪些人。

（1）属人主义，即法律只适用于本国公民，不论其身在国内还是国外；非本国公民即便身在该国领域内也不适用。

（2）属地主义，法律适用于该国管辖地区内的所有人，不论是否本国公民，都受法律约束和法律保护；本国公民不在本国，则不受本国法律的约束和保护。

（3）保护主义，即以维护本国利益作为是否适用本国法律的依据。任何侵害了本国利益的人，不论其国籍和所在地域，都要受该国法律的追究。

（4）以属地主义为主，与属人主义、保护主义相结合。这是近代以来多数国家所采用的原则。我国《刑法》以属地主义为主，兼采属人主义与保护主义。

2. 法的空间效力。法的空间效力，指法在哪些地域有效力，适用于哪些地区。一般来说，一国法律适用于该国主权范围所及的全部领域，包括领土、领水及其底土和领空。根据有关国际条约的规定，一国的法律也可以适用于本国驻外使馆、在外船舶及飞机。

3. 法的时间效力。法的时间效力，指法何时生效、何时终止效力以及法对其生效以前的事件和行为有无溯及力。

（1）法的生效时间。法律的生效时间主要有三种：自法律公布之日起生效；由该法律规定具体生效时间；规定法律公布后符合一定条件时生效。

（2）法终止生效的时间。法终止生效，即法被废止，指法的效力的消灭。它一般分为明示的废止和默示的废止两类。明示的废止，即在新法或其他法律文件中明文规定废止旧法。默示的废止，即在适用法律中，出现新法与旧法冲突时，适用新法而使旧法事实上被废止。如果出现立法机关所立新法与旧法发生矛盾的情况，应当按照"新法优于旧法"、"后法优于前法"的办法解决矛盾，旧法因此被新法"默示地废止"。

（3）法的溯及力。法的溯及力，也称法溯及既往的效力，是指法对其生效以前的事件和行为是否适用。如果适用，就具有溯及力；如果不适用，就没有溯及力。

法是否具有溯及力，不同法律规范之间的情况是不同的。就有关侵权、违约的法律和刑事法律而言，一般以法律不溯及既往为原则。但是，法律不溯及既往并非绝对。目前各国采用的通例是"从旧兼从轻"的原则，即新法原则上不溯及既往，但是新法不认为犯罪或者处刑较轻的，适用新法。我们也可以把这个原则称为"有利原则"，它同样具有其正当性或合理性基础。

而在某些有关民事权利的法律中，法律有溯及力。比如，著作权法第 60 条第 1 款规定：本法规定的著作权人和出版者、表演者、录音录像制作者、广播电台、电视台的权利，在本法施行之日尚未超过本法规定的保护期的，依照本法予以保护。

专题三
法律关系

　　法律规范调整社会关系就形成了独立的关系，即法律关系。这个是法理学研究的重中之重。这一讲属于法理学中的重大考点和高频考点，其考核方式是结合案例（尤其是民法案例）考核法律关系的要素（主体与客体）、分类以及违法之后的法律责任问题。法律责任的竞合这个问题难度较大，应结合部门法原理解决。

知识点及实例

一、法律关系的概念与种类

（一）含义和特征

　　法律关系是在法律规范调整社会关系的过程中所形成的人们之间的权利和义务关系。即法律规范（婚姻法）加上社会关系（同居关系）等于法律关系（婚姻关系）。它的特点是：

　　1. 法律关系具有合法性。

　　（1）法律规范是法律关系产生的前提。如果没有相应的法律规范的存在，就不可能产生法律关系。

　　（2）法律关系不同于法律规范调整或保护的社会关系本身。社会关系是一个庞大的体系，其中有些领域是法律所调整的（如政治关系、经济关系、行政管理关系等），也有些是不属于法律调整或法律不宜调整的（如友谊关系、爱情关系、政党社团的内部关系），还有些是法律所保护的对象，这些被保护的社会关系不属于法律关系本身（如刑法所保护的关系不等于刑事法律关系）。即使那些受法律法规调整的社会关系，也并不能完全视为法律关系。

　　（3）法律关系是法律规范的实现形式，是法律规范的内容（行为模式及其后果）在现实社会生活中得到具体的贯彻。换言之，人们按照法律规范的要求行使权利、履行义务并由此而发生特定的法律上的联系，这既是一种法律关系，也是法律规范的实现状态。在此意义上，法律关系是人与人之间的合法（符合法律规范的）关系。这是它与其他社会关系的根本区别。

> **注意：**
> 　　违法行为是引起新的法律关系产生的法律事实。

　　2. 法律关系是体现意志性的特种社会关系。

　　（1）从实质上看，法律关系体现国家的意志。

　　（2）特定法律主体的意志对于法律关系的建立与实现也有一定的作用。

法律关系都体现国家意志，但并非只体现国家意志。

3. 法律关系是特定法律关系主体之间的权利和义务关系。法律关系是以法律上的权利、义务为纽带而形成的社会关系，它是法律规范（规则）"指示"（行为模式，法律权利和义务）的规定在事实社会关系中的体现。

（二）法律关系的种类

分类标准	含义	具体内容
产生的依据、执行的职能和实现规范的内容不同	调整性法律关系	合法行为。调整性法律关系不需要适用法律制裁，法律主体之间即能够依法行使权利、履行义务，如各种依法建立的民事法律关系、行政合同关系等
	保护性法律关系	违法行为。它执行着法的保护职能，所实现的是法律规范（规则）的保护规则（否定性法律后果）的内容，是法的实现的非正常形式。它的典型特征是一方主体（国家）适用法律制裁，另一方主体（通常是违法者）必须接受这种制裁，如刑事法律关系
法律主体在法律关系中地位不同	纵向（隶属）	管理与被管理、命令与服从、监督与被监督。法律主体之间的权利与义务具有强制性，既不能随意转让，也不能任意放弃
	横向（平权）	地位平等。民事财产关系、民事诉讼之原、被告关系等
法律主体的多少及其权利义务是否一致	单向（单务）	权利人仅享有权利，义务人仅履行义务。如不附条件的赠与关系
	双向（双边）	特定的双方法律主体之间，如买卖法律关系
	多向（多边）	三个或三个以上相关法律关系的复合体，如代理关系
法律关系作用和地位的不同	第一性法律关系"皮"	（主法律关系）人们之间依法建立的不依赖其他法律关系而独立存在的或在多向法律关系中居于支配地位的法律关系。
	第二性法律关系"毛"	（从法律关系）居于从属地位的法律关系，如担保关系。此外，在调整性和保护性法律关系中，调整性法律关系是第一性法律关系（主法律关系），保护性法律关系是第二性法律关系（从法律关系）；在实体和程序法律关系中，实体法律关系是第一性法律关系（主法律关系），程序法律关系是第二性法律关系（从法律关系），等

二、法律关系主体

（一）含义和种类

法律关系主体是法律关系的参加者，即在法律关系中一定权利的享有者和一定义务的承担者。

1. 公民（自然人）。这里的公民既指中国公民，也指居住在中国境内或在境内活动的外国公民和无国籍人。

2. 机构和组织（法人）。这主要包括三类：一是各种国家机关（立法机关、行政机关和司法机关等）；二是各种企事业组织和在中国领域内设立的中外合资经营企业、中外合作经营企业和外资企业；三是各政党和社会团体。

3. 国家。在特殊情况下，国家可以作为一个整体成为法律关系主体。例如，国家作为主权者是国际公法关系的主体，可以成为外贸关系中的债权人或债务人。

（二）权利能力和行为能力

1. 权利能力。又称权义能力（权利义务能力），是指能够参与一定的法律关系，依法享有一定权利和承担一定义务的法律资格。

根据享有权利能力的主体范围不同：

（1）一般权利能力又称基本权利能力是一国所有公民均具有的权利能力，它是任何人取得公民法律资格的基本条件，不能被任意剥夺或解除。

（2）特殊权利能力是公民在特定条件下具有的法律资格。这种资格并不是每个公民都可以享有，而只授予某些特定的法律主体。如国家机关及其工作人员行使职权的资格，如劳动权等。

注意：
法人的权利能力没有上述的类别。一般而言，法人的权利能力自法人成立时产生，至法人解体时消灭。

2. 行为能力。是指法律关系主体能够通过自己的行为实际取得权利和履行义务的能力。其标准有二：

（1）能否认识自己行为的性质、意义和后果；

（2）能否控制自己的行为并对自己的行为负责。

注意：
具有行为能力必须首先具有权利能力，但具有权利能力，并不必然具有行为能力。

	完全行为能力	限制行为能力	无行为能力
民法	（1）18周岁以上；（2）16周岁以上不满18周岁，以自己的劳动收入为主要生活来源的	（1）8周岁以上18周岁以下；（2）不能完全辨认自己行为的精神病人	（1）不满8周岁；（2）不能辨认自己行为的精神病人
刑法	16周岁以上，具有完全控制能力	（1）已满14周岁不满16周岁的人；（2）尚未完全丧失辨认或者控制自己行为能力的精神病人	（1）不满14周岁；（2）不能辨认或者不能控制自己行为的精神病人

注意：
法人的行为能力总是有限的，由其成立宗旨和业务范围所决定。同时，法人的行为能力和权利能力却是同时产生和同时消灭的。

三、法律关系的内容

法律关系的内容就是法律关系主体之间的法律权利和法律义务。在社会生活中，法律上所规定的权利和义务，也只有转化为法律关系主体实有的权利和义务，才能使法律对社会的调整达到有效的结果。

项目	法律关系主体的权利和义务	作为法律规范内容的权利和义务
所属的领域不同	"实有的"法律权利和义务，属于现实性领域	"应有的"法律权利和义务，属于可能性领域
针对的主体不同	主体是特定的	主体是不特定的
法的效力不同	"个别化的法律权利和法律义务"，其仅对特定的法律主体有效，不具有普遍的法的效力	"一般化的法律权利和法律义务"，具有一般的、普遍的法的效力

注意：
权利以权利能力为前提，是权利能力这一法律资格在法律关系中的具体反映。两者的区别是：第一，任何人具有权利能力，并不必然表明他可以参与某种法律关系，而要能够参与法律关系，就必须要有具体的权利。第二，权利能力包括享有权利和承担义务这两方面的法律资格，而权利本身不包括义务在内。

陈璐琼讲理论法学　2018年国家统一法律职业资格考试专题讲座系列

四、法律关系客体

（一）概念

法律关系客体是指法律关系主体之间权利和义务所指向的对象。对象说认为：法律关系客体是一定利益的法律形式。法益说认为：任何外在的客体，一旦它承载某种利益价值，就可能会成为法律关系客体。实质上，客体所承载的利益本身才是法律权利和法律义务联系的中介。

（二）种类

1. 物。法律意义上的物是指法律关系主体支配的、在生产上和生活上所需要的客观实体。（1）应得到法律之认可。（2）应为人类所认识和控制。不可认识和控制之物（如地球以外的天体）不能成为法律关系客体。（3）能够给人们带来某种物质利益，具有经济价值。（4）须具有独立性。不可分离之物（如道路上的沥青、桥梁之构造物、房屋之门窗）一般不能脱离主物，故不能单独作为法律关系客体存在。

在我国，有以下几种物不得进入国内商品流通领域，成为私人法律关系的客体：（1）人类公共之物或国家专有之物，如海洋、山川、水流、空气；（2）部分文物（除法律规定可以有私人所有权的外）；（3）军事设施、武器（枪支、弹药等）；（4）危害人类之物（如毒品、假药、淫秽书籍等）。

> **注意：**
>
> 目前考试集中于对于"虚拟物"的考查，比如"Q币"、"游戏装备和神兽的账号"和比特币等。它们其实也是有价值的，也能构成法律关系的客体。如《民法总则》第127条规定，法律对数据、网络虚拟财产的保护有规定的，依照其规定。

2. 人身。人身是由各个生理器官组成的生理整体（有机体）。

（1）活人的（整个）身体，不得视为法律上之"物"。不能作为物权、债权和继承权的客体，禁止任何人（包括本人）将整个身体作为"物"参与有偿的经济法律活动，不得转让或买卖。贩卖或拐卖人口、买卖婚姻，是法律所禁止的违法或犯罪行为，应受法律的制裁。

（2）权利人对自己的人身不得进行违法或有伤风化的活动，不得滥用人身，或自践人身和人格。例如，卖淫、自杀、自残行为属违法行为或至少是法律所不提倡的行为。

（3）对人身行使权利时必须依法进行，不得超出法律授权的界限，严禁对他人人身非法强行行使权利。例如，有监护权的父母不得虐待未成年子女的人身。

3. 精神产品。精神产品是人通过某种物体（如书本、砖石、纸张、胶片、磁盘）或大脑记载下来并加以流传的思维成果。精神产品属于非物质财富。西方学者称之为"无体（形）物"。我国法学界常称为"智力成果"或"无体财产"，如专利、商标、著作权等。

4. 行为结果。作为法律关系客体的行为结果是特定的，即义务人完成其行为所产生的能够满足权利人利益要求的结果。

（1）物化结果，即义务人的行为（劳动）凝结于一定的物体，产生一定的物化产品或营建物（房屋、道路、桥梁等）。

（2）非物化结果（服务），即义务人的行为没有转化为物化实体，而仅表现为一定的行为过程，直至终了，最后产生权利人所期望的结果（或效果），如整容服务。

作为法律关系客体的行为结果不完全等同于义务人的义务，但又与义务人履行义务的过程紧密相关。

五、法律关系的产生、变更与消灭

（一）概念

法律关系处在不断地形成、变更和消灭的运动过程。它的形成、变更和消灭，需要具备一定的条件。其中最主要的条件有二：一是法律规范；二是法律事实。法律事实是法律规范与法律关系联系的中介。所谓法律事实，就是法律规范所规定的、能够引起法律关系产生、变更和消灭的客观情况或现象。法律事实首先是一种客观存在的外在现象，而不是人们的一种心理现象或心理活动。纯粹的心理现象不能看作是法律事实。其次，法律事实是由法律规定的、具有法律意义的事实，能够引起法律关系的产生、变更或消灭。

（二）法律事实的种类

依是否以当事人的意志为转移作标准，可以将其分为两类，即法律事件和法律行为。

1. 法律事件。法律事件是法律规范规定的、不以当事人的意志为转移而引起法律关系形成、变更或消灭的客观事实。法律事件又分成社会事件和自然事件两种。例如，由于人的出生便产生了父母与子女间的抚养关系和监护关系；而人的死亡却又导致抚养关系、夫妻关系或赡养关系的消灭和继承关系的产生，等等。

2. 法律行为。法律行为可以作为法律事实而存在，能够引起法律关系形成、变更和消灭。因为人们的意志有善意与恶意、合法与违法之分，故其行为也可以分为善意行为、合法行为与恶意行为、违法行为。

注意：

恶意行为、违法行为也能够引起法律关系的形成、变更和消灭。

3. 事实构成。在法学上，人们常常把两个或两个以上的法律事实所构成的一个相关的整体，称为"事实构成"。例如，房屋的买卖，除了双方当事人签订买卖协议外，还须向房管部门办理登记过户手续方有效力，相互之间的关系也才能够成立。

六、法律责任

（一）法律责任的含义和特点

法律责任，是指行为人由于违法行为、违约行为或者由于法律规定而应承受的某种不利的法律后果。国家强制力只是在必要时，在责任人不能主动履行其法律责任时才会使用。

注意：

违法行为是法律责任产生的主要原因，但不是唯一原因，法律责任也可能产生于法律的规定，比如监护责任，无过错责任等。

（二）法律责任与权力、权利、义务的关系

1. 法律责任与法律权力有着密切的联系。一方面，责任的认定、归结与实现都离不开国家司法、执法机关的权力（职权）；另一方面，责任规定了行使权力的界限以

及越权的后果，因而"使权力的运作成为主体所施发的一种具有负责精神的行为过程"。即有权必有责。

2. 法律责任与法定权利和义务也有密切的联系。

（1）法律责任规范着法律关系主体行使权利的界限，以否定的法律后果防止权利行使不当或滥用权利；

（2）在权利受到妨害，以及违反法定义务时，法律责任又成为救济权利、强制履行义务或追加新义务的依据；

（3）法律责任通过否定的法律后果成为对权利、义务得以顺利实现的保证。

（三）法律责任的竞合

法律责任的竞合是指由于某种法律事实的出现，导致两种或两种以上的法律责任产生，而这些责任之间相互冲突的现象。

1. 数个法律责任的主体为同一法律主体。不同法律主体的不同法律责任可以分别追究，不存在相互冲突的问题。

2. 责任主体实施了一个行为。如果是数个行为分别触犯不同的法律规定，并且符合不同的法律责任构成要件，则应针对各行为追究不同的法律责任，而不能按责任竞合处理。

3. 该行为符合两个或两个以上的法律责任构成要件。行为人虽然仅实施了一个行为，但该行为同时触犯了数个法律规范，符合数个法律责任的构成要件，因而导致了数个法律责任的产生。

4. 数个法律责任之间相互冲突。如果数个法律责任可以被其中之一所吸收，如某犯罪行为的刑事责任吸收了其行政责任；或可以并存，如某犯罪行为的刑事责任与附带民事赔偿责任被同时追究，则不存在责任竞合的问题。

注意：

《合同法》第116条规定：当事人既约定违约金，又约定定金的，一方违约时，对方可以选择适用违约金或者定金条款。

《合同法》第122条规定：因当事人一方的违约行为，侵害对方人身、财产权益的，受损害方有权选择依照本法要求其承担违约责任或者依照其他法律要求其承担侵权责任。

张某在路途中遭到流氓殴打，跑到附近的派出所向值班民警求救，民警要求张某给"保护费"，张某没有答应，于是民警拒绝给予保护，导致张某被打成残疾。事后张某向法院提起行政诉讼，状告派出所民警行政不作为。法院审理案件之后认为由于公安机关不履行法定行政职责，致使张某的合法权益遭受损害，应当承担赔偿责任。

七、归责与免责

（一）法律责任的归责原则

法律责任的归结，也叫归责，是指由特定国家机关或国家授权的机关依法对行为人的法律责任进行判断和确认。在我国，归责的原则主要可以概括为：责任法定原则、公正原则、效益原则和合理性原则。合称"合法、公正、有效、合理"。

1. 责任法定原则是指法律责任作为一种否定的法律后果应当由法律规范预先规定，

包括在法律规范的逻辑结构之中，当出现了违法行为或法定事由的时候，按照事先规定的责任性质、责任范围、责任方式追究行为人的责任。

2. 公正原则：

（1）对任何违法、违约的行为都应依法追究相应的责任；

（2）责任与违法或损害相均衡，"责罚相当"、"罚当其罪"；

（3）公正要求综合考虑使行为人承担责任的多种因素，做到合理地区别对待；

（4）公正要求在追究法律责任时依据法律程序追究法律责任，非依法律程序，不得追究法律责任；

（5）坚持公民在法律面前一律平等，对任何公民的违法犯罪行为，都必须同样地追究法律责任，不允许有不受法律约束或凌驾于法律之上的特殊公民。

3. 效益原则是指在追究行为人的法律责任时，应当进行成本收益分析，讲求法律责任的效益。

4. 合理性原则是指在设定及归结法律责任时考虑各当事人的心智与情感因素，以期真正发挥法律责任的功能。

（二）免责

免责是指法律责任由于出现法定条件被部分或全部地免除。

1. 时效免责，即法律责任经过了一定的期限后而免除。法律不保护睡在权利上的人。

2. 不诉及协议免责，是指如果受害人或有关当事人不向法院起诉要求追究行为人的法律责任，行为人的法律责任就实际上被免除，或者受害人与加害人在法律允许的范围内协商同意的免责。

3. 自首、立功免责，是指对那些违法之后有立功表现的人，免除其部分和全部的法律责任。即将功抵过的免责形式。

4. 因履行不能而免责，即在财产责任中，在责任人确实没有能力履行或没有能力全部履行的情况下，有关的国家机关免除或部分免除其责任。

注意：

免责是以法律责任存在为前提的。如果法律责任自始不存在，也就谈不上法律责任的免除。因此，正当防卫、紧急避险、不可抗力、无责任能力不属于免责，是无责。

（三）法律制裁

法律制裁是指由特定国家机关对违法者依其法律责任而实施的强制性惩罚措施。

法律制裁可依不同标准分为不同的种类。与上述法律责任的种类相对应，可以将法律制裁分为刑事制裁、民事制裁、行政制裁和违宪制裁。

注意：

法律责任是前提，法律制裁是结果或体现。但有法律责任不等于一定有法律制裁。

王某与同村的张某因为琐事打架，王某不慎失手将张某打死。王某的父母向张某的父母求情，并表示愿意赔偿张家40万元，希望张家不要向公安机关报案。考虑到两家是世交，关系一直很好，王家又愿意赔偿，在经过一番讨价还价之后，张某的家人答应接受赔偿，不向公安机关报案，两家"私了"此事。后来村里有人向公安机关举报，公安机关介入此案，在查明事实后，移交给检察机关提起公诉，法院经过审判之后，认为张某犯有过失杀人罪，判处其有期徒刑3年。

陈璐琼讲理论法学　2018年国家统一法律职业资格考试专题讲座系列

专题四
法的运行

专题四

相◆关◆法◆理◆

法的生命在于实施。没有实施的法律就相当于"具法"。法的运行主要是两个方面，一个是法律的创制，一个是法律实施。它们也是相辅相成的。其中，法的宏观实施属于法理学中比较简单、很少考核的内容，简单了解即可。重点关注我国的立法程序和立法原则。同时，随着法治国家，法治政府和法治社会的建设，对于依法行政和司法公正的要求必须掌握。其中执法原则和司法原则有时候会对回答卷四行政法和诉讼法的论述题有些许帮助。

知识点及实例

一、立法

（一）概念

立法是指一定的国家机关依照法定职权和程序，制定、修改和废止法律和其他规范性法律文件及认可法律的活动，是将一定阶级的意志上升为国家意志的活动，是对社会资源、社会利益进行第一次分配的活动。

立法分为广义的立法和狭义的立法。广义的立法泛指一切有立法权的国家机关依法制定、修改、废止法律和其他规范性法律文件及认可法律的活动。狭义的立法仅指享有国家立法权的国家机关的立法活动，即全国人大及其常委会制定、修改、废止宪法和法律的活动。

（二）特点

（1）立法是以国家的名义进行的活动；（2）立法是一项国家职能活动，其目的是为了实现国家和社会生活的有效调控；（3）立法是以一定的客观经济关系为基础的人们的主观意志活动，并且受其他社会因素的影响；（4）立法是产生具有规范性、国家强制性的普遍行为规则的活动；（5）立法是依照法定职权和程序进行的专门活动；（6）立法是对有限的社会资源进行制度性的分配，是对社会资源的第一次分配，反映了社会的利益倾向性。

（三）立法体制

立法体制包括立法权限的划分、立法机关的设置和立法权的行使等各方面的制度，主要为立法权限的划分。立法体制的性质是与国家的性质相一致的，立法体制的形式则是与国家的结构形式和管理形式密切联系的。

当代中国是单一制国家，根据我国宪法的规定，我国的立法体制是一元性的立法体制，即"一元多层次"。

1. 全国人民代表大会及其常委会行使国家立法权，制定法律。

2. 国务院根据宪法和法律制定行政法规，国务院下属的部委根据法律和行政法规，制定规章。

3. 省、直辖市的人民代表大会及其常委会在不同宪法、法律、行政法规相抵触的前提下，可以制定地方性法规；民族自治地方的人民代表大会有权依照当地民族地区的政治、经济和文化的特点，制定自治条例和单行条例。

4. 设区的市的人民代表大会及其常务委员会根据本市的具体情况和实际需要，在不同宪法、法律、行政法规和本省、自治区的地方性法规相抵触的前提下，可以制定地方性法规。

5. 省、自治区、直辖市人民政府及设区的市的人民政府，可以根据法律和国务院的行政法规，制定规章。

6. 按照"一国两制"的原则，特别行政区实行的制度，由全国人民代表大会以法律规定。

（四）立法原则

1. 合宪性与合法性原则。立法的合宪性与合法性原则要求一切立法活动都必须以宪法为依据，符合宪法的精神；立法活动都要有法律根据。

2. 实事求是、从实际出发原则。立法应当尊重社会的客观实际状况，根据客观需要反映客观规律的要求。

3. 民主立法原则。立法应当体现广大人民的意志和要求，确认和保障人民的利益；应当通过法律规定，保障人民通过各种途径参与立法活动，表达自己的意见；立法过程和立法程序应具有开放性、透明度，立法过程中要坚持群众路线。

4. 原则性与灵活性相结合原则。在立法中要做到原则性和灵活性相结合，恰当处理各种关系，注意各方面的平衡；应高度重视立法的技术、方法，提高立法的质量。

（五）立法程序

1. 法律议案的提出。提出法律议案（又称立法议案、法律案）是立法程序的开始。

（1）全国人大代表和全国人大常委会的组成人员。依照法律规定，全国人大代表30人以上或一个代表团可以提出法律议案。全国人大常委会委员10人以上可以向全国人大常委会提出法律议案。

（2）全国人大主席团、全国人大常委会可以向全国人大提出法律议案。全国人大各专门委员会可以向全国人大或全国人大常委会提出法律议案。

（3）国务院、最高人民法院、最高人民检察院可以向全国人大或全国人大常委会提出法律议案。

2. 法律案的审议。法律案的审议是指立法机关对已经列入议事日程的法律案正式进行审查和讨论。我国全国人民代表大会对法律案的审议，一般经过两个阶段：一是由全国人大有关专门委员会进行审议，其中包括对法律案的修改、补充；二是立法机关全体会议的审议。立法法规定为列入常务委员会会议议程的法律案，一般应当经三次常务委员会会议审议后再交付表决（俗称三读）。

法律案审议的结果有以下几种：（1）提付表决；（2）搁置；（3）终止审议；（4）提案人撤回提案。

3. 法律的表决和通过。法律的表决和通过是立法机关以法定多数对法律案所附法律草案表示最终的赞同，从而使法律草案成为法律。这是法的制定程序中具有决定意义的一个步骤。我国宪法规定，宪法的修改由全国人民代表大会以全体代表 2/3 以上的多数通过。法律案所附法律草案要经过全国人大或全国人大常委会以全体代表的过半数通过。

通过法律的方式，有公开表决和秘密表决两种。公开表决包括举手表决、起立表决、口头表决、行进表决、记名投票表决等各种形式。秘密表决主要是以无记名投票的形式。我国为秘密表决。

4. 法律的公布。法律的公布是指立法机关或国家元首将已通过的法律以一定的形式予以公布，以便全社会遵守执行。法律的公布是立法程序中的最后一个步骤，它是法律生效的前提。法律通过后，凡是未经公布的，都不能发生法的效力，从而无法在社会生活中发挥作用。未经正式公布的"法律"，不为人们所知晓，就不具有普遍约束力，也不可能得到人们的普遍遵守。

我国《宪法》规定，中华人民共和国主席根据全国人民代表大会的决定和全国人民代表大会常务委员会的决定，公布法律。形式是主席令的方式。公布后的法律生效问题，依照法律规定。我国公布法律的报刊是全国人大常委会公报、中国人大网以及"在全国范围内发行的报纸"，在全国人大常委会公报上刊登的法律文本为标准文本。

二、法的实施

法的实施是指法在社会生活中被人们实际施行。法在被制定出来后实施前，只是一种"书本上的法律"，处在应然状态；法的实施，就是使法律从书本上的法律变成"行动中的法律"，使它从抽象的行为模式变成人们的具体行为，从应然状态进到实然状态。以实施法律的主体和法的内容为标准，法的实施方式可以分为三种：法的遵守（守法）；法的执行（执法）；法的适用（司法）。

> 注意：
> 法的实现是将法的实施的过程性与法的实效的结果性结合的一个概念。即法的实现等于法的实施（过程）加上法的实效（结果）。

三、执法

（一）含义

广义的执法，或法的执行，是指所有国家行政机关、司法机关及其公职人员依照法定职权和程序实施法律的活动。狭义的执法，或法的执行，则专指国家行政机关及其公职人员依法行使管理职权、履行职责、实施法律的活动。这里是狭义的法的执行。

（二）执法的特点

1. 执法是以国家的名义对社会进行全面管理，具有国家权威性。
2. 执法的主体，是国家行政机关及其公职人员。
3. 执法具有国家强制性。
4. 执法具有主动性和单方面性。如果行政机关不主动执法并因此给国家或社会造成损失，就构成失职，要承担法律责任。

（三）执法的基本原则

1. 依法行政的原则。这是指行政机关必须根据法定权限、法定程序和法治精神进行管理，越权无效。这是现代法治国家行政活动的一条最基本的原则。

2. 讲求效能的原则。这是指行政机关应当在依法行政的前提下，讲究效率，主动有效地行使其权能，以取得最大的行政执法效益。

3. 公平合理的原则。这是指行政机关在执法时应当权衡多方面的利益因素和情境因素，在严格执行规则的前提下做到公平、公正、合理、适度，避免由于滥用自由裁量权而形成执法轻重不一、标准失范的结果。

题

据沿海某市劳动保障部门发布的信息，该市开展的以清理拖欠农民工工资为主要内容的"春雨行动"告一段落，全市劳动保障部门共检查用户单位2426户，涉及职工31万人。其中764家用人单位拖欠1.2万名职工工资2060万元，追回工资2000万元，其中涉及农民工1.15万人。对26家支付工资不力用人单位进行了处罚。

为了确保农民工在春节前按时足额领到工资，该市于去年11月启动了"春雨行动"，市政府还专门下发了《关于进一步解决拖欠农民工工资问题的通知》，对各地清欠农民工工资的情况进行了督查。在"春雨行动"期间，各地加大了检查力度，保证了清欠工作的顺利进行。

阅读上述材料，并根据执法原理回答下列问题：

（1）材料主要反映了执法活动的哪方面特征？请说明理由。

（2）材料主要反映的执法原则是什么？请说明理由。

【参考答案】

（1）材料主要反映了执法活动的主动性特征。执法程序的启动与司法程序的启动不同，一般不必要求由有关当事人提出请求，而是由执法主体依据其职权即可开始执法活动。执法主体执行法律，既是一种职权，也是一种职责。执法机关必须积极主动地去行使其执法权力，实现对社会的管理，有效地维护法律所要求的社会正常秩序。本材料中，劳动保障部门开展劳动执法检查，清查用人单位拖欠农民工工资情况，就不必等有关农民工提出申请才采取行动。所以，有关部门及其工作人员开展劳动保障的检查执法活动，恰恰体现了行政执法的主动性特征。

（2）材料体现了依法行政的执法原则。依法行政原则，是指行政机关必须依照法定的权限、法定程序和法治精神进行管理，越权无效。该原则的具体要求包括执法的主体、内容和程序必须合法。就材料反映的问题看，主要体现了依法行政原则的执法内容要合法。材料中，劳动保障部门对拖欠农民工工资的用人单位的处罚，就必须要先认定用人单位是否存在拖欠工资的事实，证据是否确凿充分，然后还要正确适用有关劳动保障法规对拖欠工资的用人单位进行处罚，处罚的法律依据必须具体明确，这些都是依法行政的要求。

四、司法

（一）含义

司法，又称法的适用，通常是指国家司法机关根据法定职权和法定程序，具体应用法律处理案件的专门活动。

（二）特点

1. 司法是由特定的国家机关及其公职人员，按照法定职权实施法律的专门活动，具有国家权威性。在我国，人民法院和人民检察院是代表国家行使司法权的专门机关，其他任何国家机关、社会组织和个人都不得从事这项工作。在中国，司法权包括审判权和检察权。审判权即适用法律处理案件，作出判决和裁定；检察权包括代表国家批准逮捕、提起公诉、不起诉、抗诉等。司法机关依照法律代表国家独立行使职权，不受行政机关、社会团体和个人的干涉。

2. 司法是司法机关以国家强制力为后盾实施法律的活动，具有国家强制性。

3. 司法是司法机关依照法定程序、运用法律处理案件的活动，具有严格的程序性及合法性。枉法裁判，应当承担相应的法律责任。

4. 司法必须有表明法的适用结果的法律文书，如判决书、裁定书和决定书等。

（三）司法与执法的区别

区别	司法	执法
主体不同	司法机关及其公职人员	国家行政机关及其公职人员
内容不同	案件。裁判涉及事实争议和法律适用及对有关案件进行处理	以国家的名义对社会进行全面管理，行政管理的事务涉及社会生活方方面面，执法的内容远比司法广泛
程序性要求不同	严格的程序性要求，如果违反程序，将导致司法行为的无效和不合法	程序性规定没有司法活动那样严格和细致
主动性不同	被动性，案件的发生是引起司法活动的前提	较强的主动性，对社会进行行政管理的职责要求行政机关应积极主动地去实施法律

（四）当代中国司法的要求和原则

1. 司法公正。公正是司法的生命。司法公正是社会正义的一个重要组成部分，它既包括实质公正，也包括形式公正，其中尤以程序公正为重点。

（1）公正司法是法的精神的内在要求。

（2）公正与裁判，既是一种里表关系，又是一种唇齿相依关系。

（3）司法机关公正司法，是其自身存在的合法性基础。公正是司法的生命。

2. 公民在法律面前一律平等。

（1）在我国，法律对于全体公民，不分民族、种族、性别、职业、社会出身、宗教信仰、财产状况等，都是统一适用的，所有公民依法享有同等的权利并承担同等的义务。

（2）任何权利受到侵犯的公民一律平等地受到法律保护，不能歧视任何公民。

（3）在民事诉讼和行政诉讼中，要保证诉讼当事人享有平等的诉讼权利，不能偏袒任何一方当事人；在刑事诉讼中，要切实保障诉讼参加人依法享有的诉讼权利。

（4）对任何公民的违法犯罪行为，都必须同样地追究法律责任，依法给予相应的法律制裁，不允许有不受法律约束或凌驾于法律之上的特殊公民，任何超出法律之外的特殊待遇都是违法的。在司法工作中，必须忠实于事实、忠实于法律、忠实于人民，严格依法办事，绝不能看人办案，因人而异，不能由于责任人的家庭出身或过去的功绩等而对其的裁判偏离甚至违背法律的要求。

注意：
> 法律面前一律平等是法适用上的平等，而非立法上的平等。

3. 以事实为根据，以法律为准绳。应当坚持实事求是、从实际出发的思想路线，重证据，重调查研究，不轻信口供；正确处理依法办事与坚持党的政策指导的关系。

4. 司法机关依法独立行使职权。

（1）专属性，即国家的司法权只能由国家各级审判机关和检察机关统一行使，其他任何机关、团体和个人都无权行使此项权利；

（2）独立性，即人民法院、人民检察院依照法律独立行使自己的职权，不受行政机关、社会团体和个人的非法干涉；

（3）合法性，即司法机关审理案件必须严格依照法律规定，正确适用法律，不得滥用职权，枉法裁判。

题

2016年，四川省夹江县某个体印刷厂仿冒印制另一企业的产品，被技术监督机构查封。该印刷厂认为该技术监督机构无权对其实施行政处罚，属于越权行政，遂向法院提起行政诉讼。对此，中央电视台"焦点访谈"栏目以"打假者上了被告席"为题进行了报道，并以"恶人先告状"为道德批判模式，对"制假者"的起诉行为予以谴责。面对媒体形成的舆论压力，法院不得不违心地作出不利于"制假者"的裁决。实际上，依照相关法律，"制假者"是有起诉权的，法院应当受理。媒体的报道把一个法律问题变成了一个是非分明的道德问题，给司法审判带来了不利影响，也损害了当事人的权利。

阅读上述材料，并根据执法原理回答下列问题：

（1）请说明该段材料反映的司法原则及其含义。

（2）请阐述该段材料中新闻媒体的做法说明的问题。

【参考答案】

（1）该段材料反映的是司法独立原则。司法独立原则，即司法权独立行使原则，是指司法机关在办案过程中，依照法律规定独立行使司法权。司法独立原则要求国家的司法权只能由国家的司法机关独立行使，其他任何组织和个人都无权行使此项权力；要求司法机关行使司法权只服从法律，不受其他行政机关、社会团体和个人的干涉。

（2）该段材料表明，在实践中必须把握好"监督"与"非法干预"之间的界限。司法机关依法独立行使职权并不意味着司法权不受监督，从本材料来看，接受舆论监督是必要的，但有时候，监督者的"监督"可能会演变为"干预"。在上述事例当中，新闻媒体的本意是为了进行舆论监督，但这种监督却干预了法院的独立审判。法官审理案件，必须以法律而不是道德为标准，尽管造假者在道德上应受到谴责，但依据法律，其享有向法院起诉的权利。媒体借助于舆论的力量对法院施加了压力，形成了事实上的"媒体审判"。类似的情形在权力机关对法院的个案监督中也时常出现。

五、守法

（一）含义

守法即法的遵守是指公民、社会组织和国家机关以法律为自己的行为准则，依照法律行使权利、履行义务的活动。守法包括消极、被动的守法，即履行义务；也包括积极主动的守法，即行使权利。

（二）构成

1. 守法的主体，所有人都是守法主体，所有组织都有义务守法，各政党，包括共产党，都要遵守宪法和法律，都要在宪法和法律的范围内活动。

2. 守法的范围，不仅包括宪法和全国人民代表大会及其常委会制定的基本法律和非基本法律，而且包括与宪法和法律相符合的行政法规、地方性法规、行政规章等。

3. 守法内容包括行使法律权利和履行法律义务，两者密切联系，不可分割。守法是行使法律权利和履行法律义务的有机统一。

六、法律监督

（一）概念

狭义上的法律监督是指由特定国家机关依照法定权限和法定程序，对立法、司法和执法活动的合法性所进行的监督。广义上的法律监督，是指由所有国家机关、社会组织和公民对各种法律活动的合法性所进行的监督。

（二）法律监督的构成

1. 监督主体是所有国家机关、社会组织和个人。
2. 监督客体即被监督的对象，是所有国家机关、社会组织和个人。
3. 监督内容是行为的合法性问题。
4. 监督的权力和权利是监督主体监视、察看、约束、制约、控制、检查和督促客体的权力和权利。
5. 监督的规则包括实体规则和程序规则。

（三）法律监督体系

1. 国家法律监督体系。包括国家权力机关、行政机关和司法机关的监督。它是我国法律监督体系的核心。
2. 社会法律监督体系。包括：中国共产党的监督、社会组织的监督、公民的监督、法律职业群体的监督和新闻舆论的监督等。

专题五
法适用的一般原理

◆相◆关◆法◆理◆

　　法的实施中最重要的是法的适用的基本原理，这个是提升法理学品质的重要组成部分。这一讲的内容在法理学中具有最高地位，是近年来法理学中难度最高、价值最大的考点。这里的所有内容都具有考试价值，其中尤为重要的考点包括：司法审判中的内部证成与外部证成、法律解释的体制与方法（尤其是文义解释、体系解释、目的解释等方法的判断）、法律推理的方法（尤其是演绎推理和类比推理）。这里的内容一定要看懂、理解，并且能运用到案例中来。

知识点及实例

一、法适用的目标（双目标）

　　法律人适用法律的最直接的目标就是要获得一个合理的法律决定，即法律决定具有可预测性和正当性。法律决定的可预测性是形式法治的要求，它的正当性是实质法治的要求。

（一）可预测性

　　形式上符合法律。可预测性意味着做法律决定的人在做决定的过程中应该尽可能地避免武断和恣意。这就要求法官必须将法律决定建立在既存的一般性的法律规范的基础上，即严格依据国家法律进行裁判，保证判决在形式上符合法律规定。

（二）正当性

　　内容上符合法理。法律决定的正当性是指按照实质价值或某些道德考量，法律决定是正当的或正确的。法律决定的正当性是指按照现代法治社会公认的实质价值或道德原则，法院的法律决定是正当的或正确的，是与这些自由、平等、人权等法律价值相一致的。这就要求法官必须通过运用法律共同体所普遍承认的法学方法，如类比推理或客观目的解释，保证其法律决定与实质价值或道德的一致性，即实质内容符合法理。

（三）紧张关系

　　法律决定的可预测性与正当性之间存在着一定的紧张关系。原因在于，有的法律决定不是做决定的人武断地和恣意地作出的，即实现了可预测性，然而该决定与特定国家的法秩序所承认的实质价值或道德相背离。同时，我们也应该看到，有些法律决定是正当的，却是做法律决定的人武断地和恣意地作出的。实质上，这种紧张关系是形式法治与实质法治之间的紧张关系的一种体现。

（四）可预测性的初始优先性

对在特定的一个时间段内的特定国家的法律人来说，法律决定的可预测性具有初始的优先性。因为对于特定国家的法律人来说，首先理当崇尚的是法律的可预测性。

注意：

拉德布鲁赫公式：（1）法的安定性原则高于合正义性；（2）当法律违反正义的程度已经达到无法忍受的状态，该法律就不再是法律，而不过是权力的运作而已；（3）如果立法者在立法时有意否定平等原则时，即符合第二项标准。

某日早上8时许，一头野生羚牛闯入一户人家，将某甲顶倒在地，其妻某乙亦被困屋中，当地有关部门闻讯展开营救。根据《野生动物保护法》第21条明文规定，禁止猎捕、杀害国家重点保护野生动物。因科学研究、驯养繁殖、展览或者其他特殊情况，需要捕捉、捕捞国家一级保护野生动物的，必须由国务院野生动物行政主管部门批准。由于野生羚牛是国家一级保护动物，因此当地有关部门不敢擅自捕杀，只能逐级请示；当日下午1时许才从省林业厅传来指示，可以击毙羚牛；下午4时许，羚牛终于被击毙，而此时某甲已经死亡，其妻某乙亦因伤势过重抢救无效死亡。

二、法适用的步骤

整体上来说，法律人适用有效的法律规范解决具体个案纠纷的过程在形式上是逻辑中的三段论推理过程，即大前提、小前提和结论。

首先，要查明和确认案件事实，作为小前提，在诉讼中对应的就是法庭调查；其次，要选择和确定与上述案件事实相符合的法律规范，作为大前提，在诉讼中对应的就是法庭辩论；最后以整个法律体系的目的为标准，从两个前提中推导出法律决定或法律裁决，在诉讼中对应的就是最后的评议和宣判。

注意：

在实际的法律活动中，法律人适用有效法律规范解决个案纠纷的这三个步骤"绝不是各自独立且严格区分的单个行为。它们之间界限模糊并且可以相互转换"。如法律人查明和确认案件事实的过程就不是一个纯粹的事实归结过程，而是一个在法律规范与事实之间的循环过程，即目光在事实与规范之间来回穿梭。这是因为法律人要想将一定的规范适用在特定的案件中，就必须要把当事人向他叙述的纯粹生活事实转化为"法律事实"。在这个意义上，法律解释对于法律适用来说并不是可有可无的，而是必要的，是法律适用的基础。

三、内部证成与外部证成

（一）内部证成与外部证成的含义

1. 证成。法律适用过程也是一个法律证成的过程。因为"证成"往往被定义为给一个决定提供充足理由的活动或过程。一方面，法律决定是按照一定的推理规则从前提中推导出来的；另一方面，推导法律决定所依赖的前提是合理的、正当的。

2. 内部证成。法律决定必须按照一定的推理规则从相关前提中逻辑地推导出来，属于内部证成。它关涉的只是从前提到结论之间推论是否是有效的，而推论的有效性或真实性依赖于是否符合推理规则或规律。

3. 外部证成。对法律决定所依赖的前提的证成属于外部证成。它关涉的是对内部证成中所使用的前提本身的合理性，即对前提的证立。

4. 内部证成保证了结论是从前提中逻辑地推导出来，它对前提是否是正当的、合理的没有任何的保障。

某人X携带硫酸，并将硫酸泼洒在一位女会计的脸上，然后抢走她的钱包。德国联邦法院依照《德国刑法》第250条的规定，即行为人携带武器实施抢劫行为的，应该加重处罚，对被告X施加了加重处罚。我们将该判决改写为下列的三段论1：

大前提T1：行为人携带武器实施抢劫行为的，应该加重处罚。

小前提T2：X携带硫酸，并将硫酸泼洒在一位女会计的脸上，然后抢走她的钱包。

结论C:X应该被加重处罚。

在该三段论中，从前提T1和T2到结论在逻辑上并不是一个必然的推理，或者说结论并不能够按照一定的推理规则从前提中推导出来。因为前提T1与T2之间是断裂的，也就是说在这两个前提之间缺乏联系，或者说在法律规范与案件事实之间缺乏联系。为此，我们在该三段论之间增加一个前提T'，即硫酸是武器。

这样，上述的三段论就成为下列的推理链条1：

大前提T1：行为人携带武器实施抢劫行为的，应该加重处罚。

前提T'：硫酸是武器，或武器包括了硫酸。

小前提T2：X携带硫酸，并将硫酸泼洒在一位女会计的脸上，然后抢走她的钱包。

结论C:X应该被加重处罚。

在这个三段论中加入T'之后，该法律推理或法律决定至少在推理的形式上是比较完整的。但是，它凸显出该判决中的一个需要证成的核心命题，即硫酸是武器。这就要求法官或其他法律人在其法律决定中要着重论证该命题，而对该命题的论证就是一个外部证成。我们将对该命题的论证继续加入到上述的三段论，就得到下列的推理链条2：

大前提T1：行为人携带武器实施抢劫行为的，应该加重处罚。

前提T11：所有的武器如枪、炮等都具有危险性。

前提T12：硫酸在该案件中的使用也具有诸如枪、炮等武器的危险性。

前提T13：所有在同样情景下使用的东西具有诸如枪、炮危险性的，都应该属于武器。

前提T14：硫酸是武器。

小前提T2：X携带硫酸，并将硫酸泼洒在一位女会计的脸上，然后抢走她的钱包。

结论C:X应该被加重处罚。

推理链条2比推理链条1更合理之处，不仅在于前者说明了硫酸为什么是武器，而且在于它增加了前提T13。而T13是一个具有普遍性的命题，即规范性命题。它保证了"相同问题相同处理、不同问题不同处理"的原则的实现。对我们来说，更为重要的是，推理链条2将该法律决定的前提中的那个隐而不彰的问题更加细微地凸显出来，即将危险性作为武器的核心点是合理的吗？以及硫酸与诸如枪炮等武器具有同等程度的危险吗？上述推理链条的分析说明，在内部证成中越是多地展开逻辑推导步骤，越是能够尽可能地将法律决定中的问题清楚地凸显出来，越是能够更加逼近问题之核心。相反，如果在内部证成中展开的推导步骤越少，而且因此推导的跨度非常大，那么，这些步骤的规范性内涵就不会清晰地显现出来。这就使法律决定很容易受到攻击，而且这些攻击经常是非特定化的。因此，虽然展开的步骤越多越导致论证的烦琐，但是能够产生清晰的结果。

（二）内部证成与外部证成的关系

1. 在法律适用中，内部证成和外部证成是相互关联的。

2. 外部证成是将一个新的三段论附加在论证的链条中，这个新的三段论是用来支持内部证成中的前提。我们可以看到，法律的推理或法律适用在整体框架上是一个三段论，而且是大三段论套小三段论。这就意味着在外部证成的过程中也必然地涉及内部证成，也就是说对法律决定所依赖的前提的证成本身也是一个推理过程，亦有一个内部证成的问题。

3. 法律人在证成前提的过程中也必须遵循一定的推理规则。法律人在法律适用或做法律决定的过程中所确立的每一个法律命题或法律判断都必须能够被重构为逻辑上正确的结论。

4. 我们不能够将内部证成只理解为通常所谓的法律规范、案件事实与法律决定之间的推理规则，而应理解为包括了确立前提本身所要遵循的推理规则。

口诀：内部证成三句话，大小前提加决定，外部证成一句话，只有前提无结论。

四、法律推理

（一）概念和特点

法律推理就是指法律人在从一定的前提推导出法律决定的过程中所必须遵循的推论规则。特点：（1）法律推理是以法律以及法学中的理或理由为基础的。（2）法律推理要受现行法律的约束。在英美法系国家，来自于判例中的法律规范，也是法律推理的前提。（3）法律推理是一种寻求正当性证明的推理。

（二）种类

1. 演绎推理。演绎推理是从大前提和小前提中必然地推导出结论或结论必然地蕴涵在前提之中的推论。所谓大前提是因为该命题代表整体，所谓小前提则代表整体中的人或事。例如，"所有的人都会死"是大前提，"苏格拉底是人"是小前提，"苏格拉底会死"是结论。由此可见演绎推理是从一般到个别的推论。其经典的方法是三段论。

2. 归纳推理。与演绎推理不同，归纳推理是从个别到一般的推论。它们的核心区别是在对于前提和结论的主张的强度：演绎推理的主张是，如果前提为真并且是有效的，结论就为真且有效。归纳推理的主张是，如果前提为真，结论则比较有可能为真或者不是假的。因此，归纳推理的标准是从前提赋予结论的或然率或似真程度。我们必须遵守以下的推论规则：（1）被考察对象的数量要尽可能地多；（2）被考察对象的范围要尽可能地广；（3）被考察对象之间的差异要尽可能地大。如果推论人在归纳推论时不遵守这些规则就可能犯"以偏概全"和"轻率概括"的谬误。

3. 类比推理。与归纳推理不同，类比推理是从个别到个别的推论，而不是从个别到一般的推论。具体来说，类比推理是根据两个或两类事物在某些属性上是相似的，从而推导出它们在另一个或另一些属性上也是相似的。其一般形式为：

A（类）事物具有 a、b、c、d 等属性；

B（类）事物也具有 a、b、c 属性；

因此，B（类）事物也具有 d 属性。

与归纳推理相同，类比推理所得到的结论也是或然性的，即既可能为真也可能为假。

法律人在类比推论的操作过程中，最为基本和关键的是确认哪些是重要的案情或哪些是关键的相关案情。除了依赖于重要性或相关性的判断，还依赖于以下两个标准：（1）类比推论的可接受性与被分析的情况的数量成正比；（2）可接受性依赖于正相似与负相似的数量。

4. 设证推理。设证推理是对从所有能够解释事实的假设中优先选择一个假设的推论。例如，我们发现门前的草坪是湿的，而且观察到，如果在晚上天下雨了，草坪就会湿。因此，我们就可以设证下列结论：昨晚天下雨。

设证推论是一种效力很弱的推论，但是它在法律适用的过程中是不可放弃的。法律人在其工作过程中必然会运用到设证推理。相反，如果没有这种假设，法律人就只可能漫无计划、漫无目的地查找法律，看能否找到一个适当的规定。

5. 辩证推理。辩证推理是指当作为推理前提的是两个或两个以上相互矛盾的法律命题时，借助于辩证思维，从中选择最佳命题，以解决法律问题。适用法律推理的前提是因法律规定的复杂性而引起的疑难问题。

真题

材料1：A县电缆受到破坏，大面积停电5小时，后经调查得知为甲偷割电缆所致。甲被控犯有"危害公共安全罪"，被判处5年有期徒刑。甲不服遂向上级法院提起上诉，称自己偷割电缆变卖仅得200元钱，顶多是"小偷小摸"行为。二审法官依照最高人民法院《关于审理破坏公用电信设施刑事案件具体应用法律若干问题的解释》维持原判。

材料2：出租车司机乙送病危病人去医院，该病人需要及时治疗，否则性命难保。为争取时间，乙将车开至非机动车道掉头，被交警拦截并被告知罚款。经乙解释，交警对乙未予处罚且为其开警车引道，将病人及时送至医院，使病人脱离危险。

根据法理学知识和理论并结合上述材料回答下列问题：

（1）对比材料1和材料2分析二审法官和交警运用的法律推理形式。

（2）材料1和材料2中，二审法官和交警运用的案件判断方法是价值判断还是事实判断？为什么？

（3）根据材料2分析法的价值存在的冲突及解决办法。

【参考答案】

（1）①材料1中，二审法官运用的推理形式是演绎推理。演绎推理是从一般到特殊的推理形式，二审法官依据《关于审理破坏公用电信设施刑事案件具体应用法律若干问题的解释》这个大前提进行审判，并针对甲盗割电缆这个具体案件的小前提，从而得出一个确定的判决，这正是演绎推理的推理形式。②材料2中，交警运用的推理形式是辩证推理。辩证推理即当作为推理前提的是两个或两个以上相互矛盾的法律命题时，借助于辩证思维，从中选择出最佳命题，以解决法律问题。交警在存在保护生命权和维持秩序价值两个疑难命题的情形下，从中选择出最佳命题，该方法是辩证推理方法。

（2）材料1和材料2中，二审法官和交警运用的案件判断方法都是价值判断而非事实判断。因为二审法官引用的最高人民法院《关于审理破坏公用电信设施刑事案件具体应用法律若干问题的解释》并非既有法律规范，而是司法解释，不能认定是事实判断；交警并没有以法律制度作为判断的取向，而是以具体案件中的人作为判断标准，因此也是价值判断。

（3）材料2中存在秩序价值和人权价值之间的冲突。在人权价值和秩序价值存在冲突时，应遵循价值位阶原则、比例原则和人民群众根本利益原则解决二者的冲突，即人权价值要优先于秩序价值。

陈璐琼讲理论法学

2018年国家统一法律职业资格考试专题讲座系列

【小结】

推理类型	逻辑模式	推理特点	法律领域的运用
演绎推理	其一般模式如下： （1）大前提（L-法律规范）； （2）小前提（F-案件事实）； （3）因此，得出结论（J-法律裁判）	从一般到个别的推理，属于必然性推理，因此最可靠	大陆法系的司法审判中最常用的方法
归纳推理	其一般模式如下： （1）案例1具体情况； （2）案例2具体情况； （3）案例3具体情况； …… （4）因此，得出一般结论	从个别到一般的推理，属于或然性推理	英美法系审判中，法官从以往判例中归纳推出法律规则
类比推理	其一般模式如下： （1）A事物具有a、b、c、d等属性； （2）B事物也具有a、b、c属性； （3）因此，B事物也具有d属性	从个别到个别，或然性推理	在法律无具体规定时，依据最相近似条款类比适用解决疑难案件
设证推理	（1）C被观察到或待解释的现象C （2）如果H为真，那么C是当然结果（如果H，则C） （3）所以，H	由果找因	效力很弱的推论，但是它在法律适用的过程中是不可放弃的

五、法律解释

（一）含义与特点

法律解释是指一定的人或组织对法律规定意义的说明与阐述。有以下几个特点：

1. 法律解释的对象是法律规定和它的附随情况。

2. 法律解释与具体案件密切相关。法律解释往往由有待处理的案件所引起。法律解释需要将条文与案件事实结合起来进行。

3. 法律解释具有实践性和目的性。即法律解释具有一定的价值取向性。这是指法律解释的过程是一个价值判断、价值选择的过程。人们创制并实施法律是为了实现一定的目的，而这些目的又以某些基本的价值为基础。尤其是在出现疑难案件时，更需要法官创造性地依据法律的基本目的，对案件作出恰当的衡量。

4. 法律解释受解释学循环的制约。解释学循环是解释学中的一个中心问题，它是指"整体只有通过理解它的部分才能得到理解，而对部分的理解又只能通过对整体的理解"。在法律解释中，解释者要理解法律的每个用语、条文和规定，需要以理解该用语、条文和规定所在的制度、法律整体乃至整个法律体系为条件；而要理解某一法律制度、法律乃至整个法律体系，又需要以理解单个的用语、条文和制度为条件。指出法律解释存在的解释循环，可以防止人们孤立地、断章取义地曲解法律。

（二）法律解释的种类

法律解释由于解释主体和解释效力的不同可以分为：

1. 正式解释。通常也叫法定解释，有权解释，是指由特定的国家机关、官员或其他有解释权的人对法律作出的具有法律上约束力的解释。根据解释的国家机关的不同，法定解释又可以分为立法、司法和行政三种解释。

2. 非正式解释。通常也叫学理解释，任意解释，一般是指由学者或其他个人及组织对法律规定所作的不具有法律约束力的解释。这种解释是学术性或常识性的，不被作为执行法律的依据。

（三）法律解释的方法

1. 文义解释，也称语法解释、文法解释、文理解释。这是指按照日常的、一般的或法律的语言使用方式清晰地描述制定法的某个条款的内容。这种方法要求解释者必须对语言使用方式或规则的有效性进行证成。文义解释的特点是将解释的焦点集中在语言上，而不顾及根据语言解释出的结果是否公正、合理。

2. 体系解释，也称逻辑解释、系统解释，是指将被解释的法律条文放在整部法律中乃至整个法律体系中，联系此法条与其他法条的相互关系来解释法律。

3. 立法者的目的解释，又被称为主观目的解释，是指根据参与立法的人的意志或立法资料揭示某个法律规定的含义，或者说将对某个法律规定的解释建立在参与立法的人的意志或立法资料的基础之上。

4. 历史解释是指依据正在讨论的法律问题的历史事实对某个法律规定进行解释。历史解释是一种否定性的解释，即解释结果是：过去对该条文的解释会导致的危害在当前仍然可能出现，所以当前不能沿用过去的解释。

5. 比较解释是指根据外国的立法例和判例学说对某个法律规定进行解释。如果说历史解释是利用历史上已发生的法律状况证成某个解释结果，那么比较解释是利用另一个社会或国家的法律状况证成某个法律解释结果。

6. 客观目的解释是指根据"理性的目的"或"在有效的法秩序的框架中客观上所指示"目的即法的客观目的，而不是根据过去和目前事实上存在着的任何个人的目的，对某个法律规定进行解释。例如，在台湾地区，唐代文学家韩愈的子孙因某杂志社侮辱韩愈名誉而依据民法典"死者直系卑亲属有权提起精神损害之诉"的规定起诉该杂志社，最终，法院认为法律中的"直系卑亲属"应限于和死者血缘和感情比较亲近的三代以内血亲，从而驳回起诉，这里没有考虑立法者是谁，而是直接追问了法律的内在的客观目的。

（四）法律解释方法的位阶

每种解释方法有其各自特殊的功能。语义学解释和立法者意图或目的解释实质上使法律适用者在做法律决定时严格地受制于制定法；相对于其他的法律解释，这两种法律解释方法使法律适用的确定性和可预测性得到最大可能的保证。历史解释和比较解释容许了法律适用者在做法律决定时可以参酌历史的法律经验和其他国家或社会的法律经验。体系解释有助于特定国家的法秩序避免矛盾，从而保障法律适用的一致性。客观目的解释可以使法律决定与特定社会的伦理与道德要求相一致，从而使法律决定具有最大可能的正当性。

现今大部分法学家都认可下列位阶：（1）语义学解释；（2）体系解释；（3）立法者意图或主观目的解释；（4）历史解释；（5）比较解释；（6）客观目的的解释。

注意：
　　这种位阶关系不是固定的，是初步性的，即这种优先性关系是可以被推翻的。但是，法律人在推翻上述位阶所确定的各种方法之间的优先性关系时，必须要充分地予以论证，即只有存在更强的理由的情况下，法律人才可推翻那些优先性关系。

（五）当代中国的法律解释体制

当代中国初步形成了一种"一元多级"的法律解释体制。

1. "一元"体现为"法律解释权属于全国人民代表大会常务委员会"。即立法解释。

陈璐琼讲理论法学　2018年国家统一法律职业资格考试专题讲座系列

（1）法律的规定需要进一步明确具体含义的。

（2）法律制定后出现新的情况，需要明确适用法律依据的。此外，国务院、中央军事委员会、最高人民法院、最高人民检察院和全国人民代表大会各专门委员会以及省、自治区、直辖市的人民代表大会常务委员会可以向全国人民代表大会常务委员会提出法律解释的要求。

2．"多级"则表现为除全国人大常委会的法律解释外还存在着其他类型的法定法律解释。

（1）【司法解释】凡属于法院审判工作中具体应用法律、法令的问题，由最高人民法院进行解释。凡属于检察院检察工作中具体应用法律、法令的问题，由最高人民检察院进行解释。最高人民法院和最高人民检察院的解释如果有原则性的分歧，报请全国人民代表大会常务委员会解释或决定。

（2）【行政解释】不属于审判和检察工作中的其他法律、法令如何具体应用的问题，由国务院及主管部门进行解释。

（3）凡属于地方性法规条文本身需要进一步明确界限或作补充规定的，由制定法规的省、自治区、直辖市人民代表大会常务委员会进行解释或作出规定。凡属于地方性法规如何具体应用的问题，由省、自治区、直辖市人民政府主管部门进行解释。

材料1：全国人民代表大会常务委员会《关于〈中华人民共和国刑法〉第313条的解释》规定："人民法院的判决、裁定"，是指人民法院依法作出的具有执行内容并已发生法律效力的判决、裁定。人民法院为依法执行支付令、生效的调解书、仲裁裁决、公证债权文书等所作的裁定属于该条规定的裁定。

材料2：2016年9月1日，最高人民法院《关于审理民事案件适用诉讼时效制度若干问题的规定》开始施行。该规定分别从诉讼时效总则、起算、中断、中止、效力、附则等方面进行了较为系统、全面的规定。该规定符合诉讼时效制度的立法目的，更有利于保护权利人的利益。

材料3：《行政法规制定程序条例》第31条规定：行政法规条文本身需要进一步明确界限或者作出补充规定的，由国务院解释。国务院法制机构研究拟订行政法规解释草案，报国务院同意后，由国务院公布或者由国务院授权国务院有关部门公布。行政法规的解释与行政法规具有同等效力。

请结合上述材料回答下列问题：

（1）从法律解释角度分析材料1、2、3中提及的规范性法律文件的法律解释种类。

（2）对比材料1、2中涉及的两种法律解释的界限。

（3）说明材料3中的法律解释适用的情形及其效力。

【参考答案】

（1）材料1中全国人民代表大会常务委员会《关于〈中华人民共和国刑法〉第313条的解释》属于立法解释；材料2中最高人民法院《关于审理民事案件适用诉讼时效制度若干问题的规定》属于司法解释；材料3中《行政法规制定程序条例》属于行政解释。

（2）立法解释和司法解释的界限是：①凡关于法律、法令条文本身需要进一步明确界限或作补充规定的，由全国人民代表大会常务委员会进行解释或用法令加以规定。②凡属于法院审判工作中具体应用法律、法令的问题，由最高人民法院进行解释。凡属于检察院检察工作中具体应用法律、法令的问题，由最高人民检察院进行解释。最高人民法院和最高人民检察院的解释如果有原则性的分歧，报请全国人民代表大会常务委员会解释或决定。③法律解释应当以立法解释为主导，但必须以司法解释为主体，只要不是明显地侵入立法解释的范围，司法解释就具有广泛的解释权限。

（3）行政解释的适用情形是行政法规条文本身需要进一步明确界限或者作出补充规定的，由国务院解释。行政法规的解释与行政法规具有同等效力。

专题六 法的演进

相◆关◆法◆理

这一专题是从时间的维度入手，了解法的发展历史，从法的产生（昨天）的过程和条件，到法的现状（今天）的发展模式，即法的继承和移植，最后到法的现代化（明天），进入法治国家的基本要求。本专题的中心在于法的继承和移植的区别，以及两大法系的对比。这一讲的内容比较简单，也不常考，简单了解、记忆即可。但是，法治和人权是回答卷四论述题的思想基础。内发型法的现代化与外源型法的现代化的区别。需要理解和深入把握的考点包括法治理论和人权理论。

知识点及实例

一、法的起源

（一）法的起源的各种学说

观点	内容	人物
神创说	法是人格化的超人类力量的创造物	奥古斯丁
暴力说	法是暴力斗争的结果，是暴力统治的产物	韩非子
契约说	为了克服自然状态，人们相互间缔结契约，组成政府，这最初的契约是法律	古典自然法学者
精神发展说	民族精神论者提出法来自民族的精神或历史传统	黑格尔、萨维尼
合理管理说	群体的法律秩序，是基于合理性管理的需要而发展起来的	塞尔茨尼克

（二）法产生的三大根源、三大标志和三大规律

1. **三大根源**：经济根源——私有制和商品经济的产生；阶级根源——阶级的产生；社会根源——社会的发展。

2. **三大标志**：国家的产生、权利和义务观念的产生、法律诉讼和司法的产生。

3. **三大规律**：从个别调整到规范性调整，再到法的调整；从习惯到习惯法，再到制定法；从与宗教规范、道德规范浑然一体到与宗教规范、道德规范分化分立。

注意：

原始规范与法律的区别

区别	法	原始规范
产生的方式不同	由国家制定或认可的	在长期的共同生产和生活过程中自发形成的
反映的利益和意志不同	统治阶级的利益和意志	原始社会全体成员的利益和意志
保证实施的力量不同	国家强制力	社会舆论的力量、传统力量和氏族部落领袖的威信

（三）法的历史类型

英国法学家梅因认为法的发展是从身份到契约的运动。德国思想家韦伯认为法的发展是从不合理走向合理、从实质合理性走向形式合理性的发展过程。美国法学家诺尼特和塞尔兹尼克认为法的发展经过压制性法、自主性法和适应性法三个阶段。马克思主义法学认为法是从一个历史类型向另一个历史类型依次更替的过程。法的历史类型按照法所据以产生和赖以存在的经济基础的性质和体现的阶级意志的不同，分成奴隶制法、封建制法、资本主义法和社会主义法。人类社会的法之所以能够从一个旧的历史类型必然地发展为另一个新的历史类型，在根本上是因为社会基本矛盾的运动。也就是说，社会基本矛盾的运动规律是法的历史类型更替的根本原因。

1. 奴隶制法。奴隶制法是人类历史上最早出现的法律，也是最早的私有制类型法律。奴隶制法的本质和特征是由奴隶制社会的经济基础所决定的，严格保护奴隶主的所有制，公开反映和维护贵族的等级特权，刑罚种类繁多，刑罚手段极其残酷。

2. 封建制法。封建制法赖以建立和存在的经济基础是地主或领主占有土地和部分占有农民或农奴，封建主依靠封建土地所有制和超经济剥削迫使农民依附于封建主阶级，维护地主阶级的土地所有制，确认和维护封建等级特权，刑罚酷烈，罪名繁多，滥施肉刑，广为株连。

3. 资本主义法。维护以剥削雇佣劳动为基础的资本主义私有制，确立了"私有财产神圣不可侵犯"、"契约自由"、"过错责任"等原则。维护资产阶级专政和代议制政府，规定资产阶级民主制、政党制、代议制等法律制度。维护资产阶级自由、平等和人权，确立法律面前人人平等原则，保障资产阶级法治。

注意：

资本主义从自由竞争时期发展到垄断时期，特别是进入20世纪后，资本主义法从"个人权利本位"变化为"社会本位"。垄断资本主义时期法的发展表现为：（1）法律基本原则的变化，私有制财产神圣不可侵犯原则、契约自由原则等有不少限制的内容。（2）法与政府、社会的关系上，政府不仅仅只是"看守人"、"守夜人"，国家、政府通过法律来干预经济；同时，出现了法的社会化趋向。（3）法的运行方面的变化，如委托立法、授权立法的出现，行政机关权力日益扩大；准法院组织的出现，如美国出现一些行政裁判所（州际贸易委员会等）。这些机构在工作方式上，和普通法院几乎没有分别。（4）两大法系逐步靠拢，国际立法增多，出现了像欧盟法律那样的超国家组织的法律。

4. 社会主义法。社会主义法是以工人阶级为领导的广大人民共同意志和根本利益的体现，是维护社会秩序、推动社会进步的工具。

二、法的继承与法的移植

（一）法的继承

法的继承是不同历史阶段的法律制度之间的延续和继受，一般表现为旧法对新法的影响和新法对旧法的承接和继受。

1. 社会生活条件的历史延续性决定了法的继承性。

2. 法的相对独立性决定了法的发展过程的延续性和继承性。法的相对独立性是社会意识相对独立性的体现。

3. 法作为人类文明成果决定了法的继承的必要性。

4. 法的发展的历史事实验证了法的继承性，如法国资产阶级以奴隶制时代的罗马法为基础制定的《法国民法典》。

（二）法的移植

法的移植是指在鉴别、认同、调适、整合的基础上，引进、吸收、采纳、摄取、同化外国法，使之成为本国法律体系的有机组成部分，为本国所用。法的移植的范围除了外国的法律外，还包括国际法律和惯例。其必要性表现为：

1. 社会发展和法的发展的不平衡性决定了法的移植的必然性。

2. 市场经济的客观规律和根本特征决定了法的移植的必要性。

3. 法的移植是法治现代化的一个过程和途径。

4. 法的移植是对外开放的应有内容。

其类型表现为：

1. 经济、文化和政治处于相同或基本相同发展阶段和发展水平的国家相互吸收对方的法律，以致融合和趋同。

2. 落后国家或发展中国家直接采纳先进国家或发达国家的法律。

3. 区域性法律统一运动和世界性法律统一运动或法律全球化。

注意：

法的继承体现时间上的先后关系，法的移植则反映一个国家对同时代其他国家法律制度的吸收和借鉴。同时，法的移植要注意国外法与本国法之间的同构性和兼容性，注意法律体系的系统性，同时法的移植要有适当的超前性。

三、法的传统与法律意识

（一）中国法的传统

法的传统是指世代相传、辗转相承的有关法的观念、制度的总和。习惯上，我国法学界将"中国法的传统"用于特指中国古代法的传统，而"法律文化"则更多地用于指称现代中国的法律、制度及相应的观念。

1. 在秩序的规范基础方面，礼法结合，以礼为主。

2. 在秩序价值基础上，等级有序，家族本位。

3. 在规范的适用方面，恭行天理，执法原情。

4. 在法律体系的内部结构上，民刑不分，重刑轻民。

5. 在秩序的形成方式上，无讼是求。

注意：

现代中国法律文化的渊源主要有：1.马克思主义的关于法的基本思想及社会主义各国尤其是中国自己的社会主义法制建设的经验。2.西方法律制度和法律思想。3.中国古代法传统。

（二）法律意识

法律意识是指人们关于法律现象的思想、观念、知识和心理的总称，是社会意识的一种特殊形式。法律意识可以使一个国家的法律传统得以延续。

1. 法律意识分为两个层次：法律心理和法律思想体系。法律心理是人们对法律现象表面的、直观的感性认识和情绪，是法律意识的初级形式和阶段。法律思想体系是法律意识的高级阶段，它以理性化、理论化、知识化和体系化为特征，是人们对法律现象进行理性认识的产物，也是人们对法律现象的自觉的反映形式。

2. 法律意识的作用。（1）在法的演进过程中，法律意识起着传承人们关于法的思想、观点和知识的作用；（2）在现实的法律创制过程中，法律意识也具有一定的指导作用；（3）在法的实施过程中，法律意识同样具有重要作用。

四、法系

法系是比较法学上的基本概念，具体指根据法的历史传统和外部特征的不同，对法所做的分类。法系划分的理论依据主要是法的传统。在历史上，世界各主要地区曾经存在过许多法系，诸如印度法系、中华法系、伊斯兰法系、民法法系和普通法系，等等。当今世界上最有影响的是民法法系和普通法系。

（一）民法法系

民法法系是指以古罗马法，特别是以 19 世纪初《法国民法典》为传统产生和发展起来的法律的总称。由于该法系的影响范围主要是在欧洲大陆国家，特别是法国和德国，且主要法律的表现形式均为法典，所以又称为大陆法系、罗马——德意志法系、法典法系。属于这一法系的除了欧洲大陆国家外，还有曾是法国、德国、葡萄牙、荷兰等国殖民地的国家及因其他原因受其影响的国家。例如，在非洲有埃塞俄比亚、南非、津巴布韦等；在亚洲有日本、泰国、土耳其等；此外，特别要注意加拿大的魁北克省，美国的路易斯安那州，英国的苏格兰等。

（二）普通法系

普通法系是指以英国中世纪的法律，特别是以普通法为基础和传统产生与发展起来的法律的总称。由于它主要渊源于英国普通法，因而被称为普通法法系、英国法系；又由于它以判例法为法的主要表现形式，因而被称为判例法系；由于在现代它是由英国法与美国法两大分支构成，又称英美法系。这一法系的范围，除了英国（苏格兰外）以外，主要是曾为英国殖民地、附属国的许多国家和地区，如美国、加拿大、印度、新加坡、澳大利亚、新西兰以及非洲的个别国家、地区等。

（三）两大法系的区别

项目	内容
1. 法律思维方式	（1）民法法系属于演绎型思维，是三段论
	（2）普通法系属于归纳式思维，注重类比推理
2. 在法的渊源方面	（1）民法法系中法的正式渊源只是制定法
	（2）普通法系中制定法、判例法都是法的正式渊源
3. 在法律的分类方面	（1）民法法系国家一般都将公法与私法的划分作为法律分类的基础
	（2）普通法系则是以普通法与衡平法为法的基本分类
4. 在诉讼程序方面	（1）民法法系与教会法程序接近，属于纠问制诉讼
	（2）普通法系则采用对抗制诉讼程序
5. 在法典编纂方面	（1）民法法系主要发展阶段都有代表性的法典，特别是近代以来，进行了大规模的法典编纂活动
	（2）普通法系在都铎王朝时期曾进行过较大规模的立法活动，近代以来制定法的数量也在增加，但从总体上看，不倾向进行系统的法典编纂
另外，两大法系在法院体系、法律概念、法律适用技术及法律观念等方面还存在许多差别	

五、法的现代化【新增】

（一）法的现代化

法作为社会关系的调整与符号系统，其自身的现代化，一定意义上就成为社会全面现代化的条件和标志。首先，法的现代化意味着法与道德的完全分离。在古代社会，法与道德混合在一起。在传统社会，法与道德开始分离，法具有部分的自主性，但是，它的合法性来自于道德。在现代社会，法与道德完全分离，法成为完全实证化的法律，道德成为理性道德。其次，法的现代化意味着法成为形式法。在法和道德完全分离的情景下，法的合法性越来越依赖于确立和证成它们的形式程序。这就是说现代化的法的合法性来自于法自身。最后，法的现代化意味着法具有可理解性、精确性、一致性、普遍性、公开性，一般来说是成文的以及不具有溯及既往的效力等等。

根据法的现代化的动力来源，法的现代化过程大体上可以分为内发型法的现代化和外源型法的现代化。

1. 内发型法的现代化是指由特定社会自身力量产生的法的内部创新。这种现代化是一个自发的、自下而上的、缓慢的、渐进变革的过程。这种类型的法的现代化是在西方文明的特定社会历史背景中孕育、发展起来的。

2. 外源型法的现代化是指在外部环境影响下，社会受外力冲击，引起思想、政治、经济领域的变革，最终导致法律文化领域的革新。在这种法的现代化过程中，外来因素是最初的推动力。这种类型法的现代化的重要特点，不仅表现为正式法律制度的内部矛盾，而且反映在正式法律制度与传统习惯、风俗、礼仪的激烈斗争中。传统的利益群体和传统观念相结合，一方面成为法的现代化的强大阻力，另一方面又使法的现代化进程呈现多样性。其特点在于：（1）具有被动性。（2）具有依附性。（3）具有反复性。所以，对于外源型法的现代化国家来说，外来法律资源与本土法律传统文化的关系始终是法的现代化能否成功的一个关键。

（二）当代中国法治现代化的历史进程与特点

清政府下诏，派沈家本、伍廷芳主持修律。以收回领事裁判权为契机，中国法的现代化在制度层面上正式启动了。

1. 由被动接受到主动选择。

2. 由模仿民法法系到建立中国特色的社会主义法律制度。我国总体上仍然倾向于民法法系，但吸收了普通法系的一些经验，如审判程序等。

3. 法的现代化的启动形式是立法主导型。从清末修律开始，中国法的现代化一直是立法主导型。

六、法治理论

（一）法治与法制

1. 法制。一般地说，社会主义法制指由社会主义国家制定或认可的、体现工人阶级领导下全体人民意志的法律和制度的总称，是社会主义立法、守法、执法、司法、法律监督各环节的统一，核心是依法办事。社会主义法制的基本要求是"有法可依，有法必依，执法必严，违法必究"。

2. 法治。现在所说的社会主义法治，既是指社会主义国家的依法治国的原则和方略，也是指与人治相对的治国理论、原则、制度和方法。

> **注意：**
> 法治应包含两重含义：已成立的法律获得普遍的服从，而大家所服从的法律又应该本身是制定地良好的法律。

3. 区别。社会主义法制和法治的含义在强调法律要建立在社会主义民主的基础上、体现人民的意志、反映社会发展规律、依法办事等方面是相同或接近的。但它们也有重大区别。比较起来，两者的主要区别在于：

（1）法治一词明确了法律在社会生活中的最高权威；在国家治理的方式上，有一个基本的区别，就是法治与人治的区别。人治指统治者的个人意志高于国家法律，国家的兴衰存亡，取决于领导者个人的能力和素质，如我国唐代的"贞观之治"。人治不可能实现国家的长治久安。而法治则是众人所同意的法律之治，是与民主相联系的。在社会主义国家，法律是在党的领导下，通过人民代表大会制定的，是党的主张和人民意志的统一。因此，社会主义法治就是指一切国家机关、各政党、武装力量、各社会团体、各企事业单位和全体公民都必须在宪法和法律的范围内活动，不允许任何人、任何组织凌驾于法律之上。在所有对人的行为有约束力的社会规范中，法律具有最高的权威。

（2）法治一词显示了法律介入社会生活的广泛性。从字面上看，法制主要强调法律和制度及其实施。狭义地说，它仅指相对于政治制度、经济制度的一种制度；广义地说，它也只是包括法律实施在内的一种活动，对法律在社会生活中的作用范围从字面上是无法界定的。而法治一词的含义比较明确，就是在全部国家生活和社会生活中都必须依法办事。不仅普通公民、一般社会组织和企事业单位要依法办事，而且国家机关、政党、武装力量也要依法办事，尤其是各级党的组织和党员干部，要带头执行、遵守法律。法律不仅在社会生活中具有重大作用，而且在国家的政治生活中也同样具有重要作用。因此，法治要求法律更全面地、全方位地介入社会生活。

（3）法治一词蕴涵了法律调整社会生活的正当性。法制所包含的法律和制度，其强调秩序价值，而不一定建立在正当性价值之上。"有法可依，有法必依，执法必严，违法必究"解决不了社会主义制度下人们对所依之法的正当性要求。历史上，法律长期被少数人用作镇压人民，维护自己统治地位和腐朽政权的工具；法律和制度也曾经被德国纳粹政权作为种族暴行的工具。因此，我国社会主义法制建设需要的法律必须具有与社会主义性质一致的正当性，这种正当性正是我国社会主义法制建设的重要价值之一。法治一词则蕴涵了这种正当性。首先，法治是与专制相对立的，又是与民主相联系的，可以体现社会主义制度下人民当家作主的要求。其次，法治要求社会生活的法律化，可以从根本上改变我国社会生活中强制性社会规范过多、过滥的弊端，维护公民的自由。再次，法治符合社会生活理性化的要求，使人们的社会行为和交往活动具有了可预测性和确定性，也使人们的正当要求有了程序化、制度化的保证，增强了社会成员的安全感等。

（二）法治国家与社会主义法治国家

法治国家或法治国是德语中最先使用的一个概念。法治国家有时又称法治政府。

1. 社会主义法治国家的制度条件：

（1）社会主义法治国家必须有完备的法律和系统的法律体系。

（2）社会主义法治国家必须具有相对平衡和相互制约的符合社会主义制度需要的权力运行的法律机制。不能对权力进行有效约束的国家，不是法治国家；不能运用法律约束权力的国家，也不是法治国家。

（3）社会主义法治国家必须有一个独立的、具有极大权威的司法系统和一支高素质的司法队伍。

（4）社会主义法治国家必须有健全的律师制度。

2. 社会主义法治国家的思想条件：

（1）法律至上。法律至上是指法律在社会规范中具有最高权威，所有的社会规范都必须符合法律的精神。法律至上既能够维护中央和国家统一领导的权威，又能够使每个人享受到法治社会的公民自由，从而最大限度地调动个人的积极性和主动性。

（2）权利平等。权利平等是指全社会范围内人们的平等，就是承认所有的社会成员法律地位平等。法治国家的平等是平等主体之间的平等，是反特权的平等，是市场主体公平竞争的平等。因此，离开了权利平等，就不是法治国家了，而是特权化的封建性质的国家。

（3）权力制约。权力制约是指所有以国家强制力保证实现的公共权力（主要是国家机构的权力），在其运行的同时，必须受到其他公共权力的制约。权力制约是相对于权力至上而言的，而权力至上的思想根源则是"为政在人"的贤人政治观念。实践证明，不受制约的权力必然被滥用，必然导致腐败。权力制约就是要依靠法律的规定，界定权力之间的关系，使权力服从法律。

（4）权利本位。权利本位是指在国家权力和人民权利的关系中人民权利是决定性的、根本的；在法律权利与法律义务之间，权利是决定性的，起主导作用的。社会主义国家是人民当家作主的国家类型，国家是为人民服务的形式。国家权力之所以必须是有限的，就在于它来源于人民。因此，法律义务的设定必须出于维护相应的法律权利或公众利益的需要并通过必备的法律程序。

专题七
法与社会

┌─ 相◆关◆法◆理 ◆──────────────────────────────┐

　　本专题从法的空间维度来进行叙述。了解法，必须从法的外部进行比较观察，特别是法与道德的比较是考试的重点。相对而言，本专题的内容还算重要，但难度不大，适当理解即可。重要考点包括法与社会、法与道德。需要提醒的是，法律与道德的关系是传统法理学的争议所在，因此会成为卷四论述题关注的重点，有必要适当扩展相关知识。

└──┘

知识点及实例

一、法与社会的一般理论

（一）法与社会的一般关系

1. 法以社会为基础。

（1）法是社会的产物。社会性质决定法律性质，社会物质生活条件在归根结底的意义上最终决定着法律的本质。不同的社会就有不同的法律。即使是同一性质或历史形态的社会，在其不同的发展阶段上，法律的内容、特点和表现形式也往往不尽相同。

（2）社会是法的基础。制定、认可法律的国家以社会为基础，国家权力以社会力量为基础；同时还可以说，国家法以社会法为基础，"纸上的法"以"活法"为基础。

　　总之，法以社会为基础，不仅指法律的性质与功能决定于社会，而且还指法律变迁与社会发展的进程基本一致。

> **注意：**
> 　　社会不是以法律为基础的，那是法学家的幻想。相反，法律应该以社会为基础。法律应该是社会共同的，由一定的物质生产方式所产生的利益需要的表现，而不是单个人的恣意横行。

2. 法对社会具有调整作用。

（1）通过调和社会各种冲突的利益，进而保证社会秩序得以确立和维护。自16世纪以来，法律已成为对社会进行调整的首要工具。（2）通过法律对社会机体的疾病进行疗治。具体而言，就是运用法律解决经济、政治、文化、科技、道德、宗教等方面的各种社会问题，由此实现法的价值，发挥法的功能。（3）为了有效地通过法律控制社会，必须使法律与其他的资源分配系统（宗教、道德、政策等）进行配合。

　　总之，法律渗透于现代社会的各个角落，联结着社会的方方面面，传承文明，沟通未来。正是通过与经济、科技、文化和政治等社会领域，以及政策、宗教、道德等社会规范的互动，法律改造世界，维护人权，由此直接影响国家的发展进

陈璐琼讲理论法学

2018年国家统一法律职业资格考试专题讲座系列

程，从而实现全方位的社会和谐。

二、法与经济的一般关系

（一）经济基础决定法

法作为上层建筑的一部分，是由经济基础决定的。法的起源、本质、作用和发展变化，都要受到社会经济基础的制约。但是，不能因此就认为法律不受其他因素的影响，或与其他社会现象无关。

（二）法对经济的有反作用

法对于经济基础具有能动的反作用，并且通过生产关系反作用于生产力。主要表现：（1）确认经济关系；（2）规范经济行为；（3）维护经济秩序；（4）服务经济活动。

三、法与科学技术

（一）科技进步对法的影响

1. 科技进步对立法的影响。科技发展对一些传统法律领域提出了新问题，使民法、刑法、国际法等传统法律部门面临着种种挑战，要求各个法律部门的发展要不断深化。同时，随着科技的发展，出现了大量新的立法领域，科技法日趋成为一个独立的法律部门。

2. 科技进步对司法的影响。司法过程的三个主要环节——事实认定、法律适用和法律推理，越来越深刻地受到了现代科学技术的影响。

3. 科技进步对法律思想的影响。对立法起着指导作用的法律意识常常受到科技发展的影响和启迪。同时，科技进步促进了人们法律观念的更新，出现了一些新的法律思想、法学理论。

4. 科技进步对法律方法论的影响。

（二）法对科技进步的作用

1. 运用法律管理科技活动，确立国家科技事业的地位以及国际间科技竞争与合作的准则。

2. 法律对于科技经济一体化特别是科技成果商品化，具有积极的促进作用。

3. 在知识经济时代，法律具有对科技活动和科技发展所引发的各种社会问题的抑制和预防作用。

（1）现代科技的发展为人类提供了改造和利用自然的新手段，可以提高人们的生活品质，促进经济和社会的发展，使人类享受征服自然所带来的福利；

（2）由于科学技术的失控、滥用而引起种种社会公害。研究开发的科技成果，其应用有可能危害人类社会，造成不可逆转后果的，必须以相应的立法预先对其应用范围与性质作出规定。例如"代孕母亲"的出现。

题

某夫妇婚后多年未育，盼子心切，遂与保姆达成"借腹生子"协议。医院提取夫妇双方的精子和卵子培育受精卵后，植入保姆子宫。保姆成功妊娠生育后，该夫妇按协议付给保姆10万元。此事件在社会上引起热议。赞同者认为，"试管婴儿"技术实现了那些不能生育者的生育梦想，法律应予肯定；反对者认为，通过此项技术"借腹生子"，容易引发社会伦理紊乱，法律应予以干预。

根据法律与科技关系的基本原理，结合上述材料分析并阐述：

（1）科技发展对立法有何影响？

（2）立法应如何规范科技成果的应用？

【参考答案】

（1）科技发展对立法有如下影响：①科技发展影响立法调整的范围。当前在医学科技领域还存在许多法律空白，如试管婴儿技术的应用等问题，亟须法律调整。②科技对法律内容与原理产生影响。材料中试管婴儿等医学技术的进步引发"借腹生子"等事件，冲击着传统的婚姻家庭关系、父母子女关系及相关的法律法规。③科技进步对法律的评价标准产生影响。如人们会根据医学技术的进步，确立新的法律评价标准，并要求法律不断完善。

（2）科技成果的应用具有双重性，立法应使其向积极方面发展，并控制其消极方面。立法对科技成果的应用要合理规范，使其符合社会基本伦理和社会发展的需要。具体措施包括：通过立法规定科技成果的主体、条件和适用范围；通过立法规范相关程序；通过立法规定相应的法律责任及制裁措施。

四、法与政治

（一）法与政治的一般关系

法与政治都属于上层建筑，都受制于和反作用于一定的经济关系。它们是相互作用、相辅相成的关系。

1. 政治对法的作用。由于政治在上层建筑中居主导地位，因而总体上法的产生和实现往往与一定的政治活动相关，反映和服务于一定的政治，但必须注意，这并不意味着每一具体的法律都有相应的政治内容，都反映某种政治要求。比如《环境保护法》。

2. 法对政治的作用。（1）法确认政治体制；（2）法保障政治功能的发挥；（3）法规范政治角色的行为；（4）法促进政治良性运行和发展。

（二）法与政策的联系和区别

1. **意志属性不同**。法由特定国家机关依法定职权和程序制定或认可，体现国家意志，具有普遍约束力，向全社会公开；政党政策是党的领导机关依党章规定的权限和程序制定，体现全党意志，其强制实施范围仅限于党的组织和成员，允许有不对社会公开的内容存在。但在政党法制化趋势下，政党特别是执政党政策公开与秘密的范围也须以法界定。

2. **规范形式不同**。法表现为规范性法律文件或国家认可的其他渊源形式，以规则为主，具有严格的逻辑结构，权利义务的规定具体、明确。政党政策则不具有法这种明确、具体的规范形式，表现为决议、宣言、决定、声明、通知等，更多具有纲领性、原则性和方向性。

3. **实施方式不同**。法的实施与国家强制相关，且是有组织、专门化和程序化的。政党政策以党的纪律保障实施，其实施不与国家强制相关，除非它已转化为法律。

4. **调整范围不尽相同**。法倾向于只调整可能且必须以法定权利义务来界定的，具有交涉性和可诉性的社会关系和行为领域。一般而言，政党政策调整的社会关系和领域比法律要广，对党的组织和党的成员的要求也比法的要求要高。但这并不意味着政党政策可涵盖法的调整范围，法也有其相对独立的调整空间。

5. **稳定性、程序化程度不同**。法具有较高的稳定性，但并不意味着法不能因时而变，只是法的任何变动都须遵循严格、固定且专业性很强的程序，程序性是法的重要特征。政策可应形势变化作出较为迅速的反应和调整，其程序性约束也不及法那样严格和专门化。但这也并不意味着政策可朝令夕改或无最基本的程序要求。

（三）法与国家

在最一般的意义上，法与国家权力构成相互依存、相互支撑的关系。

1. 法表述和确认国家权力，以赋予国家权力合法性的形式强化和维护国家权力。

2. 法对国家权力不可或缺。（1）国家义务的实现需要权力。（2）个体权利的保护需要权力。（3）社会整合需要权力。（4）法的创设和实施需要权力。权力是法的必要支持、背后力量和效力基础。

3. 但法与国家权力也存在紧张或冲突关系。法是对国家权力的确认，同时也是对权力的约束和限制。但是权力存在凌驾于法及摆脱法的倾向。近现代法治的实质和精义在于控权，即对权力在形式和实质上的合法性的强调，包括权力制约权力、权利制约权力和法律的制约。法律的制约是一种权限、程序和责任的制约。

> **注意：**
>
> 不被法完全控制的权力活动领域是存在的。

五、法与道德

（一）法与道德的联系

1. 关于法与道德在本质上的联系。

（1）肯定说，以自然法学派为代表，肯定法与道德存在本质上的必然联系。实在法只有在符合自然法、具有道德上的善的时候，才具有法的本质而成为法。一个同道德严重对立的邪恶的法并不是一个坏的法，而是丧失了法的本质的非法的"法"，因而不是法，即"恶法非法"。

（2）否定说，以分析实证主义法学派为代表，否定法与道德存在本质上的必然联系，认为不存在适用于一切时代、民族的永恒不变的正义或道德准则。法学作为科学无力回答正义的标准问题，因而是不是法与是不是正义的法是两个必须分离的问题，道德上的善或正义不是法律存在并有效力的标准，法律规则不会因违反道德而丧失法的性质和效力，即使那些同道德严重对抗的法也依然是法，即"恶法亦法"。

2. 法与道德在内容上的联系。

（1）近代以前的法在内容上与道德的重合程度极高，有时甚至浑然一体。如中国古代法就具有浓厚的伦理法特征。古代法学家大多倾向于尽可能将道德义务转化为法律义务，使法确认和体现尽可能多甚至全部的道德内容，以保证社会思想的纯洁性。

（2）近现代法在确认和体现道德时大多注意二者重合的限度，倾向于只将最低限度的道德要求转化为法律义务，注意明确法与道德的调整界限。这与近现代法学家的基本立场不无关系，他们大多倾向于将法律标准与道德标准相对分离，"法律是最低限度的道德"几成通说，如"见死不救"罪的讨论。

> **注意：**
>
> 一个不道德的行为是否只有在伤害他人的情况下才应由法律加以干预，还是在伤害自己或伤害公众感情或损害社会的公共性的情况下也可引出法律干预的理由。曾经提出的原则有：伤害原则、法律家长主义原则、冒犯原则等原则。

3. 关于法与道德在功能上的联系。

（1）古代法学家更多强调道德在社会调控中的首要或主要地位，对法的强调也更多在其惩治功能上，如中国历史上的"德主刑辅"。

（2）近现代后，法学家们一般都倾向于强调法律调整的突出作用，法治国成为普遍的政治主张。

（二）法与道德的区别

1. 生成方式上的建构性与非建构性。法在生成上往往与有组织的国家活动相关，由权威主体经程序主动制定认可，具有形式上的建构性。道德在社会生产生活中自然演进生成，不是自觉制定和程序选择的产物，自发而非建构是其本质属性。

2. 行为标准上的确定性与模糊性。法有特定的表现形式或渊源，有肯定明确的行为模式和法律后果，因而具体确切，可操作性强；同时，其被任意解释和滥用的余地小，易排斥恣意擅断。当然法的确定性也是相对的。道德无特定、具体的表现形式，往往体现在一定的学说、舆论、传统和典型行为及后果中，其对行为的要求笼统、原则，标准模糊，只具一般倾向性，理解和评价易生歧义。

3. 存在形态上的一元性与多元性。法在特定国家的体系结构基本是一元的，法律上的决策一致是其本性和要求，而这种决策上的一致是通过程序上的正统性达成的。法的一元化存在形态，也使它具有统一性和普适性。由于信念和良心是道德的存在方式，因而道德在本质上是自由、多元、多层次的。与此相关的是法律评价的共通性与道德评价的个体化。法的评价是以法的专门化、职业化为背景的，建立在法律概念、规则、原则的相对确定性之上，也建立在对法律概念、知识、职业伦理的共识之上，因而具有最基本的共通性、一致性和可预期性。而道德评价是一种个体化的、非法定性的、主观的、观念性的评价，建立在道德标准的模糊性和多元性之上。

4. 调整方式上的外在侧重与内在关注。法一般只规范和关注外在行为，一般不离开行为过问动机，其所有缜密的设置都主要针对外在行为。道德首先和主要关注内在动机，不仅侧重通过内在信念影响外在行为，且评价和谴责主要针对动机，这是道德作为内省自律控制方式的理由，因此成为促进人类自身提升和进步的深刻力量。

5. 运作机制上的程序性与非程序性。这种比较最富有意义。法是程序性的，程序是法的核心。法的实体内容通过程序选择和决定，其生成和实现也与程序相关。程序的本质是交涉性，法以权利、义务为实质内容，所调整的关系往往具有交涉性，因而就特别需要程序提供交涉方式和途径，提供制度性协商和对话机制，以使选择和决定能被交涉中的各方认同和接受。道德的重心在于义务或责任。在道德上，"权利不应成为履行道德义务的诱因"，义务不对应权利，也不以权利为前提，因而，不存在以交涉为本质的程序；再者，道德以主体内省和自决的方式生成和实现，也使道德与程序无关。

6. 强制方式上的外在强制与内在约束。法与有组织的国家强制相关，通过程序进行，针对外在行为，表现为一定的物质结果。专门机构、暴力后盾、程序设置、行为针对性和物质结果构成法的外在强制标志。道德在本质上是良心和信念的自由，因而强制是内在的，主要凭靠内在良知认同或责难，即便是舆论压力和谴责也只能在主体对谴责所依据的道德准则认同的前提下发挥作用。

7. 解决方式上的可诉性与不可诉性。可诉性是法区别于一切行为规则的显著特征，

陈璐琼讲理论法学

2018年国家统一法律职业资格考试专题讲座系列

这意味着对与法相关的行为的个别处理是可能和可操作的，且是有预设的实体标准和程序规则作为依据的，故可实现对类似行为和情形的非差别对待，保证处理和决定的一致性和平等性。此外，法的可诉性还意味着争端和纠纷解决的终局性和最高权威性。道德不具有可诉性，主要表现为无形的舆论压力和良心谴责，且舆论的评价或谴责往往是多元的。

题

1.陈某夫妇靠捡拾垃圾为生，几年中"捡回"5名残疾弃婴，并筹钱为孩子们治病。当地民政部门认为，陈某夫妇不具备法定收养条件，且未依法办理收养手续，属非法收养。该事件经媒体报道后。在社会上引起强烈反响。很多人对相关法律规定表示无法理解，认为陈某夫妇的行为体现了中华民族的传统美德，法律应予充分肯定。

结合上述材料，回答下列问题：

（1）请根据法与道德关系的原理，对陈某夫妇收养弃婴的行为进行分析。

（2）针对人们的态度和观点，阐述道德是法律的评价标准。

【参考答案】

（1）法律与道德不同，两者之间往往会有冲突，这主要体现在情理与法理的冲突，即合法不合理、合理不合法。陈某夫妇收养多名弃婴的行为就属于合理不合法。一方面，陈某夫妇的行为确实是一种符合道德的行为，应当在道德上予以肯定；另一方面，他们的收养行为不符合收养法的相关规定，因此是违法的。

（2）①道德是法律的评价标准，法律的主要目的在于维护和保障道德。道德的评价作用具体体现在立法、执法、司法、守法及监督等环节中。②材料中，人们之所以对法律不理解，对民政部门的做法持有异议，恰恰是在依据道德原则对法律进行评价。陈某夫妇收养弃婴的行为从道德角度看，是符合人的善良本性与保障人的生命权的一般道德准则的，因此获得人们的好评。③道德作为法的评价标准，具有引导立法完善的作用。在上述意义上，收养法的相关规定需要进一步完善。

2.据媒体报道，四川律师李宗发慎重地向四川省人大提交了一份《四川省父母子女家庭关系规定》即"孝法"的立法草案建议稿。据他调查，对于如何尽孝，我们仅有婚姻法略有涉及。他希望四川省能为"孝"立法，让子女尽"社会主义亲情孝敬、奉养"义务，要求国家、社会继续弘扬爱老敬老的传统美德，使父母不受子女暴力等不敬行为的侵犯。李宗发律师还建议，公务员录用应以孝为先，即："本省招收、聘用、晋升公务员、领导干部，必须审查其孝敬、赡养父母情况，并以此作为衡量审查其品行是否端正的第一前提"。

阅读上述材料，结合法理学知识和原理，谈谈你对李宗发律师提出的"孝法"的看法。

【参考答案】

（1）法律是传播道德、保障道德实施的有效手段。通过立法，将社会中的道德理念、信念、基本原则和基本要求法律化、制度化、规范化，赋予社会的道德价值观念以法律的强制力，这有利于传播、促进道德的实施。但也应当看到，法律与道德毕竟属于不同的社会规范，二者不能混同。正因为二者具有各自不同的特性，才能在各自的范围内发挥不同的作用。因此，最好的办法是，最大限度地减少法律与道德进行不必要的碰撞概率，而不能将本应属于道德调整的范畴强行纳入法律调整的范畴。

（2）法律在社会生活调整中居于主导地位，但是并非所有的问题都可以适用法律，在有些社会关系的调整中，法律无法发挥其作用，而更多地需要道德等手段来调整。法律本身是有局限的，法律不是万能的，法律是众多社会调整手段中的一种，对于有些社会关系而言，法律并不是有效的调整手段。因此，法律不能替代道德。本题中提到的让子女尽"社会主义亲情孝敬、奉养"义务，要求国家、社会继续弘扬爱老敬老的传统美德，使父母不受子女暴力等不敬行为的侵犯。这些恰恰是道德发挥应有作用的领域。

（3）从法律实施角度看，法律的实施必须以国家强制力为后盾，有具体的制裁措施。可是对于违反"孝法"规定的，很难确定法律责任的承担方式，也并不容易制定出具体的制裁措施。本题中提到的孝道无可厚非，但一个人不尽孝道，却很难对其规定相应的制裁措施，这恰恰说明"徒法不足以自行"的道理。

六、法与宗教

（一）宗教对法的影响

1. 宗教可以推动立法。《圣经》、《古兰经》、《摩奴法典》等宗教经典，分别对西方两大法系、伊斯兰法、古印度法产生了根本性的影响。

2. 宗教影响司法程序。教会曾行使过司法权；宗教观念也实际影响诉讼进行。

3. 宗教信仰有助于提高人们守法的自觉性。当然，宗教对法律也有消极的影响。由于宗教信仰产生的激情，会导致过分的狂热，某些宗教甚至妨碍司法公正的实现。

（二）法对宗教的影响

1. 在政教合一的国家里，法对宗教的影响是双向的。一方面，法可以作为国教的工具和卫护者；另一方面，法又可以作为异教的破坏力量。

2. 在近现代政教分离的国家里，法与宗教分离，法对各种宗教之争持中立态度，法保障宗教信仰自由。

3. 依法管理宗教事务是我国法律对待宗教问题的一贯原则。

（1）全面正确地贯彻宗教信仰自由政策；

（2）依法加强宗教事务的管理；

（3）积极引导宗教与社会主义建设事业相结合。

> **注意：**
>
> 宗教自由问题最早出现的宪法性文件，是1776年美国弗吉尼亚州的权利宣言。

七、法与人权

（一）人权的概念

所谓人权，是指每个人作为人应该享有或者享有的权利。人权既可以作为道德权利而存在也可以作为法律权利而存在。但是，在根本上，人权是一种道德权利。为了保障人权的实现，必须被法律化，但是，并不是所有的人权都实际上被法律化。

> **注意：**
>
> 人权在本原上具有历史性。"权利永远不能超出社会的经济结构以及由经济结构所制约的文化发展"。人权不是天赋的，也不是理性的产物，而是历史地产生的，最终是由一定的物质生活条件所决定的。

（二）法与人权的一般关系

1. 人权可以作为判断法律善恶的标准。人权是法的源泉。不体现人权要求的法律就不是好的法律，是永远不会产生促成法制秩序的法律；而体现人权精神和内容的法律，

陈璐琼讲理论法学　2018年国家统一法律职业资格考试专题讲座系列

一般来说都是好的法律，是体现社会进步的法律。（1）指出了立法和执法所应坚持的最低的人道主义标准和要求；（2）可以诊断现实社会生活中法律侵权的症结，从而提出相应的法律救济的标准和途径；（3）有利于实现法律的有效性，促进法律的自我完善。

2. 法是人权的体现和保障。人权的实现要靠法律的确认和保护。没有法律对人权的确认、宣布和保护，人权要么只能停留在道德权利的应有状态，要么经常面临受侵害的危险而无法救济。

（1）它设定了人权保护的一般标准，从而避免了其他保护（如政策）手段的随机性和相互冲突的现象。

（2）人权的法律保护以国家强制力为后盾，因而具有国家强制性、权威性和普遍有效性。

（3）人权往往通过法律权利的形式具体化。至于哪些人权能转化为法律权利，得到法的保护，取决于以下因素：一是一国经济和文化的法制状况。人权的法律化受到一国的经济和文化的发展制约；二是取决于某个国家的民族传统和基本国情。

例

1969 年，美国得克萨斯州一名叫罗伊的女孩子因为一次意外事件而怀孕，根据当时得克萨斯州刑法，堕胎属于犯罪行为，要受到严厉的处罚。迫于无奈，罗伊将孩子生了下来，并于不久后送给他人收养，随即与收养人失去了联系，无法找到孩子的下落。罗伊对此非常伤心。当时，有两个主张堕胎自由的律师正寻找试验案件以挑战得克萨斯州的刑法，他们找到罗伊表示愿意为她代理本案。于是罗伊以得克萨斯州刑法违反美国联邦宪法，剥夺了她的堕胎自由为由将得克萨斯州政府告上法庭。美国联邦最高法院开庭审理了这一案件。在案件审理同时，关于法律应否允许妇女堕胎的争议在全国如火如荼地进行。不同的团体对此发表了自己的看法。由于美国联邦宪法对堕胎是否违宪并没有明确规定，而且这个案件并不是一个简单的案件，在罗伊的背后可能有成千上万的渴望堕胎自由的年轻人，而在得克萨斯州政府的背后，则是呼唤负起家庭责任心的中老年人以及一大批禁止堕胎的各州法律。因此无论如何判决，赞成与反对的呼声都不会少。美国联邦最高法院在赞成与反对的声音中，法官对此都有着不同的观点：有的法官推崇个人自由，愿意宽容年轻人的生活方式；有的法官看重责任心和对爱情的忠诚和家庭的稳定；有的法官则主张采取折中办法，有限度地允许堕胎自由。最终在九名老法官中，以 6：3 的比例作出裁决：得克萨斯州刑法规定过于宽泛地限制了妇女的选择权，构成违宪，裁定相关堕胎条款的规定无效。

专题八
立法法

陈璐琼讲理论法学

2018年国家统一法律职业资格考试专题讲座系列

相◆关◆法◆理◆

《立法法》修改后，立法制度与立法程序成为考试的热点。本专题是特别重要也是特别难的部分，《立法法》的内容不仅涉及到法律体系，法律渊源等法理学的内容，还涉及宪法中的国家机关部分，内容十分庞杂。但是，由于它具有相对的独立性和完整性，从立法权的赋予，到立法的流程，直到后面法律的审查和监督，是一个完整的逻辑链，故做单独讲授。本专题内容主要集中于选择题的考查，考查重心在于全国人大与全国人大常委会、国务院各部门之间的职权差异，要重点掌握。

知识点及实例

一、立法权

（一）法律制定权

1. 制定机关。全国人大及其常委会，但制定刑事、民事、国家机构等基本法律是全国人大的专属职权。

2. 全国人大常委会的立法权。在全国人大闭会期间有权对全国人大制定的基本法律（特别行政区基本法除外）进行部分补充和修改，但是不得同该基本法律的基本原则相抵触。

3. 法律保留。法律保留，是指由全国人大及其常委会以法律加以规定，其他立法机关一般无权规定的事项。根据保留的程度，法律保留大体分为两个层次：

（1）相对保留。国家主权的事项；各级人民代表大会、人民政府、人民法院和人民检察院的产生、组织和职权；民族区域自治制度、特别行政区制度、基层群众自治制度；犯罪和刑罚；对公民政治权利的剥夺、限制人身自由的强制措施和处罚；税种的设立、税率的确定和税收征收管理等税收基本制度；对非国有财产的征收、征用；民事基本制度；基本经济制度以及财政、海关、金融和外贸的基本制度；诉讼和仲裁制度；必须由全国人民代表大会及其常务委员会制定法律的其他事项。

（2）绝对保留。此种事项只能由法律规定，包括有关犯罪和刑罚、对公民政治权利的剥夺和限制人身自由的强制措施和处罚、司法制度等事项。司法制度包括人民法院、人民检察院的产生、组织和职权以及诉讼制度。

4. 全国人民代表大会及其常务委员会可以根据改革发展的需要，决定就行政管理等领域的特定事项授权在一定期限内在部分地方暂时调整或者暂时停止适用法律的部分规定。

（二）行政法规制定权

1. 制定机关：国务院。

2. 规定事项。授权决定应当明确授权的目的、事项、范围、期限以及被授权机关实施授权决定应当遵循的原则等。授权的期限不得超过五年，但是授权决定另有规定的除外。被授权机关应当在授权期限届满的6个月以前，向授权机关报告授权决定实施的情况，并提出是否需要制定有关法律的意见；需要继续授权的，可以提出相关意见，由全国人民代表大会及其常务委员会决定。

3. 被授权机关不得将被授予的权力转授给其他机关。

注意：

反对"一揽子授权"和"无期限授权"。

（三）地方性法规制定权

1. 制定机关。

（1）省、自治区、直辖市人大及其常委会。

（2）设区的市和自治州人大及其常委会。主要级别是地级市。设区的市包括省、自治区的人民政府所在地的市、经济特区所在地的市和经国务院批准的较大的市。

2. 规定事项。

（1）对城乡建设与管理、环境保护、历史文化保护等方面的事项制定地方性法规；

（2）设区的市的地方性法规须报省、自治区的人民代表大会常务委员会批准后施行；

（3）省、自治区的人民代表大会常务委员会对报请批准的地方性法规，应当对其合法性进行审查，应当在4个月内予以批准。

（四）规章制定权

1. 部门规章。

（1）制定机关：①国务院组成部门，即各部、委、中国人民银行、审计署；②国务院直属机构。

（2）规定事项。执行法律或者国务院的行政法规、决定、命令。

2. 地方政府规章。

（1）制定机关：①省级政府；②设区的市政府。

（2）规定事项。不得设定减损公民、法人和其他组织权利或者增加其义务的规范，不得增加本部门的权力或者减少本部门的法定职责。规章实施满两年需要继续实施规章所规定的行政措施的，应当提请本级人民代表大会或者其常务委员会制定地方性法规。

（五）自治条例和单行条例制定权

1. 制定机关：自治区、自治州、自治县的人大。

注意：

1. 自治区、自治州、自治县人大常委会无权制定自治条例和单行条例；

2. 自治区人大既可以制定地方性法规，也可以制定自治条例和单行条例；自治区人大常委会只能制定地方性法规。

3. 自治区民族法规报全国人大常委会批准；自治州、自治县的民族法规须报省级人大常委会批准，且报全国人大常委会和国务院备案。

2. 规定事项。

（1）自治条例、单行条例可以依照当地民族的特点，对法律和行政法规的规定作出变通规定，但是受到以下限制：①不得对宪法作出变通规定；②不得对《民族区域自治法》作出变通规定；③不得对法律或者行政法规的基本原则作出变通规定；④不得对法律、行政法规中专门就民族自治地方所作的规定作出变通规定。

（2）自治条例和单行条例依法对法律、行政法规、地方性法规作变通规定的，在本自治地方优先适用自治条例和单行条例的规定。

（六）经济特区法规制定权

1. 制定机关。经济特区所在地的省、市的人大及其常委会。经济特区所在的省包括广东省、福建省、海南省，经济特区所在的市包括深圳等。

注意：

1. 经济特区法规属于授权立法，根据全国人大的授权制定。

2. 经济特区所在地的省、市的人大及其常委会既可以制定地方性法规，也可制定经济特区法规。经济特区的地方性法规与经济特区法规之间的区别在于：①效力不同。经济特区法规的效力相当于法律，地方性法规的效力低于法律。②内容不同。经济特区法规可以对法律、行政法规、地方性法规的内容进行变通，而地方性法规不享有变通权。③适用的地域不同。经济特区法规只能在经济特区内适用，地方性法规在本行政区域内适用。

2. 规定事项。

（1）经济特区法规可以对法律、行政法规、地方性法规作变通规定，但不得超越授权范围或者违背授权目的；

（2）经济特区法规根据授权对法律、行政法规、地方性法规作变通规定的，在本经济特区优先适用经济特区法规的规定。

某高校新生小张在自学法理学知识后，对我国《物权法》进行了分析，并写了如下四点学习体会：①物权法是由全国人大制定的法律文件，从法律渊源角度分析，该法应属于我国的根本法。②物权法所调整的对象是平等主体的财产关系，因此物权法属于民商法部门。③《物权法》第10条规定："国家对不动产实行统一登记制度。统一登记的范围、登记机构和登记办法，由法律、行政法规规定"。从法律规则的角度理解，该条规定属于准用性法律规则（规范）。④原建设部在物权法生效后制定和出台的《房屋登记办法》是行政法规。

请指出小张观点中不正确之处，并运用法理学知识和原理阐述理由，对不正确的观点进行改正。

【参考答案】

小张的观点①③④不正确。

（1）观点①认为"物权法属于我国的根本法"是不正确的。物权法是我国全国人民代表大会制定的基本法律，其法律地位和效力都低于宪法。根本法即宪法，在我国享有最高法律地位和最高法律效力。该观点应当改为"物权法属于我国的基本法律"。

（2）观点③认为《物权法》第10条的规定属于"准用性法律规则"是不正确的。准用性法律规则是指内容本身没有规定人们具体的行为模式，而是可以援引或参照其他相应内容规定的规则。委任性规则是指内容尚未确定，只规定某种概括性指示，由相应国家机关通过相应途径或程序加以确定的法律规则。该观点应当改为"《物权法》第10条的规定属于委任性法律规则"。

（3）观点④认为《房屋登记办法》是"行政法规"是不正确的。行政法规是指国家最高行政机关即国务院制定的规范性法律文件。原建设部为国务院所属部委，而国务院所属部委制定的规范性法律文件属于"部门规章"。该观点应当改为"《房屋登记办法》是部门规章"。

二、立法程序

1. 提出法律议案与征求意见		（1）向全国人大：两团（全国人大主席团＋全国人大一个代表团或者30名以上代表）；两委（全国人大常委会＋全国人大各专门委员会）；两央（国务院＋中央军事委员会）；两高（最高人民法院＋最高人民检察院） 注意：常委会提出的法律案，应当在会议举行的一个月前发给代表
		（2）向全国人大常委会：（两委）委员长会议＋专门委员会＋人大常委会组成人员10人以上＋两央（国务院＋中央军事委员会）＋两高（最高人民法院＋最高人民检察院） 注意：除特殊情况外，应该在会议举行的7日前发给常委会成员
		（3）可行性评估和征求意见： ①法律案有关问题专业性较强，需要进行可行性评价的，应当召开论证会，听取有关专家、部门和全国人民代表大会代表等方面的意见。论证情况应当向常务委员会报告。 ②法律案有关问题存在重大意见分歧或者涉及利益关系重大调整，需要进行听证的，应当召开听证会，听取有关基层和群体代表、部门、人民团体、专家、全国人民代表大会代表和社会有关方面的意见。听证情况应当向常务委员会报告。 ③列入常务委员会会议议程的法律案，应当在常务委员会会议后将法律草案及其起草、修改的说明等向社会公布，征求意见，但是经委员长会议决定不公布的除外。向社会公布征求意见的时间一般不少于30日。征求意见的情况应当向社会通报
2. 审议法律议案	（1）全国人大的审议	①各代表团审议；②有关的专门委员会审议；③各代表团团长会议讨论；④代表团推选的有关代表讨论；⑤法律委员会进行统一审议。 注意：不采用全体会议的形式对法律案进行审议
		①因撤回而终止审议；②授权常委会处理；③交付表决：由主席团提请大会全体会议表决
	（2）全国人大常委会的审议	①分组会议审议；联组会议审议；全体会议审议；有关的专门委员会审议；法律委员会进行统一审议 ②"三读"：是指列入常委会会议议程的法律案，一般应当经三次常委会会议审议后再交付表决。例外：列入常委会会议议程的法律案，各方面意见比较一致的，可以经两次常委会会议审议后交付表决；修改的法律案，各方面的意见比较一致的，也可以经一次常委会会议审议即交付表决
		①撤回而终止审议；②暂不付表决：交法律委员会和有关的专门委员会进一步审议。③因搁置审议或暂不付表决经过两年而终止审议：由委员长会议向常委会报告，该法律案终止审议。④交付表决：由委员长会议提请常委会全体会议表决
		常务委员会会议审议法律案时，应当邀请有关的全国人民代表大会代表列席会议。 法律委员会审议法律案时，应当邀请有关的专门委员会的成员列席会议，发表意见
3. 表决和通过法律		法律案，由全国人大全体代表或者全国人大常委会全体组成人员的过半数通过。 注意：法律草案表决稿交付常务委员会会议表决前，委员长会议根据常务委员会会议审议的情况，可以决定将个别意见分歧较大的重要条款提请常务委员会会议单独表决
4. 公布法律		法律由国家主席签署主席令予以公布（含法律废止）。法律签署公布后，及时在全国人民代表大会常务委员会公报和中国人大网以及在全国范围内发行的报纸上刊载。 注意：宪法修正案（全国人大主席团以大会公告的方式公布）；法律（主席以主席令方式公布）；法律解释（全国人大常委会）。 注意：行政法规由总理签署后以国务院令的方式公布，然后及时在国务院公报和中国政府法制信息网以及在全国范围内发行的报纸上刊载

🔊【小贴士】立法规划和配套规定

全国人民代表大会常务委员会通过立法规划、年度立法计划等形式，加强对立工作的统筹安排。全国人民代表大会常务委员会工作机构负责编制立法规划和拟订年度立法计划，并按照全国人民代表大会常务委员会的要求，督促立法规划和年度立法计划的落实。立法规划和年度立法计划由委员长会议通过并向社会公布。

（1）国务院法制机构应当根据国家总体工作部署拟订国务院年度立法计划，报国务院审批。

（2）法律规定明确要求有关国家机关对专门事项作出配套的具体规定的，有关国家机关应当自法律施行之日起1年内作出规定，法律对配套的具体规定制定期限另有规定的，从其规定。有关国家机关未能在期限内作出配套的具体规定的，应当向全国人民代表大会常务委员会说明情况。

三、立法效力

1.不同位阶的法之间效力上的高低	（1）宪法＞法律＞行政法规＞地方性法规；（2）宪法＞法律＞行政法规＞部门规章；（3）本级地方性法规＞本级地方政府规章；（4）省级地方性法规＞设区的市的地方性法规；（5）省级地方政府规章＞设区的市的地方政府规章
2.同一位阶的法之间无效力上的高低	（1）授权立法和法律，由全国人大常委会裁决
	（2）部门规章VS地方性法规，地方法规和部门规章冲突，三步走：交由国务院提出意见，如果国务院认为应当适用地方性法规的，适用地方性法规；认为应适用部门规章的，提请全国人大常委会裁决
	（3）部门规章VS地方政府规章：部门规章之间、部门规章和地方规章之间冲突，由国务院裁决
	（4）设区的市（地级市）的地方性法规VS省级地方政府规章：地级市的地方性法规同省级政府规章冲突时，省级人大常委会应作出处理决定
3.特殊规定	（1）民族自治法规和经济特区法规依法对法律、行政法规、地方性法规作变通规定的，在本区域内按照变通规定执行
	（2）同一机关制定的法，特别法优于一般法，新法优于旧法；同一机关制定新的一般规定与旧的特别规定不一致，由制定机关裁决 注意：法律是全国人大常委会，而行政法规是国务院
	（3）授权机关有权撤销被授权机关制定的超越授权范围或者违背授权目的的法规，必要时可以撤销授权

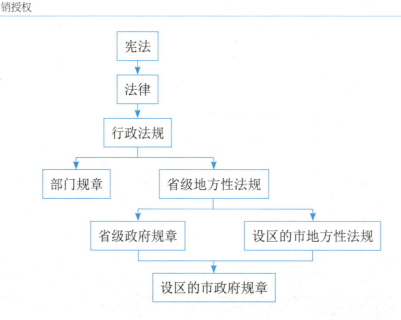

2003年7月30日，国务院出台了《婚姻登记条例》，该条例根据2001年4月28日修订的《婚姻法》的有关规定，没有规定婚姻登记中的强制婚检制度，这被认为是婚姻登记改革的一大进步。但是后来人们发现。在1994年颁布的《母婴保健法》第12条则要求：男女双方在结婚登记时，应当持有婚前医学检查证明或者医学鉴定证明。这说明，两部法律在婚姻登记是否应当进行婚检的问题上发生了冲突。在这个问题尚未解决之际，（《黑龙江省母婴保健条例》规定恢复了强制婚检，这在全国上下引起了广泛争议。

请运用法理学知识和理论并结合上述材料回答下列问题：

（1）《婚姻法》、《婚姻登记条例》、《母婴保健法》、《黑龙江省母婴保健条例》是何种性质的法律渊源？

（2）如何解决材料中存在的法律在效力上的冲突？

（3）请概括说明我国确立和解决法律效力等级冲突的原则。

【参考答案】

（1）从法律渊源角度看，《婚姻法》和《母婴保健法》属于法律；《婚姻登记条例》属于行政法规；《黑龙江省母婴保健条例》属于地方性法规。

（2）对于材料中存在的法律冲突，应当按照《立法法》的有关规定解决：①对于《婚姻法》和《母婴保健法》之间的冲突，应由全国人民代表大会常务委员会裁决或者通过法律的修改与解释来解决。②对于《婚姻登记条例》和《黑龙江省母婴保健条例》之间的冲突，在《婚姻法》和《母婴保健法》的冲突解决后，按照上位法优于下位法的原则，再由全国人民代表大会常务委员会决定《黑龙江省母婴保健条例》是否撤销。

（3）我国确立和解决法律效力等级冲突的原则包括：①宪法至上原则。宪法是国家根本法，在整个法律体系中具有最高效力，法律、行政法规、地方性法规都不得与宪法相抵触。②上位法优于下位法原则。处于不同位阶的法律效力是有差异的，下位法不得违反上位法的规定。③等级序列原则。对于处于同一位阶的法律，即同位阶的法律具有相同法律效力，但在各自的权限范围内实施。④新法优于旧法原则。当同一位阶的同一事项的新法规定和旧法规定不一致时，新法优于旧法。⑤特别法优于一般法原则。当同一主体在某一领域既有一般性立法，又有不同于一般性立法的特殊立法时，特殊立法的效力通常优于一般性立法。

四、立法审查

《立法法》总结

名称	制定主体	批准	备案	审查主体和手段	内容
法律	全国人大或常委会	/	/	全国人大（改变、撤销）	不适当
行政法规	国务院	/	全国人大常委会	全国人大常委会（撤销）	不合法
省级地方性法规	省级人大或常委会	/	全国人大常委会 国务院	全国人大常委会（撤销）	不合法
				省级人大（改变、撤销）	不适当
设区的市地方性法规	设区的市的人大或常委会	省级人大常委会	全国人大常委会 国务院	全国人大常委会（撤销）	不合法
				省级人大（改变、撤销）	不适当
自治区自治条例和单行条例	自治区人大	全国人大常委会	/	全国人大（撤销）	不合法
自治州、自治县自治条例和单行条例	自治州、自治县人大	省级人大常委会	全国人大常委会 国务院	全国人大常委会（撤销）	不合法

部门规章	国务院各部委	/	国务院	国务院（改变、撤销）	不适当
省级政府规章	省政府	/	国务院 本级人大常委会	国务院（改变、撤销） 本级人大常委会（撤销）	不适当
设区的市的规章	市政府	/	国务院；省级人大 常委会；省级政府； 本级人大常委会	国务院（改变、撤销） 省级政府（改变、撤销） 本级人大常委会（撤销）	不适当

注意：人大不接受备案。批准的文件相当于批准机关的文件。规章备案最高到国务院。规章都是不适当

社会主义法治理论

专题九
社会主义法治理论导论

┌─相◆关◆法◆理─────────────────────────────────┐
　　社会主义法治理论是中共十八届四中全会提出的中国特色社会主义法治的意识
形态。根据与时俱进原则，2018年法考（原司考）将对"社会主义法治理念"进行
最新内容的考查，并加入十八届五中全会、六中全会和党的十九大的内容。"社会
主义法治理念"在2007年开始考查后，每年的分值和比重在逐步加大，到2017年
占分近68分（卷一22分加含卷四主观题），成为了考生不可忽视的备考内容。特
别是该部分除了卷四第一题外，2013年、2014年、2015年、2016年和2017年连续
五年的在卷四论述题结合部门法知识对其进行了考查，特别是2015年卷四第七题
最后一问，直接来自于该内容的经典表述。因此，法考（原司考）的论述部分也要
加入对该专题内容的考查。2016年的"政府信息公开"的要求也是本主题的内容。
2017年的"谈谈深化简政放权放管结合优质服务改革，对推进政府职能转变，建设
法治政府的意义"也是题中之义。故本书在写作中加入了论述题的相关要求，以应
对2018年卷四部门法论述题。本专题主要针对目前党中央对社会主义法治理论的最
新表述，结合《中共中央关于全面推进依法治国若干重大问题的决定》，与时俱进
地分析了当前依法治国的重大战略问题，紧扣领导人最新讲话，指出未来该部分的
考查方向。本专题的内容难度不大，也比较容易理解，是考生得分的富矿，必须加
以重视。
└──┘

知识点及实例

一、社会主义法治理论的体系构成

1. 导语和第一部分构成第一板块，属于总论。第一部分旗帜鲜明地提出坚持走中国特色社会主义法治道路、建设中国特色社会主义法治体系、建设社会主义法治国家，阐述全面推进依法治国的重大意义、指导思想、总目标、基本原则，阐述中国特色社会主义法治体系的科学内涵，阐述党的领导和依法治国的关系等重大问题。

2. 第二部分至第五部分构成第二板块，从目前法治工作基本格局出发，对科学立法、严格执法、公正司法、全民守法进行论述和部署。

（1）第二部分讲完善以宪法为核心的中国特色社会主义法律体系、加强宪法实施，从健全宪法实施和监督制度、完善立法体制、深入推进科学立法民主立法、加强重点领域立法4个方面展开，对宪法实施和监督提出基本要求和具体措施，通过部署重点领域立法体现依法治国同中国特色社会主义事业总体布局的关系。

（2）第三部分讲深入推进依法行政、加快建设法治政府，从依法全面履行政府职能、健全依法决策机制、深化行政执法体制改革、坚持严格规范公正文明执法、强化对行政权力的制约和监督、全面推进政务公开6个方面展开。

（3）第四部分讲保证公正司法、提高司法公信力，从完善确保依法独立公正行使审判权和检察权的制度、优化司法职权配置、推进严格司法、保障人民群众参与司法、加强人权司法保障、加强对司法活动的监督6个方面展开。

（4）第五部分讲增强全民法治观念、推进法治社会建设，从推动全社会树立法治意识、推进多层次、多领域依法治理、建设完备的法律服务体系、健全依法维权和化解纠纷机制4个方面展开。

3. 第六部分、第七部分和结束语构成第三板块。

（1）第六部分讲加强法治工作队伍建设，从建设高素质法治专门队伍、加强法律服务队伍建设、创新法治人才培养机制3个方面展开。

（2）第七部分讲加强和改进党对全面推进依法治国的领导，从坚持依法执政、加强党内法规制度建设、提高党员干部法治思维和依法办事能力、推进基层治理法治化、深入推进依法治军从严治军、依法保障"一国两制"实践和推进祖国统一、加强涉外法律工作7个方面展开。

【小结】

内容	具体要求	重要性
总论	重大意义、指导思想、总目标、基本原则	★★★★★
分论	科学立法、严格执法、公正司法、全民守法	★★★★
结论	队伍建设和党的领导	★★

二、坚持走中国特色社会主义法治道路，建设中国特色社会主义法治体系

该部分是导论部分，它旗帜鲜明地提出坚持走中国特色社会主义法治道路、建设中国特色社会主义法治体系、建设社会主义法治国家，阐述全面推进依法治国的重大意义、指导思想、总目标、基本原则，阐述中国特色社会主义法治体系的科学内涵，阐述党的领导和依法治国的关系等重大问题。

依法治国，是坚持和发展中国特色社会主义的本质要求和重要保障，是实现国家治理体系和治理能力现代化的必然要求。事关我们党执政兴国，事关人民幸福安康，事关党和国家长治久安。全面建成小康社会、实现中华民族伟大复兴的中国梦，全面深化改革、完善和发展中国特色社会主义制度，提高党的执政能力和执政水平，必须全面推进依法治国。

我国正处于社会主义初级阶段，全面建成小康社会进入决定性阶段，改革进入攻坚期和深水区，国际形势复杂多变，我们党面对的改革发展稳定任务之重前所未有、矛盾风险挑战之多前所未有，依法治国在党和国家工作全局中的地位更加突出，作用更加重大。面对新形势新任务，我们党要更好地统筹国内国际两个大局，更好地维护和运用我国发展的重要战略机遇期，更好统筹社会力量、平衡社会利益、调节社会关系、规范社会行为，使我国社会在深刻变革中既生机勃勃又井然有序，实现我国和平发展的战略目标，必须更好发挥法治的引领和规范作用。

同时，必须清醒地看到，同党和国家事业发展要求相比，同人民群众期待相比，

同推进国家治理体系和治理能力现代化目标相比，法治建设还存在许多不适应、不符合的问题，主要表现为：有的法律法规未能全面反映客观规律和人民意愿，其针对性、可操作性不强，立法工作中部门化倾向、争权诿责现象依然存在；有法不依、执法不严、违法不究现象，执法体制权责脱节、多头执法、选择性执法现象，执法司法不规范、不严格、不透明、不文明现象依然存在；部分社会成员遵法、信法、守法、用法、依法维权意识不强，一些国家工作人员特别是领导干部依法办事观念不强、能力不足，知法犯法、以言代法、以权压法、徇私枉法现象依然存在。这些问题，不仅违背社会主义法治原则，而且损害人民群众利益，妨碍党和国家事业发展，因此，我们必须下大力气加以解决。

全面推进依法治国，必须贯彻落实党的十八大和十八届三中全会精神，高举中国特色社会主义伟大旗帜，以马克思列宁主义、毛泽东思想、邓小平理论、"三个代表"重要思想、科学发展观为指导，坚持党的领导、人民当家作主、依法治国有机统一，坚定不移走中国特色社会主义法治道路，坚决维护宪法法律权威，依法维护人民权益、维护社会公平正义、维护国家安全稳定，为实现"两个一百年"奋斗目标、实现中华民族伟大复兴的中国梦提供有力法治保障。

把党的领导贯彻到依法治国的全过程和各方面，是我国社会主义法治建设的一条基本经验。我国宪法确立了中国共产党的领导地位。坚持党的领导，是社会主义法治的根本要求，是党和国家的根本所在、命脉所在，是全国各族人民的利益所系、幸福所系，是全面推进依法治国的题中应有之义。

特别注意论述党的领导和社会主义法治的关系问题。有人指出，党的领导就是党最大，党说了算。法治是法律至上，法说了算，如果党的领导和法律规定冲突了，怎么办？牢牢记住以下表述，只有在党的领导下依法治国、厉行法治，人民当家作主才能充分实现，国家和社会生活法治化才能有序推进。依法执政，既要求党依据宪法、法律治国理政，也要求党依据党内法规管党治党。把依法治国基本方略同依法执政基本方式统一起来，把党总揽全局、协调各方同人大、政府、政协、审判机关、检察机关依法依章程履行职能、开展工作统一起来，把党领导人民制定和实施宪法法律同党坚持在宪法法律范围内活动统一起来，善于使党的主张通过法定程序成为国家意志，善于使党组织推荐的人选通过法定程序成为国家政权机关的领导人员，善于通过国家政权机关实施党对国家和社会的领导，善于运用民主集中制原则维护中央权威、维护全党全国团结统一。

必须坚持法治建设为了人民、依靠人民、造福人民、保护人民，以保障人民根本权益为出发点和落脚点，保证人民依法享有广泛的权利和自由、承担应尽的义务，维护社会公平正义，促进共同富裕。必须保证人民在党的领导下，依照法律规定，通过各种途径和形式管理国家事务，管理经济文化事业，管理社会事务。必须使人民认识到法律既是保障自身权利的有力武器，也是必须遵守的行为规范，增强全社会学法、遵法、守法、用法意识，使法律为人民所掌握、所遵守、所运用。

任何组织和个人都必须尊重宪法法律权威，都必须在宪法、法律范围内活动，都必须依照宪法、法律行使权力或权利、履行职责或义务，都不得有超越宪法法律的特权。必须维护国家法制统一、尊严、权威，切实保证宪法法律有效实施，绝不允许任何人以任何借口任何形式以言代法、以权压法、徇私枉法。必须以规范和约束公权力为重点，加大监督力度，做到有权必有责、用权受监督、违法必追究，坚决纠正有法不依、执法不严、违法不究行为。

国家和社会治理需要法律和道德共同发挥作用。必须坚持一手抓法治、一手抓德治，大力弘扬社会主义核心价值观，弘扬中华传统美德，培育社会公德、职业道德、家庭美德、个人品德，既重视发挥法律的规范作用，又重视发挥道德的教化作用，以法治体现道德理念、强化法律对道德建设的促进作用，以道德滋养法治精神、强化道德对法治文化的支撑作用，实现法律和道德相辅相成、法治和德治相得益彰。

中国特色社会主义道路、理论体系、制度是全面推进依法治国的根本遵循。必须从我国基本国情出发，同改革开放不断深化相适应，总结和运用党领导人民实行法治的成功经验，围绕社会主义法治建设重大理论和实践问题，推进法治理论创新，发展符合中国实际、具有中国特色、体现社会发展规律的社会主义法治理论，为依法治国提供理论指导和学理支撑。汲取中华法律文化精华，借鉴国外法治有益经验，但决不照搬外国法治理念和模式。

【小结】

总目标	法治国家	（1）建设中国特色社会主义法治体系，建设社会主义法治国家。
	五个体系	（2）形成完备的法律规范体系、高效的法治实施体系、严密的法治监督体系、有力的法治保障体系，形成完善的党内法规体系
	两个坚持	（3）坚持依法治国、依法执政、依法行政共同推进，坚持法治国家、法治政府、法治社会一体建设
	十六个字	（4）实现科学立法、严格执法、公正司法、全民守法，促进国家治理体系和治理能力现代化
基本原则		（1）要坚持中国共产党的领导。 （2）要坚持人民主体地位。 （3）要坚持法律面前人人平等。 （4）要坚持依法治国和以德治国相结合。 （5）要坚持从中国实际出发
抄材料		【联系材料……】注意：不要抄第一句，不要一字不漏，不要多，最多四行！
重要意义		X是坚持和发展中国特色社会主义的本质要求和重要保障，X是实现国家治理体系和治理能力现代化的必然要求，X事关我们党执政兴国，事关人民幸福安康，事关党和国家长治久安。全面建成小康社会、实现中华民族伟大复兴的中国梦、全面深化改革、完善和发展中国特色社会主义制度，提高党的执政能力和执政水平，必须全面推进X

关于党的领导和社会主义法治的关系，下列说法错误的是：①

A. 党的领导是中国特色社会主义最本质的特征，是社会主义法治最根本的保证

B. 必须坚持党领导立法、保证执法、支持司法、带头守法

C. 政法委员会是党委领导政法工作的组织形式，必须长期坚持

D. 党内法规应高于国家法律

陈璐琼讲理论法学

2018年国家统一法律职业资格考试专题讲座系列

专题十
社会主义法治理论与科学立法

◆相◆关◆法◆理◆

　　依法治国的前提是有法可依。中国特色的法律体系目前已经形成，需要进一步完善。从2015年我国修订《立法法》开始，在立法上开始从"有法之治"向"良法之治"发展，提出"立法先行"，2017年"民法典总则"出台是重要标志。正如亚里士多德所说的，法治有两个内涵，我国已经走出了"摸着石头过河"的政策导向思维，开始进入立法要引领改革的"顶层设计"大局观。不再是"先改革，后改法"式的所谓"良性违宪"，而是进入"先改法，后改革"的法治思维和法治方式之路。本专题主要指出了完善以宪法为核心的中国特色社会主义法律体系、加强宪法实施的要求。从健全宪法实施和监督制度、完善立法体制、深入推进科学立法民主立法、加强重点领域立法4个方面展开，对宪法实施和监督提出基本要求和具体措施，通过部署重点领域立法体现依法治国同中国特色社会主义事业总体布局的关系。

知识点及实例

完善以宪法为核心的中国特色社会主义法律体系，加强宪法实施

　　建设中国特色社会主义法治体系，必须坚持立法先行，发挥立法的引领和推动作用，抓住提高立法质量这个关键。要恪守以民为本、立法为民理念，贯彻社会主义核心价值观，使每一项立法都符合宪法精神、反映人民意志、得到人民拥护。要把公正、公平、公开原则贯穿立法全过程，完善立法体制机制，坚持立、改、废、释并举，增强法律法规的及时性、系统性、针对性、有效性。要达到以上要求，必须做到下列内容：

　　宪法是党和人民意志的集中体现，是通过科学民主程序形成的根本法。全国各族人民、一切国家机关和武装力量、各政党和各社会团体、各企业事业组织，都必须以宪法为根本的活动准则，并且负有维护宪法尊严、保证宪法实施的职责。一切违反宪法的行为都必须予以追究和纠正。这个体现了"宪法是根本法"的地位。

　　完善全国人大及其常委会宪法监督制度，健全宪法解释程序机制。加强备案审查制度和能力建设，把所有规范性文件纳入备案审查范围，依法撤销和纠正违宪违法的规范性文件，禁止地方制发带有立法性质的文件。特别要注意新《立法法》对于地方性立法的要求，从以前的较大的市扩大为设区的市（地级市和自治州）。这个是考试的重点。

　　在全社会普遍开展宪法教育，弘扬宪法精神。建立宪法宣誓制度，凡经人大及其常委会选举或者决定任命的国家工作人员正式就职时公开向宪法宣誓。加强党对立法工作的领导，完善党对立法工作中重大问题决策的程序。凡立法涉及重大体制和重大

政策调整的，必须报党中央讨论决定。党中央向全国人大提出宪法修改建议，依照宪法规定的程序进行宪法修改。我国目前四次修宪都是这个程序。法律制定和修改的重大问题由全国人大常委会党组向党中央报告。

健全有立法权的人大主导立法工作的体制机制，发挥人大及其常委会在立法工作中的主导作用。建立由全国人大相关专门委员会、全国人大常委会法制工作委员会组织有关部门参与起草综合性、全局性、基础性等重要法律草案制度。增加有法治实践经验的专职常委比例。依法建立健全专门委员会、工作委员会立法专家顾问制度。

加强和改进政府立法制度建设，完善行政法规、规章制定程序，完善公众参与政府立法机制。重要行政管理法律法规由政府法制机构组织起草。

明确立法权力边界，从体制机制和工作程序上有效防止部门利益和地方保护主义法律化。对部门间争议较大的重要立法事项，由决策机关引入第三方评估，充分听取各方意见，协调决定，不能久拖不决。加强法律解释工作，及时明确法律规定含义和适用法律依据。加强人大对立法工作的组织协调，健全立法起草、论证、协调、审议机制，健全向下级人大征询立法意见机制，建立基层立法联系点制度，推进立法精细化。健全法律法规规章起草征求人大代表意见制度，增加人大代表列席人大常委会会议人数，更多发挥人大代表参与起草和修改法律作用。完善立法项目征集和论证制度。健全立法机关主导、社会各方有序参与立法的途径和方式。探索委托第三方起草法律法规草案。

健全立法机关和社会公众沟通机制，开展立法协商，充分发挥政协委员、民主党派、工商联、无党派人士、人民团体、社会组织在立法协商中的作用，探索建立有关国家机关、社会团体、专家学者等对立法中涉及的重大利益调整论证咨询机制。拓宽公民有序参与立法途径，健全法律法规规章草案公开征求意见和公众意见采纳情况反馈机制，广泛凝聚社会共识。

1. 保障公民权利。依法保障公民权利，加快完善体现权利公平、机会公平、规则公平的法律制度，保障公民人身权、财产权、基本政治权利等各项权利不受侵犯，保障公民经济、文化、社会等各方面权利得到落实，实现公民权利保障法治化。增强全社会尊重和保障人权意识，健全公民权利救济渠道和方式。

2. 完善市场经济。社会主义市场经济本质上是法治经济。使市场在资源配置中起决定性作用和更好发挥政府作用，必须以保护产权、维护契约、统一市场、平等交换、公平竞争、有效监管为基本导向，完善社会主义市场经济法律制度。健全以公平为核心原则的产权保护制度，加强对各种所有制经济组织和自然人财产权的保护，清理有违公平的法律法规条款。创新适应公有制多种实现形式的产权保护制度，加强对国有、集体资产所有权、经营权和各类企业法人财产权的保护。国家保护企业以法人财产权依法自主经营、自负盈亏，企业有权拒绝任何组织和个人无法律依据的要求。加强企业社会责任立法。完善激励创新的产权制度、知识产权保护制度和促进科技成果转化的体制机制。加强市场法律制度建设，编纂民法典，制定和完善发展规划、投资管理、土地管理、能源和矿产资源、农业、财政税收、金融等方面法律法规，促进商品和要素自由流动、公平交易、平等使用。依法加强和改善宏观调控、市场监管，反对垄断，促进合理竞争，维护公平竞争的市场秩序。加强军民融合深度发展法治保障。

3. **民主政治协商**。制度化、规范化、程序化是社会主义民主政治的根本保障。以保障人民当家作主为核心，坚持和完善人民代表大会制度，坚持和完善中国共产党领导的多党合作和政治协商制度、民族区域自治制度以及基层群众自治制度，推进社会主义民主政治法治化。加强社会主义协商民主制度建设，推进协商民主广泛多层制度化发展，构建程序合理、环节完整的协商民主体系。完善和发展基层民主制度，依法推进基层民主和行业自律，实行完善国家机构组织法，完善选举制度和工作机制。加快推进反腐败国家立法，完善惩治和预防腐败体系，形成不敢腐、不能腐、不想腐的有效机制，坚决遏制和预防腐败现象。

4. **先进文化方向**。建立健全坚持社会主义先进文化前进方向、遵循文化发展规律、有利于激发文化创造活力、保障人民基本文化权益的文化法律制度。制定公共文化服务保障法，促进基本公共文化服务标准化、均等化。制定文化产业促进法，把行之有效的文化经济政策法定化，健全促进社会效益和经济效益有机统一的制度规范。加强互联网领域立法，完善网络信息服务、网络安全保护、网络社会管理等方面的法律法规，依法规范网络行为。

5. **社会治理体制**。加快保障和改善民生、推进社会治理体制创新法律制度建设。依法加强和规范公共服务，完善教育、就业、收入分配、社会保障、医疗卫生、食品安全、扶贫、慈善、社会救助和妇女儿童、老年人、残疾人合法权益保护等方面的法律法规。加强社会组织立法，规范和引导各类社会组织健康发展。制定社区矫正法。贯彻落实总体国家安全观，加快国家安全法治建设，抓紧出台反恐怖等一批急需法律，推进公共安全法治化，构建国家安全法律制度体系。

6. **保护生态环境**。用严格的法律制度保护生态环境，加快建立有效约束开发行为和促进绿色发展、循环发展、低碳发展的生态文明法律制度，强化生产者环境保护的法律责任，大幅度提高违法成本。建立健全自然资源产权法律制度，完善国土空间开发保护方面的法律制度，制定完善生态补偿和土壤、水、大气污染防治及海洋生态环境保护等法律法规，促进生态文明建设。

特别要注意：实现立法和改革决策相衔接，做到重大改革于法有据，立法主动适应改革和经济社会发展需要。实践证明行之有效的，要及时上升为法律。实践条件还不成熟、需要先行先试的，要按照法定程序作出授权。对不适应改革要求的法律法规，要及时修改和废止。体现立法的科学性、民主性和及时性。

【小结】

完善以宪法为核心的中国特色社会主义法律体系，加强宪法实施
1.健全法律实施和监督制度
2.完善立法体制
3.深入推进科学立法、民主立法
4.加强领域立法
口诀："县（宪）里（立）学民是重点"

1. 古希腊思想家亚里士多德认为，"法治应该包含两重意义：已成立的法律获得普遍的服从，而大家所服从的法律又应该本身是制订得良好的法律"。下列说法正确的是：①

---
① 答案：B。

A. "制定良好的法律"就是指"符合道德的法律"，在这个意义上，不符合道德的法律就不是法律

B. 实现法律的普遍遵守，不能忽视市民公约、乡规民约、行业规章、团体章程等社会规范的积极意义

C. 建设法治国家，必须把全民普法和守法作为法治的根本任务和关键要素

D. 无论是执法机关还是司法机关，都应该普遍服从法律规则，在处理案件时不应该进行自由裁量

2. 法律是治国之重器，良法是善治之前提。关于完善以宪法为核心的中国特色社会主义法律体系的要求，下列说法错误的是：①

A. 加强备案审查制度和能力建设，要把所有规范性文件纳入备案审查范围

B. 每年十二月四日定为国家宪法日

C. 建立宪法宣誓制度，只有人大及其常委会选举的国家工作人员正式就职时才公开向宪法宣誓

D. 实现立法和改革决策相衔接，做到重大改革可以先行试点、立法主动适应改革和经济社会发展需要

陈璐琼讲理论法学

2018年国家统一法律职业资格考试专题讲座系列

① 答案：C、D。

专题十一

社会主义法治理论与严格执法

知识点及实例

深入推进依法行政，加快建设法治政府

　　完善行政组织和行政程序法律制度，推进机构、职能、权限、程序、责任法定化。行政机关要坚持法定职责必须为、法无授权不可为，勇于负责、敢于担当，坚决纠正不作为、乱作为，坚决克服懒政、怠政，坚决惩处失职、渎职。行政机关不得法外设定权力，没有法律法规依据不得作出减损公民、法人和其他组织合法权益或者增加其义务的决定。即权力不可滥用。推行政府权力清单制度，坚决消除权力设租寻租空间。

　　推进各级政府事权规范化、法律化，完善不同层级政府特别是中央和地方政府事权法律制度，强化中央政府宏观管理、制度设定职责和必要的执法权，强化省级政府统筹推进区域内基本公共服务均等化职责，强化市县政府执行职责。

　　把公众参与、专家论证、风险评估、合法性审查、集体讨论决定确定为重大行政决策法定程序，确保决策制度科学、程序正当、过程公开、责任明确。建立行政机关内部重大决策合法性审查机制，未经合法性审查或经审查不合法的，不得提交讨论。特别注意要求进行"合法性审查"，为后面的"政府法律顾问"埋下伏笔。

　　积极推行政府法律顾问制度，建立政府法制机构人员为主体、吸收专家和律师参加的法律顾问队伍，保证法律顾问在制定重大行政决策、推进依法行政中发挥积极作用。2017年，我国全面建立了党政机关"法律顾问制度"，对法律人才的需求进一步加大。

　　对决策严重失误或者依法应该及时作出决策但久拖不决造成重大损失、恶劣影响的，严格追究行政首长、负有责任的其他领导人员和相关责任人员的法律责任。

　　根据不同层级政府的事权和职能，按照减少层次、整合队伍、提高效率的原则，合理配置执法力量。推进综合执法，大幅减少市县两级政府执法队伍种类，重点在食

品药品安全、工商质检、公共卫生、安全生产、文化旅游、资源环境、农林水利、交通运输、城乡建设、海洋渔业等领域内推行综合执法，有条件的领域可以推行跨部门综合执法。

完善市县两级政府行政执法管理，加强统一领导和协调。理顺行政强制执行体制。理顺城管执法体制，加强城市管理综合执法机构建设，提高执法和服务水平。

严格实行行政执法人员持证上岗和资格管理制度，未经执法资格考试合格，不得授予执法资格，不得从事执法活动。严格执行罚缴分离和收支两条线管理制度，严禁收费罚没收入同部门利益直接或者变相挂钩。特别注意，要告别临时工。

健全行政执法和刑事司法衔接机制，完善案件移送标准和程序，建立行政执法机关、公安机关、检察机关、审判机关信息共享、案情通报、案件移送制度，坚决克服有案不移、有案难移、以罚代刑现象，实现行政处罚和刑事处罚无缝对接。

依法惩处各类违法行为，加大关系群众切身利益的重点领域执法力度。完善执法程序，建立执法全过程记录制度。明确具体操作流程，重点规范行政许可、行政处罚、行政强制、行政征收、行政收费、行政检查等执法行为。严格执行重大执法决定法制审核制度。

建立健全行政裁量权基准制度，细化、量化行政裁量标准，规范裁量范围、种类、幅度。加强行政执法信息化建设和信息共享，提高执法效率和规范化水平。

全面落实行政执法责任制，严格确定不同部门及机构、岗位执法人员执法责任和责任追究机制，加强执法监督，坚决排除对执法活动的干预，防止和克服地方和部门保护主义，惩治执法腐败现象。

加强党内监督、人大监督、民主监督、行政监督、司法监督、审计监督、社会监督、舆论监督制度建设，努力形成科学有效的权力运行制约和监督体系，增强监督合力和实效。

加强对政府内部权力的制约，是强化对行政权力制约的重点。对财政资金分配使用、国有资产监管、政府投资、政府采购、公共资源转让、公共工程建设等权力集中的部门和岗位实行分事行权、分岗设权、分级授权，定期轮岗，强化内部流程控制，防止权力滥用。完善政府内部层级监督和专门监督，改进上级机关对下级机关的监督，建立常态化监督制度。完善纠错问责机制，健全责令公开道歉、停职检查、引咎辞职、责令辞职、罢免等问责方式和程序。

完善审计制度，保障依法独立行使审计监督权。对公共资金、国有资产、国有资源和领导干部履行经济责任情况实行审计全覆盖。强化上级审计机关对下级审计机关的领导。探索省以下地方审计机关人财物统一管理。推进审计职业化建设。

坚持以公开为常态、不公开为例外原则，推进决策公开、执行公开、管理公开、服务公开、结果公开。各级政府及其工作部门依据权力清单，向社会全面公开政府职能、法律依据、实施主体、职责权限、管理流程、监督方式等事项。重点推进财政预算、公共资源配置、重大建设项目批准和实施、社会公益事业建设等领域的政府信息公开。

涉及公民、法人或其他组织权利和义务的规范性文件，按照政府信息公开要求和程序予以公布。推行行政执法公示制度。推进政务公开信息化，加强互联网政务信息数据服务平台和便民服务平台建设。

【小结】

深入推进依法行政，加快建设法治政府
1. 依法履行政府职能
2. 健全依法机制
3. 深化行政执法体制改革
4. 坚持严格规范公正文明执法
5. 强化对行政权力的制约和监督
6. 全面推进政务公开

【全面决策，该问监工】

 题

1.十八届四中全会决定指出，"实行统一的市场准入制度，在制定负面清单基础上，各类市场主体可依法平等进入清单之外领域"。2016年政府工作报告指出，"要建立权力清单制度，一律向社会公开。清单之外的，一律不得实施审批"。下列评论不正确的是：①

A.推行权力清单和负面清单，是建立法治政府的必由之路

B.权力清单既为政府行为设定了界限，同时也为法律监督提供了条件

C."法无授权不可为"，公权力的种类和方式必须限定于"法律明文授权"的范围内

D."法无禁止即允许"，市场主体的行为只要属于负面清单之外的领域，就不应受到限制

2.2017年6月，岳阳县城管大队聘请的27位协助执法的老人，他们平均年龄有60岁，城管局让老人参与城市管理，是希望通过他们来扭转城管形象，实现柔情执法。对于岳阳县城管的这项举措，有网民拍手叫好，认为这项主打"感情牌"的做法更切合实际。但也有媒体撰文直言，老年人在离休后应当安享晚年，而不是在酷暑中走街串巷进行协助城市管理工作，而且城市管理不能"倚老卖老"。关于岳阳城管出新招，组老年执法队的柔性执法的做法，下列哪一说法是不恰当的？②

A.老年执法队能增进商户和城管执法人员之间的沟通，减少相关暴力冲突事件的发生几率

B.招募老年人志愿执法，说明城市管理也可以走柔情路线，是群众路线的体现

C.老年执法队执法效果良好，说明启用老年人作为执法主体是执法的必然要求

D.城管部门可以创新工作手段、利用有效的管理新形式，促进全面充分履职

---

① 答案：D。
② 答案：C。

专题十二

社会主义法治理论与公正司法

知识点及实例

保证公正司法,提高司法公信力

各级党政机关和领导干部要支持法院、检察院依法独立公正行使职权。任何党政机关和领导干部都不得让司法机关做违反法定职责、有碍司法公正的事情,任何司法机关都不得执行党政机关和领导干部违法干预司法活动的要求。对干预司法机关办案的,给予党纪政纪处分;造成冤假错案或者其他严重后果的,依法追究刑事责任。司法独立的关键是处理好党对司法的具体干涉,反对"个案监督"。

健全行政机关依法出庭应诉、支持法院受理行政案件、尊重并执行法院生效裁判的制度。完善惩戒妨碍司法机关依法行使职权、拒不执行生效裁判和决定、藐视法庭权威等违法犯罪行为的法律规定。

建立健全司法人员履行法定职责保护机制。非因法定事由,非经法定程序,不得将法官、检察官调离、辞退或者作出免职、降级等处分。这个是中国特色的职业保障制度。

健全公安机关、检察机关、审判机关、司法行政机关各司其职,侦查权、检察权、审判权、执行权相互配合、相互制约的体制机制。注意,这里增加了"司法行政机关"。完善司法体制,推动实行审判权和执行权相分离的体制改革试点。完善刑罚执行制度,统一刑罚执行体制。改革司法机关人财物管理体制,探索实行法院、检察院司法行政事务管理权和审判权、检察权相分离。探索设立跨行政区划的人民法院和人民检察院,办理跨地区案件。完善行政诉讼体制机制,合理调整行政诉讼案件管辖制度,切实解决行政诉讼立案难、审理难、执行难等突出问题。

改革法院案件受理制度,对人民法院依法应该受理的案件,做到有案必立、有诉必理,保障当事人诉权。加大对虚假诉讼、恶意诉讼、无理缠诉行为的惩治力度。完

陈璐琼讲理论法学　2018年国家统一法律职业资格考试专题讲座系列

善刑事诉讼中认罪认罚从宽制度。完善审级制度，一审重在解决事实认定和法律适用，二审重在解决事实法律争议、实现二审终审，再审重在解决依法纠错、维护裁判权威。完善对涉及公民人身、财产权益的行政强制措施实行司法监督制度。检察机关在履行职责中发现行政机关违法行使职权或者不行使职权的行为，应该督促其纠正。探索建立检察机关提起公益诉讼制度。

明确司法机关内部各层级权限，健全内部监督制约机制。司法机关内部人员不得违反规定干预其他人员正在办理的案件，建立司法机关内部人员过问案件的记录制度和责任追究制度。完善主审法官、合议庭、主任检察官、主办侦查员办案责任制，落实谁办案谁负责。加强职务犯罪线索管理，健全受理、分流、查办、信息反馈制度，明确纪检监察和刑事司法办案标准和程序衔接，依法严格查办职务犯罪案件。

坚持以事实为根据、以法律为准绳，健全事实认定符合客观真相、办案结果符合实体公正、办案过程符合程序公正的法律制度。加强和规范司法解释和案例指导，统一法律适用标准。推进以审判为中心的诉讼制度改革，确保侦查、审查起诉的案件事实证据经得起法律的检验。全面贯彻证据裁判规则，严格依法收集、固定、保存、审查、运用证据，完善证人、鉴定人出庭制度，保证庭审在查明事实、认定证据、保护诉权、公正裁判中发挥决定性作用。明确各类司法人员工作职责、工作流程、工作标准，实行办案质量终身负责制和错案责任倒查问责制，确保案件处理经得起法律和历史检验。

坚持人民司法为人民，依靠人民推进公正司法，通过公正司法维护人民权益。在司法调解、司法听证、涉诉信访等司法活动中保障人民群众参与。完善人民陪审员制度，保障公民陪审权利，扩大参审范围，完善随机抽选方式，提高人民陪审制度公信度。逐步实行人民陪审员不再审理法律适用问题，只参与审理事实认定问题。

构建开放、动态、透明、便民的阳光司法机制，推进审判公开、检务公开、警务公开、狱务公开，依法及时公开执法司法依据、程序、流程、结果和生效法律文书，杜绝暗箱操作。加强法律文书释法说理，建立生效法律文书统一上网和公开查询制度。

强化诉讼过程中当事人和其他诉讼参与人的知情权、陈述权、辩护辩论权、申请权、申诉权的制度保障。健全落实罪刑法定、疑罪从无、非法证据排除等法律原则的法律制度。完善对限制人身自由司法措施和侦查手段的司法监督，加强对刑讯逼供和非法取证的源头预防，健全冤假错案有效防范、及时纠正机制。

切实解决执行难，制定强制执行法，规范查封、扣押、冻结、处理涉案财物的司法程序。加快建立失信被执行人信用监督、威慑和惩戒法律制度。依法保障胜诉当事人及时实现权益。

落实终审和诉讼终结制度，实行诉访分离，保障当事人依法行使申诉权利。对不服司法机关生效裁判、决定的申诉，逐步实行由律师代理制度。对聘不起律师的申诉人，纳入法律援助范围。

完善检察机关行使监督权的法律制度，加强对刑事诉讼、民事诉讼、行政诉讼的法律监督。完善人民监督员制度，重点监督检察机关查办职务犯罪的立案、羁押、扣押冻结财物、起诉等环节的执法活动。司法机关要及时回应社会关切。规范媒体对案件的报道，防止舆论影响司法公正。

依法规范司法人员与当事人、律师、特殊关系人、中介组织的接触、交往行为。严禁司法人员私下接触当事人及律师、泄露或者为其打探案情、接受吃请或者收受其财物、为律师介绍代理和辩护业务等违法违纪行为，坚决惩治司法掮客行为，防止利益输送。对因违法违纪被开除公职的司法人员、吊销执业证书的律师和公证员，终身禁止从事法律职业，构成犯罪的要依法追究刑事责任。

坚决破除各种潜规则，绝不允许法外开恩，绝不允许办关系案、人情案、金钱案。坚决反对和克服特权思想、衙门作风、霸道作风，坚决反对和惩治粗暴执法、野蛮执法行为。对司法领域的腐败零容忍，坚决清除害群之马。

【小结】

保证公正司法，提高司法公信力
1. 完善确保依法立公正行使审判权和检察权的制度
2. 优化司法权配置
3. 推进严格司法
4. 保障人民群众参与司法
5. 加强人权司法保障
6. 加强对司法活动的监督
口诀："渎职严重害人间"

2014年最高人民法院《人民法院第四个五年改革纲要（2014～2018）》指出，要推进庭审全程同步录音录像。规范以图文、视频等方式直播庭审的范围和程序。庭审直播是指通过电视、互联网或者其他公共传媒系统对法院公开开庭审理案件的庭审过程进行图文、音频、视频的播放。作为司法公开的一项重要举措，庭审直播在全国各级法院已开始普遍推行，律师甚至法院在法庭上通过微博直播庭审比较常见。下列哪项评论是正确的？[①]

A. 庭审直播是司法民主的必要要求，所有案件必须都要实现庭审直播

B. 在直播过程中，媒体不可以组织专家学者和其他法官对案件进行讨论和评价

C. 庭审直播对我国的司法独立造成了冲击，实践中应予以禁止

D. 庭审直播是司法公开的重要举措，属于国家法律监督体系

2. 最高人民法院《关于进一步加强司法便民工作的若干意见》指出，法院应当做好诉讼风险提示工作，在接待立案时向当事人提供诉讼风险提示书和诉讼权利义务告知书，并且根据本地实际情况，积极开展巡回审判。下列说法正确的有：[②]

A. 法院行使司法权，必须将"以人为本"作为根本出发点，从执法目的、执法标准以及执法方式上全面贯彻

B. 最高人民法院设立巡回法庭，审理跨行政区域刑事、行政和民商事案件，也是保障人权的体现

C. 诉讼风险提示有可能违反司法被动性原则，因此司法实践中并不可取

D. 司法审判必须服务于经济、政治、文化、社会以及生态文明建设，可以突破"以事实为根据，以法律为准绳"原则

---

① 答案：B。

② 答案：A。

陈璐琼讲理论法学 2018年国家统一法律职业资格考试专题讲座系列

专题十三
社会主义法治理论与全民守法

相·关·法·理

　　法律的权威源自人民的内心拥护和真诚信仰。人民权益要靠法律保障，法律权威要靠人民维护。必须弘扬社会主义法治精神，建设社会主义法治文化，增强全社会厉行法治的积极性和主动性，形成守法光荣、违法可耻的社会氛围，使全体人民都成为社会主义法治的忠实崇尚者、自觉遵守者、坚定捍卫者。本专题讲增强全民法治观念、推进法治社会建设，从推动全社会树立法治意识、推进多层次多领域依法治理、建设完备的法律服务体系、健全依法维权和化解纠纷机制4个方面展开。

知识点及实例

增强全民法治观念，推进法治社会建设

　　坚持把全民普法和守法作为依法治国的长期基础性工作，深入开展法治宣传教育，引导全民自觉守法、遇事找法、解决问题靠法。坚持把领导干部带头学法、模范守法作为树立法治意识的关键，完善国家工作人员学法用法制度，把宪法法律列入党委（党组）中心组学习内容，列为党校、行政学院、干部学院、社会主义学院必修课。把法治教育纳入国民教育体系，从青少年抓起，在中小学设立法治知识课程。

　　健全普法宣传教育机制，各级党委和政府要加强对普法工作的领导，宣传、文化、教育部门和人民团体要在普法教育中发挥职能作用。实行国家机关"谁执法谁普法"的普法责任制，建立法官、检察官、行政执法人员、律师等以案释法制度，加强普法讲师团、普法志愿者队伍建设。把法治教育纳入精神文明创建内容，开展群众性法治文化活动，健全媒体公益普法制度，加强新媒体新技术在普法中的运用，提高普法实效。

　　牢固树立有权力就有责任、有权利就有义务观念。加强社会诚信建设，健全公民和组织守法信用记录，完善守法诚信褒奖机制和违法失信行为惩戒机制，使遵法守法成为全体人民共同追求和自觉行动。

　　加强公民道德建设，弘扬中华优秀传统文化，增强法治的道德底蕴，强化规则意识，倡导契约精神，弘扬公序良俗。发挥法治在解决道德领域突出问题中的作用，引导人们自觉履行法定义务、社会责任、家庭责任。

　　坚持系统治理、依法治理、综合治理、源头治理，提高社会治理法治化水平。深入开展多层次多形式法治创建活动，深化基层组织和部门、行业依法治理，支持各类社会主体自我约束、自我管理。发挥市民公约、乡规民约、行业规章、团体章程等社会规范在社会治理中的积极作用。

专题十三　社会主义法治理论与全民守法

发挥人民团体和社会组织在法治社会建设中的积极作用。建立健全社会组织参与社会事务、维护公共利益、救助困难群众、帮教特殊人群、预防违法犯罪的机制和制度化渠道。支持行业协会、商会类社会组织发挥行业自律和专业服务功能。发挥社会组织对其成员的行为导引、规则约束、权益维护作用。加强在华境外非政府组织管理，引导和监督其依法开展活动。

高举民族大团结旗帜，依法妥善处置涉及民族、宗教等因素的社会问题，促进民族关系、宗教关系和谐。

推进覆盖城乡居民的公共法律服务体系建设，加强民生领域法律服务。完善法律援助制度，扩大援助范围，健全司法救助体系，保证人民群众在遇到法律问题或者权利受到侵害时获得及时有效法律帮助。发展律师、公证等法律服务业，统筹城乡、区域法律服务资源，发展涉外法律服务业。健全统一司法鉴定管理体制。

强化法律在维护群众权益、化解社会矛盾中的权威地位，引导和支持人们理性表达诉求、依法维护权益，解决好群众最关心最直接最现实的利益问题。

构建对维护群众利益具有重大作用的制度体系，建立健全社会矛盾预警机制、利益表达机制、协商沟通机制、救济救助机制，畅通群众利益协调、权益保障法律渠道。健全社会矛盾纠纷预防化解机制，完善调解、仲裁、行政裁决、行政复议、诉讼等有机衔接、相互协调的。加强行业性、专业性人民调解组织建设，完善人民调解、行政调解、司法调解联动工作体系。完善仲裁制度，提高仲裁公信力。健全行政裁决制度，强化行政机关解决同行政管理活动密切相关的民事纠纷功能。

深入推进社会治安综合治理，健全落实领导责任制。完善立体化社会治安防控体系，有效防范化解管控影响社会安定的问题，保障人民生命财产安全。依法严厉打击暴力恐怖、涉黑犯罪、邪教和黄赌毒等违法犯罪活动，绝不允许其形成气候。依法强化危害食品药品安全、影响安全生产、损害生态环境、破坏网络安全等重点问题治理。

【小结】

增强全民法治观念，推进法治社会建设
1. 推动全社会树立法治意识
2. 推进多层次、多领域依法治理
3. 建设完备的法律服务体系
4. 健全依法维权和解决纠纷机制

 题

1. 据报道，全国模范法官陈燕所承办的案件，调解率达 80% 以上，当事人自动履行率达 95% 以上，无一错案积案，无一案件涉访。她创建的"上门立案"、"预约立案"、"入户调解"、"就地开庭"等便民措施及邀请"困难当事人到法庭食堂就餐"等具体行动，受到当地群众的普遍好评，被认为是贯彻我党提出的"推进社会矛盾化解、社会管理创新、公正廉洁执法工作"政法三大基本工作的楷模。对该材料，下列哪项评论是正确的？[①]

A. 调解是一种重要的纠纷解决方式，已经逐步取代了诉讼

B. "上门立案"、"预约立案"是实现司法公正的必要条件

C. 贯彻社会主义法治理论，必须认真领会党和国家的大政方针和主要政策，走群

———————————
[①] 答案：C。

众路线

D. 允许困难当事人到法庭食堂就餐，这是公平正义在审判中的具体体现

2. 法律的权威源自人民的内心拥护和真诚信仰。对于增强全民法治观念，推进法治社会建设的要求，下列说法正确的是：①

A. 把法治教育纳入国民教育体系，从娃娃抓起，在中小学设立法治知识课程

B. 实行国家机关"谁立法谁普法"的普法责任制，建立立法者、法官、检察官、行政执法人员、律师等以案释法制度，加强普法讲师团、普法志愿者队伍建设

C. 坚持系统治理、依法治理、综合治理、源头治理，提高社会治理法治化水平

D. 推进覆盖城市居民的公共法律服务体系建设，加强民生领域法律服务

---

① 答案：C。

专题十四
社会主义法治理论的保障机制

相◆关◆法◆理◆

要实现社会主义法治国家的总目标，必须强有力的保障机制。一方面，要加强法治工作队伍建设。必须大力提高法治工作队伍思想政治素质、业务工作能力、职业道德水准，着力建设一支的社会主义法治工作队伍，为加快建设社会主义法治国家提供强有力的组织和人才保障。要求从建设高素质法治专门队伍、加强法律服务队伍建设、创新法治人才培养机制3个方面展开。另一方面，要加强和改进党对全面推进依法治国的领导。党的领导是全面推进依法治国、加快建设社会主义法治国家最根本的保证。必须加强和改进党对法治工作的领导，把党的领导贯彻到全面推进依法治国全过程。从坚持依法执政、加强党内法规制度建设、提高党员干部法治思维和依法办事能力、推进基层治理法治化、深入推进依法治军从严治军、依法保障"一国两制"实践和推进祖国统一、加强涉外法律工作7个方面展开。

知识点及实例

一、加强法治工作队伍建设

把思想政治建设摆在首位，加强理想信念教育，深入开展社会主义核心价值观和社会主义法治理念教育，坚持党的事业、人民利益、宪法法律至上，加强立法队伍、行政执法队伍、司法队伍建设。抓住立法、执法、司法机关各级领导班子建设这个关键，突出政治标准，把善于运用法治思维和法治方式推动工作的人选拔到领导岗位上来。畅通立法、执法、司法部门干部和人才相互之间以及与其他部门具备条件的干部和人才交流渠道。

推进法治专门队伍正规化、专业化、职业化，提高职业素养和专业水平。完善法律职业准入制度，健全国家统一法律职业资格考试制度，建立法律职业人员统一职前培训制度。建立从符合条件的律师、法学专家中招录立法工作者、法官、检察官制度，畅通具备条件的军队转业干部进入法治专门队伍的通道，健全从政法专业毕业生中招录人才的规范便捷机制。加强边疆地区、民族地区法治专门队伍建设。加快建立符合职业特点的法治工作人员管理制度，完善职业保障体系，建立法官、检察官、人民警察专业职务序列及工资制度。

建立法官、检察官逐级遴选制度。初任法官、检察官由高级人民法院、省级人民检察院统一招录，一律在基层法院、检察院任职。上级人民法院、人民检察院的法官、检察官一般从下一级人民法院、人民检察院的优秀法官、检察官中遴选。

加强律师队伍思想政治建设，把拥护中国共产党领导、拥护社会主义法治作为律师从业的基本要求，增强广大律师走中国特色社会主义法治道路的自觉性和坚定性。构建社会律师、公职律师、公司律师等优势互补、结构合理的律师队伍。提高律师队伍业务素质，完善执业保障机制。加强律师事务所管理，发挥律师协会自律作用，规范律师执业行为，监督律师严格遵守职业道德和职业操守，强化准入、退出管理，严格执行违法违规执业惩戒制度。加强律师行业党的建设，扩大党的工作覆盖面，切实发挥律师事务所党组织的政治核心作用。

各级党政机关和人民团体普遍设立，企业可设立公司律师，参与决策论证，提供法律意见，促进依法办事，防范法律风险。明确公职律师、公司律师法律地位及权利义务，理顺公职律师、公司律师管理体制机制。

发展公证员、基层法律服务工作者、人民调解员队伍。推动法律服务志愿者队伍建设。建立激励法律服务人才跨区域流动机制，逐步解决基层和欠发达地区法律服务资源不足和高端人才匮乏问题。

坚持用马克思主义法学思想和中国特色社会主义法治理论全方位占领高校、科研机构法学教育和法学研究阵地，加强法学基础理论研究，形成完善的中国特色社会主义法学理论体系、学科体系、课程体系。坚持立德树人、德育为先导向，推动中国特色社会主义法治理论进教材进课堂进头脑，培养造就熟悉和坚持中国特色社会主义法治体系的法治人才及后备力量。建设通晓国际法律规则、善于处理涉外法律事务的涉外法治人才队伍。

健全政法部门和法学院校、法学研究机构人员双向交流机制，实施高校和法治工作部门人员互聘计划，重点打造一支政治立场坚定、理论功底深厚、熟悉中国国情的高水平法学家和专家团队，建设高素质学术带头人、骨干教师、专兼职教师队伍。

二、加强和改进党对全面推进依法治国的领导

各级党组织和领导干部要深刻认识到，维护宪法法律权威就是维护党和人民共同意志的权威，捍卫宪法法律尊严就是捍卫党和人民共同意志的尊严，保证宪法法律实施就是保证党和人民共同意志的实现。各级领导干部要对法律怀有敬畏之心，牢记法律红线不可逾越、法律底线不可触碰，带头遵守法律，带头依法办事，不得违法行使权力，更不能以言代法、以权压法、徇私枉法。

健全党领导依法治国的制度和工作机制，完善保证党确定依法治国方针政策和决策部署的工作机制和程序。加强对全面推进依法治国统一领导、统一部署、统筹协调。完善党委依法决策机制，发挥政策和法律的各自优势，促进党的政策和国家法律互联互动。党委要定期听取政法机关工作汇报，做促进公正司法、维护法律权威的表率。党政主要负责人要履行推进法治建设第一责任人职责。各级党委要领导和支持工会、共青团、妇联等人民团体和社会组织在依法治国中积极发挥作用。

人大、政府、政协、审判机关、检察机关的党组织和党员干部要坚决贯彻党的理论和路线方针政策，贯彻党委决策部署。各级人大、政府、政协、审判机关、检察机关的党组织要领导和监督本单位模范遵守宪法法律，坚决查处执法犯法、违法用权等行为。

政法委必须长期坚持。各级党委政法委员会要把工作着力点放在把握政治方向、

协调各方职能、统筹政法工作、建设政法队伍、督促依法履职、创造公正司法环境上，带头依法办事，保障宪法法律正确统一实施。政法机关党组织要建立健全重大事项向党委报告制度。加强政法机关党的建设，在法治建设中充分发挥党组织政治保障作用和党员先锋模范作用。

党内法规既是管党治党的重要依据，也是建设社会主义法治国家的有力保障。党章是最根本的党内法规，全党必须一体严格遵行。完善党内法规制定体制机制，加大党内法规备案审查和解释力度，形成配套完备的党内法规制度体系。注重党内法规同国家法律的衔接和协调，提高党内法规执行力，运用党内法规把党要管党、从严治党落到实处，促进党员、干部带头遵守国家法律法规。

党的纪律是党内规矩。党的各级组织和广大党员干部不仅要模范遵守国家法律，而且要按照党规党纪以更高标准严格要求自己，坚定理想信念，践行党的宗旨，坚决同违法乱纪行为作斗争。对违反党规党纪的行为必须严肃处理，对苗头性倾向性问题必须抓早抓小，防止小错酿成大错、违纪走向违法。

依纪依法反对和克服形式主义、官僚主义、享乐主义和奢靡之风，形成严密的长效机制。完善和严格执行领导干部政治、工作、生活待遇方面各项制度规定，着力整治各种特权行为。深入开展党风廉政建设和反腐败斗争，严格落实党风廉政建设党委主体责任和纪委监督责任，对任何腐败行为和腐败分子，必须依纪依法予以坚决惩处，决不手软。

党员干部是全面推进依法治国的重要组织者、推动者、实践者，要自觉提高运用法治思维和法治方式深化改革、推动发展、化解矛盾、维护稳定能力，高级干部尤其要以身作则、以上率下。把法治建设成效作为衡量各级领导班子和领导干部工作实绩重要内容，纳入政绩考核指标体系。把能不能遵守法律、依法办事作为考察干部重要内容，在相同条件下，优先提拔使用法治素养好、依法办事能力强的干部。对特权思想严重、法治观念淡薄的干部要批评教育，不改正的要调离领导岗位。

全面推进依法治国，基础在基层，工作重点在基层。发挥基层党组织在全面推进依法治国中的战斗堡垒作用，增强基层干部法治观念、法治为民的意识，提高依法办事能力。加强基层法治机构建设，强化基层法治队伍，建立重心下移、力量下沉的法治工作机制，改善基层基础设施和装备条件，推进法治干部下基层活动。

党对军队绝对领导是依法治军的核心和根本要求。紧紧围绕党在新形势下的强军目标，着眼全面加强军队革命化现代化正规化建设，创新发展依法治军理论和实践，构建完善的中国特色军事法治体系，提高国防和军队建设法治化水平。

坚持从严治军铁律，加大军事法规执行力度，明确执法责任，完善执法制度，健全执法监督机制，严格责任追究，推动依法治军落到实处。

坚持宪法的最高法律地位和最高法律效力，全面准确贯彻"一国两制"、"港人治港"、"澳人治澳"、高度自治的方针，严格依照宪法和基本法办事，完善与基本法实施相关的制度和机制，依法行使中央权力，依法保障高度自治，支持特别行政区行政长官和政府依法施政，保障内地与香港、澳门经贸关系发展和各领域交流合作，防范和反对外部势力干预港澳事务，保持香港、澳门长期繁荣稳定。

运用法治方式巩固和深化两岸关系和平发展，完善涉台法律法规，依法规范和保障两岸人民关系、推进两岸交流合作。运用法律手段捍卫一个中国原则、反对"台独"，增进维护一个中国框架的共同认知，推进祖国和平统一。

依法保护港澳同胞、台湾同胞权益。加强内地同香港和澳门、大陆同台湾的执法司法协作，共同打击跨境违法犯罪活动。

适应对外开放不断深化，完善涉外法律法规体系，促进构建开放型经济新体制。积极参与国际规则制定，推动依法处理涉外经济、社会事务，增强我国在国际法律事务中的话语权和影响力，运用法律手段维护我国主权、安全、发展利益。强化涉外法律服务，维护我国公民、法人在海外及外国公民、法人在我国的正当权益，依法维护海外侨胞权益。深化司法领域国际合作，完善我国司法协助体制，扩大国际司法协助覆盖面。加强反腐败国际合作，加大海外追赃追逃、遣返引渡力度。积极参与执法安全国际合作，共同打击暴力恐怖势力、民族分裂势力、宗教极端势力和贩毒走私、跨国有组织犯罪。

题

1. 下列关于全面推进依法治国方略的认识，正确的有：①
A. 坚持依法治国，既要立足中国法治传统，也要善于借鉴外国经验
B. 人民是依法治国的主体，因此，人民有权提出立法议案
C. 党的领导是依法治国最根本的保证，党的领导在我国宪法的正文中加以规定
D. 党领导人民制定宪法和法律，有权向全国人大提出修改宪法的议案

2. 下列关于全面推进依法治国方略的认识，不正确的有②
A. 党的主张通过法定程序成为国家意志，党组织推荐的人选通过法定程序成为国家政权机关的领导人员，通过国家政权机关实施党对国家和社会的领导。
B. 禁止地方制发带有立法性质的文件
C. 推进各级政府事权规范化、法律化，强化中央政府宏观管理、制度设定职责和必要的执法权，强化省市级政府统筹推进区域内基本公共服务均等化职责，强化县乡政府执行职责
D. 把领导干部带头学法守法作为树立法治意识的关键，完善国家工作人员学法用法制度。健全政法部门和法学院校、法学研究机构人员双向交流机制

---

① 答案：A。
② 答案：C。

宪法学

专题十五
宪法基础理论

相◆关◆法◆理

　　本专题介绍的是宪法的基本理论，这在宪法学的知识整体中具有基础地位。宪法是我国根本大法，它具有最高效力。本专题揭示了宪法的来龙去脉，得出宪法的实施要求，从而在我国实现宪政。本专题的核心考点主要包括：宪法的分类、我国现行宪法的四次修改、我国宪法的四个基本原则、宪法与宪政的关系等。

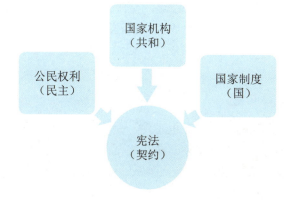

知识点及实例

一、宪法的词源

　　"宪法"一词无论在中国还是在西方国家均古已有之，但它们的含义却与近现代的"宪法"概念及性质迥然不同。在中国古代的典籍中，曾出现过"宪"、"宪法"、"宪令"、"宪章"等词语，当时是法律的意思。在中国，将"宪法"一词作为国家根本法意义上使用开始于19世纪80年代。当时的近代改良主义思想家们基于国内外形势，明确提出了"伸民权"、"争民主"、"立宪法"、"开议院"的政治主张，从而揭开了中国近代宪政运动的序幕。在古代西方，"宪法"一词也是在多重意义上使用的：一是指有关规定城邦组织与权限方面的法律；二是指皇帝的诏书、谕旨，以区别于市民会议制定的普通法规；三是指有关确认教会、封建主以及城市行会势力的特权以及他们与国王等的相互关系的法律，如1215年英王约翰颁布的规定英王与贵族、诸侯与僧侣关系的《自由大宪章》等。

二、宪法与法律的关系

　　1. 以"以法律的形式"、"法律效力"的形式出现时，通常指法的一般特征，即具有一般性、规范性、抽象性、强制性等。如宪法序言规定：本宪法以法律的形式确认了中国各族人民奋斗的成果，规定了国家的根本制度和根本任务，是国家的根本法，具有最高的法律效力。

2. 当宪法和法律连在一起使用时，"法律"通常指由全国人大及其常委会制定的法律。当与行政法规等相连使用时，"法律"仅指全国人大及其常委会制定的法律。如《宪法》第5条第3款规定：一切法律、行政法规和地方性法规都不得同宪法相抵触。《宪法》第67条第（7）～（8）规定：全国人大常委会有权撤销国务院、省级人大及其常委会制定的同宪法、法律相抵触的行政法规、决定和命令。该法第100条规定：省级人大及其常委会在不同宪法、法律、行政法规相抵触的前提下，可以制定地方性法规，报全国人大常委会备案。该法第115条规定：自治区、自治州、自治县的自治机关行使《宪法》第3章第5节规定的地方国家机关的职权，同时依照宪法、民族区域自治法和其他法律规定行使自治权时，根据本地方实际情况贯彻执行国家的法律、政策。

3. 宪法文本还采用了"依照法律规定"、"依照法律"、"依照……法律的规定"等形式，此时的"法律"指全国人大及其常委会制定的法律。如《宪法》第2条第3款规定：人民依照法律规定，通过各种途径和形式，管理国家事务，管理经济和文化事业，管理社会事务。《宪法》第10条第4款规定：任何组织或个人不得侵占、买卖或者以其他形式非法转让土地，土地的使用权可以依照法律的规定转让。《宪法》第16条第2款规定：国有企业依照法律规定，通过职工代表大会和其他形式，实行民主管理。

三、宪法的特征

宪法是规范民主施政规则的国家根本法，是有关国家权力及其民主运行规则、国家基本制度以及公民基本权利与义务的法律规范的总称。宪法是规定国家的根本制度和根本任务、集中表现各种政治力量对比关系、保障公民基本权利的国家根本法。

（一）成文宪法是国家的根本法

成文宪法之所以是国家的根本法，取决于以下三个因素：

1. 在内容上，宪法规定一个国家最根本、最核心的问题。【国家总章程】

2. 成文宪法具有最高的法律效力。

（1）宪法是制定普通法律的依据，普通法律是由宪法派生的；被称为"母法"。

（2）任何法律、法规都不得与宪法的原则和精神相违背。

（3）宪法是一切国家机关、社会团体和公民的最高行为准则。

3. 成文宪法的制定和修改程序更严格。

（1）制定和修改宪法的机关往往是特别成立的机关，而非普通立法机关。比如我国的宪法制定机关是第一届全国人大第一次会议，法律的制定机关是全国人大及其常委会。

（2）通过或批准宪法或者其修正案的程序，往往严于普通法律。比如我国宪法的修改要求全国人大全体代表的2/3以上多数通过，而法律的修改仅需要全国人大全体代表的过半数通过。

（二）宪法是公民权利的保障书

1. 宪法最主要最核心的价值是保障公民权利和自由。列宁曾指出：宪法就是一张写着人民权利的纸。1789年《法国人权宣言》：凡权利无保障和分权未确立的社会就没有宪法。《美国宪法》正文没有规定公民的基本权利，是宪法修正案规定的，俗称"权利法案"。世界上第一部社会主义宪法——1918年的《苏俄宪法》也将《被剥削劳动人民权利宣言》列为第一篇，表明社会主义宪法同样具有权利保障书的意义。

2. 宪法的基本出发点是保障公民的权利和自由。

（三）宪法是民主事实法律化的基本形式

宪法与民主紧密相连，民主主体的普遍化或者说民主事实的普遍化，是宪法得以产生的前提之一。因此，宪法产生的时间比法律要晚，法律是随着国家、阶级、私有制的产生而产生，而近代意义的宪法是资产阶级革命的产物。

注意：

民主的非理性部分要有宪政来制衡和约束。"多数人暴政"民主要求少数服从多数，即保护多数人的利益，而宪政要求要保护每个人的利益，无论他是少数和多数。

（四）宪法与宪政的关系

1. 宪政的要素。宪政的要素主要包括"制宪、民主、法治与人权"。制宪是宪政的基本前提，即通过制宪产生宪法是实现宪政的前提条件；宪政的基本内容是民主事实的制度化；法治是宪政发展的必然结果，而宪政是法治发展的前提和基础；人权保障是宪政的核心价值与终极目标。

2. 宪政的基本特征。

（1）宪法实施是建立宪政的基本途径；

（2）有限政府与保障人权是宪政的基本精神；

（3）权利制约权力是宪法精神的核心；

（4）树立宪法的最高权威是宪政的集中表现。

3. 宪法与宪政的关系。

（1）宪法是宪政的前提，即存在通过制宪产生的宪法是实现宪政的基础；而宪政是宪法的具体实现过程或状态。

（2）宪法是静态的宪政，宪政是动态的宪法。

（3）宪法是一种规范形态；而宪政往往是一种现实形态，是宪法内容与原则的具体实施。

（4）宪法提供的规则通常表现为一种方式或方法，而宪政提供的更多是一种社会共同体追求的价值与目标。

四、宪法的分类

（一）成文宪法与不成文宪法

1. 英国学者 J·蒲莱士首次提出。

2. 以是否存在宪法典为划分标准。

3. 成文宪法有时也称文书宪法、制定宪法，是指具有统一法典形式的宪法，即这个国家存在一部以"国名＋宪法"命名的文件。比如我国的《中华人民共和国宪法》。

注意：

1787年的《美利坚合众国宪法》才是世界历史上第一部成文宪法，1791年法国宪法则是欧洲大陆第一部成文宪法。社会契约论是成文宪法的重要渊源之一。

4. 不成文宪法是指不具有统一法典的形式，而是散见于单行宪法性法律、宪法判例和宪法惯例的宪法。世界上不成文文宪法国家主要有英国，以色列等少数国家。比如英国并不存在一部名为"英国宪法"的文件，英国的宪法是由1628年的《权利请愿书》、1679年的《人身保护法》、1689年的《权利法案》、1701年的《王位继承法》、1911年的《国会法》、1918年的《国民参政法》、1928年的《男女选举平等法》、1969年的《人民代表法》等多部法律组成。

（二）刚性宪法与柔性宪法

1. 该分类也是由英国学者J·蒲莱士最早提出。

2. 以宪法有无严格的制定、修改机关和程序为划分标准。

3. 柔性宪法是指制定、修改的机关和程序与一般法律相同的宪法。英国即其典型。

4. 成文宪法的制定、修改比普通法律困难，故往往是刚性宪法；不成文宪法的制定、修改跟普通法律一样，故往往是柔性宪法。

（三）钦定宪法、民定宪法和协定宪法

1. 以制定宪法的机关为划分标准。

2. 钦定宪法，即由君主或以君主的名义制定和颁布的宪法。比如1889年日本明治宪法、1908年《钦定宪法大纲》、1814年《法国宪法》、1848年《意大利宪法》。

3. 民定宪法，即由民意机关或者由全民公决制定的宪法。当今世界大多数国家的宪法都属于民定宪法。

4. 协定宪法，即由君主与国民或者国民的代表机关协商制定的宪法，如1215年的《英国自由大宪章》、1830年《法国宪法》。

注意：

英国是虚君，假协商，法国要30（三人）才能协商。

【小结】

形式分类	成文不成文	1. 1884年英国学者J·蒲莱士提出，以有没有统一的法典形式为标准划分。
		2. 成文：1789年美国宪法、1791年法国宪法；不成文：英国。现在世界上绝大多数国家的宪法都是成文宪法。
		1787年《美利坚合众国宪法》是世界上第一部成文宪法，1791年法国宪法是欧洲大陆第一部成文宪法。
	刚性柔性	J·蒲莱士提出，以有无严格制定、修改机关和程序为标准。现在世界上绝大多数国家的宪法都是刚性宪法。实行成文宪法的国家往往也是刚性宪法的国家。实行不成文宪法的国家往往也是柔性宪法的国家。
	钦定民定协定	1. 以制定机关为标准划分，分为钦定宪法、民定宪法和协定宪法。
		2. 钦定宪法：现行最古老的钦定宪法是1814年《挪威王国宪法》。1889年《日本宪法》、1908年《钦定宪法大纲》、1814年《法国宪法》、1848年《意大利宪法》。
		3. 协定宪法：现存最古老的协定宪法是1809年《瑞典王国宪法》。1215年《英国自由大宪章》、1830年《法国宪法》

五、宪法的制定

宪法制定又可称为制宪，是指制宪主体按照一定的程序创制宪法的活动。人民作为制宪主体是现代宪法发展的基本特点，表明了人民在政治社会中的宪法地位。最早系统地提出制宪权概念并建立理论体系的是法国大革命时期的著名学者西耶斯，他认为只有国民才享有制宪权。

（一）制宪权与修宪权

修宪权是依据制宪权而产生的权力形态。制宪权与修宪权是两种不同性质的权力。

修宪权受制宪权的约束，不得违背制宪权的基本精神和原则。而与立法权、行政权、司法权相比较，制宪权、修宪权属于根源性的国家权力，即能够创造其他具体组织性国家权力的权力。我国人大只有修宪权，没有制宪权。

（二）宪法制定的程序

1. 设立制宪机关。
2. 提出宪法草案。
3. 通过宪法草案。
5. 公布宪法。宪法草案经过一定程序通过后，由国家元首或代表机关公布。如我国 1954 年宪法是第一届全国人民代表大会第一次会议以全国人民代表大会公告的形式公布，自通过之日起生效。

六、宪法的历史发展

（一）近代意义宪法产生的原因

1. 近代宪法的产生是商品经济普遍化发展的必然结果。
2. 资产阶级革命的胜利、资产阶级国家政权的建立和以普选制、议会制为核心的民主制度的形成，为近代宪法的产生提供了政治条件。
3. 资产阶级启蒙思想家提出的民主、自由、平等、人权和法治等理论，为近代宪法的产生奠定了思想基础。

（二）新中国宪法的历史发展概况

1. 1949 年《中国人民政治协商会议共同纲领》起了临时宪法的作用。
2. 1954 年第一届全国人民代表大会第一次全体会议在《共同纲领》的基础上制定了新中国第一部社会主义类型的宪法。
3. 1975 年宪法、1978 年宪法和 1982 年宪法分别是对前一部宪法的全面修改，其中，1978 年宪法在 1979 年、1980 年进行了两次部分修改，1982 年宪法在 1988 年、1993 年、1999 年、2004 年进行了四次部分修改。
4. 1982 年第五届全国人民代表大会第五次会议通过了新中国的第四部宪法，即现行宪法。其基本特点是：总结历史经验，以四项基本原则为指导思想；进一步完善国家机构体系，扩大全国人大常委会的职权，恢复设立国家主席等；扩大公民权利和自由范围，恢复"公民在法律面前人人平等"原则，废除了国家机关领导职务的终身制；确认经济体制改革的成果，如发展多种经济形式、扩大企业的自主权等；维护国家统一和民族团结，完善民族区域自治制度，根据"一国两制"的原则规定特别行政区制度。
5. 现行宪法的修正（四次修正案）

1988	1993	1999	2004
第1~2修正案	第3~11修正案	第12~17修正案	第18~31修正案

1．土地使用权可以依照法律的规定转让。 2．国家允许私营经济在法律规定的范围内存在和发展。私营经济是社会主义公有制经济的补充	1. 把家庭联产承包责任制作为农村集体经济组织的基本形式确定下来。 2. 将社会主义市场经济确定为国家的基本经济体制。 3. 明确把"我国正处于社会主义初级阶段"、"建设有中国特色社会主义"、"坚持改革开放"写进宪法。 4. 把县级人民代表大会的任期由3年改为5年。 5. 增加了"中国共产党领导的多党合作和政治协商制度将长期存在和发展"	1. 明确"中华人民共和国实行依法治国，建设社会主义法治国家"。 2. 明确"我国将长期处于社会主义初级阶段"、"沿着建设有中国特色社会主义的道路"、在"邓小平理论指导下"、"发展社会主义市场经济"。 3. 将镇压"反革命活动"修改为镇压"危害国家安全的犯罪活动"。 4. 修改："个体经济、私营经济等非公有制经济，是社会主义市场经济的重要组成部分"。引导、监督和管理。 5. 规定"农村集体经济组织实行家庭承包经营为基础、统分结合的双层经营体制"。 6. 规定"国家在社会主义初级阶段，坚持公有制为主体、多种所有制经济共同发展的基本经济制度，坚持按劳分配为主体、多种分配方式并存的分配制度"	1. 在宪法序言的第七自然段中增加"三个代表"，"推动物质文明、政治文明和精神文明协调发展"。 2. 将乡镇人民代表大会的任期由3年改为5年。 3. 对非公有制经济的政策为"鼓励、支持、引导。对其依法实行监督和管理"。 4. 增加：国家尊重和保障人权。 5. 修改：公民的合法的私有财产不受侵犯。国家依照法律规定保护公民的私有财产权和继承权。 6. 全国大常委会、国务院决定戒严修改为决定紧急状态，国家主席对戒严的宣布权也改为对紧急状态的宣布权。 7. 修改：国家为了公共利益的需要，可以依照法律规定对土地实行征收或者征用并给予补偿。 8. 增加：国家建立健全同经济发展水平相适应的社会保障制度。 9. 增加：爱国统一战线组成结构中的"社会主义事业的建设者"。 10. 在宪法中增加关于国歌的规定。 11. 将全国人大代表的产生方式修改为：全国人民代表大会由省、自治区、直辖市、特别行政区和军队选出的代表组成。各少数民族都应当有适当名额的代表

口诀：土地私营；城（承）市初现（县）党，只（治）等（邓）反非成（承）功（公），三乡非人才（财），急征保健（建）歌，主席特政治。

注意：

我国的宪法修正案不仅修改宪法正文，还修改宪法修正案，因此，前后存在修改关系的宪法修正案是最难记忆的。

【小贴士】宪法的发展及其趋势

1. 各国宪法越来越强调对人权的保障，不断扩大公民权利范围。

2. 政府权力的扩大，是社会发展的必然。各国宪法一方面确认和授予政府更多的权力，另一方面也更加注重通过设定多种监督机制对政府权力加以限制，以防止政府权力的滥用。

3. 各国越来越重视建立违宪审查制度来维护宪法的最高权威。各国普遍认为，必须建立完善违宪审查的机构与制度，行使违宪审查的职能，保障宪法的实施。

4. 宪法领域从国内法扩展到国际法。许多国家的宪法出现了同国际法相结合的内容。在人权的国际法保障方面尤为明显。

七、宪法的基本原则

（一）人民主权原则

1. 人民主权原则的概念与历史发展。主权是指国家的最高权力。人民主权是指国家中绝大多数人拥有国家的最高权力。近代意义上的主权概念是法国人博丹在《共和六书》中提出来的，他认为凡属国家，必有一种最高权力，其不受任何人为的法律的限制，而只受上帝的法律或自然的法律限制。主权的最初表现形式为君权神授，也就是所谓的君主主权。随着英国资产阶级革命取得胜利，出现了君主主权向议会主权的转变。18 世纪后半期，北美殖民地人民根据无代表不纳税的理论，主张只有他所在州议会才能够代表人民，英国议会并不能代表他们。在法国启蒙思想家卢梭看来，主权是公意的具体表现，人民的公意表现为最高权力；人民是国家最高权力的来源，国家是自由的人民根据契约协议的产物，而政府的一切权力都是人民授予的。因此，国家的主人不是君主，而是人民。治理者只是受人民委托，因而主权只能属于人民。只要管治人民的法律是人民自己制定的，那么人民在法律下就还是自由的。政府的正当权力来自被统治者的同意。

2. 人民主权原则在我国宪法中的主要体现。（1）《宪法》第 1 条第 1 款明确规定：中华人民共和国是工人阶级领导的、以工农联盟为基础的人民民主专政的社会主义国家。该法第 2 条第 1 款规定：中华人民共和国的一切权力属于人民。

（2）宪法同时规定实现人民主权的具体形式与途径，如《宪法》第 2 条第 2～3 款规定：人民行使国家权力的机关是全国人民代表大会和地方各级人民代表大会。人民依照法律规定，通过各种途径和形式，管理国家事务，管理经济和文化事业，管理社会事务。

（3）宪法对公民基本权利和义务的规定也是人民主权原则的具体体现。

（4）为了体现人民主权原则，我国宪法规定了选举制度的主要程序，以实现宪法的基本原则。

（二）基本人权原则

1. 人权的概念与发展。人权是指作为一个人所应该享有的权利。人权观念的萌芽古已有之，17、18 世纪的西方资产阶级启蒙思想家提出了"天赋人权"学说，强调人人生而享有自由、平等，享有追求幸福和财产的权利。1776 年的美国《独立宣言》明确宣布，我们认为这些真理是不言自明的：人人生而平等，他们都从"造物主"那里被赋予了某些不可转让的权利，其中包括生命权、自由权和追求幸福的权利。1789 年法国《人权宣言》中有关人权保护的内容更为完整和系统。其中第 1～2 条分别规定：人们生来而且始终是自由平等的，任何政治结合的目的都在于保存人的自然的和不可动摇的权利，这些权利就是自由、财产、安全和反抗压迫。德国基本法第 1 条：人性尊严不可侵犯，尊重和保护人性尊严是一切国家权力的义务。

🔊【小贴士】宪法未列举权利

宪法是一张写着权利的纸，但这张纸是有长度的，宪法不可能规定所有基本权利。

《美国宪法》第 9 修正案：本宪法对某些权利的列举不得被解释为否定或轻视由人民保有的其它权利。

（1）没有宪法的明文规定，即这些根本性的权利在宪法上没有明文的规定；

（2）这些权利虽然没有规定在宪法上，但都是非常重要的基本权利，具有现实合理性。

美国宪法的未列举权利，主要体现在三个方面：

①与家庭有关的权利，如结婚权、管教子女权、家庭团聚权。

②与生育有关的权利，如堕胎权、避孕权。

③隐私权。

2. 人权在宪法文本中的体现。一是宪法文本中直接规定人权；二是宪法文本中不直接出现人权字眼，但在解释上人权表现为基本权利或基本权；三是严格限制人权在宪法文本中的含义，直接以基本权利规定人权的核心内容；四是文本中同时出现人权与基本权利、基本的权利等表述，在实践中主要通过宪法解释方法确定其具体内涵。

3. 基本人权原则在我国宪法中的体现。从《共同纲领》开始，我国宪法都规定公民的基本权利与义务，特别是 2004 年将"国家尊重和保障人权"写入宪法后，基本人权原则成为我国的基本价值观。

（三）法治原则

1. 法治的概念与发展。法治思想的核心在于依法治理国家，法律面前人人平等，反对任何组织和个人享有法律之外的特权。潘恩也说，在专制政府中国王便是法律，同样地，在自由国家中法律便应该成为国王。问题是：当自然法没有神圣性的时候，法高于统治者怎么维持？当政府成为法律的终极来源的时候，它如何或者能否受到法律的约束，这是一个历久尤新的问题。

2. 法治原则在我国宪法上的体现。我国《宪法》第 5 条第 1 款规定：中华人民共和国实行依法治国，建设社会主义法治国家。在我国宪法文本中，"法治国家"是政治共同体依照法律治理国家生活的原则、规则与未来指向性的价值体系，其实质要素包括人的尊严、自由和平等，形式要素包括法律至上、人权保障与权力制约。即"法治国家"既包括实质意义的法治内涵，也包括形式意义的法治要素。

（四）权力制约原则

1. 权力制约原则的概念与历史发展。权力制约原则是指国家权力的各部分之间相互监督、彼此牵制，从而保障公民权利。在资本主义国家的宪法中，权力制约原则主要表现为分权原则；而在社会主义国家的宪法中，权力制约原则主要表现为监督原则。社会主义国家的监督原则是由第一个无产阶级专政政权巴黎公社首创的。

2. 权力制约原则在我国宪法中的体现。

（1）宪法规定了人民对国家权力活动进行监督的制度，如规定全国人民代表大会和地方各级人民代表大会都由民主选举产生，对人民负责，受人民监督，国家行政机关、审判机关、检察机关都由人民代表大会产生，对它负责，受它监督等。

（2）宪法规定了公民对国家机关及其工作人员的监督权，规定中华人民共和国公民对于任何国家机关和国家工作人员，有提出批评和建议的权利。

（3）规定了不同国家机关之间、国家机关内部不同的监督形式。如《宪法》第135 条规定：人民法院、人民检察院和公安机关办理刑事案件，应当分工负责，互相配合，互相制约，以保证准确有效地执行法律。

例

法国思想家孟德斯鸠《论法的精神》：一切有权力的人都容易滥用权力，这是万古不移的一条经验，有权力的人们使用权力，一直到遇到有界限的地方才休止。要防止滥用权力，就必须"以权力制约权力"。司法、立法、行政这三种权力必须分开，而不能、不应该彼此合并。当立法权和行政权集中在一个人或同一个机关手中，自由便不复存在了；因为人们将要担心这个国王或者议会制定暴虐的法律，并暴虐地执行这些法律。如果司法权不同立法权和行政权分离，自由也不存在了。如果司法权同立法权合而为一，那将对公民的生命和自由施行专断的权力，因为法官就是立法者。如果司法权同行政权合而为一，法官将握有压迫者的力量。如果这三种权力集中在一个人或同一个机关手中，那么一切都完了。

陈璐琼讲理论法学

2018 年国家统一法律职业资格考试专题讲座系列

八、宪法的功能和作用

所谓宪法功能，是指宪法内容和原则应当在社会生活中产生的实际效果。宪法发挥功能首先要符合社会发展的客观要求，即具备正当性。正当性是宪法在社会生活中发挥功能的前提，包括在内容、程序与形式上的正当性。

（一）确认功能

宪法作为国家根本法，首先具有确认功能。具体表现在：确认宪法赖以存在的经济基础，宪法的性质和内容取决于经济基础的性质；确认国家权力的归属，使统治阶级的统治地位得到合法化；确认国家法制统一的原则，为法律体系的有机统一和协调发展提供统一的基础；确认社会共同体的基本价值目标与原则，为社会共同体的发展提供统一的价值体系。

（二）保障功能

宪法对民主制度和人权的发展提供有效的保障。宪法是民主制度法律化的基本形式，对宪法上规定的各种民主原则、民主程序与民主生活规则，宪法提供了各种有效的保障。在宪法的保障功能中，人权保障是最核心的内容与原则。

（三）限制功能

宪法一方面是一种授权法，确立合理地授予国家权力的原则与程序，使国家权力的运行具有合宪性。而另一方面宪法又是限权法，规定限制国家权力行使的原则与程序，确定所有公权力活动的界限。宪法的限制功能与宪法对人权的保障功能有着密切的联系。宪法同时规定了国家机构的产生程序、职权与职权的具体行使程序等。

（四）协调功能

在制定和实施宪法的过程中，由于利益分配的不平衡和主体价值观的不同，人们可能产生不同的利益需求。宪法能够以合理的机制平衡利益，寻求多数社会成员普遍认可的规则，以此作为社会成员普遍遵循的原则。对少数人利益的保护，宪法也规定了相应的救济制度。

🔊【小贴士】宪法的作用。

立法	1. 宪法确立了法律体系的基本目标
	2. 宪法确立了立法的统一基础
	3. 科学的法律体系的建立是实现宪法原则的基本形式之一
	4. 宪法规定了解决法律体系内部冲突的基本机制
	5. 宪法是立法体制发展与完善的基础与依据
执法	表现在对特定法律人宪法意识的培养，即以宪法的理念与知识为基础培养法官、检察官、律师等法律职业者的宪法思维
司法	1. 宪法是审判权和检察权的来源，是人民法院和人民检察院活动的基本准则
	2. 宪法和法律规定了司法机关进行活动的基本原则
	3. 法官和检察官的宪法意识对法治的发展产生重要影响
守法	培养宪法意识，就必须普及宪法知识。12月4日设立为国家宪法日
	宪法应该成为人们日常生活的行为规范，让人们在日常生活中感受宪法规范的存在与实际利益

九、宪法渊源

（一）宪法典

宪法典是绝大多数国家采用的形式，是指将一国最根本、最重要的问题由统一的法律文本加以明确规定而形成的成文宪法。宪法典一般由制宪机关采用特定的制宪程序制定，在一国法律体系中具有最高的法律效力。其特点是宪法的形式完整、内容明确具体，因而便于实施；同时由于其中一般规定了严格的修改程序，因而有利于保证宪法的相对稳定性。拥有宪法典是成文宪法国家的标志。

1. 序言。宪法序言与宪法正文具有同样的效力。我国宪法序言主要包括如下内容：历史发展的叙述、规定国家的根本任务、规定国家的基本国策、规定了宪法的根本法地位和最高效力。

序言最后一个自然段指出：本宪法以法律的形式确认了中国各族人民奋斗的成果，规定国家的根本制度和根本任务，是国家的根本，具有最高的法律效力。

2. 正文。（1）国家和社会生活方面的基本原则，一般称为总纲或总则；（2）公民基本权利和义务；（3）国家机构；（4）国旗、国徽、国歌和首都。

我国现行宪法正文的排列顺序是：总纲，公民的基本权利与义务，国家机构，国旗、国歌、国徽、首都。

3. 附则。是指宪法对于特定事项需要特殊规定而作出的附加条款，具有特定性和临时性。附则与正文具有相同效力。

> **注意：**
> 我国宪法没有附则。

（二）宪法性法律

在不成文宪法国家，宪法性法律是指规定国家最根本、最重要问题的法律；在成文宪法国家，宪法性法律是指由国家立法机关为实施宪法而制定的有关具体规定宪法内容的法律，即宪法的部门法。比如组织法、选举法、代表法、立法法和代议机关的议事规则等。

> **注意：**
> 英国作为不成文宪法国家的典型，不存在根本法意义上的宪法，只存在部门法意义上的宪法。

（三）宪法惯例

宪法惯例，是指宪法条文无明确规定，但在实际政治生活中已经存在，并为国家机关、政党及公众所普遍遵循，且与宪法具有同等效力的习惯或传统。宪法惯例的特征主要有三个：

1. 它没有具体的法律形式，它的内容并不明确规定在宪法典或宪法性法律中。
2. 它的内容涉及国家最根本、最重要的问题。
3. 它主要依靠公众舆论而不是国家强制力来保证其实施。

（四）宪法判例

宪法判例，是指宪法条文无明文规定，而由司法机关在审判实践中逐渐形成并具有宪法效力的判例。宪法判例在英美法系国家（英国、美国等）和有宪法法院的大陆

陈璐琼讲理论法学

2018年国家统一法律职业资格考试专题讲座系列

法系国家（德国、奥地利等）存在。

（五）国际条约

国际条约能否成为一国的宪法渊源，一方面取决于该国是否参加缔结该条约，另一方面还要看该国对于宪法与条约的效力高低采何种学说。在承认条约效力高于宪法（如荷兰、俄罗斯）以及宪法和条约效力相等（如奥地利）的国家，国际条约为其宪法渊源，在认为宪法效力高于条约（如美国、德国）的国家，国际条约不是其宪法渊源，只是其法律渊源。

十、宪法规范和宪法效力

（一）宪法规范——宪法最基本的要素

宪法规范是由国家制定或认可的、宪法主体参与国家和社会生活最基本社会关系的行为规范。一是调整的对象非常广泛，涉及国家和社会生活各方面最基本的社会关系；二是所调整的社会关系的一方通常总是国家或者国家机关，一般表现于宪法典的具体规定。

1. 宪法规范的主要特点：根本性、最高性、原则性、纲领性、相对稳定性。
2. 宪法规范的分类：

（1）确认性规范：确认性规范是对已经存在的事实的认定。如我国《宪法》总纲第 1 条规定：中华人民共和国是工人阶级领导的、以工农联盟为基础的人民民主专政的社会主义国家。该法第 2 条规定：中华人民共和国的一切权力属于人民。确认性规范依其作用的特点，又可分为宣言性规范、调整性规范、组织性规范、授权性规范等形式。如调整性规范主要涉及国家基本政策的调整，组织性规范主要涉及国家政权机构的建立与具体的职权范围等。宪法中有关国家机构部分主要体现组织性规范的要求。

（2）禁止性规范：禁止性规范是指对特定主体或行为的一种限制，也称其为强行性规范。如我国《宪法》第 65 条规定：全国人大常委会的组成人员不得担任国家行政机关、审判机关和检察机关的职务。《宪法》第 12 条规定：国家保护社会主义的公共财产。禁止任何组织或者个人用任何手段侵占或者破坏国家的和集体的财产。禁止性规范有时还表现为对某种行为的要求规范，如《宪法》第 135 条规定：人民法院、人民检察院和公安机关办理刑事案件，应当分工负责、互相配合、互相制约，以保证准确有效地执行法律。这里所说的"应当"是一种要求性规范，如不按这一规范的要求去做，要承担相应的法律责任。

（3）权利性规范与义务性规范：权利性规范与义务性规范主要是在调整公民基本权利与义务的过程中形成的，同时为行使权利与履行义务提供依据。如《宪法》第 35 条规定：中华人民共和国公民有言论、出版、集会、结社、游行、示威的自由。《宪法》第 52 条规定：中华人民共和国公民有维护国家统一和全国各民族团结的义务。注意：

（4）程序性规范：程序性规范具体规定宪法制度运行过程的程序，主要涉及国家机关活动程序方面的内容。如全国人大召开临时会议的程序、全国人大延长任期的规定、宪法修改程序的规定、全国人大代表质询权的规定等。

（二）宪法效力

宪法效力是指宪法作为法律规范所发挥的约束力与强制性。

宪法之所以具有最高法律效力首先是宪法具有正当性基础，即宪法是社会共同体的基本规则，是社会多数人共同意志的最高体现。其基础在于：（1）宪法制定权的正当性。指产生宪法的国家权力是否获得正当性基础，具体表现为国家权力的获得与组织的合法性。可以说，宪法正当性决定于国家权力的合法性。（2）宪法内容的合理性。宪法正当性取决于内容的合理性，即宪法上规定的内容要正确地反映一国的实际情况，包括历史传统、现实要求与权力平衡状况。通常宪法中表现的基本价值具有一定的客观性，并反映着民众、时代与历史经验的要求。（3）宪法程序的正当性。合理地确定宪法内容固然重要，但程序是否完备对宪法内容的实现也产生不可忽视的影响。

注意：
宪法效力具有最高性与直接性。但是，我国宪法不能直接在法院适用。

1. 宪法的对人效力。一方面，宪法适用于自然人。中国宪法效力适用于所有中国公民，不管该公民生活在国内还是国外。因此，侨居在国外的华侨也受中国宪法的保护。我国采取血统主义为主，出生地主义为辅的混合主义原则。具体判断方式如下：（1）血统主义看父母，父母双方或一方为中国公民的，无论本人出生在哪里，本人具有中国国籍。但是，如果父母双方或一方定居外国，并且根据本人出生时的外国法律，本人具有外国国籍的，由于我国不承认双重国籍，所以，本人不具有中国国籍。（2）父母双方均为无国籍人或者国籍不明，定居在中国，本人出生在中国的，采用出生地主义，本人具有中国国籍。

外国人加入我国国籍需符合：申请人愿意遵守中国的宪法和法律、本人自愿及下列条件之一：（1）申请人是中国公民的近亲属；（2）本人定居在中国；（3）有其他正当理由。

注意：
定居外国的中国公民自愿加入或取得外国国籍的，则自动丧失中国国籍。

另一方面，外国人和法人在一定的条件下也能成为某些基本权利的主体，在其享有基本权利的范围内，宪法效力适用于外国人和法人的活动。

2. 宪法的空间效力。领土包括一个国家的陆地、河流、湖泊、内海、领海以及它们的底床、底土和上空（领空），是主权国管辖的国家全部疆域。领土是国家的构成要素之一，是国家行使主权的空间，也是国家行使主权的对象。我国1982年《宪法》在序言中对台湾地区的地位规定为：台湾是中华人民共和国的神圣领土的一部分。完成统一祖国的大业是包括台湾同胞在内的全中国人民的神圣职责。这一表述意味着宪法明确了台湾地区是中国领土的一部分，宪法效力涉及包括台湾地区在内的所有中国领土。

注意：
中国宪法的空间效力及于包括香港、澳门、台湾地区在内的所有中国领土。

陈璐琼讲理论法学

2018年国家统一法律职业资格考试专题讲座系列

专题十六

国家基本制度

相◆关◆法◆理◆

宪法是公民和国家签订的合同或者契约，而要保证这个合同的履行，必须有相应的基本制度。中国选择的特殊的基本制度与我国的历史发展、基本国情和理论承继有重大关系。本专题中我国国家基本制度包括人民民主专政制度、基本经济制度和基本文化制度，大概了解即可。但由于目前对人民代表大会制度的深入讨论，人大制度将会是宪法考试中的重中之重，一定要结合《宪法》的相关条文规定，准确记忆。

知识点及实例

一、国体——人民民主专政制度

（一）国体，亦称国家性质，即国家的阶级本质

我国《宪法》第1条规定：中华人民共和国是工人阶级领导的、以工农联盟为基础的人民民主专政的社会主义国家。这一条不仅从国家性质的角度表明了我国是社会主义国家，而且从国家政权的政治属性和阶级本质层面明确了我国是人民民主专政的国家。

（二）人民民主专政是当代中国的国体

1. 工人阶级掌握国家政权、成为领导力量是人民民主专政的根本标志。

2. 人民民主专政的国家政权以工农联盟为阶级基础。

3. 人民民主专政是对人民实行民主与对敌人实行专政的统一。

根据《宪法》序言的规定，工人阶级领导的、以工农联盟为基础的人民民主专政，实质上即无产阶级专政。宪法用人民民主专政代替无产阶级专政的意义主要表现在：

1. 人民民主专政是马克思主义国家理论同中国社会的实际相结合的产物，它比无产阶级专政的提法更符合我国革命和政权建设的历史和现实状况。

2. 人民民主专政发展了马克思列宁主义关于无产阶级专政的理论。

3. 同无产阶级专政的提法相比，人民民主专政比较直观地反映了我国政权对人民民主、对敌人专政的两个方面。

注意：

人民与公民不同，公民等于敌人加人民。

1.性质不同。公民是与外国人（包括无国籍人）相对应的法律概念，人民是与敌人相对应的政治概念。

2.范围不同。公民的范围比人民广，包括人民和敌人。

3. 后果不同。公民中的人民享有宪法和法律规定的一切权利，并履行全部义务，公民中的敌人不能享有全部权利，也不能履行某些义务。

4. 公民表达的是个体概念，人民表达的是群体概念。

（三）我国人民民主专政的特色

1. **共产党领导的多党合作和政治协商制度。** 我国《宪法》在序言中规定：中国共产党领导的多党合作和政治协商制度将长期存在和发展。中国共产党领导的多党合作和政治协商制度是中国共产党领导中国人民长期奋斗的成果和历史选择，是我国人民民主专政的突出特点和优点。它在根本上区别于西方国家的两党制和多党制，也有别于苏联等社会主义国家的一党制，是确保人民民主专政有效实施和实现的政治制度。

中国共产党是社会主义事业的领导核心，是执政党；各民主党派是接受中国共产党领导的、同中国共产党通力合作、共同致力于社会主义事业的亲密友党，是参政党。坚持中国共产党的领导，坚持四项基本原则，是中国共产党同各民主党派合作的政治基础；长期共存、互相监督、肝胆相照、荣辱与共是中国共产党同各民主党派合作的基本方针。中国共产党对各民主党派的领导是政治领导，即政治原则、政治方向和重大方针政策的领导。同时，各民主党派有在宪法规定范围内的政治自由、组织独立和法律地位平等的权利。

2. **爱国统一战线。** 我国新时期的爱国统一战线是由中国共产党领导的，有各民主党派和各人民团体参加的，包括全体社会主义劳动者、社会主义事业的建设者、拥护社会主义的爱国者和拥护祖国统一的爱国者的广泛的政治联盟。它的任务主要有：一是为把我国建设成为富强、民主、文明的社会主义现代化国家而努力奋斗；二是争取台湾回归祖国，实现祖国和平统一的大业；三是为维护世界和平作出新的贡献。

（1）以中国共产党的领导为最高原则；

（2）以政治协商为主要工作方式；

（3）以爱国主义为政治基础和界限范围；

（4）以"三大任务"为奋斗目标；

（5）以中国人民政治协商会议为组织形式。

注意：

爱国统一战线的组织形式是中国人民政治协商会议。政协不是国家机关，但它同国家权力机关的活动有着密切的联系。比如全国人大开会的时候，一般均吸收政协全国委员会的委员列席，听取政府工作报告或参加对某项问题的讨论；在必要的时候，全国人大常委会和政协全国委员会可以举行联席会议商讨有关事项；全国人大代表和省一级人大代表视察工作的时候，也组织政协委员一同视察。

二、政权组织形式（政体）

（一）政权组织形式

政权组织形式是指掌握国家权力的阶级组织国家机关以实现阶级统治的形式。政体在形式上主要表现为两大类型即君主制与共和制。共和制是现代国家所普遍采用的政体，主要包括总统制、议会制、半总统制和人民代表制四种。君主制可分为议会君主制和二元君主制。现代资本主义国家的政体主要是共和制和议会君主制，其中美国为典型的总统制国家，德国为典型的议会制国家，法国为典型的半总统制国家，而英国则是典型的议会君主制国家；社会主义的政体是人民代表制，属于共和制。

（二）资本主义国家的政权组织形式

1. 二元君主立宪制是一种以君主为核心、由君主在国家机关体系中发挥主导作用的政权组织形式。其主要特征是，虽然君主的权力受到宪法和议会的限制，但这种限制的力量非常弱小，君主仍然掌握着极大的权力。在现代国家中，只有约旦、沙特阿拉伯等极少数国家实行这类政权组织形式。

2. 议会君主立宪制的主要特征在于，君主的权力受到宪法和议会的严格限制。君主行使的只是一些形式上的或者礼仪性的职权，君主对议会、内阁、法院都没有实际控制能力。现代国家中的英国、西班牙、荷兰、比利时和日本等国家建立的就是这类政权组织形式。

3. 总统制的主要特征是国家设有总统，总统既是国家元首，又是政府首脑；总统由选民选举产生，不对议会负责，议会不能通过不信任案迫使总统辞职，总统也无权解散议会。如美国是典型的总统制国家。

4. 议会共和制的主要特征在于：议员由选民选举产生，政府由获得议会下院多数席位的政党或构成多数席位的几个政党联合组成；议会与政府相互渗透，政府成员一般由议员兼任，议会可通过不信任案迫使政府辞职，政府也可以解散议会。如意大利是典型的议会共和制国家。

5. 委员会制的主要特征是最高国家行政机关为委员会，委员会成员由众议院选举产生，总统（行政首长）由委员会成员轮流担任，任期一年，不得连任；众议院不能对委员会提出不信任案，委员会也无权解散议会。如瑞士是典型的委员会制国家。

6. 半总统半议会制的主要特征在于：总统是国家元首，拥有任免总理、主持内阁会议、颁布法律、统帅武装部队等大权；总理是政府首脑，对议会就政府的施政纲领或政府的总政策承担责任，议会可通过不信任案或不同意政府的施政纲领和总政策，迫使总理向总统提出政府辞职。如1958年后的法国是典型的半总统半议会制国家。

（三）社会主义国家的政权组织形式——人民代表制

由选民选举代表组成行使国家权力的人民代表机关，各级国家机关由同级人民代表机关选举产生，对它负责，受它监督。人民代表机关在整个国家机关体系中居于主导地位。

（四）我国的政权组织形式——人民代表大会制度

1. 人民代表大会制度的基本内容。人民代表大会制度是指拥有国家权力的人民根据民主集中制原则，通过民主选举组成全国人民代表大会和地方各级人民代表大会，并以人民代表大会为基础，建立全部国家机构，对人民负责，受人民监督，以实现人民当家做主的政治制度。我国宪法明确规定，国家的一切权力属于人民；人民行使国家权力的机关是全国人民代表大会和地方各级人民代表大会；国家行政机关、审判机关和检察机关都由人民代表大会产生，对它负责，受它监督。

（1）人民主权原则。《宪法》第2条第1～2款规定：中华人民共和国的一切权力属于人民；人民行使国家权力的机关是全国人民代表大会和地方各级人民代表大会。因此，人民代表大会制度以主权在民为逻辑起点，而人民主权构成了人民代表大会制度的最核心的基本原则。

（2）人民掌握和行使国家权力的组织形式与制度。《宪法》第2条第2款规定：人民行使国家权力的机关是全国人民代表大会和地方各级人民代表大会。因此，全国人民代表大会和地方各级人民代表大会是人民掌握和行使国家权力的组织形式。

（3）人大代表由人民选举，受人民监督。《宪法》第3条第2款规定：全国人民代表大会和地方各级人民代表大会都由民主选举产生，对人民负责，受人民监督。即选民或者选举单位有权依法罢免自己选出的代表。

（4）各级人大是国家权力机关，其他国家机关都由人大选举产生，对其负责，受其监督。国家行政机关、审判机关、检察机关都由人民代表大会产生，对它负责，受它监督。

2. 人民代表大会制度的性质：

（1）人民代表大会制度是我国的根本政治制度。从人民代表大会的组成来说，各级人民代表大会都由人民代表组成，而人民代表又是由人民通过民主选举方式选举产生的。从人民代表大会的职权来说，人民代表大会代表人民行使国家权力。从人民代表大会的责任来说，它向人民负责，受人民监督。

（2）人民代表大会制度是我国实现社会主义民主的基本形式。在我国，实现人民当家做主的民主形式多种多样，但在这诸种民主形式中，人民代表大会制度是最基本的形式。

三、基本经济制度

（一）社会主义公有制是我国经济制度的基础

《宪法》第6条第1款规定：中华人民共和国的社会主义经济制度的基础是生产资料的社会主义公有制，即全民所有制和劳动群众集体所有制。《宪法》第7条规定：国有经济，即社会主义全民所有制经济，是国民经济中的主导力量。国家保障国有经济的巩固和发展。

1. 全民所有制经济。全民所有制经济即国有经济，是指由代表人民利益的国家占有生产资料的一种所有制形式。《宪法》第9条第1款规定：矿藏、水流、森林、山岭、草原、荒地、滩涂等自然资源，都属于国家所有，即全民所有；由法律规定属于集体所有的森林和山岭、草原、荒地、滩涂除外。

《宪法》第10条规定：城市的土地属于国家所有。农村和城市郊区的土地原则上属于集体所有，但由法律规定属于国家所有的，属于国家所有。

在我国，国有企业和国有自然资源是国家财产的主要部分。此外，国家机关、事业单位、部队等全民单位的财产也是国有财产的重要组成部分。

总结：（1）矿藏、水流、城市的土地属于国家专有。（2）森林、山岭、草原、荒地、滩涂，除法律规定属于集体外，属于国家所有。（3）农村和城市郊区的土地，除法律规定属于国家所有的，归集体所有。（4）宅基地、自留山、自留地属集体专有。

注意：

《物权法》规定：无线电频谱资源、国防资产属于国家所有。野生动植物资源、文物、铁路、公路、电力设施、电信设施和油气管道等基础设施，依照法律规定为国家所有的，属于国家所有。

2. 集体所有制经济。集体所有制经济是指生产资料归集体经济组织内的劳动者共同所有的一种所有制形式。《宪法》第8条第2款规定：城镇中的手工业、工业、建筑业、运输业、商业、服务业等行业的各种形式的合作经济，都是社会主义劳动群众集体所有制经济。《宪法》第8条规定：农村集体经济组织实行家庭承包经营为基础、统分结合的双层经营体制。农村中的生产、供销、信用、消费等各种形式的合作经济，是社会主义劳动群众集体所有制经济。参加农村集体经济组织的劳动者，有权在法律规定的范围内经营自留地、自留山、家庭副业和饲养自留畜。现行宪法还规定，法律规定属于集体所有的森林、山岭、草原、荒山和滩涂属于集体所有；农村和城市郊区的土地，除法律规定属于国家所有的以外，属于集体所有；宅基地和自留地、自留山，也属于集体所有。

集体所有制经济是国民经济的基础力量，因此，《宪法》规定：国家保护城乡集体经济组织的合法的权利和利益，鼓励、指导和帮助集体经济的发展。

3. 社会主义市场经济体制。自德国1919年《魏玛宪法》以来，经济制度便成为现代宪法的重要内容之一。中国从计划经济到市场经济的转轨，是国家经济体制的深刻变革。在中国实行的市场经济有其自身的特殊性，主要表现为：社会主义市场经济体制是市场在国家宏观调控下对资源配置起决定性作用的一种经济体制。社会主义市场经济本质上是法治经济，表现为经济活动市场化，企业经营自主化，政府调节间接化和经济运行法制化。公有制为主体、多种所有制经济共同发展的基本经济制度，是中国特色社会主义制度的重要支柱，也是社会主义市场经济体制的根基。在分配制度上，实行以按劳分配为主体，多种分配方式并存，效率优先、兼顾公平。初次分配要注重效率，创造机会公平的竞争环境，维护劳动收入的主体地位；再分配要更加注重公平，提高公共资源配置效率，缩小收入差距。

（二）非公有制经济是社会主义市场经济的重要组成部分

1. 劳动者个体经济和私营经济。劳动者个体经济是指城乡劳动者依法占有少量生产资料和产品，以自己从事劳动为基础，进行生产经营活动的一种经济形式。私营经济是指生产资料由私人占有，并存在雇佣劳动关系的一种经济形式。2004年《宪法》第11条规定：国家保护个体经济、私营经济等非公有制经济的合法的权利和利益。国家鼓励、支持和引导非公有制经济的发展，并对非公有制经济依法实行监督和管理。

2. "三资"企业。"三资"企业是经我国政府批准而举办的中外合资企业、中外合作企业和外商独资经营企业。在中国境内的外国企业和其他外国经济组织以及中外合资经营的企业，都必须遵守中华人民共和国法律。它们的合法的权利和利益受中华人民共和国法律的保护。

（三）国家保护社会主义公共财产和公民合法私有财产

1. 社会主义公共财产的宪法保障。《宪法》第12条规定：社会主义的公共财产神圣不可侵犯。国家保护社会主义的公共财产。禁止任何组织或者个人用任何手段侵占或者破坏国家的和集体的财产。该法第9条第2款还规定：国家保障自然资源的合理利用，禁止任何组织或者个人用任何手段侵占或者破坏自然资源。

2. 私有财产权的宪法保障。2004年《宪法》明确规定：公民的合法的私有财产不受侵犯。国家依照法律规定保护公民的私有财产权和继承权。国家为了公共利益的需要，可以依照法律规定对公民的私有财产实行征收或者征用并给予补偿。2013年《中共中央关于全面深化改革若干重大问题的决定》进一步强调：公有制经济财产权不可侵犯，非公有制经济财产权同样不可侵犯。

四、国家的基本文化制度

（一）文化制度的概念与特点

文化制度是指一国通过宪法和法律调整以社会意识形态为核心的各种基本关系的规则、原则和政策的综合。文化制度具有阶级性；文化制度具有历史性；文化制度具有民族性。

（二）文化制度在各国宪法中的表现

1919年德国《魏玛宪法》第一次比较全面系统地规定了文化制度。概括说来，这一时期资本主义国家宪法对文化制度的规定具有以下特点：一是内容广泛具体，涉及教育、艺术、科学、学术、文化、语言、意识形态等各个方面；二是直接明确规定国家的基本文化政策；三是社会意识形态的基本原则反映了时代特点，因而强调福利国家、全民国家的思想。

（三）我国宪法关于基本文化制度的规定

1. 国家发展教育事业。《宪法》第19条规定：国家发展社会主义的教育事业，提高全国人民的科学文化水平。国家举办各种学校，普及初等义务教育，发展中等教育、职业教育和高等教育，并且发展学前教育。国家发展各种教育设施，扫除文盲，对工人、农民、国家工作人员和其他劳动者进行政治、文化、科学、技术、业务的教育，鼓励自学成才。国家鼓励集体经济组织、国家企业事业组织和其他社会力量依照法律规定举办各种教育事业。国家推广全国通用的普通话。

2. 国家发展科学事业。《宪法》第20条规定：国家发展自然科学和社会科学事业，普及科学和技术知识。奖励科学研究成果和技术发明创造。

3. 国家发展文学艺术及其他文化事业。《宪法》第22条明确规定：国家发展为人民服务、为社会主义服务的文学艺术事业、新闻广播电视事业、出版发行事业、图书馆博物馆文化馆和其他文化事业，开展群众性的文化活动。国家保护名胜古迹、珍贵文物和其他重要历史文化遗产。《宪法》第21条第2款规定：国家发展体育事业，开展群众性的体育活动，增强人民体质。

4. 国家开展公民道德教育。《宪法》第24条第1款规定：国家通过普及理想教育、道德教育、文化教育、纪律和法制教育，通过在城乡不同范围的群众中制定和执行各种守则、公约，加强社会主义精神文明建设。《宪法》第24条第2款规定：国家提倡爱祖国、爱人民、爱劳动、爱科学、爱社会主义的公德。

五、国家的基本社会制度

（一）概述

社会制度是指一国通过宪法和法律调整以基本社会生活保障及社会秩序维护为核心的各种基本关系的规则、原则和政策的综合。广义上的社会制度是国家制度中的基本组成部分，是相对于政治制度、经济制度、文化制度、生态制度而言的，为保障社会成员基本的生活权利，以及为营造公平、安全、有序的生活环境而建构的制度体系。狭义上的社会制度被限定为社会保障制度，即国家通过宪法、法律为保障社会成员基本生存与生活需求而建立的制度体系。它是社会保险、社会救助、社会补贴、社会福利、社会优抚和安置制度的总称。此处所称的国家基本社会制度是从广义的角度界定的，是我国政治、经济、文化、社会、生态五位一体的社会主义建设的需要，是在社会领域所建构的制度体系。

1. 社会制度以维护平等为基础。营造平等有序的生活环境，确保每一个社会成员的基本生活权利都得以不受歧视地实现的社会制度基础。

2. 社会制度以保障公平为核心。其一，社会制度以其相应的价值体系与规则体系引领和营造公平的社会环境的形成。一方面，社会制度通过相应的价值体系引领和促进社会公平、正义观的培育和形成；另一方面，社会制度以其相应的规则系统的建构，更有力地促进社会机会公平和过程公平的达成。其二，社会制度以其弱势群体扶助制度体系的建构，促进社会实质公平的形成。社会弱势或特殊群体，特别是那些因年老、疾病、伤残、失业、生育、死亡、遭遇灾害、面临生活困难等原因而成为弱势群体者，他们因受其弱势条件和环境的影响，本身就处于不公平的地位。因此，只有社会给予他们相应的制度扶助，才能保障其大体上获得公平的权利保障。其三，社会制度通过收入再分配调节机制，在一定程度上缩小差别，促进了相对分配公平的实现。

3. 社会制度以捍卫和谐稳定的法治秩序为关键。

（二）我国的规定

1. 社会保障制度是核心。其一，我国《宪法》规定了社会保障制度的基本原则和目标，即《宪法》第 14 条第 4 款规定：国家建立健全同经济发展水平相适应的社会保障制度。其二，我国《宪法》规定了对社会弱势和特殊群体的社会保障制度。《宪法》第 45 条规定：中华人民共和国公民在年老、疾病或者丧失劳动能力的情况下，有从国家和社会获得物质帮助的权利。国家发展为公民享受这些权利所需要的社会保险、社会救济和医疗卫生事业；国家和社会保障残废军人的生活，抚恤烈士家属，优待军人家属；国家和社会帮助安排盲、聋、哑和其他有残疾的公民的劳动、生活和教育。《宪法》第 48 条规定：中华人民共和国妇女在政治的、经济的、文化的、社会的和家庭的生活等各方面享有同男子平等的权利；国家保护妇女的权利和利益，实行男女同工同酬，培养和选拔妇女干部。《宪法》第 49 条规定：婚姻、家庭、母亲和儿童受国家的保护。

2. 医疗卫生事业是基础。《宪法》第 21 条第 1 款规定：国家发展医疗卫生事业，发展现代医药和我国传统医药，鼓励和支持农村集体经济组织、国家企业事业组织和街道组织举办各种医疗卫生设施，开展群众性的卫生活动，保护人民健康。

3. 劳动保障制度。《宪法》第 42 条第 2 款规定：国家通过各种途径，创造劳动就业条件，加强劳动保护，改善劳动条件，并在发展生产的基础上，提高劳动报酬和福利待遇；国家提倡社会主义劳动竞赛，奖励劳动模范和先进工作者。国家提倡公民从事义务劳动；国家对就业前的公民进行必要的劳动就业训练。

4. 人才培养制度。《宪法》第 23 条规定：国家培养为社会主义服务的各种专业人才，扩大知识分子的队伍，创造条件，充分发挥他们在社会主义现代化建设中的作用。

5. 计划生育制度。《宪法》第 25 条规定：国家推行计划生育，使人口的增长同经济和社会发展计划相适应。

6. 社会秩序及安全维护制度。安定、有序的社会秩序是社会存在与发展的前提和基础。《宪法》第 28 条规定：国家维护社会秩序，镇压叛国和其他危害国家安全的犯罪活动，制裁危害社会治安、破坏社会主义经济和其他犯罪的活动，惩办和改造犯罪分子。《宪法》第 29 条规定：中华人民共和国的武装力量属于人民。它的任务是巩固国防，抵抗侵略，保卫祖国中，保卫人民的和平劳动，参加国家建设事业，努力为人民服务。国家加强武装力量的革命化、现代化、正规化的建设，增强国防力量。

专题十七
国家结构形式

◆相◆关◆法◆理◆

　　国家结构形式是指特定国家的统治阶级根据一定原则采取的调整国家整体与部分、中央与地方相互关系的形式。如果说政权组织形式是从横向角度表现国家政权体系，那么国家结构形式则是从纵向角度表现国家政权体系。此外，国家基本制度是从宏观的角度来解释国家的构成，而国家结构形式则是从微观角度来观察国家的具体构成。一般而言，国家结构形式是历史的选择，但是，也有部分创新。比如，中国特色的民族区域自治制度就创造性地解决了中国一直以来的民族问题。本专题中，中国国家结构由普通地方、民族地方和特别行政区等部分组成。本专题的重要考点包括行政区划划分、民族地区自治权等。此外，中国特有的基层群众自治组织也是考试的重中之重。

知识点及实例

一、我国是单一制的国家结构形式

（一）单一制国家结构

　　单一制是指国家由若干普通行政单位或者自治单位组成，这些组成单位都是国家不可分割的一部分的国家结构形式。单一制国家结构形式在国家纵向权力配置和国家机关间关系方面有如下特点：1. 从法律制度上看，单一制国家只有一部宪法，有关国家权力的配置和国家机关的设置及相互关系，均由该国宪法予以规定。2. 从政权组织形式上看，除有个别特别地方外，中央和地方均采用相同的政府体制，即一般只有一套政府体制。3. 在权力配置上，地方权力来源于中央的授予，国家权力的重心在中央。4. 在国际关系中，只有一个国际法主体，其地方一般不能作为国际法的主体参与国际关系。5. 公民具有统一的国籍。6. 地方作为国家的行政区域单位，不具有独立性，没有从国家分离出去的权力。

　　联邦制是指国家由两个或者两个以上的成员单位（如邦、州、共和国）组成的国家结构形式。联邦制国家有下列特点：1. 除联邦宪法外，联邦制国家还有成员国或加盟国的宪法。2. 有多套政府体制。在联邦制国家，除联邦中央政府体制外，各成员国或加盟国都拥有自己特色的政府体制。在联邦制国家，一般不要求成员或加盟国与联邦政府体制相一致。3. 在联邦制国家，联邦权力来源于成员国或加盟国的让与，一般由联邦宪法以列举的方式规定，剩余权力属成员国或加盟国。4. 联邦制国家，公民有双重国籍，即公民既是联邦的公民（一般在国际法上使用联邦公民资格），又是成员国或加盟国的公民。5. 在国际关系中，有些联邦国家在法律上允许成员国或加盟国作为完全的国际法主体参与国际关系，如原苏联的一些加盟共和国便具有这种资格。6. 在有些联邦制国家，成员国或加盟国在法律上拥有脱离联邦的权力。

《宪法》序言规定：中华人民共和国是全国各族人民共同缔造的统一的多民族国家。这一规定表明，单一制是我国的国家结构形式。具体表现在：第一，在法律制度方面，我国只有一部宪法，只有一套以宪法为基础的法律体系，维护宪法的权威和法制的统一是国家的基本国策。第二，在国家机构方面，只有一套包括最高国家权力机关、最高国家行政机关和最高国家司法机关在内的中央国家机关体系。第三，在中央与地方的关系方面，无论是普通的省、县、乡行政区域，还是民族自治区域，或者特别行政区域，都属于中央人民政府领导下的地方行政区域。地方不得脱离中央而独立；台湾是中华人民共和国不可分割的一部分。第四，在对外关系方面，中华人民共和国是一个统一的国际法主体，公民具有统一的中华人民共和国国籍。而决定我国采取单一制国家结构形式的原因主要有两大方面：1. 历史原因。我国自秦始皇统一中国以来，建立的就是统一的中央集权制国家。2. 民族原因。我国是一个多民族国家，各民族的历史状况和民族关系决定了在我国的具体条件下，不适宜采取联邦制，而应该采取单一制的国家结构形式。

（二）我国单一制国家结构形式的主要特点

1. 通过建立民族区域自治制度解决单一制下的民族问题。

2. 通过建立特别行政区制度解决单一制下的历史遗留问题。

二、行政区划

行政区划，是指根据宪法和法律的规定，结合政治、经济、民族状况以及地理历史条件，将国家领土划分为不同的区域，以便进行管理的制度。它属于一个国家的内政，必须有宪法和法律以及有关法规的授权，其他任何机关无权进行行政区域划分。

（一）我国的行政区划

1. 全国划分：全国分为省、自治区、直辖市，国家在必要时得设立特别行政区。

2. 省级（省、自治区、直辖市）划分：

（1）省、自治区一般分为设区的市、自治州，个别省（如海南省）也直接领导县、自治县、不设区的市；

（2）直辖市分为区、县、自治县。

3. 地级划分：地级（即设区的市、自治州）划分为县级（即县或旗、自治县或自治旗、区、不设区的市）。

4. 县级划分：县级划分为乡、民族乡和镇。按不同区域所实行的不同地方制度，可将我国行政区划分为：（1）普通行政区划；（2）民族自治地方区划；（3）特别行政区划。

省级	省、自治区、直辖市
地级	地级市、设区的市、自治州
县级	县级市、不设区的市、市辖区、县、自治县、
乡级	乡、镇、民族乡

（二）行政区划的划分权限

行政区划的划分包括行政区划的设立、撤销、更名或隶属关系的变更以及行政界线的变更。

【乡找省，省建找全大，中间全归国务院】

事 项	机 构
（1）省、自治区、直辖市的设立、撤销、更名； （2）特别行政区的成立和设置	全国人大审议决定
（1）省、自治区、直辖市行政区域界限的变更； （2）自治州、县、自治县、市、市辖区的设立、撤销、更名或者隶属关系的变更； （3）自治州、自治县的行政区域界限的变更； （4）普通县、市的行政区域界限的重大变更	国务院审批
普通县、市、市辖区部分行政区域界限的变更	国务院授权省、自治区、直辖市人民政府审批
乡、民族乡、镇的设立、撤销、更名或者变更行政区域的界限	省、自治区、直辖市人民政府审批

（三）行政区域边界争议的处理

1. 处理边界争议的主管部门——民政部门。

2. 边界争议处理程序。

（1）边界争议，由争议双方人民政府协商解决；经协商未达成协议的，双方应当将各自的解决方案并附边界线地形图，报双方的上一级人民政府处理；

（2）争议双方的上一级人民政府受理的边界争议，由其民政部门会同有关部门调解；经调解未达成协议的，由民政部门会同有关部门提出解决方案，报本级人民政府决定。

三、民族区域自治制度

民族区域自治是指在国家的统一领导下，以少数民族聚居区为基础，建立相应的自治地方，设立自治机关，行使自治权，使实行区域自治的民族的人民自主地管理本民族地方性事务的制度。（1）各民族自治地方都是中华人民共和国不可分离的一部分，各民族自治地方的自治机关都是中央统一领导下的地方政权机关；（2）民族区域自治必须以少数民族聚居区为基础，是民族自治与区域自治的结合；（3）在民族自治地方设立自治机关，民族自治机关除行使宪法规定的地方国家政权机关的职权外，还可以依法行使广泛的自治权。由此可见，我国实行的民族区域自治是在单一制条件下的自治，自治地方与国家的关系是自治与统一的关系。只有把国家的统一领导与自治机关的自治权统一起来，才能正确理解民族区域自治的概念。

（一）民族自治地方

民族自治地方只有自治区、自治州和自治县，不包括民族乡。

（二）民族自治地方的自治机关

民族自治地方的自治机关只包括人大和人民政府，不包括人大常委会、人民法院和人民检察院。

（三）自治机关人员的任职要求

1. 民族自治地方的人民代表大会中，除实行区域自治的民族的代表外，其他居住在本行政区域内的民族也应当有适当名额的代表。

2. 民族自治地方的人大常委会主任或副主任中，应当有实行区域自治的民族的公民。民族自治地方的人民政府分别实行主席、州长和县长负责制。

3. 民族自治地方的人民政府正职首长（自治区主席、自治州州长、自治县县长）由实行区域自治的民族的公民担任。

4. 民族自治地方的法院和检察院的领导成员和工作人员中，应当有实行区域自治的民族的人员。

（四）自治权

1. 治安权。自治机关经国务院批准，可以组织本地方维护社会治安的公安部队。

2. 变通执行或者停止执行权。

（1）自治条例和单行条例可以变通法律、行政法规和地方性法规；自治区制定的自治条例和单行条例须报全国人大常委会批准后才能生效；自治州、自治县制定的自治条例和单行条例，须报省级人大常委会批准后生效，并报全国人大常委会和国务院备案。

（2）上级国家机关的决议、决定、命令和指示，如有不适合民族自治地方实际情况的，自治机关报该上级国家机关批准后，变通执行或者停止执行；该上级国家机关应当在收到报告之日起60日内给予答复。

3. 自主地管理地方财政。凡是依照国家财政体制属于民族地方的财政收入，都应当由民族自治地方的自治机关自主地安排使用。在执行国家税法的时候，除应由国家统一审批的减免税收项目以外，对属于地方财政收入的某些需要从税收上加以照顾和鼓励的，可以实行减税或者免税。自治州、自治县决定减税或者免税，须报省或者自治区人民政府批准（区备案，州县批）。

4. 自主地管理地方性经济建设。根据法律的规定和国家的统一规划，对可以由本地方开发的自然资源，优先合理开发利用；依照国家法律的规定，可以开展对外经济贸易活动，经国务院批准可以开辟对外贸易口岸。与外国接壤的民族自治地方经国务院批准，可以开展边境贸易。

5. 自主地管理教育、科学、文化、卫生、体育事业。自治区、自治州的自治机关依照国家规定，可以和国外进行教育、科学技术、文化艺术、卫生、体育等方面的交流。

6. 使用本民族的语言文字。

四、基层群众自治制度

基层群众自治组织，是指依照有关法律规定，以城乡居民（村民）一定的居住地为纽带和范围设立，并由居民（村民）选举产生的成员组成的，实行自我管理、自我教育、自我服务的社会组织。（1）群众性；（2）自治性；（3）基层性。

（一）基层群众性自治组织与基层政权的关系

1. 乡、民族乡、镇属于农村基层政权。

2. 不设区的市、市辖区人民政府及其派出机关（街道办）属于城市基层政权。

3. 村委会、居委会属于基层群众自治组织，与基层政权之间不存在领导关系，是工作指导关系。

（二）基层群众性自治组织的设置

1. 村民委员会的设立、撤销、范围调整，由乡、民族乡、镇的人民政府提出，经村民会议讨论同意后，报县级人民政府批准。

2. 居民委员会的设立、撤销、规模调整，由不设区的市、市辖区的人民政府决定。

（三）村民委员会、居民委员会的组成

1. 组成人数。（1）村民委员会由主任、副主任和委员共3～7人组成；（2）居民委员会由主任、副主任和委员共5～9人组成。

2. 产生方式。

（1）村民委员会主任、副主任和委员，由本村年满18周岁的村民直接选举产生。村民委员会成员由年满18周岁未被剥夺政治权利的村民直接选举产生。每届任期3年，成员可以连选连任。选举村民委员会，有登记参加选举的村民过半数投票，选举有效；候选人获得参加投票的村民过半数的选票，始得当选（两个过半数）。

本村1/5以上有选举权的村民或者1/3以上的村民代表联名，可以要求罢免村民委员会成员，罢免须有登记参加选举的村民过半数投票，并须经投票的村民过半数通过（两个过半数）。

村民委员会成员应当接受村民会议或者村民代表会议对其履行职责情况的民主评议，民主评议每年至少进行一次，由村务监督机构主持。村民委员会成员连续两次被评议不称职的，其职务终止。村民委员会成员实行任期和离任经济责任审计。

（2）选举流程：

村民选举委员会	参加选举村民民单	提出候选人	投票当选
村民选举委员会由主任和委员组成，由村民会议、村民代表会议或者各村民小组会议推选产生	登记参加选举的村民名单应当在选举日的**二十日前**公布。对名单有异议的，自公布之日起**五日内**向选委会申诉，选委会在**三日内**作出处理决定并公布	由登记参加选举的村民直接提名候选人。候选人的名额应多于应选名额。村民选举委员会**应当**组织候选人与村民见面，由候选人介绍履行职责的设想，回答村民的问题	须有登记参加选举的村民过半数投票；候选人获得参加投票的村民过半数选票当选。当选人数不足时另行选举。另行选举时，第一次投票后未当选的人员中得票多的为候选人，候选人以得票多的当选，但是所得票数不得少于已投选票总数的1/3

注意：

已在户籍所在村或者居住村登记参加选举的村民，不得再参加其他地方村民委员会的选举。登记参加选举的村民，选举期间外出不能参加投票的，可以书面委托本村有选举权的近亲属代为投票，村民选举委员会应当公布委托人和受委托人的名单。

（3）居民委员会主任、副主任和委员，由本居民区年满18周岁的居民或者由每户派代表选举产生。

3. 任期3年，可以连选连任。

4. 工作机制。村民委员会向村民会议负责并报告工作，村民会议审议村民委员会的年度工作报告，评议村民委员会成员的工作，有权撤销或者变更村民委员会不适当的决定，有权撤销或者变更村民代表会议不适当的决定。居民委员会向居民会议负责并报告工作，居民会议有权撤换和补选居民委员会成员。

（四）村民会议与居民会议

1. 组成。由 18 周岁以上的村民（居民）组成。

2. 地位与职权。

（1）涉及全体村民（居民）利益的重要问题，村民委员会（居民委员会）必须提请村民会议（居民会议）讨论决定。

（2）村民会议制定村民自治章程和村规民约，报乡级政府备案。居民会议制定居民公约，报不设区的市政府、市辖区政府或者街道办备案。

3. 召集和主持。

（1）村民会议由村民委员会召集。1/10 以上的村民或者 1/3 以上的村民代表提议，应当召集。

（2）居民会议由居民委员会召集和主持。1/5 以上的 18 周岁以上居民、1/5 以上的户或者 1/3 以上的居民小组提议，应当召集。

4. 开会条件。

（1）村民会议应当有本村 18 周岁以上村民的过半数参加，或者有本村 2/3 以上的户的代表参加，才能举行。所作决定经到会人员的过半数通过。

（2）居民会议必须有全体 18 周岁以上的居民、户的代表或者居民小组选举的代表的过半数出席，才能举行。所作决定由出席人员的过半数通过。

（五）对村民委员会的监督

1. 村务公开。村民委员会应当及时公布下列事项，接受村民的监督：

（1）由村民会议、村民代表会议讨论决定的事项及其实施情况；

（2）国家计划生育政策的落实方案；

（3）政府拨付和接受社会捐赠的救灾救助、补贴补助等资金、物资的管理使用情况；

（4）村民委员会协助人民政府开展工作的情况；

（5）涉及本村村民利益，村民普遍关心的其他事项。

上述事项中，一般事项至少每季度公布一次；集体财务往来较多的，财务收支情况应当每月公布一次；涉及村民利益的重大事项应当随时公布。

2. 民主评议。村民委员会成员以及由村民或者村集体承担误工补贴的聘用人员，应当接受村民会议或者村民代表会议对其履行职责情况的民主评议。村民委员会成员连续两次被评议不称职的，其职务终止。民主评议每年至少进行一次，由村务监督机构主持。

3. 村务监督机构。村务监督机构成员由村民会议或者村民代表会议在村民中推选产生，其中应有具备财会、管理知识的人员。村民委员会成员及其近亲属不得担任村务监督机构成员。村务监督机构成员向村民会议和村民代表会议负责，可以列席村民委员会会议。

4. 责任审计。村民委员会成员实行任期和离任经济责任审计，审计包括下列事项：

（1）本村财务收支情况；

（2）本村债权债务情况；

（3）政府拨付和接受社会捐赠的资金、物资管理使用情况；

（4）本村生产经营和建设项目的发包管理以及公益事业建设项目招标投标情况；

（5）本村资金管理使用以及本村集体资产、资源的承包、租赁、担保、出让情况、征地补偿费的使用、分配情况；

（6）本村1/5以上的村民要求审计的其他事项。

责任审计由县级人民政府农业部门、财政部门或者乡、民族乡、镇的人民政府负责组织，审计结果应当公布，其中离任经济责任审计结果应当在下一届村民委员会选举之前公布。

（六）村民代表会议和村民小组会议

1. 村民代表会议。

（1）设立条件：人数较多或者居住分散的村，可以设立村民代表会议，讨论决定村民会议授权的事项。

（2）组成：村民代表会议由村民委员会成员和村民代表组成，村民代表应当占村民代表会议组成人员的4/5以上，妇女村民代表应当占村民代表会议组成人员的1/3以上。村民代表由村民按每5～15户推选一人，或者由各村民小组推选若干人。

（3）任期：村民代表的任期与村民委员会的任期相同。村民代表可以连选连任。

（4）开会：村民代表会议由村民委员会召集。村民代表会议每季度召开一次。有1/5以上的村民代表提议，应当召集村民代表会议。村民代表会议有2/3以上的组成人员参加方可召开，所作决定应当经到会人员的过半数同意。

（5）职权：村民会议可以授权村民代表会议审议村民委员会的年度工作报告，评议村民委员会成员的工作，撤销或者变更村民委员会不适当的决定。

2. 村民小组会议。

（1）设立条件：村民委员会还可以分设村民小组；

（2）组成：小组长由村民小组会议推选；

（3）任期：村民小组组长任期与村民委员会的任期相同，可以连选连任；

（4）开会：召开村民小组会议，应当有本村民小组18周岁以上的村民2/3以上，或者本村民小组2/3以上的户的代表参加，所作决定应当经到会人员的过半数同意；

（5）职权：属于村民小组的集体所有的土地、企业和其他财产的经营管理以及公益事项的办理，由村民小组会议依照有关法律的规定讨论决定，所作决定及实施情况应当及时向本村民小组的村民公布。

【小结】《居民委员会组织法》和《村民委员会组织法》对比。

	《居民委员会组织法》	《村民委员会组织法》
性质	居民委员会是居民自我管理、自我教育、自我服务的基层群众性自治组织	村民委员会是村民自我管理、自我教育、自我服务的基层群众性自治组织，**实行民主选举、民主决策、民主管理、民主监督**
架构	不设区的市、市辖区的人民政府或者它的派出机关对居民委员会的工作给予指导、支持和帮助	村民委员会向村民会议、村民代表会议负责并报告工作。乡、民族乡、镇的人民政府对村民委员会的工作给予指导、支持和帮助，但是不得干预依法属于村民自治范围内的事项
设立原则	居民委员会根据居民居住状况，按照便于居民自治的原则，一般在一百户至七百户的范围内设立	村民委员会根据村民居住状况、人口多少，按照便于群众自治，有利于经济发展和社会管理的原则设立，还可以分设若干村民小组
设立程序	居民委员会的设立、撤销、规模调整，由不设区的市、市辖区的人民政府决定	村民委员会的设立、撤销、范围调整，由乡、民族乡、镇的人民政府提出，经村民会议讨论同意，报县级人民政府批准

组成	居民委员会由主任、副主任和委员共五至九人组成。多民族居住地区，居民委员会中应当有人数较少的民族的成员	村民委员会由主任、副主任和委员共三至七人组成。村民委员会成员中，应当有妇女成员，多民族村民居住的村应当有人数较少的民族的成员
选举程序	居民委员会主任、副主任和委员，由本居住地区全体有选举权的居民或者每户派代表选举产生；根据居民意见，也可以由每个居民小组选举代表二至三人选举产生。居民委员会每届任期3年，其成员可以连选连任	村民委员会主任、副主任和委员，由村民直接选举产生。村民委员会每届任期3年，村民委员会成员可以连选连任。村民委员会的选举，由村民选举委员会主持。村民选举委员会由主任和委员组成，由村民会议、村民代表会议或者各村民小组会议推选产生。村民选举委员会成员被提名为村民委员会成员候选人，应当退出村民选举委员会
选举期限	无	登记参加选举的村民名单应当在选举日的20日前由村民选举委员会公布。对登记参加选举的村民名单有异议的，应当自名单公布之日起5日内向村民选举委员会申诉，村民选举委员会应当自收到申诉之日起3日内作出处理决定，并公布处理结果
大会议	居民会议由18周岁以上的居民组成。居民会议可以由全体18周岁以上的居民或者每户派代表参加，也可以由每个居民小组选举代表二至三人参加	村民会议由本村18周岁以上的村民组成。选举村民委员会，有登记参加选举的村民过半数投票，选举有效；候选人获得参加投票的村民过半数的选票，始得当选
召集会议	居民会议由居民委员会召集和主持。有1/5以上的18周岁以上的居民、1/5以上的户或者1/3以上的居民小组提议，应当召集居民会议。居民会议必须有全体18周岁以上的居民、户的代表或者居民小组选举的代表的过半数出席，才能举行。会议的决定，由出席人的过半数通过	村民会议由村民委员会召集。有1/10以上的村民或者1/3以上的村民代表提议，应当召集村民会议。召集村民会议，应当提前10天通知村民。召开村民会议，应当有本村十八周岁以上村民的过半数，或者本村2/3以上的户的代表参加，村民会议所作决定应当经到会人员的过半数通过
公约	居民公约由居民会议讨论制定，报不设区的市、市辖区的人民政府或者它的派出机关备案，由居民委员会监督执行	村民会议可以制定和修改村民自治章程、村规民约，并报乡、民族乡、镇的人民政府备案

⚫ 题

2016年2月至6月，某市A区黄村村民黄某四次发邮件到市长电子信箱反映：黄某是已婚妇女，由于丈夫是集体户口，没有将户口迁出。在2015年分配村集体经济所得收益时，在村民大会上，除了黄某的家人等极少数人以外，绝大部分村民由于涉及自身的经济利益，都拒绝给其分红。村民大会是处理村务的最高机关，可对村内集体所有的财产和收益进行处理。这样，黄某等"外嫁女"不得分红的制度就以"村规民约"的方式被确定下来。

据调查，在该市部分区的农村，外嫁女未将户口迁出的，却常常受到不公平的对待，像本案中外嫁女权益受到侵害的事项大量存在，已成为该市一个较为突出的问题。

请根据我国宪法和相关法律的规定，分析上述材料并回答下列问题：

（1）黄某是否有权取得集体经济所得收益？请说明理由。

（2）村民大会制定的村规民约中规定"外嫁女不得分红"是否合法？请说明理由。

（3）如何解决材料中存在的问题？

（4）黄某应当如何维护自己的权益？

【参考答案】

（1）黄某有权取得集体经济所得收益。《宪法》规定，公民在法律上一律平等。中华人民共和国妇女在政治的、经济的、文化的、社会的和家庭的生活等方面享有同男子平等的权利。因此，任何组织和个人都不能以妇女结婚为由，侵害妇女在农村集体经济组织中的各项权益。

（2）村规民约中"外嫁女不得分红"的规定不合法。《村民委员会组织法》规定，村

陈璐琼讲理论法学

2018年国家统一法律职业资格考试专题讲座系列

民会议可以制定和修改村民自治章程、村规民约，并报乡、民族乡、镇的人民政府备案。村民自治章程、村规民约以及村民会议或者村民代表决定的事项不得与宪法、法律、法规和国家的政策相抵触，不得侵犯村民的人身权利、民主权利和合法财产权利的内容。因此，如果妇女户口未迁出的，其仍然享有与同村男性居民相同的权利。

（3）解决材料中存在问题的途径：①加强对村民自治的监督制度。②完善司法救济途径。③加强妇女、特别是农村妇女宪法权利的保障和落实。

（4）黄某因其集体经济收益受到侵害，可以要求有关部门依法处理，或者依法向仲裁机构申请仲裁，或者向人民法院起诉。

专题十八 选举制度

选举制度是指法律规定的关于选举代议机关代表和国家公职人员的各种制度的总称。选举有广义和狭义之分。广义的选举包括选举议会组织成员和特定公职人员；狭义的选举主要是选举议会组织成员。我国采用狭义上的选举制度。本专题内容集中于选举制度的基本原则、具体流程和特殊情况的处理。选举制度是宪法中考查分值最多，内容最庞杂的部分，必须认真掌握。

知识点及实例

一、我国选举制度的基本原则

（一）选举权的普遍性原则

选举权的普遍性是指一国公民中能够享有选举权的广泛程度。在我国，年满 18 周岁的中国公民除下列两种情形不得行使选举权外，均可行使：

1. 被剥夺政治权利，丧失选举权。

（1）应当剥夺政治权利：危害国家安全犯罪、死刑犯、无期徒刑犯；

（2）可以剥夺政治权利：其他犯罪。

2. 被停止行使选举权利，但有选举权。

（1）精神病人，经选举委员会确认，停止行使选举权；

（2）涉嫌危害国家安全罪或者严重破坏社会秩序等罪被羁押正在侦查、起诉、审判的人，经人民检察院或者人民法院决定，在被羁押期间停止行使选举权。

（二）选举权的平等原则

1. 选举权平等是指选举人在每次选举中只享有一个投票权，并且每一选举人所投票的价值与效力是同样的。它否定了有的国家采用的复数投票制；

2. 选举权的平等原则，不仅应当包括投票机会平等，还应当包括投票结果平等，城乡一比一。我国现行《选举法》制定于 1979 年，经过 1982 年、1986 年、1995 年、2004 年、2010 年和 2015 年五次修正。其中 1982 年、1995 年和 2010 年三次修正涉及对城乡代表名额分配比例的修改。

但我国选举权的平等侧重于实质上的平等，而不单纯是形式上的平等，这体现在下列两方面：

（1）人口特别少的地方：县、自治县的人民代表大会中，人口特少的乡、民族乡、镇，至少应有代表 1 人。全国人大代表中，人口特少的民族，至少应有代表 1 人。

（2）在聚居区内同一少数民族的总人口占境内总人口 30% 以上的，每一代表所代表的人口数应相当于当地人民代表大会每一代表所代表的人口数。在聚居区内同一少数民族的总人口占境内总人口数的 15% 以上、不足 30% 的，每一代表所代表的人口数，可以适当少于当地人民代表大会每一代表所代表的人口数，但是该少数民族的代表名额不得超过代表总名额的 30%。在聚居区内同一少数民族的人口数不及境内总人口数 15% 的，每一代表所代表的人口数可以比当地人民代表大会每一代表所代表的人口数少于 1/2，实行区域自治的民族人口特少的自治县，经省、自治区人民代表大会常委会决定，可以少于 1/2。人口特少的其他民族，至少应有一名代表。散居的少数民族应当有当地人民代表大会的代表，其每一代表所代表的人口数可以少于当地人民代表大会每一代表所代表的人口数。

（三）直接选举和间接选举并用的原则

《选举法》第 2 条规定：不设区的市、市辖区、县、自治县、乡、民族乡、镇的人民代表大会代表，由选民直接选出；全国人民代表大会代表，省、自治区、直辖市、设区的市、自治州的人民代表大会代表，由下一级人民代表大会选出。

1. 乡级、县级人大代表由选民直接选举。

2. 地级、省级人大代表由下一级的人大选举。

3. 全国人大代表由省、自治区、直辖市的人民代表大会、特别行政区和人民解放军选举产生。

（四）秘密投票原则

1. 秘密投票的内涵。秘密投票也称为无记名投票，是指选民不署自己的姓名、亲自书写选票并投入密封票箱的一种投票方法。它包括：（1）秘密填写选票；（2）在选票上不标识选民身份；（3）投票时不显露选举意向等内容。

2. 秘密投票原则的例外。

（1）文盲或者因残疾不能写选票的：委托他信任的人代写。

（2）在选举期间外出的：经选举委员会同意，书面委托其他选民代为投票，但每一选民接受的委托不得超过 3 人。

（3）人身自由受限制的：①被判处有期徒刑、拘役、管制而没有附加剥夺政治权利的；②被羁押，人民检察院或者人民法院没有决定停止行使选举权利的；③被取保候审或者监视居住的；④被劳动教养的；⑤受拘留处罚的。以上所列人员参加选举，由选举委员会和执行监禁、羁押、拘留或者劳动教养的机关共同决定，可以在流动票箱投票，可以委托其他有选举权的亲属或者选民代为投票。被判处拘役、被劳动教养、受拘留处罚（行政拘留）也可以在选举日回原选区参加选举。

二、选举程序

（一）选举机构

县、乡两级人大设立选举委员会。不设区的市、市辖区、县、自治县的选举委员会的组成人员由本级人民代表大会常务委员会任命；乡、民族乡、镇的选举委员会的组成人员由不设区的市、市辖区、县、自治县的人民代表大会常务委员会任命。选举委员会一般设立主任 1 人，副主任若干人，委员若干人。不设区的市、市辖区、县、自治县的选举委员会受本级人大常委会的领导；乡、民族乡、镇的选举委员会受不设区的市、市辖区、县、自治县的人大常委会的领导。它们要接受省、自治区、直辖市、设区的市、自治州人大常委会对选举工作的指导。

选举委员会的职责包括：

1. 划分选区，分配各选区应选代表的名额。

2. 进行选民登记，审查选民资格，公布选民名单；受理对于选民名单不同意见的申诉，并作出决定。

3. 确定选举日期。

4. 了解核实并组织介绍代表候选人的情况；根据较多数选民的意见，确定和公布正式代表候选人名单。

5. 主持投票选举。

6. 确定选举结果是否有效，公布当选代表名单。

注意：

选举委员会组成人员不得担任代表候选人。

（二）选举主持

1. 间接选举。全国、省级、地级人大常委会整体上主持本级人大的选举，下一级人大选举上一级人大代表的时候，具体由下一级人大主席团主持。

2. 直接选举。县级、乡级由选举委员会主持本级人大的选举。

注意：

间接选举整体上由本级的人大常委会主持，投票由下一级人大的主席团主持。

（1）间接选举的主持机关、指导机关和领导机关问题。

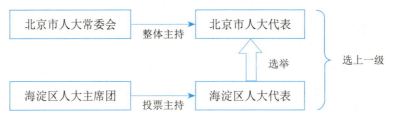

（2）直接选举的主持机关问题。

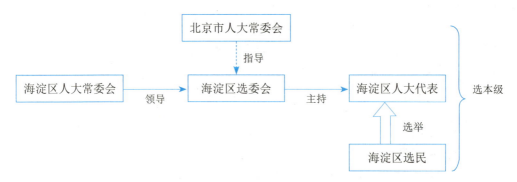

（三）选区划分（仅针对直接选举）

选区按居住状况、生产单位、事业单位、工作单位划分。每个选区选1～3名代表。

（四）选民登记（仅针对直接选举）

1. 选民登记按选区进行，经登记确认的选民资格长期有效。一经登记，长期有效。每次选举前对上次选民登记以后新满18周岁的、被剥夺政治权利期满后恢复政治权利的选民，予以登记。对选民经登记后迁出原选区的，列入新迁入选区的选民名单；对死亡和被剥夺政治权利的人，从选民名单上除名。

2. 选民名单应在选举日的 20 日以前公布，对于公布的选民名单有不同意见的，可以在公布选民名单 5 日之内向选举委员会提出申诉。选举委员会对申诉意见，应在 3 日内作出处理决定。申诉人如果对处理决定不服，可以在选举日的 5 日以前向人民法院起诉，人民法院应在选举日以前作出判决。人民法院的判决为最后决定。

（五）代表候选人

1. 代表候选人的推荐主体。

（1）各政党、各人民团体单独或者联合推荐，选民或者代表 10 人以上联名推荐。

（2）各推荐主体推荐的代表候选人人数，均不得超过本选区或者选举单位应选代表的名额。

> **注意：**
> 所有推荐主体推荐的代表候选人总人数，应当超过本选区或者选举单位应选代表的名额，此即差额选举。由选民直接选举人民代表大会代表的，代表候选人的人数应多于应选代表名额 1/3 至 1 倍；由县级以上的地方各级人民代表大会选举上一级人民代表大会代表的，代表候选人的人数应多于应选代表名额 1/5 至 1/2。

（3）县级、地级、省级人大选举上一级人大代表时，代表候选人不限于各该级人大代表。

（4）直接选举时，代表候选人名单在选举日的 15 日以前公布。

2. 确定正式候选人。

（1）直接选举差额比例：代表候选人比应选代表多 1/3 到 1 倍，代表候选人超出应选代表 1 倍的，选民酝酿讨论，根据较多数选民的意见，确定正式代表候选人名单。酝酿讨论不成的，预选正式代表候选人。根据预选时得票多少的顺序，确定正式代表候选人名单。

（2）间接选举差额比例：代表候选人比应选代表多 1/5 到 1/2 倍，代表候选人超出应选代表 1/2 倍的，预选正式代表候选人。

（3）如果只选 1 人，候选人应为 2 人。

（4）直接选举时，正式代表候选人名单应当在选举日的 7 日以前公布。

3. 介绍代表候选人情况。

（1）推荐者应向选举委员会或者大会主席团介绍代表候选人的情况。接受推荐的代表候选人应当向选举委员会或者大会主席团如实提供个人身份、简历等基本情况。提供的基本情况不实的，选举委员会或者大会主席团应当向选民或者代表通报。

（2）选举委员会或者大会主席团应当向选民或者代表介绍代表候选人的情况。推荐代表候选人的政党、人民团体和选民、代表可以在选民小组或者代表小组会议上介绍所推荐的代表候选人的情况。选举委员会根据选民的要求，应当组织代表候选人与选民见面，由代表候选人介绍本人的情况，回答选民的问题。但是，在选举日必须停止代表候选人的介绍。

4. 禁止接受与选举有关的任何形式的资助：根据 2015 年修改后的《选举法》第 34 条的规定：公民参加各级人民代表大会代表的选举，不得直接或者间接接受境外机构、组织、个人提供的与选举有关的任何形式的资助。违反该规定的，不列入代表候选人名单；已经列人代表候选人名单的，从名单中除名；已经当选的，其当选无效。

题

2016年10月，某市F区人大进行换届选举。5月初，高校教师王某通过微博公开其参选该区人大代表的意愿，并公布了个人身份和简历等基本情况。该条微博发布后，引起了社会广泛关注。

请结合上述材料，运用宪法学知识和选举法相关规定，回答以下问题：

（1）王某参选行为的法律依据是什么？

（2）王某要成为正式代表候选人，需要经过哪些程序？

【参考答案】

（1）根据我国《宪法》和《选举法》规定，中华人民共和国年满18周岁的公民，不分民族、种族、性别、职业、家庭出身、宗教信仰、教育程度、财产状况、居住期限，都有选举权和被选举权；但是依照法律被剥夺政治权利的人除外。据此，王某可以行使其选举权和被选举权。

（2）我国《选举法》对人大代表的选举程序作出了明确规定。公民参选人大代表以及一切选举活动，都必须在法律规定的范围内，按照法律规定的程序进行。根据选举法，王某要成为正式代表候选人，需经过以下程序：首先，王某要在选区进行选民登记，由选举委员会审查和确认其选民资格。其次，王某需被推荐为代表候选人，其途径可由各政党、各人民团体联合或单独提出，也可由选民10人以上联名提出。再次，王某被提名为代表候选人后，要成为正式代表候选人，还需由选举委员会将代表候选人名单交选区选民小组协商、讨论后确定；如代表候选人超过法定最高差额比例，则需在选民小组协商、讨论后由选举委员会根据较多数选民意见加以确定或者由预选确定。

（六）投票与计票

1. 投票站：选举委员会应当根据各选区选民分布状况，按照方便选民投票的原则设立投票站，进行选举。

2. 选举大会：选民居住地比较集中的，可以召开选举大会进行选举。

3. 流动票箱：因患有疾病等原因行动不便或者居住分散并且交通不便的选民，可以在流动票箱投票。

4. 选民或代表可以投赞成票，可以投反对票，可以另选其他任何选民，也可以弃权。

5. 投票结束后，由选民或者代表推选的监票、计票人员和选举委员会或者大会主席团的人员进行计票，并由监票人签字。

注意：

1. 选举时应当设立秘密写票处；选民如果是文盲或者因残疾不能写选票的，可以委托他信任的人代写。选民如果在选举期间外出，经选举委员会同意，可以书面委托其他选民代为投票。每一选民接受的委托不得超过3人，并应当按照委托人的意愿代为投票。2.代表候选人的近亲属不得担任监票人、计票人。

（七）人大代表的当选条件

1. 选举本身必须有效。（1）每次选举所投的票数，多于投票人数的无效，等于或者少于投票人数的有效；（2）在选民直接选举人大代表时，选区全体选民的过半数参加投票，选举有效。

2. 所计算的选票必须有效。每一选票所选的人数，多于规定应选代表人数的作废，等于或者少于规定应选代表人数的有效。

3. 代表候选人获得一定的选票。

（1）直接选举：代表候选人获得参加投票的选民过半数的选票时，始得当选（两个过半数）。

（2）间接选举：代表候选人获得选举单位全体人员过半数的选票时，始得当选（全体过半数）。

（八）另行选举

1. 获得过半数选票的代表候选人的人数超过应选代表名额时，以得票多的当选。如遇票数相等不能确定当选人时，应当就票数相等的候选人再次投票，以得票多的当选。

2. 获得过半数选票的当选代表的人数少于应选代表的名额时，不足的名额另行选举。另行选举时，根据在第一次投票时得票多少的顺序，按照差额比例（直接选举为1/3～1，间接选举为1/5～1/2），确定候选人名单。如果只选1人，候选人应为2人。

3. 直接选举的另行选举：代表候选人以得票多的当选，但是得票数不得少于选票的1/3。间接选举的另行选举：代表候选人获得全体代表过半数的选票，始得当选。

（九）公布选举结果

1. 直接选举，由选举委员会宣布选举结果。
2. 间接选举，由大会主席团宣布选举结果。

> **注意：**
>
> 当选代表的资格审查。2015年《选举法》修改，增加了对当选代表的资格审查环节。根据《选举法》第46条的规定，代表资格审查委员会依法对当选代表是否符合宪法、法律规定的代表的基本条件，选举是否符合法律规定的程序，以及是否存在破坏选举和其他当选无效的违法行为进行审查，提出代表当选是否有效的意见，向本级人民代表大会常务委员会或者乡、民族乡、镇的人民代表大会主席团报告。县级以上的各级人民代表大会常务委员会或者乡、民族乡、镇的人民代表大会主席团根据代表资格审查委员会提出的报告，确认代表的资格或者确定代表的当选无效，在每届人民代表大会第一次会议前公布代表名单。

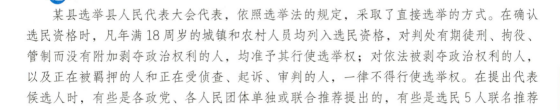

某县选举县人民代表大会代表，依照选举法的规定，采取了直接选举的方式。在确认选民资格时，凡年满18周岁的城镇和农村人员均列入选民资格，对判处有期徒刑、拘役、管制而没有附加剥夺政治权利的人，均准予其行使选举权；对依法被剥夺政治权利的人，以及正在被羁押的人和正在受侦查、起诉、审判的人，一律不得行使选举权。在提出代表候选人时，有些是各政党、各人民团体单独或联合推荐提出的，有些是选民5人联名推荐提出的，有些是乡镇人大单独或联合推荐提出的。

结合上述材料并根据宪法学的知识和理论分析该县人大代表选举存在的问题，并说明理由。

【参考答案】

（1）该县对正在被羁押的人和正在受侦查、起诉、审判的人，一律不得行使选举权的做法是错误的。根据《选举法》和有关法律规定，对正在被羁押的人和正在接受侦查、起诉、审判的人，只要没有被剥夺政治权利，都有选举权和被选举权。因此，该县的做法不符合《选举法》规定。

（2）选民5人联名推荐代表候选人的做法是错误的。根据《选举法》规定，选民或者代表，10人以上联名，才可以推荐代表候选人。因此，5人联名推荐代表候选人的做法不符合《选举法》规定。

（3）由乡、镇人大提出代表候选人的做法是错误的。根据《选举法》规定，各政党、各人民团体，可以联合或者单独推荐代表候选人。选民或者代表，10人以上联名，也可以推荐代表候选人。乡镇人大推荐代表候选人这种做法不符合选举权的普遍性原则，因而是错误的。

三、人大代表的罢免

（一）对直接选举产生的人大代表的罢免

1. 有权作出罢免决定的主体是原选区的选民。

2. 有权提出罢免案的主体是原选区选民30人以上（对乡级人大代表）或50人以上（对县级人大代表）联名。

3. 接受罢免要求的机关是县级人大常委会。

4. 罢免直接选举的人大代表，须经原选区全体选民的过半数通过。

（二）对间接选举产生的人大代表的罢免

1. 有权作出罢免决定的主体：县级以上的地方各级人大及其常委会有权决定本级人大选出的上一级人大代表的罢免，比如海淀区人大选举的北京市人大代表，该代表由海淀区人大或者海淀区人大常委会罢免。

2. 有权提出罢免案的主体：

（1）县级以上的地方各级人大的主席团或者1/10以上人大代表联名，可以向本级人大提出对由该级人大选出的上一级人大代表的罢免案；

（2）县级以上的地方各级人大常委会主任会议或者常委会1/5以上成员联名，可以向常委会提出对由该级人大选出的上一级人大代表的罢免案。

3. 罢免间接选举产生的人大代表，须经罢免决定机关全体人员的过半数通过，罢免决议须报上一级人大常委会备案和公告。县级以上的各级人民代表大会常务委员会组成人员，全国人民代表大会和省、自治区、直辖市、设区的市、自治州的人民代表大会专门委员会成员的代表职务被罢免的，其常务委员会组成人员或者专门委员会成员的职务相应撤销，由主席团或者常务委员会予以公告。乡、民族乡、镇的人民代表大会主席、副主席的代表职务被罢免的，其主席、副主席的职务相应撤销，由主席团予以公告。

题

某县规划建设一座大型化工厂，当地居民担心污染问题，多次联系本选区的县人民代表大会代表刘某，希望向其反映问题。刘某均以工作忙为由予以推脱，居民对此深为不满。事后，55位选民（其中有4人不属于刘某所在选区）联名向县人民代表大会常务委员会递交了罢免刘某代表职务的书面申请。县人民代表大会常务委员会未联系刘某即召开了县人民代表大会常务委员会会议，并以全体委员的过半数通过了对刘某的罢免案。刘某对该罢免结果提出异议。

请结合上述材料，运用宪法学知识和选举法相关规定，回答以下问题：

（1）联名提出罢免请求的选民人数是否合法？为什么？

陈璐琼讲理论法学

2018年国家统一法律职业资格考试专题讲座系列

（2）县人民代表大会常务委员会罢免刘某代表职务的做法存在哪些错误？理由是什么？

【参考答案】

（1）联名提出罢免请求的选民人数合法。根据《选举法》规定，对县级人大代表，原选区选民50人以上联名，可以向县级人大常委会书面提出罢免要求。本案联名选民中51人属于刘某所在选区，人数已达法定要求。

（2）县人大常委会罢免刘某代表职务的做法存在两个错误：①根据《选举法》规定，罢免县级人大代表，须经原选区过半数的选民通过。本案中，县人大常委会未经刘某所在选区过半数的选民通过即罢免刘某代表职务，是错误的。②根据《选举法》规定，被提出罢免的代表有权在选民会议上提出申辩意见，也可以书面提出申辩意见。本案中，县人大常委会未给予刘某申辩机会，是错误的。

四、人大代表的辞职

（一）间接选举的人大代表的辞职

1. 可以向选举他的人大常委会书面提出辞职。比如海淀区人大选举的北京市人大代表，该代表如果辞职，应向海淀区人大常委会提出。

2. 须经常务委员会组成人员的过半数通过。接受辞职的决议，须报上一级人大常务委员会备案。

（二）直接选举的人大代表的辞职

1. 县级人大代表可以向本级人大常委会书面提出辞职，乡级人大代表可以向本级人大书面提出辞职。

2. 县级的人大常委会接受辞职，须经常委会组成人员的过半数通过。乡级人大接受辞职，须经人大过半数的代表通过。

五、人大代表的补选

代表在任期内，因故出缺，由原选区或者原选举单位补选。

注意：

1. 间接选举的代表，原选举单位是下一级人大，但下一级人大闭会期间，下一级人大常委会可以补选上一级人大代表；2. 补选的时候，候选人名额可以差额也可以等额；3. 补选的具体办法由省、自治区、直辖市的人民代表大会常务委员会规定。

六、特别行政区、台湾省全国人大代表的产生

（一）特别行政区全国人大代表的选举

特别行政区全国人大代表的选举，在特别行政区成立全国人大代表选举会议。因为特区没有人大制度。选举会议名单由全国人大常委会公布。选举会议的第一次会议由全国人大常委会主持。会议选举会议成员组成主席团。选举由主席团主持，代表候选人由选举会议成员10人以上联名提出。联名提名不得超过应选人数。候选人应多于应选名额，进行差额选举。根据全国人民代表大会有关办法的规定，香港特别行政区应选第十二届全国人大代表名额为36名，澳门特别行政区应选第十二届全国人大代表名额则为12名。选举结果由主席团依法宣布，报全国人大代表资格审查委员会进行资格确认后，公布代表名单。

（二）台湾省全国人大代表的产生

根据第十一届全国人大《关于第十二届全国人民代表大会代表名额和选举问题的决定》的规定，台湾省暂时选举第十二届全国人大代表 13 名，由在各省、自治区、直辖市和中国人民解放军的台湾省籍同胞中选出。代表产生办法由全国人大常委会规定。

七、选举的物质保障和法律保障

《选举法》第 7 条明确规定：全国人民代表大会和地方各级人民代表大会的选举经费，列入财政预算，由国库开支。国库包括中央国库和地方国库。

对破坏选举的，进行治安管理处罚；构成犯罪的，依法追究刑事责任：（1）以金钱或者其他财物贿赂选民或者代表；（2）以暴力、威胁、欺骗或者其他非法手段；（3）伪造选举文件、虚报选举票数或者有其他违法行为的；（4）对于控告、检举选举中违法行为的人，或者对于提出要求罢免代表的人进行压制、报复的。国家工作人员有上述行为的，还应当依法给予行政处分。通过所列违法行为当选的，其当选无效。

专题十九
特别行政区制度

相◆关◆法◆理◆

　　特别行政区是指在中华人民共和国领域内，由全国人大设立的享有高度自治权、保持原有资本主义制度和生活方式的地方行政区域。该制度是邓小平同志创造性提出"一国两制"思想下的制度成果，成功解决了历史遗留问题。本专题中的特别制度的重心在于特别行政区与中央的关系，特别是在 2017 年香港特首普选的问题上的分歧，考生要牢记特别行政区是中国不可分割的地方机构。此外，香港和澳门的政治体制也是考试的重心。

知识点及实例

一、特别行政区的高度自治权

（一）立法权

　　1. 特别行政区立法会制定的法律须报全国人大常委会备案。备案不影响该法律的生效。全国人大常委会在征询特别行政区基本法委员会后，如认为特别行政区立法会制定的法律不符合《基本法》关于中央管理的事务及中央和特别行政区的关系的条款，可将该法律发回，但不做修改。经全国人大常委会发回的法律立即失效。该法律的失效，除特别行政区的法律另有规定外，无溯及力。

注意：

　　区分特别行政区法律和特别行政区基本法：

　　（1）制定机关不同：特别行政区法律是特别行政区立法会制定的，特别行政区基本法是全国人大制定的；

　　（2）效力不同：特别行政区基本法的效力高于特别行政区法律；

　　（3）备案不同：特别行政区法律须向全国人大常委会备案，特别行政区基本法无须备案；

　　（4）解释不同：特别行政区法律由特别行政区法院进行解释，特别行政区基本法由全国人大常委会和特别行政区法院解释。

　　2. 全国性法律除列于《基本法》附件三者外，不在特别行政区实施。全国人大常委会在征询特别行政区基本法委员会和特别行政区政府的意见后，可对列于《基本法》附件三的法律作出增减。任何列入附件三的法律，仅限于有关国防、外交和其他按本法规定不属于特别行政区自治范围的法律。

　　3. 全国人大常委会决定宣布战争状态或因特别行政区内发生特别行政区政府不能控制的危及国家统一或安全的动乱而决定特别行政区进入紧急状态；中央人民政府（国

务院）可发布命令将有关全国性法律在特别行政区实施。

（二）司法权和终审权

1. 特别行政区法院除继续保持原有法律制度和原则对法院审判权所作的限制外，对特别行政区所有的案件均有审判权。

2. 特别行政区法院对国防、外交等国家行为无管辖权。特别行政区法院在审理案件中遇有涉及国防、外交等国家行为的事实问题，应取得行政长官就该问题发出的证明文件，前述文件对法院有约束力。行政长官在发出证明文件前，须取得中央人民政府的证明书。

（三）行政管理权

1. 特别行政区享有行政管理权，依照本法的有关规定自行处理特别行政区的行政事务。

2. 中央人民政府负责管理特别行政区的防务。特别行政区政府负责维持特别行政区的社会治安。特别行政区政府在必要时，可向中央人民政府请求驻军协助维持社会治安和救助灾害。

（四）自行处理外交事务的权力

1. 中央人民政府负责管理与特别行政区有关的外交事务。中央人民政府授权特别行政区自行处理有关的对外事务。

2. 特别行政区可在经济、贸易、金融、航运、通讯、旅游、文化、体育等领域以"中国香港"、"中国澳门"的名义，单独地同世界各国、各地区及有关国际组织保持和发展关系，签订和履行有关协议。特别行政区可以"中国香港"、"中国澳门"的名义参加不以国家为单位参加的国际组织和国际会议。

（五）内地与特别行政区的关系

1. 中央各部门、各省、自治区、直辖市如需在特别行政区设立机构，须征得特别行政区政府同意并经中央人民政府批准。外交部可在特别行政区设立机构处理外交事务。特别行政区可在北京设立办事机构。

2. 中国其他地区的人进入特别行政区须办理批准手续，其中进入特别行政区定居的人数由中央人民政府主管部门征求特别行政区政府的意见后确定。

二、特别行政区的政治体制

项目	香港	澳门
行政长官	（1）行政长官是特区首长，代表特别行政区，对中央政府和特别行政区负责； （2）产生：行政长官由当地通过选举或协商产生，由中央人民政府任命； （3）任期：任期五年，可连任一次； （4）年满40周岁	
	在香港通常居住连续满20年并在外国无居留权的香港特别行政区永久性居民中的中国公民。长官40年，20无永中	没有"国外无居留权"限制
	注意：依据全国人大常委会的决定，2017年香港特别行政区第五任行政长官选举继续沿用现行的由行政长官选举委员会选举产生的办法，不实行普选。即具有广泛代表性的选举委员会选举产生，由中央人民政府任命	

陈璐琼讲理论法学 2018年国家统一法律职业资格考试专题讲座系列

行政机关（特区政府）	（1）特别行政区政府是特别行政区的行政机关。特区政府对立法会负责。 （2）首长是行政长官		
	主要行政官员必须是在当地连续居住 15 年并在外国无居留权的永久性居民中的中国公民担任。【主官 15 无永中】		没有"无外国居留权"的限制
	①制定并执行政策；②管理各项行政事务；③办理基本法规定的中央人民政府授权的对外事务；④编制并提出财政预算、决算；⑤拟定并提出法案、议案、附属法规；⑥委派官员列席立法会会议听取意见或者代表政府发言。除此之外，特别行政区政府还依法管理境内属于国家所有的土地和自然资源；负责维持社会治安；自行制定货币金融政策并依法管理金融市场；经中央人民政府授权管理民用航空运输；经中央人民政府授权在境内签发特别行政区护照和其他旅行证件；对出入境实行管制		
立法机关（立法会）	议员一般是由永久性的居民担任（可以是非中国籍；可以在外国有居留权）		
	（1）非中国籍的和在外国有居留权的永久性居民在立法会的比例不得超过 20%		（1）议员组成没有比例限制
	（2）年满 40 周岁、在特区通常居住连续满 20 年、并在外国无居留权的特区永久性居民中的中国公民担任。【主席 4020 无永中】		（2）立法会主席、副主席任职条件：在澳门通常居住连续满 15 年，没有年龄要求"无外国居留权"的限制
	（3）立法会议员由选举产生。任期 4 年		（3）立法会议员由选举和委任方式产生
	（4）由立法会主席宣告其丧失立法会议员的资格：①因严重疾病或其他情况无力履行职务；②未得到立法会主席的同意，连续 3 个月不出席会议而无合理解释者；③丧失或放弃香港特别行政区永久性居民的身份；④接受政府的委任而出任公务人员；⑤破产或经法庭裁定偿还债务而不履行；⑥在香港特别行政区区内或区外被判犯有刑事罪行，判处监禁一个月以上，并经立法会出席会议的议员 2/3 通过解除其职务；⑦行为不检或违反誓言而经立法会出席会议的议员 2/3 通过谴责		（4）经立法会决定，即丧失其立法会议员的资格：①因严重疾病或其他原因无力履行职务；②担任法律规定不得兼任的职务；③未得到立法会主席同意，连续 5 次或间断 15 次缺席会议而无合理解释；④违反立法会议员誓言；④在澳门特别行政区区内或区外犯有刑事罪行，被判处监禁 30 日以上
	如立法会全体议员的 1/4 联合动议（澳门是 1/3），指控行政长官有严重违法或渎职行为而不辞职，经立法会通过进行调查，立法会可委托终审法院首席法官负责组成独立的调查委员会，并担任主席。调查委员会负责进行调查，并向立法会提出报告。如该调查委员会认为有足够证据构成上述指控，立法会以全体议员 2/3 多数通过，可提出弹劾案，报请中央人民政府决定。		
司法机关	根据当地法官、律师和知名人士组成的独立委员会的推荐，由行政长官任命。		
	终审法院、高等法院、区域法院、裁判署法庭和其他专门法庭		终审法院、中级法院、初级法院和行政法院
	终审法院和高等法院的首席法官应由在外国无居留权的永久性居民中的中国居民担任【终高首，无永中】		终审法院院长、检察长须是永久性居民中的中国居民【两长永中】
	终审法院法官和高等法院首席法官的任免由行政长官征得立法会同意，报全国人大常委会备案		澳门终审法院法官任免报全国人大常委会备案
	法官只有在无力履行职责或行为不检的情况下，行政长官才可根据终审法院首席法官任命的不少于三名当地法官组成的审议庭的建议，予以免职。终审法院的首席法官是五名，并且由立法会同意		法官只有在无力履行其职责或行为与其所任职务不相称的情况下，行政长官才可根据终审法院院长任命的不少于三名当地法官组成的审议庭的建议，予以免职。终审法院法官的免职由行政长官根据澳门特别行政区立法会议员组成的审议委员会的建议决定
	律政司主管刑事检察工作，廉政公署从事反腐工作，对行政长官负责。		设有检察院。检察长由行政长官提名，报中央人民政府任命

注意：根据香港特别行政区基本法附件三的规定，在香港特别行政区实施的全国性法律具体包括《关于中华人民共和国国都、纪年、国歌、国旗的决议》、《关于中华人民共和国国庆日的决议》、《中华人民共和国政府关于领海的声明》、《中华人民共和国国籍法》、《中华人民共和国外交特权与豁免条例》、《中华人民共和国国旗法》、《中华人民共和国领事特权与豁免条例》、《中华人民共和国国徽法》、《中华人民共和国领海及毗连区法》、《中华人民共和国香港特别行政区驻军法》、《中华人民共和国专属经济区和大陆架法》、《中华人民共和国外国中央银行财产司法强制措施豁免法》。

根据澳门特别行政区基本法附件三的规定，它并没有列入《关于领海的声明》

三、立法会与行政长官之间的相互制衡

1. 立法会通过议案时，特首的否决权。立法会通过议案（特首拒绝签署）——3个月内发回重议——立法会以2/3多数再次通过（特首一个月内签署或者仍拒绝签署）——解散立法会——重选的立法会以2/3多数再次通过——特首或者签署或者辞职。

2. 行政机关提出财政预算案或其他重要法案时，立法会的否决权。行政机关提出财政预算案或其他重要法案——立法会拒绝通过——特首解散立法会——重选的立法会继续拒绝——特首必须辞职。

总结：拒人可二不可三，第三次或签或辞；被拒可一不可二，第二次必须辞职。

四、基本法的解释和修改

（一）基本法的解释

1. 特别行政区法院在审理案件时需要对《基本法》关于中央人民政府管理的事务或中央和特别行政区关系的条款进行解释，而该条款的解释又影响到案件的判决，在对该案件作出不可上诉的终局判决前，应由特别行政区终审法院请全国人大常委会对有关条款作出解释。但全国人大常委会的解释不具有溯及力。

2. 全国人大常委会在对《基本法》进行解释前，征询特别行政区基本法委员会的意见修改。

（二）基本法的修改

1. 提案权属于全国人大常委会、国务院和特别行政区。特别行政区的修改基本法议案，须经特别行政区的全国人大代表2/3多数、特别行政区立法会全体议员2/3多数和特别行政区行政长官同意后，交由特别行政区出席全国人大的代表团向全国人大提出。

2. 基本法的修改议案在列入全国人大的议程前，先由特别行政区基本法委员会研究并提出意见。

【新增】全国人大常委会关于《香港特别行政区基本法》第104条的解释

	内容
原条文	香港特别行政区行政长官、主要官员、行政会议成员、立法会议员、各级法院法官和其他司法人员在就职时必须依法宣誓拥护中华人民共和国香港特别行政区基本法，效忠中华人民共和国香港特别行政区。（第104条）
法定内容与程序	拥护中华人民共和国香港特别行政区基本法，效忠中华人民共和国香港特别行政区。
宣誓要求	（1）未进行合法有效宣誓或者拒绝宣誓，不得就任相应公职，不得行使相应职权和享受相应待遇。（2）宣誓人必须真诚、庄重地进行宣誓，必须准确、完整、庄重地宣读法定誓言。（3）宣誓人拒绝宣誓（含故意宣读与法定誓言不一致的誓言或者以任何不真诚、不庄重的方式宣誓），即丧失就任该条所列相应公职的资格。（4）宣誓必须在法律规定的监誓人面前进行。监誓人对不符合本解释和香港特别行政区法律规定的宣誓，应确定为无效宣誓，并不得重新安排宣誓。
法律效力	宣誓人作虚假宣誓或者在宣誓之后从事违反誓言行为的，依法承担法律责任。全国人民代表大会常务委员会有关基本法的解释与基本法具有同等法律效力。

题

1998年，有1000多名港人在内地所生的子女，因没有香港特区政府颁发的居留权证书，特区政府欲将其遣返内地，要求他们办理申请批准手续，按照先后顺序合法来港居住。在被遣返的无证儿童中有4名对此不服，以香港特区政府剥夺他们依法应该享有的权利为由，

诉诸法院。这就是吴嘉玲、吴丹诉入境事务处处长案和陈锦雅案等相关案件。诉讼几经周折后，特区终审法院判决香港特区政府败诉，同时指出：香港终审法院享有宪法性管辖权，如果全国人大及其常委会的立法与基本法相抵触，香港法院有权审查并宣布全国人大及其常委会的立法行为无效。

结合上述材料并运用宪法学的知识和理论回答下列问题：

（1）如何界定香港特别行政区基本法的解释主体的权限？

（2）香港特区终审法院对吴嘉玲、吴丹案等相关案件的判决和对判决所作的解释是否具有法律效力？为什么？

【参考答案】

（1）享有香港特别行政区基本法解释权的主体包括全国人大常委会和香港特区法院。香港特别行政区基本法解释权限划分为：①香港特别行政区基本法解释权属于全国人大常委会。②香港特区法院在审理案件时需要对基本法关于中央人民政府管理的事务或中央和香港特区关系的条款进行解释，而该条款的解释又影响到案件的判决，在对该案件作出不可上诉的终局判决前，应由香港特区终审法院请全国人大常委会对有关条款作出解释。如全国人大常委会作出解释，香港特区法院在引用该条款时，应以全国人大常委会的解释为准。③全国人大常委会授权香港特区法院在审理案件时对基本法关于香港特区自治范围内的条款自行解释。香港特区法院在审理案件时对基本法的其他条款也可解释。

（2）香港特区终审法院对吴嘉玲、吴丹案等相关案件的判决具有法律效力，但对判决的解释无效：①香港特区终审法院享有独立的司法权和终审权，因此，香港特区终审法院的判决是有效判决。②香港特区终审法院对案件的解释是无效的。因为全国人大常委会对基本法享有最终解释权限，特区法院必须以全国人大常委会的解释为依据。

专题二十
公民的基本权利与义务

相◆关◆法◆理◆

　　宪法是公民权利的保障书，因此，宪法的重要内容就是公民的基本权利的内容和保护措施。公民的基本权利也称宪法权利，是指由宪法规定的公民享有的主要的、必不可少的权利。人权为基本权利的内容提供了标准，但是，由于中国特有的国情，并非所有的人权都在宪法中进行了规定，如罢工权就没有明文规定。本专题中的公民的基本权利与义务属于必考内容，但理论难度很低，主要考宪法条文的准确表述，复习时要多看宪法条文。

知识点及实例

一、基本权利和基本义务的概念

（一）基本权利与基本义务的概念

1. 所谓基本权利，是指由宪法规定的公民享有的主要的、必不可少的权利。（1）基本权利决定了公民在国家生活中的法律地位；（2）基本权利是公民在社会生活中最主要、最基本而又不可缺少的权利；（3）基本权利具有母体性，派生出具体的法律权利；（4）基本权利具有稳定性和排他性，它与人的公民资格不可分。

在宪法实践中，基本权利效力具有如下特点：一是基本权利效力的广泛性，即基本权利拘束一切国家权力活动与社会生活领域；二是基本权利效力的具体性，即基本权利效力通常在具体的事件中得到实现；特定主体在具体的活动中感受权利的价值，并通过具体事件解决围绕效力而发生的宪法争议；三是基本权利效力的现实性，即基本权利为今后的立法活动提供了法律基础；但本质上基本权利是调整现实社会中主体活动的具体权利形态，一旦规定在宪法上便具有直接的规范效力。法律对基本权利的具体化只是基本权利实现的一种形式，并不是唯一的形式。

2. 所谓基本义务，也称宪法义务，是指由宪法规定的公民必须遵守和应尽的法律责任。

3. 基本权利的主体主要是公民。法人和外国人也可以成为基本权利的主体。公民是指具有一国国籍的自然人。《宪法》第33条第1款规定：凡具有中华人民共和国国籍的人都是中华人民共和国公民。

在我国宪法文本中同时出现公民和人民两个概念。"公民"和"人民"是两个不同的概念。两者区别主要在于：（1）性质不同。公民是与外国人（包括无国籍人）相对应的法律概念，人民则是与敌人相对应的政治概念。（2）范围不同。公民的范围比人民的范围更加广泛，公民中除包括人民外，还包括敌对分子。（3）后果不同。公民

陈璐琼讲理论法学　　2018年国家统一法律职业资格考试专题讲座系列

中的人民，享有宪法和法律规定的一切公民权利并履行全部义务；公民中的敌对分子，则不能享有全部公民权利，也不能履行公民的特定义务。此外，公民所表达的一般是个体概念，而人民所表达的往往是群体概念。

（二）基本权利的分类

1. 消极的防御权。消极的防御权，是指公民行使该项权利一般不需要国家以积极的方式予以保障，国家仅负有不侵害该项权利合法行使的义务，以及在该项权利受到侵害时予以救济的义务，比如政治自由、人身自由、宗教信仰自由。

2. 积极的受益权。积极的受益权，是指公民可以积极主动地向国家提出请求，国家也应积极予以保障的权利，包括休息权、受教育权、物质帮助权、劳动权。

（三）基本权利限制的界限

所谓限制基本权利，是指确定基本权利的范围，使之不得超过一定的限度，超过限度则构成权利的滥用。基本权利的受限制性具体表现为对基本权利主体和基本权利具体活动形式的限制。限制基本权利主要有三个方面的目的，即维护社会秩序、保障国家安全和维护公共利益。具体包括：

1. 剥夺一部分主体的基本权利。一般作为刑罚的附加刑采用，如剥夺罪犯的政治权利；

2. 停止行使某种基本权利。出于某种原因，对基本权利主体的活动加以暂时性的限制，等条件恢复时再准予行使基本权利；

3. 出于社会公益，对基本权利特殊主体的活动进行限制，如对公务员的政治活动、军人的政治权利进行限制等。

《宪法》第51条对基本权利的限制目的作了如下表述："中华人民共和国公民在行使自由和权利的时候，不得损害国家的、社会的、集体的利益和其他公民的合法的自由和权利"。这一条是对公民行使自由和权利的总的限制性规定，同时也表明限制的基本目标。在我国，公民行使基本权利的基本前提是不损害社会、国家与集体利益，不损害他人的利益。为了维护社会、国家与集体利益，在必要时可以对公民的基本权利进行限制。除宪法规定外，其他法律、法规中也相应地规定了有关限制权利的目的和内容。宪法的总体限制目的一般通过普通法律得到具体表现。

（四）限制基本权利的基本形式

1. 基本权利的内在限制。基本权利内在限制主要指基本权利内部已确定限制的范围，而不是从外部设定条件。主要分为两种情况：一是基本权利本身具有的限制，即宪法中规定的基本权利概念本身对其范围与界限内含了必要的限定；二是通过具体附加的文句对其范围进行了限定，如行使集会游行示威权利时要求不得侵犯他人的权利与自由、行使言论自由权利时要求遵循社会公德等。

2. 宪法和法律的限制。现代各国宪法一方面规定了保障基本权利的内容，另一方面又规定了限制基本权利的界限。这种界限也叫基本权利的宪法界限。宪法为基本权利行使确定了总的原则与程序，以此作为基本权利保障的内在条件。我国《宪法》第51条的规定是宪法对基本权利活动进行限制的总的原则与标准。在宪法上保障与限制基本权利是有机统一的，根据宪法进行的限制应具有合理的界限，不应超过宪法原则与精神所要求的范围与限度。制宪者在宪法中明示限制基本权利的界限，其目的是约束立法者在制定法律时尊重基本权利价值，依法正确行使立法裁量权。

在宪法原则的指导下，对基本权利的具体活动可通过法律进行适当的限制，是最为常见的一种限制方式。通过法律限制基本权利具有两种功能，即作为限制基本权利的手段和不依法律不得限制基本权利的一种界限。合理的限制不仅能促进基本权利的制度化、法律化，而且可以消除个人与共同体之间的对立，协调个人利益和公共利益。具体的限制方式有两种形式：（1）法律的一般保留，即法律规定的保留适用于所有基本权利，所有权利受法律限制；（2）法律的个别保留，即根据法律的具体条文而对基本权利进行限制。在具体限制基本权利时一般保留和个别保留有时会出现重复的现象，有些国家只规定个别保留，而没有规定一般保留，如韩国、日本等国。法律保留主要以行政活动为对象，但在必要的情况下，也可约束立法活动，以保障基本权利不受立法侵害。

（五）紧急状态下公民基本权利的限制

所谓紧急状态，是指在一定范围和时间内由于突发重大事件而严重威胁和破坏公共秩序、公共安全、公共卫生、国家统一等公共利益和国家利益，需要紧急予以专门应对的社会生活状态。在紧急状态下，为了保障公民的基本权利和社会公共利益、迅速恢复经济与社会的正常状态，有必要赋予国家机关一定的紧急权力。如何既要保障基本权利价值，又要保证国家权力能够有效运作，如何在基本权利的保障与限制之间寻求合理平衡是现代宪法发展所面临的重要课题。根据《宪法》第51条的规定，限制基本权利只能基于维护公共利益和他人的基本权利的目的才具有正当性。同时，限制公民基本权利应当体现合理原则，不超过必要的限度。在这方面，第十二届全国人大常委会第十五次会议通过、2015年7月1日起施行的新《国家安全法》第83条规定：在国家安全工作中，需要采取限制公民权利和自由的特别措施时，应当依法进行，并以维护国家安全的实际需要为限度。

实践中，发生突发事件和恐怖主义活动是导致紧急状态的重要原因。第十届全国人大常委会第二十九次会议通过、2007年11月1日起施行的《突发事件应对法》对突发事件作出界定：本法所称突发事件，是指突然发生，造成或者可能造成严重社会危害，需要采取应急处置措施予以应对的自然灾害、事故灾难、公共卫生事件和社会安全事件。该法第49条规定：自然灾害、事故灾难或者公共卫生事件发生后，履行统一领导职责的人民政府可以采取一项或多项应急处置措施，如：实行交通管制以及其他控制措施，禁止或者限制使用有关设备、设施，关闭或者限制使用有关场所，中止人员密集的活动或者可能导致危害扩大的生产经营活动等。该法第50条规定：社会安全事件发生后，组织处置工作的人民政府应当立即组织有关部门并由公安机关采取下列一项或多项应急处置措施，如：强制隔离使用器械相互对抗或者以暴力行为参与冲突的当事人，对特定区域内的建筑物、交通工具、设备、设施以及燃料、燃气、电力、水的供应进行控制，封锁有关场所、道路，查验现场人员的身份证件，限制有关公共场所内的活动等。

第十二届全国人大常委会第十八次会议通过、2016年1月1日起施行的《反恐怖主义法》对恐怖主义作出界定：本法所称恐怖主义，是指通过暴力、破坏、恐吓等手段.制造社会恐慌、危害公共安全、侵犯人身财产，或者胁迫国家机关、国际组织，以实现其政治、意识形态等目的的主张和行为。为防范恐怖主义，该法第20条第1款要求：铁路、公路、水上、航空的货运和邮政、快递等物流运营单位应当实行安全查验制度，对客户身份进行查验，依照规定对运输、寄递物品进行安全检查或者开封验视。对禁止运输、寄递、存在重大安全隐患，或者客户拒绝安全查验的物品，不得运输、寄递。该法第21条规定：电信、互联网、金融、住宿、长途客运、机动车租赁等业务经营者、服务提供者，应当对客户身份进行查验。对身份不明或者拒绝身份查验的，不得提供服务。该法第61条规定：恐怖事件发生后，相关职权部门可以采取在特定区域内实施互联网、无线电、通讯管制，以及在特定区域内或者针对特定人员实施出境入境管制等处置措施。该法还规定，国家不向任何恐怖活动组织和人员作出妥协，不向任何恐怖活动人员提供庇护或者给予难民地位。

二、我国公民的基本权利

（一）平等权

平等权是我国宪法所保护的公民的一项基本权利，是公民行使其他权利的基础，也是我国社会主义法制的一项基本原则。

1. 法律面前一律平等。中华人民共和国公民在法律面前一律平等。一是任何公民不分民族、种族、性别、职业、家庭出身、宗教信仰、教育程度、财产状况、居住期限，都一律平等地享有宪法和法律规定的权利，也都平等地履行宪法和法律规定的义务；二是任何人的合法权利都一律平等地受到保护，对违法行为一律依法予以追究，绝不允许任何违法犯罪分子逍遥法外；三是在法律面前，不允许任何公民享有法律以外的特权，任何人不得强制任何公民承担法律以外的义务，不得使公民受到法律以外的处罚。

2. 禁止不合理的差别对待。在法律面前人们的地位是平等的，社会身份、职业、出身等原因不应成为任何受到不平等待遇的理由。在宪法中规定禁止差别的方式有三种：第一种是宪法中只列举禁止差别的理由；第二种是只列举禁止差别的领域；第三种是同时规定禁止差别的理由与领域。男女平等原则的规定属于第一种类型。有关教育机会平等内容的规定属于第二种类型，它明示了教育领域的平等。我国《宪法》第34条的规定属于第三种类型，它规定了在行使选举权领域不能以民族、种族、性别、职业、家庭出身、宗教信仰、教育程度、财产状况、居住期限为由进行差别对待。

3. 平等权与合理差别并存。平等权的相对性要求禁止不合理的差别，而合理的差别具有合宪性。

（1）保障妇女的权利，如《宪法》第48条第1款规定：中华人民共和国妇女在政治的、经济的、文化的、社会的和家庭的生活等各方面享有同男子平等的权利。

（2）保障退休人员和军烈属的权利。国家依照法律规定实行企业事业组织的职工和国家机关工作人员的退休制度。退休人员的生活受到国家和社会的保障。

（3）保护婚姻、家庭、母亲、儿童和老人。婚姻、家庭、母亲和儿童受国家的保护。《宪法》第46条第4款规定：禁止破坏婚姻自由，禁止虐待老人、妇女和儿童。

（4）关怀青少年和儿童的成长。《宪法》第46条第2款规定：国家培养青年、少年、儿童在品德、智力、体质等方面全面发展。

（5）保护华侨、归侨和侨眷的正当权利。《宪法》第50条规定：中华人民共和国保护华侨的正当的权利和利益，保护归侨和侨眷的合法的权利和利益。

 题

（一）

材料1：甲、乙二人到丙快餐店就餐。丙店门口的灯箱广告中宣称：每位28元，国家公务员每位26元；1.3米以下儿童每位19元；当天生日者，凭身份证免费就餐一次。甲、乙二人每人交纳了28元进店就餐后，认为丙店的灯箱广告声称的"每位28元，国家公务员每位26元"是对非公务员消费者的歧视，遂向法院起诉，要求丙店退还多收的4元钱，并赔礼道歉。

材料2：铁路运输部门在寒、暑假期间对在异地求学的大、中学生实行半价优惠票价，并提前售票和专设售票窗口。就铁路部门的做法是否存在正当性问题，社会上曾经存在过非议，但实行了多年，社会上也得到了广泛认可。

请根据宪法学知识和理论对上述材料进行分析并回答下列问题：

（1）材料1中，丙店的做法是否构成宪法中的"区别对待与歧视"？为什么？

（2）材料2中，铁路运输部门对大、中学生实行优惠票价是否构成"合理差别"？为什么？

（3）结合材料1、2说明宪法中判断合理差别或区别对待的条件和标准。

【参考答案】

（1）材料1中，丙店的做法并未构成宪法中的"区别对待和歧视"。

（2）材料2中，铁路运输部门的做法构成宪法规定的"合理差别"，因为铁路运输部门实行半价优惠票价的目的在于保护和照顾无收入来源的学生这一弱势群体，具有正当性。

（3）判断构成宪法中的合理差别的标准是：①政府进行区别对待的目的必须是实现正当的而且是重大的利益；这种区别对待必须是实现其所宣称的正当目的的合理的乃至必不可少的手段；政府对采取区别对待负举证责任。

（二）

材料1：2002年1月7日，四川大学法学院1998级学生蒋韬将中国人民银行成都分行告上法庭，理由是该行招聘限制身高，违反了宪法关于"公民在法律面前人人平等"的规定，侵犯了其担任国家机关公职人员的报名资格。该案被称为"中国宪法平等权第一案"。

材料2：安徽青年张先著大学毕业后于2003年6月参加国家公务员考试，笔试和面试都取得了第一名。然而安徽省芜湖市人事局并没有录用他。张先著因此状告芜湖市人事局，引出了公众广泛关注的"中国乙肝歧视第一案"。

材料3：四川大学2003级法律硕士杨世建因年龄受限无法通过中央、国家机关公务员考试报名，向北京市高级人民法院状告人事部。

根据上述材料并结合宪法学的知识和理论回答下列问题：

（1）材料1、2、3中当事人的何种公民基本权利受到侵害？

（2）材料中各级法院是否可以援引宪法条文对上述案件进行判决？应当如何处理？为什么？

（3）在宪法规定的公民基本权利受到侵害时，如何保障公民的宪法权利？请结合材料谈谈您的想法。

【参考答案】

（1）材料1中当事人的平等权受到侵害；材料2和材料3中当事人的劳动权受到侵害，也侵犯了当事人的平等受教育权。

（2）材料中的各级法院不能援引宪法条文对各案件进行判决，因为宪法规范具有宣誓性特征，法院不能直接援引宪法条文进行案件判决，法院也无权就中国人民银行或者人事部等部门的规范性文件是否合宪进行审查。在审理具体案件时，法院只能根据案件的性质，或者作为行政案件处理，或者作为民事案件处理；如果法院认为有必要援引法条予以说明的，则应当根据宪法基本权利条款的精神来解释规范性法律文件的有关条款。

（3）由于法院没有规范性法律文件合宪性的审查权，且法院无权援引宪法具体条文对案件进行判决。因此，在公民宪法权利受到非法侵害时，往往得不到救济，从而阻碍了宪法的实施，损害了宪法的尊严，且目前违宪审查机制尚未很好地发挥作用，故本人认为，我国应当建立保障公民宪法权利的机制和体制，对我国现行的违宪审查制度进行调整，并加强违宪审查机制，包括设立专门的违宪审查机关，或者在一定程度上引用宪法司法化制度，弥补在公民宪法权利受到侵害时无法救济的弊端。

（二）政治权利和自由

1. 选举权和被选举权。《宪法》第34条规定：中华人民共和国年满十八周岁的公民，不分民族、种族、性别、职业、家庭出身、宗教信仰、教育程度、财产状况、居住期限，都有选举权和被选举权；但是依照法律被剥夺政治权利的人除外。

2. 政治自由。政治自由是指公民表达自己政治意愿的自由，即如《宪法》第35条规定的，公民享有言论、出版、集会、结社、游行、示威的自由。

（1）言论自由。言论自由是指公民有权通过各种语言形式，针对政治和社会中的各种问题表达其思想和见解的自由。言论自由在公民的各项政治自由中居于首要地位。言论自由存在法定界限，受宪法和法律的合理限制，因而公民的言论自由必须在法律范围内行使。

（2）出版自由。出版自由是指公民可以通过公开出版物的形式，自由地表达自己对国家事务、经济和文化事业、社会事务的见解和看法。出版自由实际上是言论自由的自然延伸。各国对出版物的管理主要有两种制度：一是预防制或称事前审查制，即在著作出版前审查其内容是否合法的制度；二是追惩制，即在出版物出版后，根据其社会效果决定是否予以禁止和处罚的制度。我国实行预防制和追惩制相结合的制度。

（3）结社自由。结社自由是指有着共同意愿或利益的公民，为了一定宗旨而依法定程序组成具有持续性的社会团体的自由。由于结社是一定数量的公民为长久保有共同观点和维护共同利益的行为，因而结社自由也是言论自由的进一步延伸，而且是若干公民集合起来方能实现的自由。①社会团体的成立实行核准登记制度。我国社会团体的登记管理机关是民政部和县级以上的地方各级人民政府民政部门。②社会团体必须遵守国家宪法、法律、法规和国家的有关政策，不得违反宪法确定的基本原则，不得危害国家的统一、安全和民族的团结，不得损害国家的、社会的、集体的利益和其他公民的合法的权利和自由。③登记管理机关、业务主管单位对社会团体的活动进行监督管理。2016年2月6日公布并施行的修改后的《社会团体登记管理条例》将社团的"申请筹备"改称"申请登记"，在变更登记等方面也作了修改，进一步理顺了社团成立和管理的程序。

（4）集会、游行、示威自由。集会、游行、示威自由是言论自由的延伸和具体化，是公民表达其意愿的不同表现形式。集会、游行、示威自由都源于公民的请愿权。它们的共同之处在于：都是公民表达强烈意愿的自由；主要都在公共场所行使；必须是多个公民共同行使，属于集合性权利，单个公民的行为通常不能形成法律意义上的集会、游行和示威。

【小贴士】我国对集会、游行、示威自由的限制和禁止规定

不予许可的情形	反对宪法所确定的基本原则的；危害国家统一、主权和领土完整的；煽动民族分裂的；有充分根据认定申请举行的集会、游行、示威将直接危害公共安全或者严重破坏社会秩序的
地点限制	下列地点周边10米到300米之内，不得举行，国务院或省级政府批准的除外： （1）中央机关（全国人民代表大会常务委员会、国务院、中央军事委员会、最高人民法院、最高人民检察院）所在地；（2）国宾下榻处；（3）重要军事设施；（4）航空港、火车站和港口。 注意：使领馆周边可以
程序限制	负责人必须在举行日期的5日前向主管机关递交书面申请
时间限制	早六时至晚十时
主体限制	（1）国家机关工作人员不得组织或者参加违背有关法律、法规规定的国家机关工作人员职责、义务的集会、游行、示威； （2）公民不得在其居住地以外的城市发动、组织、参加当地公民的集会、游行、示威； （3）必须有负责人

（三）宗教信仰自由

宗教信仰自由是指公民依据内心的信念，自愿地信仰宗教的自由。其含义包括：公民有信教或者不信教的自由，有信仰这种宗教或者那种宗教的自由，有信仰同宗教中的这个教派或那个教派的自由，有过去信教现在不信教或者过去不信教而现在信教的自由。《宪法》第36条第4款还规定：宗教团体和宗教事务不受外国势力支配。因此，宗教团体必须坚持自主、自办、自传的"三自"原则。

（四）人身自由

1. 生命权。生命权的基本内容包括：（1）防御权；（2）享受生命的权利；（3）生命保护请求权；（4）生命权的不可处分性。但是，我国宪法对生命权没有明文规定。注意：生命权主体只能是自然人，法人不能成为生命权的主体。这里讲的自然人包括本国人、外国人和无国籍人，所有的人都享有不得非法侵犯的生命权。因此，生命权首先是人的权利，并不仅仅是公民的权利。

甲县公民李某因涉嫌盗伐林木而被甲县公安机关刑事拘留，并被羁押于甲县某看守所。时隔一月后，李某死在了看守所。死因是"重度颅脑损伤"。甲县公安机关对此事的解释是："人犯"李某受伤是由于其与同监室的狱友普某等人在看守所天井里玩"躲猫猫"游戏时，抓到了普某，引起普某的不满，最终两人发生争执，争执中普某先踢了李某一脚，随后又

朝其头部击打一拳，由于李某重心不稳摔倒后不小心撞到墙壁，最终受伤。后经调查，李某是被牢头狱霸殴打致死。

（附：国务院于1990年制定的《看守所条例》第2条规定：看守所是羁押依法被逮捕、刑事拘留的人犯的机关。该条例第4条规定：看守所监管人犯，必须坚持严密警戒看管与教育相结合的方针，坚持依法管理、严格管理、科学管理和文明管理，保障人犯的合法权益。严禁打骂、体罚、虐待人犯。）

结合上述材料并运用宪法学知识和理论回答下列问题：

（1）《看守所条例》第2条、第4条规定是否符合宪法原则？为什么？

（2）全国人大常委会是否有权撤销《看守所条例》？为什么？

（3）李某的哪些宪法权利受到侵害？

【参考答案】

（1）《看守所条例》第2条、第4条规定不符合宪法原则：①《看守所条例》违反了法治原则中的法律保留原则。根据立法法规定，限制人身自由的强制措施和处罚只能制定法律，因此，限制人身自由的强制措施属于法律保留事项，法律保留是宪法法治原则的内容之一，行政法规不得代位规定。《看守所条例》属于行政法规，不能就限制人身自由的强制措施作出规定。②《看守所条例》违反了基本人权原则。材料中，李某被限制人身自由，看守所应当保障犯罪嫌疑人李某的合法权益，使其生命权受到保护；《看守所条例》仍将犯罪嫌疑人称为"人犯"，这是有罪推定，这也违反了"国家尊重和保障人权"的宪法规定。

（2）全国人大常委会有权撤销《看守所条例》。根据《宪法》规定，全国人大常委会有权撤销国务院制定的同宪法、法律相抵触的行政法规、决定和命令。

（3）材料中，李某被看守所羁押，因此，李某的人身自由权受到侵害；李某被殴致死，其生命权并未得到保障，因此，李某的生命权也受到侵害。

2. 人身自由。所谓人身自由，是指公民的肉体不受非法侵犯，即不受非法限制、搜查、拘留和逮捕。因而人身自由是公民所应享有的最起码的权利，我国《宪法》第37条第1款规定：中华人民共和国公民的人身自由不受侵犯。人身自由与其他自由一样并不是绝对的，在必要时，国家可以依法采取搜查、拘留、逮捕等措施，限制甚至剥夺特定公民的人身自由。因此《宪法》第37条第2款规定：任何公民，非经人民检察院批准或者决定或者人民法院决定，并由公安机关执行，不受逮捕。

 题

（一）

2003年3月17日晚上，任职于广州某公司的湖北青年孙志刚在前往网吧的路上，因缺少暂住证，被警察送至广州市"三无"人员收容遣送中转站收容，收容依据是国务院于1982年发布的《城市流浪乞讨人员收容遣送办法》。次日，孙志刚被收容站送往一家收容人员救治站。在这里，孙志刚受到工作人员以及其他收容人员的野蛮殴打，3天后，孙志刚死于这家收容人员救治站。这一新闻事件被称为"孙志刚事件"。孙志刚案经新闻媒体报道后，在社会上引起强烈反响。2003年8月1日。国务院实施《城市生活无着的流浪乞讨人员救助管理办法》，《城市流浪乞讨人员收容遣送办法》废止。

（附：已经废止的《收容遣送办法》第2条规定：对下列人员，予以收容、遣送：（1）家居农村流入城市乞讨的；（2）城市居民中流浪街头乞讨的；（3）其他露宿街头生活无着的。1990年初，国务院《关于收容遣送工作改革问题的意见》的出台，收容对象被扩大到"三无人员"（无合法证件、无固定住所、无稳定收入），即无身份证、暂住证和务工证的流动人员。要求居住3天以上的非本地户口公民办理暂住证。否则视为非法居留，须被收容遣送。）

根据上述材料并结合宪法知识和理论回答下列问题：

（1）孙志刚哪些宪法权利受到非法侵害？如何进行救济？

（2）分析1982年《收容遣送办法》废止的原因和对其违宪处理。

（3）如果孙志刚的近亲属提起行政赔偿诉讼，法院应如何审理此案？为什么？

（4）概括说明我国有权提起《收容遣送办法》的违宪审查建议的主体。

【参考答案】

（1）①孙志刚被广州收容站非法收容，限制其人身自由，并殴打致死，因而，孙志刚人身自由的宪法权利受到侵害。②孙志刚被非法收容并殴打致死，孙志刚有权依法获得国家赔偿。

（2）①《收容遣送办法》废止的原因：其一，《收容遣送办法》侵害了公民人身自由权。人身自由权是宪法赋予公民的基本权利，不能剥夺。其二，《收容遣送办法》违反了《立法法》规定。《立法法》规定，对公民限制人身自由的强制措施和处罚，属于法律保留事项，只能由法律规定，而《收容遣送办法》无权就公民限制人身自由作出规定。②对其违宪处理：根据《宪法》规定，全国人大常委会有权撤销国务院制定的同宪法、法律相抵触的行政法规、决定和命令，因此，人大常委会应撤销《收容遣送办法》。

（3）如果孙志刚的近亲属提起行政赔偿诉讼，因法院无权就《收容遣送办法》是否违宪进行认定，因此法院应当先中止审理，并先行向全国人大常委会建议对《收容遣送办法》实施违宪审查，全国人大常委会依法就《收容遣送办法》实施违宪审查后，将结论告知法院，法院应当继续审理，并依法作出判决。

（4）有权提起违宪审查建议的主体有：①国务院、中央军事委员会、最高人民法院、最高人民检察院和各省、自治区、直辖市的人民代表大会常务委员会认为行政法规、地方性法规、自治条例和单行条例同宪法或者法律相抵触的，可以向全国人民代表大会常务委员会书面提出进行审查的要求。②上述主体以外的其他国家机关和社会团体、企业事业组织以及公民认为行政法规、地方性法规、自治条例和单行条例同宪法或者法律相抵触的，可以向全国人民代表大会常务委员会书面提出进行审查的建议。

（二）

2013年12月28日，全国人大常委会通过了《关于废止有关劳动教养法律规定的决定》。决定规定，在劳动教养制度废止前，依法作出的劳动教养决定有效；劳动教养制度废止后，对正在被依法执行劳动教养的人员，解除劳动教养。剩余期限不再执行。

简述我国废除劳动制度的理由？

【参考答案】

我国废止劳动教养制度的理由：①缺乏法律依据。《立法法》规定限制人身自由的强制措施和处罚只能制定法律，而目前劳动教养制度是缺乏法律依据的。②处罚过重。劳动教养虽是一种行政强制措施，但实际是一种处罚。作为针对犯罪行为的刑罚，管制最高期限为2年，拘役最高期限为6个月，而针对不够刑事处分的违法行为的劳动教养竟然可达4年之久，重者轻罚、轻者重罚现象十分明显。③缺乏正当程序。正当程序是法律的灵魂，虽然劳动教养须经有关部门审查批准，但实际上是公安机关决定，由于没有一个公开、正当程序的约束，作出劳动教养的随意性很大，公民的人身自由没有保障。④废止劳动教养制度有利于贯彻尊重和保障人权的宪法原则，有利于保护公民的人身自由权和人格尊严权等宪法权利。因此，2013 年 12 月 28 日，全国人大常委会通过了《关于废止有关劳动教养法律规定的决定》，具有历史进步意义。

3. 人格尊严不受侵犯。人格尊严是指公民作为平等的人的资格和权利应该受到国家的承认和尊重，包括与公民人身存在密切联系的名誉、姓名、肖像等不容侵犯的权利。我国《宪法》第 38 条规定：中华人民共和国公民的人格尊严不受侵犯。禁止用任何方法对公民进行侮辱、诽谤和诬告陷害。人格尊严主要有以下基本内容：第一，公民的姓名权。第二，公民的肖像权。公民享有肖像权，未经本人同意，不可以营利为目的使用公民的肖像。第三，公民的名誉权。第四，公民的荣誉权。第五，公民的隐私权。但是，以上权利并没有在宪法明文规定。

4. 住宅不受侵犯。我国《宪法》第 39 条规定：中华人民共和国公民的住宅不受侵犯。禁止非法搜查或者非法侵入公民的住宅。住宅不受侵犯是指任何机关、团体的工作人员或者其他个人，未经法律许可或未经户主等居住者的同意，不得随意进人、搜查或查封公民的住宅。

例题

A 市某公安分局派出所接到群众举报。辖区内有人在家看"黄碟"，4 名民警遂前去调查。当时新婚不久的甲、乙夫妻已经休息，4 名民警以看病为由敲门进入诊所（甲、乙二人以开办的诊所为家，平时住在诊所内），没有表明身份，直接闯入甲、乙夫妻的卧室，他们一边掀起被子一边说：有人举报你们看黄碟，快将东西交出来。当民警欲将 VCD 机和电视机以及碟片拿走的时候，甲和民警们发生了争执。民警以妨害警方执行公务为由，将甲带回派出所，第二天甲家向派出所交了 1 000 元暂扣款后被放回。时隔 2 个月后的某天中午，该公安分局突然以"涉嫌妨害公务罪"刑事拘留了甲。案件发生后，当地媒体进行了报道，在社会上引起了强烈反响。

请根据上述材料回答下列问题：

甲的哪些宪法权利受到了侵犯，这些宪法权利在我国现行宪法中是如何规定的？

【参考答案】

甲受到侵害的宪法权利有：私有财产权；人身自由权；住宅安全权和隐私权（我国宪法没有规定隐私权，因此隐私权可以不回答——编者注）。我国宪法规定，公民的合法私有财产不受侵犯。国家保护公民的私有财产权。公民的人身自由不受侵犯。禁止非法拘禁和以其他方法非法剥夺或者限制公民的人身自由。中华人民共和国公民的住宅不受侵犯。禁止非法搜查或者非法侵入公民的住宅。

5. 通信自由和通信秘密。《宪法》第 40 条规定：中华人民共和国公民的通信自由和通信秘密受法律的保护。除因国家安全或者追查刑事犯罪的需要，由公安机关或者检察机关依照法律规定的程序对通信进行检查外，任何组织或者个人不得以任何理由侵犯公民的通信自由和通信秘密。

为加强对恐怖主义的防范与打击，维护国家安全、公共安全和人民生命财产安全，《反恐怖主义法》第 18 条规定：电信业务经营者、互联网服务提供者应当为公安机关、国家安全机关依法进行防范、调查恐怖活动提供技术接口和解密等技术支持和协助。第 19 条要求电信业务经营者、互联网服务提供者落实网络安全、信息内容监督制度和安全技术防范措施，防止含有恐怖主义、极端主义内容的信息传播；发现含有恐怖主义、极端主义内容的信息的，应当立即停止传输，保存相关记录，删除相关信息，并向公安机关或者有关部门报告。网信、电信、公安、国家安全等主管部门对含有恐怖主义、极端主义内容的信息，应当及时责令有关单位停止传输、删除相关信息，或者关闭相关网站、关停相关服务。对互联网上跨境传输的含有恐怖主义、极端主义内容的信息，电信主管部门应当采取技术措施，阻断传播。

（五）社会经济权利

1. 财产权。财产权是指公民对其合法财产享有的不受非法侵犯的所有权。《宪法》第13条第1款规定：公民的合法的私有财产不受侵犯。国家依照法律规定保护公民的私有财产权和继承权。为了防止国家对公民私有财产权的侵害，《宪法》第13条第3款规定：国家为了公共利益的需要，可以依照法律规定对公民的私有财产实行征收或者征用并给予补偿。

2. 劳动权。《宪法》第42条第1款规定：中华人民共和国公民有劳动的权利和义务。《宪法》第42条第2款规定：国家通过各种途径，创造劳动就业条件，加强劳动保护，改善劳动条件，并在发展生产的基础上，提高劳动报酬和福利待遇。第4款规定：国家对就业前的公民进行必要的劳动就业训练。

3. 劳动者休息的权利。《宪法》第43条第1款规定：中华人民共和国劳动者有休息的权利。休息权是指劳动者在享受劳动权的过程中，有为保护身体健康、提高劳动效率，根据国家法律和制度的有关规定而享有休息和休养权利。

4. 获得物质帮助的权利。《宪法》第45条第1款规定：中华人民共和国公民在年老、疾病或者丧失劳动能力的情况下，有从国家和社会获得物质帮助的权利。

（六）文化教育权利

1. 受教育的权利。《宪法》第46条第1款规定：中华人民共和国公民有受教育的权利和义务。

2. 进行科学研究、文学艺术创作和其他文化活动的自由。《宪法》第47条规定：中华人民共和国公民有进行科学研究、文学艺术创作和其他文化活动的自由。国家对于从事教育、科学、技术、文学、艺术和其他文化事业的公民的有益于人民的创造性工作，给予鼓励和帮助。

 题

韩某因小时候患小儿麻痹症，导致下肢残疾，行动不便。2004年韩某高中毕业报考该市普通中专学校，填报第一志愿是该市某财经学院，该校录取分数线为400分，韩某的考试成绩为420分，超过了录取分数线，已具备录取条件。但该校以本校的计算机房在五层楼，韩某无处理能力为由，拒绝录取韩某。

请结合我国现行宪法的规定及相关宪法知识，分析上述材料并回答问题：

（1）该校提出"本校的计算机房在五层楼，韩某无处理能力"的理由不录用韩某，这是否违反宪法规定？依据何在？

（2）韩某应如何维护自己的合法权益？

【参考答案】

（1）财经学院以"本校的计算机房在五层楼，韩某无处理能力"的理由不录用韩某，违反了我国《宪法》的规定。根据我国《宪法》的规定，国家和社会帮助安排盲、聋、哑和其他有残疾的公民的劳动、生活和教育。据此规定，残疾人享有平等的受教育的权利。

如果残疾考生符合国家规定的录取标准，无论是普通高中，还是高等院校，都必须招收其入学，不得因其残疾而拒绝招收。

（2）根据《宪法》和相关法律规定，普通小学、初中，必须招收能适应其学习生活的残疾儿童、少年入学；普通高中、中专学校、技工学校和高等院校，必须招收符合国家规定的录取标准的残疾考生入学，不得因其残疾而拒绝招收；拒绝招收的，当事人或者其亲属、监护人可以要求有关部门处理，有关部门应当责令该学校招收。据此，韩某可以要求有关部门处理，有关部门则应当责令这一学校招收。

（七）监督权和获得赔偿权

1. 监督权。

（1）批评、建议权。批评权是指公民有对国家机关和国家工作人员工作中的缺点和错误提出批评意见的权利。建议权则指公民有对国家机关和国家工作人员的工作提出合理化建议的权利。

（2）控告、检举权。控告是指公民对任何国家机关和国家工作人员的违法失职行为，有向有关机关进行揭发和指控的权利。检举权是指公民对于违法失职的国家机关和国家工作人员，有向有关机关揭发事实、请求依法处理的权利。

（3）申诉权。申诉权是指公民的合法权益因行政机关或司法机关作出错误的、违法的决定或裁判，或者因国家工作人员的违法失职行为而受到侵害时，有向有关机关申述理由、要求重新处理的权利。

2. 获得赔偿权。《宪法》第41条第3款规定：由于国家机关和国家工作人员侵犯公民权利而受到损失的人，有依照法律规定取得赔偿的权利。修改后的《国家赔偿法》第2条第1款规定：国家机关和国家机关工作人员行使职权，有本法规定的侵犯公民、法人和其他组织合法权益的情形，造成损害的，受害人有依照本法取得国家赔偿的权利。并首次明确，致人精神损害、造成严重后果的，赔偿义务机关应当支付"精神损害抚慰金"。

> **注意：**
> （1）财产权规定在宪法"总纲"部分；（2）对集会、游行、示威自由的限制：举行集会、游行、示威，必须有负责人。负责人必须在举行5日前向主管机关递交书面申请。确因突然发生的事件临时要求举行集会、游行、示威的，必须立即报告主管机关，主管机关接到报告后，应当立即审查决定许可或者不许可。举行集会、游行、示威的时间限于早6时至晚10时，经当地政府决定或者批准的除外。

三、"国家尊重和保障人权"的意义

人权是基本权利的来源，基本权利是人权宪法化的具体表现。人权与基本权利的区别主要在于：人权是一种自然权，而基本权利是实体法上的权利；人权具有道德和价值上的效力，而基本权利是法律和制度上保障的权利，其效力与领域受到限制；人权表现为价值体系，而基本权利是具体的权利体系；人权源于自然法，而基本权利源于人权等。人权与基本权利的区别决定了宪法文本中的人权需要法定化，并转化为具有具体权利内容的基本权利形态。人权一旦转化为宪法文本中的基本权利后，国家机关都应受基本权利的约束。人权所体现的基本价值是宪法制定与修改过程中的最高目标，表明人类生存与发展的要求、理念与期待。

我国《宪法》对人权的保护具有以下特点：一是人权主体非常广泛。宪法不仅保护我国公民的基本权利，也保护外国人的权利；不仅保护个人的权利，也保护群体的权利。二是权利内容非常广泛。宪法所规定的人权，既包括受法律平等保护的权利，也包括财产权和继承权等社会经济文化权利。

四、公民基本义务

1. 维护国家统一和民族团结。2015 年 7 月第十二届全国人大常委会第十五次会议通过《国家安全法》。根据该法，维护国家主权、统一和领土完整是包括港澳同胞和台湾同胞在内的全中国人民的共同义务。

2. 遵守宪法和法律，保守国家秘密，爱护公共财产，遵守劳动纪律，遵守公共秩序，尊重社会公德。2010 年第十一届全国人大常委会第二次会议对《保守国家秘密法》做出修改。根据该法，法律、行政法规规定公开的事项，应当依法公开。保密法将国家秘密的密级分为绝密、机密、秘密三级，在保密期限方面，"除另有规定外，绝密级不超过 30 年，机密级不超过 20 年，秘密级不超过 10 年"。保密期限已满的自行解密，延长保密期限应当在原保密期限届满前重新确定保密期限。《保密法》还规定：国家秘密受法律保护。任何危害国家秘密安全的行为，都必须受到法律追究。

3. 维护祖国的安全、荣誉和利益。

4. 保卫祖国、依法服兵役和参加民兵组织。依法服兵役义务的主体是中华人民共和国公民，外国人不能成为服兵役义务的主体。我国实行义务兵与志愿兵相结合、民兵与预备役相结合的兵役制度。但：（1）不得服兵役。依法被剥夺政治权利的人没有服兵役的资格。（2）不征集服兵役。应征公民被羁押，正在受侦查、起诉、审判的，或者被判处徒刑、拘役管制在服刑的，不征集。（3）缓征。应征公民是维持家庭生活的唯一劳动力或者是正在全日制学校就学的学生，可以缓征。根据《兵役法》第 12 条的规定，每年 12 月 31 日以前年满 18 周岁的男性公民，应当被征集服现役。当年未被征集的，在 22 周岁以前仍可以被征集服现役，普通高等学校毕业生的征集年龄可以放宽至 24 周岁。

5. 依法纳税。纳税的基本特征是：（1）无偿性。（2）固定性。纳税是一种法律行为，纳税主体与具体税率是由法律明确规定的。（3）强制性。（4）平衡性。根据税收法定的原则，是否纳税和纳税多少应考虑社会成员的纳税能力。贯彻负担公平原则，所得多者多征，所得少者就少征。

纳税是一种法律行为，要体现税收法定原则。纳税义务具有双重性：一方面纳税是国家财政的重要来源，具有形成国家财力的属性；另一方面纳税义务具有防止国家权力侵犯其财产权的属性。与纳税义务相对应的国家权力是课税权。由于纳税直接涉及公民个人财产权的保护问题，因此依法治税是保护公民财产权的重要保证。

6. 其他方面的基本义务。具体包括：劳动的义务、受教育的义务、夫妻双方计划生育的义务、父母抚养教育未成年子女的义务、成年子女赡养扶助父母的义务。这些义务既具有社会伦理与道德的性质，同时也具有一定的法律性质。

专题二十一
中央国家机构

相◆关◆法◆理

　　中央国家机关设置及其权限，是全部宪法学中最重大的考点，务必结合法律规定准确记忆。国家机构，是国家为实现其职能而建立起来一整套有机联系的国家机关的总和。我国国家机构从行使权力的属性来看，可分为国家权力机关、国家元首、国家行政机关、国家军事机关、国家审判机关和检察机关；从行使权力的地域范围来看，可分为中央国家机构和地方国家机构。其中，中央国家机构包括全国人大及其常委会、国家主席、国务院、中央军事委员会、最高人民法院和最高人民检察院。其中尤为重要的考点包括：全国人大及其常委会的职权、会议制度、人大代表的权利、国务院的组成、国家领导人的任免程序等。

知识点及实例

一、全国人大及其常委会的组成

（一）全国人大及其常委会的性质和地位

全国人大是最高国家权力机关，全国人大常委会是全国人大的常设机关。

（二）全国人大及其常委会的组成

1. 全国人大由省、自治区、直辖市、特别行政区和军队选出的代表组成，代表总数不超过 3000 人。由全国人大常委会确定各选举单位代表名额比例的分配。

2. 全国人大常委会由委员长、副委员长、秘书长、委员组成。

3. 全国人大常委会成员必须是全国人大代表，但不得兼任国家行政机关、审判机关和检察机关的职务。

（三）全国人大及其常委会的任期

5 年，在任期届满前的 2 个月之前，全国人大常委会必须完成下届全国人大代表的选举工作。如果遇到不能进行选举的非常情况，由全国人大常委会以全体人员的 2/3 以上的多数通过，可以推迟选举，延长本届全国人大的任期。在非常情况结束后 1 年内，必须完成下届全国人大代表的选举。

（四）全国人大专门委员会

1. 专门委员会类型。专门委员会属于全国人大常设机构。

2. 专门委员会领导体制。各专门委员会受全国人大领导；在全国人大闭会期间，受全国人大常委会领导。目前全国人大设有民族委员会、法律委员会、财政经济委员会、教育科学文化卫生委员会、外事委员会、华侨委员会、内务司法委员会、环境与资源

专题二十一　中央国家机构

保护委员会和农业与农村委员会。

3. 专门委员会组成。

（1）各专门委员会由主任委员、副主任委员和委员组成。

（2）各专门委员会成员的人选，由主席团在代表中提名，全国人大通过；在全国人大闭会期间，全国人大常委会可以补充任命个别副主任委员和委员，但须由委员长会议提名，常委会会议通过。

（3）各专门委员会可以根据工作需要，任命专家若干人为顾问；顾问可以列席专门委员会会议，发表意见。顾问由全国人大常委会任免。

4. 专门委员会的职责。

（1）审议全国人大及其常委会交付的议案；

（2）向全国人大及其常委会提出议案；

（3）审议全国人大常委会交付的被认为同宪法、法律相抵触的法规、规章；

（4）审议质询案。

> **注意：**
> 民族委员会审议经全国人大常委会批准的自治区的自治条例和单行条例。法律委员会统一审议法律草案。

（五）调查委员会

1. 调查委员会的性质。调查委员会属于临时委员会，全国人大和全国人大常委会均可组织。

2. 调查委员会的设立。

（1）全国人大主席团、3 个以上的代表团或者 1/10 以上的代表联名，可以提议全国人大组织关于特定问题的调查委员会；

（2）全国人大常委会委员长会议、1/5 以上的常委会委员联名，可以提议全国人大常委会组织关于特定问题的调查委员会。

3. 调查委员会的组成。

（1）调查委员会由主任委员、副主任委员、委员组成。

（2）全国人大的调查委员会成员由主席团在代表中提名，全国人大通过。全国人大常委会的调查委员会成员由委员长会议在常委会委员、代表中提名，全国人大常委会通过。

（3）调查委员会可以聘请专家参加调查工作，但与调查的问题有利害关系的常委会组成人员和其他人员不得参加调查委员会。

4. 调查委员会的职责。

（1）对属于其职权范围内的事项，需要作出决议、决定，但有关重大事实不清的，进行调查；

（2）调查委员会进行调查时，有关的国家机关、社会团体、企业事业组织和公民都有义务向其提供必要的材料；提供材料的公民要求对材料来源保密的，调查委员会应当予以保密；调查委员会在调查过程中，可以不公布调查的情况和材料。

二、全国人大及其常委会的立法权

（一）全国人大的立法权

1. 宪法的修改权。由全国人大常委会或者 1/5 以上的全国人大代表提议，并由全国人大以全体代表的 2/3 以上的多数通过。

2. 制定基本法律。刑事、民事、国家机构方面的法律称为基本法律。

（二）全国人大常委会的立法权

1. 宪法、法律的解释权。

2. 制定非基本法律。

注意：

在全国人大闭会期间，对基本法律进行部分补充和修改（但不得违反基本法律的基本原则）。

三、全国人大及其常委会的人事任免权

（一）选举权

1. 由全国人大选举的人员包括全国人大常委会组成人员，国家主席、副主席，中央军事委员会主席，最高人民法院院长和最高人民检察院检察长。

2. 全国人大选举上述人员，由主席团提名。

（二）决定权

1. 全国人大的决定权。

（1）根据国家主席的提名，决定国务院总理；

（2）根据国务院总理的提名，决定国务院副总理、国务委员、各部部长、各委员会主任、审计长、秘书长；

（3）根据中央军委主席的提名，决定中央军委其他组成人员。

2. 全国人大常委会的决定权。

（1）在全国人大闭会期间，根据国务院总理的提名，决定部长、委员会主任、审计长、秘书长；

（2）在全国人大闭会期间，根据中央军委主席的提名，决定中央军委其他组成人员；

（3）根据最高人民法院院长的提请，任免最高人民法院副院长、庭长、副庭长、审判员、审判委员会委员和军事法院院长；

（4）根据最高人民检察院检察长的提请，任免最高人民检察院副检察长、检察员、检察委员会委员和军事检察院检察长，并且批准省、自治区、直辖市的人民检察院检察长的任免。

（三）任免权

全国人大常委会任免驻外全权代表。

（四）罢免权

1. 全国人大可以罢免由其选举和决定的对象。

2. 主席团、3 个以上的代表团或者 1/10 以上的代表，可以向全国人大提出罢免案。

（五）接受中央国家机关成员的辞职

1. 由全国人大选举和决定的对象，可以向全国人大和全国人大常委会提出辞职。

2. 向全国人大提出辞职的，由主席团将其辞职请求交各代表团审议后，提请全国

人大决定；全国人大闭会期间，向全国人大常委会提出辞职的，由委员长会议将其辞职请求提请常委会决定。常委会接受不可由其决定的人员的辞职的，应当报全国人大下次会议确认。

四、全国人大及其常委会的重大事项决定权

（一）全国人大的重大事项决定权

1. 审查和批准国民经济和社会发展计划和计划执行情况的报告。

2. 审查和批准国家的预算和预算执行情况的报告。

3. 决定战争和和平的问题。

（二）全国人大常委会的重大事项决定权

1. 在全国人大闭会期间，审查和批准国民经济和社会发展计划、国家预算在执行过程中所必须作的部分调整方案。

2. 决定同外国缔结的条约和重要协定的批准和废除。

3. 规定军人和外交人员的衔级制度和其他专门衔级制度。

4. 规定和决定授予国家的勋章和荣誉称号。2016 年 1 月 1 日起施行的《国家勋章和国家荣誉称号法》规定，国家勋章和国家荣誉称号为国家最高荣誉国家勋章包括"共和国勋章"和"友谊勋章"，国家荣誉称号的具体名称由全国人大常委会在决定授予时确定。授予国家勋章、国家荣誉称号的议案由全国人大常委会委员长会议及国务院、中央军事委员会向全国人大常委会提出，由全国人大常委会作出决定，由国家主席授予和签发证书。国家主席进行国事活动，可以直接授予外国政要、国际友人等人士"友谊勋章"。国家设立国家功勋，记载国家勋章和国家荣誉称号获得者及其功绩。

5. 决定特赦。我国 1954 年宪法曾规定大赦与特赦两种赦免形式，但从未有过大赦的实践。1975 年宪法没有规定赦免，1978 年宪法和 1982 年宪法均只规定了特赦。2015 年 8 月 29 日，第十二届全国人大常委会第十六次会议通过特赦部分服刑罪犯的决定。这是时隔 40 年后新中国的第八次特赦。

6. 在全国人大闭会期间，决定战争状态的宣布。

7. 决定全国总动员或者局部动员。

8. 决定全国或者个别省、自治区、直辖市进入紧急状态。

注意：

全国人大、全国人大常委会均有权决定战争状态的宣布，但对"台独"分裂势力采取非和平方式及其他必要措施，由国务院、中央军事委员会共同决定并组织实施，并及时向全国人大常委会报告。

五、全国人大及其常委会的监督权

（一）全国人大的监督权

全国人大常委会、国务院、最高人民法院、最高人民检察院对其负责并报告工作，中央军委主席对其负责，但不报告工作。

（二）全国人大常委会的监督权

国务院、最高人民法院、最高人民检察院对其负责并报告工作，中央军委主席对其负责。

《各级人大常委会监督法》对常委会的监督权进行了规定，并适当扩大了人大常委会监督的范围。

1. 听取和审议政府、法院、检察院的专项工作报告。专项工作报告的内容为：

（1）本级人大常委会在执法检查中发现的突出问题；

（2）本级人大代表对政府、法院和检察院工作提出的建议、批评和意见集中反映的问题；

（3）本级人大常委会组成人员提出的比较集中的问题；

（4）本级人大专门委员会、常委会工作机构在调查研究中发现的突出问题；

（5）人民来信来访集中反映的问题；

（6）社会普遍关注的其他问题。

2. 审查和批准决算，听取和审议国民经济和社会发展计划、预算的执行情况报告，听取和审议审计工作报告。

（1）审查时间：

①国务院应当在每年6月，将上一年度的中央决算草案提请全国人大常委会审查和批准；

②县级以上地方各级政府应当在每年6～9月期间，将上一年度的本级决算草案提请本级人大常委会审查和批准；

③国务院和县级以上地方各级人民政府应当在每年6～9月期间，向本级人大常委会报告本年度上一阶段国民经济和社会发展计划、预算的执行情况；

④常委会在每年审查和批准决算的同时，听取和审议本级人民政府提出的审计机关关于上一年度预算执行和其他财政收支的审计工作报告。

（2）审查内容。常委会对决算草案和预算执行情况报告，重点审查下列内容：

①预算收支平衡情况；

②重点支出的安排和资金到位情况；

③预算超收收入的安排和使用情况；

④部门预算制度建立和执行情况；

⑤向下级财政转移支付情况；

⑥本级人大关于批准预算的决议的执行情况。

全国人大常委会还应当重点审查国债余额情况；县级以上地方各级人大常委会还应当重点审查上级财政补助资金的安排和使用情况。

3. 执法检查。

（1）执法检查的内容是法律、法规的执行情况。

（2）组成人员：

①从本级人大常委会组成人员以及本级人大有关专门委员会组成人员中确定，并可以邀请本级人大代表参加；

②全国人大常委会、省级人大常委会根据需要，可以委托下一级人大常委会对有关法律、法规在本行政区域内的实施情况进行检查。

（3）执法检查的结果。执法检查结束后，执法检查组应当及时提出执法检查报告，由委员长会议或者主任会议决定提请常委会审议。执法检查报告包括下列内容：

①对所检查的法律、法规实施情况进行评价，提出执法中存在的问题和改进执法工作的建议；

②对有关法律、法规提出修改完善的建议。

4. 司法解释的备案审查。

（1）备案时间。最高人民法院、最高人民检察院的司法解释，应当自公布之日起30日内报全国人大常委会备案。

（2）提请主体：

①国务院、中央军事委员会、省级人大常委会认为最高人民法院、最高人民检察院的司法解释同法律相抵触的，最高人民法院、最高人民检察院之间认为对方作出的司法解释同法律相抵触的，可以向全国人大常委会书面提出进行审查的要求，由常委会工作机构送有关专门委员会进行审查、提出意见；

②其他国家机关和社会团体、企业事业组织以及公民认为最高人民法院、最高人民检察院作出的司法解释同法律相抵触的，可以向全国人大常委会书面提出进行审查的建议，由常委会工作机构进行研究，必要时，送交有关专门委员会进行审查、提出意见。

（3）审查方式。全国人大法律委员会和有关专门委员会可以提出要求最高人民法院或者最高人民检察院予以修改、废止的议案或者提出由全国人大常委会作出立法解释的议案，由委员长会议决定提请常委会审议。

5. 询问。各级人大常委会审议议案和报告时，本级人民政府或者有关部门、人民法院、人民检察院应当派有关负责人到会，听取意见，回答询问。

六、全国人大及其常委会的会议制度

（一）全国人大会议制度

1. 全体会议，由全国人大常委会召集，主席团主持。每届全国人大第一次会议，由上届全国人大常委会召集。

2. 全体会议前举行预备会议，选举本次会议的主席团和秘书长，通过本次会议的议程和其他准备事项的决定。预备会议由全国人大常委会主持；每届全国人大第一次会议的预备会议，由上届全国人大常委会主持。

3. 全体会议每年举行1次。如果全国人大常委会认为必要，或者有1/5以上的全国人大代表提议，可以临时召集全体会议。全体会议必须有全国人大2/3以上的代表出席，始得举行。

4. 全国人大会议公开举行；必要时，经主席团和各代表团团长会议决定，可以举行秘密会议。

（二）全国人大常委会会议制度

1. 全体会议，全国人大常委会委员长召集并主持。

2. 委员长会议，由委员长、副委员长、秘书长参加，处理全国人大常委会的重要日常工作。

3. 全体会议每2个月举行一次。全体会议必须有全国人大常委会全体成员的过半数出席，才能举行。

4. 省级人大常委会主任或者副主任1人列席会议；必要时，可以邀请有关的全国人大代表列席会议。

七、全国人大及其常委会的工作制度

（一）提出议案

1. 提出议案的主体。

（1）全国人大主席团、全国人大常委会、全国人大各专门委员会、国务院、中央军事委员会、最高人民法院、最高人民检察院、1个代表团或者30名以上的代表，可以向全国人大提出属于全国人大职权范围内的议案；

（2）委员长会议、全国人大各专门委员会、国务院、中央军事委员会、最高人民法院、最高人民检察院、常委会组成人员10人以上可以向全国人大常委会提出属于全国人大常委会职权范围内的议案。

2. 表决通过议案。

（1）全国人大：由全体代表的过半数通过；

（2）全国人大常委会：由常务委员会以全体组成人员的过半数通过。

3. 表决方式。由主席团决定采用无记名投票方式或者举手表决方式或者其他方式。

（二）提出质询案

1. 提出质询案的主体。

（1）全国人大：1个代表团或者30名以上的代表；

（2）全国人大常委会：常委会组成人员10人以上。

2. 质询的对象。国务院及其各部委、最高人民法院、最高人民检察院。

3. 质询的程序。

（1）全国人大。质询案由主席团决定交受质询机关书面答复，或者由受质询机关的领导人在主席团会议上或者有关的专门委员会会议上或者有关的代表团会议上口头答复。在主席团会议或者专门委员会会议上答复的，提质询案的代表团团长或者提质询案的代表可以列席会议，发表意见。

（2）全国人大常委会。由委员长会议决定交受质询机关书面答复，或者由受质询机关的领导人在常务委员会会议上或者有关的专门委员会会议上口头答复。在专门委员会会议上答复的，提质询案的常务委员会组成人员可以出席会议，发表意见。

八、人大代表的特权

（一）言论免责权

人大代表在人民代表大会各种会议上的发言和表决，不受法律追究。

（二）人身特别保护权

对代表采取逮捕、刑事审判或法律规定的其他限制人身自由的措施的，应当经该级人大主席团或者人大常委会许可，但存在以下两个例外：

1. 县级以上的各级人大代表，如果因为是现行犯被拘留，执行拘留的机关应当立即向该级人大主席团或者人大常委会报告，但无须经事先许可。

2. 对乡级人大代表，如果被逮捕、受刑事审判或者被采取法律规定的其他限制人身自由的措施，执行机关应当立即报告乡级人大，但无须经事先许可。

（三）物质保障权

人大代表的活动经费，应当列入本级财政预算予以保障，专款专用。

（四）监督权

人大代表在闭会期间的活动以集体活动为主，以代表小组活动为基本形式。

1. 听取反映意见。代表可以通过多种方式听取、反映原选区选民或者原选举单位的意见和要求。

2. 专题调研。县级以上的各级人民代表大会代表根据本级人民代表大会常务委员会的统一安排，对本级或者下级国家机关和有关单位的工作进行视察。代表进行视察时，可以提出约见本级或者下级有关国家机关负责人。代表可以持代表证就地进行视察。代表视察时，可以向被视察单位提出建议、批评和意见，但不直接处理问题。建议、批评和意见应当明确具体，注重反映实际情况和问题。

> **注意：**
> 乡、民族乡、镇代表在本级人民代表大会闭会期间，根据统一安排，开展调研等活动；组成代表小组，但是没有约见和视察权。

3. 列席会议和执法检查。县级以上的各级人大代表可以应邀列席本级人大常委会会议，参加本级人大常委会组织的执法检查和其他活动。地级以上的各级人大代表可以应邀列席本级人大各专门委员会会议。

4. 建议、批评和提出意见。县级以上的各级人大代表在本级人大闭会期间，有权向本级人大常委会提出对各方面工作的建议、批评和意见。有关机关、组织应当认真研究办理代表建议、批评和意见，并自交办之日起3个月内答复。涉及面广、处理难度大的建议、批评和意见，应当自交办之日起6个月内答复。有关机关、组织在研究办理代表建议、批评和意见的过程中，应当与代表联系沟通，充分听取意见。代表建议、批评和意见的办理情况，应当向本级人大常委会报告，并印发下一次人大会议。

- - - 题 - - -

某市著名民营企业家、全国人大代表李某，在全国人大代表小组讨论会上，论及政府有关民营经济的一些政策和管理措施时，对其所在市领导的某些做法大加批评，言辞颇为激烈。该市领导获悉后极为不满，并安排其秘书对李某的通讯往来密切监控。1个月后，该市公安机关以涉嫌诽谤罪，宣布将李某逮捕。

请结合宪法学知识，分析李某的哪些权利受到侵犯，并说明依据。

【参考答案】

（1）李某作为全国人大代表的言论免责权受到了侵犯。我国《宪法》规定，全国人民代表大会代表在全国人民代表大会各种会议上的发言和表决，不受法律追究。

（2）李某作为全国人大代表的人身特别保障权受到了侵犯。我国《宪法》规定，全国人民代表大会代表，非经全国人民代表大会会议主席团许可，在全国人民代表大会闭会期间非经全国人民代表大会常务委员会许可，不受逮捕或者刑事审判。

（3）李某作为公民的通信自由和通信秘密受到了侵犯。我国《宪法》规定，中华人民共和国公民的通信自由和通信秘密受法律的保护。除因国家安全或者追查刑事犯罪的需要，由公安机关或者检察机关依照法律规定的程序对通信进行检查外，任何组织或者个人不得以任何理由侵犯公民的通信自由和通信秘密。

陈璐琼讲理论法学　2018年国家统一法律职业资格考试专题讲座系列

九、人大代表的资格停止

（一）暂停执行代表职务

1. 因刑事案件被羁押正在受侦查、起诉、审判的。

2. 被依法判处管制、拘役或者有期徒刑而没有附加剥夺政治权利，正在服刑的。

（二）终止代表资格

1. 地方各级人大代表迁出或者调离本行政区域的；2. 辞职被接受的；3. 未经批准两次不出席本级人大会议的；4. 被罢免的；5. 丧失中国国籍的；6. 依法被剥夺政治权利的；7. 丧失行为能力的。

十、国家主席

（一）国家主席、副主席的产生

中华人民共和国主席是我国国家机构的重要组成部分，对内对外代表国家，依法行使宪法规定的国家主席职权。1954年《宪法》规定，国家主席与全国人大常委会共同行使国家元首的职权。1975年《宪法》、1978年《宪法》均未设置国家主席。1982年《宪法》恢复了国家主席的设置。

1. 国家主席、副主席由全国人大选举产生。

2. 有选举权和被选举权的年满45周岁的中国公民可以被选为国家主席、副主席。

> **注意：**
>
> 国家主席不对全国人大负责，也不报告工作。副主席没有独立职权，受主席的委托，可以代行主席的部分职权。

（二）国家主席、副主席的缺位

1. 国家主席缺位的，由副主席继任。

2. 国家副主席缺位的时候，由全国人大补选。

3. 国家主席、副主席都缺位的时候，由全国人大补选；在补选以前，由全国人大常委会委员长暂时代理主席职位。

> **注意：**
>
> 在本级人大闭会期间，全国人大常委会委员长和县级以上地方人大常委会主任、各级人民政府正职领导人员、中央军事委员会主席以及由本级人大选举产生的各级人民法院院长和各级人民检察院检察长缺位时，由本级人大常委会从相应的副职领导人员中决定代理人选。

（三）任期

国家主席、副主席的任期为5年，连续任职不得超过2届。

（四）职权

1. 公布法律、发布命令权。根据全国人大和其常委会的决定，公布法律。

> **注意：**
>
> 法律的制定、修改、补充、废止，均须由国家主席公布，但宪法修正案、法律解释无须由国家主席公布。

2. 根据全国人大或其常委会的决定，宣布战争状态。

3. 根据全国人大常委会的决定，发布特赦令，发布动员令，宣布进入紧急状态。

4. 宣布任免权。根据全国人大的决定和全国人大常委会的决定，宣布国务院组成人员的任免。

5. 根据全国人大常委会的决定，授予国家的勋章和荣誉称号。

6. 外交权。

（1）代表中华人民共和国，进行国事活动，接受外国使节。

（2）根据全国人大常委会的决定，派遣和召回驻外全权代表，批准和废除同外国缔结的条约和重要协定。

7. 荣典权。国家主席根据全国人大常委会的决定，向国家勋章和国家荣誉称号获得者授予国家勋章、国家荣誉称号奖章，签发证书。国家主席进行国事活动时可以直接授予外国政要、国际友人等人士"友谊勋章"。

十一、国务院

（一）国务院的组成

中华人民共和国国务院，即中央人民政府，是最高国家权力机关的执行机关，是最高国家行政机关。它统一领导各部、各委员会以及地方各级行政机关的工作。国务院实行总理负责制。各部、各委员会实行部长、主任负责制。国务院由总理、副总理、国务委员、各部部长、各委员会主任、审计长、秘书长组成。

1. 总理，经国家主席提名，由全国人大决定。

2. 副总理、国务委员，经总理提名，由全国人大决定。

3. 各部部长、各委员会主任、审计长、秘书长，经总理提名，由全国人大决定；在全国人大闭会期间，由全国人大常委会决定。

4. 国家主席根据全国人大或其常委会的决定，宣布任免国务院组成人员。

（二）国务院的任期5年，总理、副总理、国务委员连续任职不得超过2届

（三）国务院的会议制度

国务院的会议分为全体会议和常务会议。全体会议由全体成员组成，一般每两个月召开一次。常务会议由总理、副总理、国务委员和秘书长组成，一般每周召开一次。总理召集和主持国务院的全体会议和常务会议。根据国务院组织法的规定，国务院工作中的重大问题，必须经国务院常务会议或者国务院全体会议讨论决定。

（四）组织体系

1. 各部设部长 1 人，副部长 2～4 人。各委员会设主任 1 人，副主任 2～4 人，委员 5～10 人。

2. 各部、各委员会实行部长、主任负责制。各部部长、各委员会主任领导本部门的工作，召集和主持部务会议或者委员会会议、委务会议，签署上报国务院的重要请示、报告和下达的命令、指示。副部长、副主任协助部长、主任工作。

（五）审计署

1. 审计范围：国务院各部门和地方各级政府的财政收支，国家的财政金融机构和企业事业组织的财务收支。

2. 领导体制：审计署由国务院总理直接领导。审计机关在国务院总理领导下，依照法律规定，独立行使审计监督权，不受其他行政机关、社会团体和个人的干涉。

（六）国务院的职权

1. 行政法规的制定和发布权和行政措施的规定权。制定行政法规、发布决定和命令。国务院在行政管理中认为需要的时候，或者为了执行法律和执行最高国家权力机关的决议，有权采取各种具体办法和实施手段。

2. 提案权。向全国人大或者全国人大常委会提出议案，包括法律案、法律解释案、法规审查案、条约批准案、国民经济和社会发展计划案、预算案和人事任免案等。其中，国民经济和社会发展计划案、预算案的提出权专属于国务院。

3. 领导权和监督权。统一领导各部和各委员会的工作，统一领导全国地方各级国家行政机关的工作，地方各级人民政府都是国务院统一领导下的国家行政机关，都服从国务院。为保证国务院的领导权，宪法赋予了国务院两项辅助职权：

（1）职责划分权：规定各部和各委员会的任务和职责；规定中央和省一级行政机关的职权划分。

（2）监督权：国务院有权改变或者撤销国务院工作部门发布的不适当的命令、指示和规章；有权改变或者撤销地方各级人民政府发布的不适当的决定、命令和规章。

4. 组织人事权。

5. 重大事项决定权。

（1）决定省、自治区、直辖市的行政界线的变更，自治州、县、自治县、市、市辖区的设立、撤销、更名、隶属关系的变更，自治州、自治县行政界线的变更，县、市的行政界线的重大变更。

（2）决定省级以下的部分地区进入紧急状态。

十二、中央军事委员会

（一）中央军事委员会的组成

中华人民共和国中央军事委员会领导全国武装力量。中央军事委员会由主席、副主席、委员组成。

1. 主席，由全国人大选举产生。

2. 副主席、委员，经中央军事委员会主席提名，由全国人大决定；在全国人大闭会期间，由全国人大常委会决定。

（二）中央军事委员会的任期

中央军事委员会的任期为 5 年，理论上可以连选连任。

　　全国人大常委会委员长、副委员长，国家主席、副主席，国务院总理、副总理、国务委员，最高人民法院院长，最高人民检察院检察长，特别行政区行政长官，连续任职均不得超过两届。

（三）中央军事委员会的主席负责制

中央军事委员会主席对全国人大和全国人大常委会负责。对此，需要注意以下两点：

1. 中央军委主席只负责，不报告工作。

2. 中央军委主席不接受质询。

专题二十二
地方国家机构

　　根据历年宪法考查的规律，国家机构的考查基本都集中于中央层面，对于地方各级机关考查较少。而事实上，中央国家机关的职权和地方各自机关的职权在内容上有一定的重合之处，导致本专题的内容和上一专题的内容有相似之处，但是，地方各级机关的规定也有其自身的特色。因此，在学习本专题地方国家机关时，要时刻关注级别，是县级以上还是地方各级（如果是地方各级，就有乡级），是否明确包含县级。本专题主要考核地方人大和地方政府的职权、地方官员（常委会成员、政府首长及部门负责人、司法机关首长及其他人员）的选举、任命和罢免，特别要与中央国家机关相关制度做一个区分。

知识点及实例

一、地方各级人大及其常委会的性质和地位

　　1. 地方各级人大是地方国家权力机关，与全国人大和上级人大之间没有隶属关系。

　　2. 乡级人大不设常委会，设主席、副主席。主席、副主席不得担任国家行政机关的职务。

二、地方各级人大及其常委会的组成

　　1. 地方各级人大由下一级人大或选民选举的代表组成。

　　2. 地方各级人大常委会由主任、副主任、秘书长（县级没有）、委员组成。

　　3. 人大常委会成员不得兼任国家行政机关、审判机关和检察机关的职务；如果担任上述职务，必须向常委会辞去其在常委会的职务。

注意：

　　地方各级人大常委会的领导人称为主任、副主任，全国人大常委会的领导人称为委员长、副委员长。

三、地级以上地方人大的专门委员会

　　地级以上人大设法制（政法）委员会、财经委员会、教科文卫委员会等。

注意：

　　专门委员会的组成同全国人大的专门委员会，职责包括提出议案和审查议案。

四、县级以上地方人大及其常委会的调查委员会

　　1. 主席团或者1/10以上的代表书面联名，可以向本级人大提议组织调查委员会。

2. 主任会议或者 1/5 以上的常委会成员书面联名，可以向本级人大常委会提议组织调查委员会。

> **注意：**
> 调查委员会的组成和职责同全国人大及其常委会的调查委员会。

五、地方各级权力机关的人事任免权

（一）选举权

1. 由地方各级人大选举产生的人员。

（1）县级以上各级人大选举本级人大常委会组成人员、人民政府正副职首长（省长、副省长、市长、副市长、县长、副县长）、人民法院院长和人民检察院检察长；（2）乡级人大选举产生本级人大主席、副主席，乡长、副乡长，镇长、副镇长。

2. 提名候选人。由本级人大主席团或者代表提名。代表提名的，在省级须 30 人以上，在地级须 20 人以上，在县级和乡级须 10 人以上。

3. 辞职。由地方人大选举的对象，可以向本级人大提出辞职。本级大会闭会期间，可以向本级人大常委会提出辞职，由常委会决定是否接受辞职。常委会决定接受辞职后，报本级人大备案。人民检察院检察长的辞职，须报经上一级人民检察院检察长提请该级人大常委会批准。

（二）决定权

县级以上人大常委会行使决定权：

1. 根据本级政府正职首长的提名，决定本级人民政府除副职首长以外的其他成员。

2. 省级人大常委会根据主任会议的提名，决定在省、自治区内按地区设立的和在直辖市内设立的中级人民法院院长的任免；根据省高级人民法院院长的提名，决定在省、自治区内按地区设立的和在直辖市内设立的中级人民法院的副院长、审判委员会委员、庭长、副庭长和审判员。

3. 省级人大常委会根据省级人民检察院检察长的提名，决定在省、自治区内按地区设立的和在直辖市内设立的人民检察院分院检察长、副检察长、检察委员会委员和检察员。

（三）任免权

县级以上人大常委会行使任免权：

1. 在本级人大闭会期间，任免本级人民政府个别的副职首长。

2. 任免本级人民法院副院长、庭长、副庭长、审判委员会委员、审判员。

3. 任免本级人民检察院副检察长、检察委员会委员、检察员，批准任免下一级人民检察院检察长。

（四）罢免权

1. 地方各级人大可罢免的人员。不仅包括由其选举产生的人员（本级人大常委会成员、本级政府正副职首长、本级人民法院院长、本级人民检察院检察长），还包括本级人民政府的其他组成人员。

2. 有权提出罢免案的主体。

（1）县级以上人大主席团、常委会或者 1/10 以上代表联名，可向本级人大提出

罢免案；

（2）乡级人大主席团或者 1/5 以上代表联名，可向本级人大提出罢免案；

（3）罢免案经全体代表的过半数通过。

（五）撤职权

1. 县级以上地方各级人大常委会撤职的对象。

（1）在本级人大闭会期间，撤销本级政府个别副职首长的职务；

（2）无论本级人大是否闭会，都可撤销由它决定和任免的人员的职务。

2. 有权提出撤职案的主体。

（1）本级人民政府、人民法院和人民检察院；

（2）本级人大常委会主任会议；

（3）本级人大常委会 1/5 以上的组成人员书面联名。

注意：

撤职案的表决采用无记名投票的方式，由常委会全体组成人员的过半数通过。

六、地方各级人大及其常委会的会议制度

（一）地方各级人大的会议制度

1. 全体会议。每年至少举行 1 次，经过 1/5 以上代表提议，可以临时召集会议。县级以上人大的全体会议由本级人大常委会召集，主席团主持。乡级的全体会议由主席团召集和主持。每届第一次会议，在本届人大代表选举完成后的 2 个月内，由上届本级人大常委会或者乡、民族乡、镇的上次人大主席团召集。

2. 预备会议。由本级人大常委会主持，选举主席团和秘书长，通过本次会议的议程和其他准备事项的决定。乡级人大开会前选举主席团，乡级人大主席、副主席为主席团成员。每届人大第一次会议的预备会议，由上届本级人大常委会主持。

（二）地方各级人大常委会的会议制度

1. 全体会议。每 2 个月至少举行一次，由主任召集。

2. 主任会议。由常委会主任、副主任和秘书长（县级没有）组成。主任会议处理常委会的重要日常工作。

七、地方各级人大及其常委会的工作制度

（一）提出议案

1. 提出议案的主体。

（1）地方人大。主席团、常务委员会、人大各专门委员会、本级人民政府、县级以上人大 10 名以上代表联名、乡级人大 5 名以上代表联名，可以向本级人大提出议案。

（2）地方人大常委会。主任会议，人大各专门委员会，本级人民政府，省、地级人大常委会委员 5 名以上、县级人大常委会委员 3 名以上，可以向本级人大常委会提出议案。

2. 审议议案。

（1）地方人大。对国家机关提出的议案，由主席团决定提交人大审议，或者先交有关的专门委员会审议、提出报告，再由主席团审议决定提交大会表决。对代表提出

的议案，由主席团决定是否列入大会议程，或者先交有关的专门委员会审议，提出是否列入大会议程的意见，再由主席团决定是否列入大会议程。

（2）地方人大常委会。对国家机关提出的议案，由主任会议决定提请常委会审议，或者先交有关的专门委员会审议、提出报告，再提请常委会审议。对常委会委员提出的议案，由主任会议决定是否提请常务委员会会议审议，或者先交有关的专门委员会审议、提出报告，再决定是否提请常务委员会会议审议。

3. 通过议案。

（1）地方人大：以全体代表的过半数通过；

（2）地方人大常委会：由常务委员会以全体组成人员的过半数通过。

（二）提出质询案

1. 提出质询案的主体。

（1）地方人大：代表 10 人以上；

（2）地方人大常委会：省、地级人大常委会委员 5 名以上，县级人大常委会委员 3 名以上。

2. 接受质询的对象。

（1）地方人大：本级人民政府和它所属各工作部门、人民法院、人民检察院；

（2）地方人大常委会：本级人民政府、人民法院、人民检察院。

注意：

地方人大常委会不能质询本级政府所属的工作部门。

3. 质询的程序。

（1）地方人大。质询案由主席团决定交由受质询机关在主席团会议、大会全体会议或者有关的专门委员会会议上口头答复，或者由受质询机关书面答复。在主席团会议或者专门委员会会议上答复的，提质询案的代表有权列席会议，发表意见；主席团认为必要的时候，可以将答复质询案的情况报告印发会议。质询案以口头答复的，应当由受质询机关的负责人到会答复；质询案以书面答复的，应当由受质询机关的负责人签署，由主席团印发会议或者印发提质询案的代表。

（2）地方人大常委会。质询案由主任会议决定交由受质询机关在常务委员会全体会议上或者有关的专门委员会会议上口头答复，或者由受质询机关书面答复。在专门委员会会议上答复的，提质询案的常务委员会组成人员有权列席会议，发表意见；主任会议认为必要的时候，可以将答复质询案的情况报告印发会议。质询案以口头答复的，应当由受质询机关的负责人到会答复；质询案以书面答复的，应当由受质询机关的负责人签署，由主任会议印发会议或者印发提质询案的常务委员会组成人员。

八、地方各级人民政府

（一）地方各级人民政府的组成

地方各级政府由正、副职首长（省长、副省长、主席、副主席、市长、副市长、县长、副县长、乡长、副乡长、镇长、副镇长）、秘书长（县、乡级政府没有）、政府工作部门的正职首长（乡级政府没有）组成。

注意：

民族乡的乡长由建立民族乡的少数民族公民担任。

（二）地方各级政府成员的产生

1. 政府正、副首长由本级人大选举产生。

2. 在人大闭会期间，本级人大常委会可以个别任免政府的副职首长。

3. 除正、副首长以外的其他组成人员，由本级人大常委会根据本级政府正职首长的提名决定。

（三）地方各级政府的会议制度

1. 全体会议：由地方政府的全体成员参加。

2. 常务会议：由地方政府的正、副职首长、秘书长（县、乡级政府没有）参加。

注意：

　　乡级政府没有常务会议。

3. 正职首长召集和主持本级人民政府的全体会议和常务会议。

（四）地方各级政府的工作部门

1. 省级政府设厅、局、委员会等工作部门，地、县级政府设局、科等工作部门。

注意：

　　乡级政府不设政府工作部门。

2. 县级以上政府设立审计机关。地方各级审计机关对本级人民政府和上一级审计机关负责。

3. 地方政府的派出机关：

派出机关	设立主体	批准主体
行政公署	省、自治区人民政府	国务院
区公所	县、自治县人民政府	省级人民政府
街道办事处	市辖区、不设区的市	上一级人民政府

九、人民法院与人民检察院

（一）地方各级人民法院

中华人民共和国人民法院是国家的审判机关。地方各级人民法院分为：基层人民法院（设于县级地方）、中级人民法院（主要设于地级地方）和高级人民法院（设于省级地方）。

注意：

　　中级人民法院除包括设区的市、自治州中级人民法院外，还包括在省、自治区内按地区设立的中级人民法院和在直辖市内设立的中级人民法院。

1. 最高人民法院。最高人民法院是中华人民共和国的最高审判机关。其主要职权包括：（1）一审管辖权，法律规定由它管辖的或者它认为应当由自己审理的第一审案件（主要是在全国有重大影响的案件、最高人民法院认为应当由本院审理的案件）；（2）上诉管辖权，审判对高级人民法院、专门人民法院判决和裁定的上诉案件和抗诉案件；（3）审判监督权，监督地方各级人民法院和专门人民法院的审判工作，审判最高人民检察院按照审判监督程序提出的抗诉案件，依照审判监督程序提审或者指令下级人民法院再审地方各级人民法院和专门人民法院确有错误的生效判决、裁定；（4）司法解释权，对在审判过程中如何具体应用法律的问题，进行司法解释；（5）死刑核准权，死刑除依法由最高人民法院判决的以外，应当报请最高人民法院核准。

2. 地方各级人民法院。地方各级人民法院分为基层人民法院、中级人民法院和高级人民法院。其中：

（1）基层人民法院，包括县人民法院和不设区的市人民法院、自治县人民法院、市辖区人民法院。基层人民法院的职权主要包括如下几个方面：①一审管辖权，审判除法律规定由上级人民法院管辖的案件外的所有一审案件；②庭外处理权，处理不需要开庭审判的案件；③调解指导权，指导人民调解委员会的工作。

（2）中级人民法院，包括在省、自治区内按地区设立的中级人民法院；在直辖市内设立的中级人民法院；设区的市的中级人民法院；自治州中级人民法院。中级人民法院的职权主要包括如下几个方面：①一审管辖权，审判法律规定由它管辖的第一审案件：在刑事案件方面，包括危害国家安全、恐怖活动案件，可能判处无期徒刑、死刑的案件；在民事案件方面，包括重大涉外案件，在本辖区有重大影响的案件和最高人民法院确定由中级人民法院管辖的案件；在行政案件方面，包括海关处理的案件，对国务院各部门或者县级以上人民政府所作的具体行政行为提起诉讼的案件，本辖区内重大、复杂的案件、基层人民法院移送审判的第一审案件。②上诉管辖权，审判对基层人民法院判决和裁定的上诉案件和抗诉案件。③审判监督权，监督基层人民法院的审判工作，审判省级人民检察院分院、省辖市及自治州人民检察院按照审判监督程序提出的抗诉案件，依照审判监督程序提审或指令基层人民法院再审基层人民法院确有错误的生效判决、裁定。

（3）高级人民法院，包括省高级人民法院、自治区高级人民法院、直辖市高级人民法院。其职权主要包括如下几个方面：①一审管辖权，审判法律规定由它管辖的第一审案件（主要是在全省、自治区或直辖市有重大影响的案件）、下级人民法院移送审判的第一审案件；②上诉管辖权，审判对下级人民法院判决和裁定的上诉案件和抗诉案件、对海事法院判决和裁定的上诉案件；③审判监督权，监督下级人民法院的审判工作，审判省级人民检察院按照审判监督程序提出的抗诉案件，依照审判监督程序提审或指令下级人民法院再审下级人民法院确有错误的生效判决、裁定等。

（二）人民法院的派出机构

基层人民法院根据地区、人口和案件情况可以设立若干人民法庭。人民法庭是基层人民法院的组成部分，它的判决和裁定就是基层人民法院的判决和裁定。

（三）专门人民法院

专门人民法院主要包括军事法院、海事法院、森林法院、知识产权法院和互联网法院。

1. 军事法院包括中国人民解放军军事法院（军内的最高级）、大军区及军兵种军事法院（相当于中级层次）和军级军事法院（基层级）三级。对中国人民解放军军事法院判决和裁定不服的上诉案件，由最高人民法院管辖。

2. 海事法院只设一级，设立在港口城市，相当于中级人民法院。对海事法院判决和裁定不服的上诉案件，由所在地的高级人民法院管辖。

3. 森林法院分为在某些特定林区的一些林业局（包括木材水运局）的所在地设立的基层森林法院和在地区（盟）林业管理局所在地或国有森林集中连片的地区设立的中级森林法院。

陈璐琼讲理论法学　2018年国家统一法律职业资格考试专题讲座系列

4. 知识产权法院。

（四）地方各级人民检察院

中华人民共和国人民检察院是国家的法律监督机关。根据宪法和人民检察院组织法的规定，我国人民检察院的组织体系包括：全国设立最高人民检察院、地方各级人民检察院和专门人民检察院。地方各级人民检察院分为省、自治区、直辖市人民检察院；省、自治区、直辖市人民检察院分院，自治州和设区的市人民检察院；县、不设区的市、自治县和市辖区人民检察院。专门人民检察院包括军事检察院等。人民检察院实行双重从属制，既要对同级国家权力机关负责，又要对上级人民检察院负责。检察系统实行最高人民检察院领导地方各级人民检察院和专门人民检察院的工作，上级人民检察院领导下级人民检察院的工作的领导体制。下级人民检察院必须接受上级人民检察院的领导和最高人民检察院的领导，对上级人民检察院负责。这种垂直领导体制主要表现在两方面：

（1）人事任免。省、自治区、直辖市人民检察院检察长的任免，须报最高人民检察院检察长提请全国人大常委会批准。自治州、设区的市、县、不设区的市、市辖区人民检察院检察长的任免，须报上一级人民检察院检察长提请该级人大常委会批准。

（2）业务领导。对于下级人民检察院的决定，上级人民检察院有权复核改变；上级人民检察院的决定，下级人民检察院必须执行。当下级人民检察院在办理案件中遇到自己不能解决的问题时，上级人民检察院应及时给予支持和指示，必要时可派人协助工作，也可以将案件调上来由自己办理。

在人民检察院内部实行检察长统一领导与检察委员会集体领导相结合的领导体制。检察长对检察机关的工作享有组织领导权、决定权、任免权、提请任免权、代表权等，并负有全面的领导责任。检察委员会在检察长的主持下，按照民主集中制原则，讨论决定重大案件和其他重要问题。如果检察长在重大问题上不同意多数人的意见，可以报请本级人大常委会决定。

（五）人民检察院的派出机构

省一级人民检察院和县一级人民检察院，根据工作需要，提请本级人民代表大会常务委员会批准，可以在工矿区、农垦区、林区等区域设置人民检察院，作为派出机构。

（六）专门人民检察院

包括军事检察院，与军事法院配套设置。

十、法院院长和检察院检察长的任期

1. 法院院长任期 5 年，最高人民法院院长连续任职不得超过 2 届。

2. 检察院检察长任期 5 年，最高人民检察院检察长连续任职不得超过 2 届。

🔊【小贴士】宪法宣誓制度。

宪法宣誓制度是指经过合法、正当的选举程序后，被选举为国家元首或其他国家

公职人员在正式就职时，以公开向宪法宣誓的方式，誓言遵守并效忠宪法，恪尽职守，为选民服务的一项制度。2015年7月1日，第十二届全国人大常委会第十五次会议通过了《全国人民代表大会常务委员会关于实行宪法宣誓制度的决定》，对我国宪法宣誓制度的内容进行了全面规定，于2016年1月1日起实施。

第一，有利于树立宪法权威，全面推进依法治国；第二，有利于增强公职人员的宪法观念，激励其忠于和维护宪法；第三，有利于提高公民的宪法意识，培养宪法意识；第四，有利于在全社会传播宪法理念，树立法治信仰。

1. 宣誓主体。各级人民代表大会及县级以上各级人民代表大会常务委员会选举或者决定任命的国家工作人员，以及各级人民政府、人民法院、人民检察院任命的国家工作人员，在就职时应当公开进行宪法宣誓。

2. 宣誓内容。宣誓誓词如下：我宣誓：忠于中华人民共和国宪法，维护宪法权威，履行法定职责，忠于祖国、忠于人民，恪尽职守、廉洁奉公，接受人民监督，为建设富强、民主、文明、和谐的社会主义国家努力奋斗！

3. 组织机构。宣誓仪式的组织机构包括：

（1）全国人民代表大会会议主席团：全国人民代表大会选举或者决定任命的中华人民共和国主席、副主席，全国人民代表大会常务委员会委员长、副委员长、秘书长、委员，国务院总理、副总理、国务委员、各部部长、各委员会主任、中国人民银行行长、审计长、秘书长，中华人民共和国中央军事委员会主席、副主席、委员，最高人民法院院长，最高人民检察院检察长，以及全国人民代表大会专门委员会主任委员、副主任委员、委员等，进行宪法宣誓的仪式由全国人民代表大会会议主席团组织。

（2）全国人民代表大会常务委员会委员长会议：在全国人民代表大会闭会期间，全国人民代表大会常务委员会任命或者决定任命的全国人民代表大会专门委员会个别副主任委员、委员，国务院部长、委员会主任、中国人民银行行长、审计长、秘书长，中华人民共和国中央军事委员会副主席、委员，进行宪法宣誓的仪式由全国人民代表大会常务委员会委员长会议组织；全国人民代表大会常务委员会任命的全国人民代表大会常务委员会副秘书长，全国人民代表大会常务委员会工作委员会主任、副主任、委员，全国人民代表大会常务委员会代表资格审查委员会主任委员、副主任委员、委员等，进行宪法宣誓的仪式由全国人民代表大会常务委员会委员长会议组织。

（3）其他机关：全国人民代表大会常务委员会任命或者决定任命的最高人民法院副院长、审判委员会委员、庭长、副庭长、审判员和军事法院院长，最高人民检察院副检察长、检察委员会委员、检察员和军事检察院检察长，中华人民共和国驻外全权代表，进行宪法宣誓的仪式由最高人民法院、最高人民检察院、外交部分别组织；国务院及其各部门、最高人民法院、最高人民检察院任命的国家工作人员，进行宪法宣誓的仪式由任命机关组织。

4. 宣誓方式。根据情况，可以采取单独宣誓或者集体宣誓的形式。单独宣誓时，宣誓人应当左手抚按《中华人民共和国宪法》，右手举拳，诵读誓词。集体宣誓时，由一人领誓，领誓人左手抚按《中华人民共和国宪法》，右手举拳，领诵誓词；其他宣誓人整齐排列，右手举拳，跟诵誓词。

宣誓场所应当庄重、严肃，悬挂中华人民共和国国旗或者国徽。

5. 地方各级人民代表大会及县级以上地方各级人民代表大会常务委员会选举或者决定任命的国家工作人员，以及地方各级人民政府、人民法院、人民检察院任命的国家工作人员，在依照法定程序产生后，进行宪法宣誓。宣誓的具体组织办法由省、自治区、直辖市人民代表大会常务委员会参照本决定制定，报全国人民代表大会常务委员会备案。

陈璐琼讲理论法学 2018年国家统一法律职业资格考试专题讲座系列

专题二十三
宪法的实施及其保障

相◆关◆法◆理

　　宪法的生命在于实施。中国宪法的命脉在于宪法的司法适用和宪法保障。宪法的实施是一切国家机关、社会组织和公民的职责，而一切国家机关、社会组织和公民也就构成了宪法实施的主体。宪法实施是指宪法规范在实际生活中的贯彻落实，是宪法制定颁布后的运行状态，也是宪法作用于社会关系的基本形式。中国目前宪法的最大问题是实施。宪法实施通常包括宪法的遵守、宪法的适用和宪法实施的保障三个方面。宪法的遵守是前提。宪法的适用是关键，虽然我国宪法不能在司法中直接适用。而我国宪法保障制度是考查的重点。对违宪行为进行追究的方式包括直接制裁和间接制裁两个方面。在我国，直接制裁主要表现为对国家机关违反宪法的法律以及规范性文件、决议、决定和命令等宣布无效，并加以撤销；对违法失职的国家机关负责人根据宪法规定予以罢免。间接制裁则指宪法对违宪行为不直接规定制裁措施，而是通过具体法律来追究法律责任。

知识点及实例

一、宪法实施

（一）宪法的遵守

　　宪法的遵守通常指一切国家机关、社会组织和公民个人严格依照宪法规定从事各种行为的活动。宪法的遵守既是宪法实施基本的要求，也是宪法实施基本的方式。宪法的遵守通常包括两层含义：一是宪法的执行，国家机关贯彻落实宪法内容的活动。要求这些机构在活动程序和活动方式上必须严格执行宪法的规定，也要求这些机构在组织其他国家机关、建立各种制度的过程中严格遵循宪法的规定。二是狭义的宪法遵守，指社会组织和公民个人遵守宪法的禁止性规定、行使宪法规定的权利和履行宪法规定的义务。

（二）宪法的适用

　　宪法的适用是与宪法的遵守相对应的一种为促进宪法实施所进行的有目的的干预。当宪法的禁止性规定得不到遵守和对宪法规定的权利和义务产生了分歧，以及违反宪法的禁止性规定和不履行宪法设定的义务而应承担的宪法责任得不到落实时，由一定的国家机关采取特定的行为予以纠正并追究宪法责任，保障宪法实施。宪法的适用主要有两种途径：一是宪法解释消除宪法分歧，保证准确适用；二是通过宪法监督。纠正违宪行为，维护宪法秩序。

二、宪法的修改

宪法修改是指在宪法实施过程中，随着社会现实的变化发展，出现宪法的内容与社会现实不相适应的时候，由有权机关依照宪法规定的程序删除、增加或变更宪法内容的行为。1954年宪法对我国宪法修改制度从两个方面作了规定：一是规定了宪法修改的机关是全国人民代表大会；二是规定了宪法修改的通过程序，明确规定宪法的修改由全国人民代表大会以全体代表的2/3的多数通过。1975年宪法只规定了全国人民代表大会有修改宪法的职权，没有对相关程序进行规定。1978年宪法对宪法修改的规定与1975年宪法基本相同。

1. 全面修改。全面修改即对宪法全文进行修改，如1946年日本宪法、1958年法兰西第五共和国宪法和我国1975年宪法、1978年宪法、1982年宪法等，都属于全面修改。

2. 部分修改。部分修改亦即对宪法原有的部分条款加以改变，或者新增若干条款，而不牵动其他条款和整个宪法的修改方式。

根据现行《宪法》的规定，宪法修改制度包括三个方面的内容：（1）规定了宪法修改的机关是全国人民代表大会。（2）规定了宪法修改的提案主体。宪法规定：宪法的修改，由全国人大常委会或者1/5以上的全国人大代表提议。（3）规定了宪法修改的通过程序。宪法规定：宪法的修改由全国人大以全体代表的2/3以上的多数通过。此外，从现行宪法的四次修改来看，中国共产党中央委员会的宪法修改建议对我国宪法修改制度和宪法修改实践产生了重要影响。

三、宪法的解释

宪法解释是指依据一定的标准或原则对宪法内容、含义及其界限所作的一种说明。依据宪法解释的主体、性质和后果（是否具有法律效力）可将宪法解释分为正式解释和非正式解释两种。正式解释又称有权解释，是由宪法授权的机关或宪法惯例认可的机关依据一定的标准或原则对宪法条文所作的具有法律效力的说明。非正式解释又称无权解释，系指非法定的机关、团体和个人对宪法条文所作的说明，该说明不具有法律上的约束力。宪法的学理解释即是非正式解释的一种，对正式解释起到参考借鉴的作用。

（一）宪法解释的机关

1. 立法机关解释宪法，源自英国。我国宪法解释的法定机关是全国人大常委会。

2. 司法机关解释宪法，源自美国。美国1803年"马伯里诉麦迪逊案"确立了违宪的法律不是法律、阐释宪法是法官的职责的宪法规则。司法机关解释型的内涵是：法院一般遵循不告不理的原则，只有在审理案件时才可以附带性地审查其所适用的法律是否违宪，如果认为违宪可宣布在本案中拒绝适用。该解释只对审理的具体案件产生法律效力，一般没有普遍的约束力。

3. 专门机关解释宪法，如德国的宪法法院、法国的宪法委员会。最早提出设立宪法法院的是奥地利法学家汉斯·凯尔森。目前奥地利、西班牙、德国、意大利、俄罗斯、韩国等国均建立了宪法法院，法国等国家建立了宪法委员会。

（二）宪法解释原则

总的原则应该是以从严解释为主，但并不排除在个别情况下一定的灵活解释。就宪法解释的具体原则来说，主要有以下几项：（1）依法解释原则；（2）符合制宪目的原则；（3）以宪法的根本精神和基本原则为指导的原则；（4）适应社会发展需要的原则；（5）字面解释原则；（6）整体解释原则。

（三）宪法解释的方法

1. 统一解释。统一解释是指对人们理解不一的宪法条文作出明确而统一说明的方法。这种方法可以消除人们之间的误解，从而明确承认或者否认某项行为规范，并使国家机关、社会团体和全体公民能够一体遵循。

2. 逻辑解释。宪法规范具有原则性、概括性和纲领性的特点。为准确理解宪法条文的含义，需要根据文字含义、法理、先例、类推和上下文之间的关系等予以说明。逻辑解释的方法在具体实践中运用得较多，而且其中包含的几个方面，或者被单独运用，或者被同时运用。

3. 补充解释：补充解释是指宪法在规定过程中存在遗漏，而在实施中通过解释予以适当补充的方法。这种解释方法可以消除宪法条文内容上的缺漏，从而使宪法在实际运用过程中，发挥其灵活完整的作用。

4. 扩大解释：扩大解释是指由于社会情况的变化、发展，使宪法的内容不能满足社会现实的需要，因而通过宪法解释扩大其含义的方法。这种解释方法具有高度的概括性与适应性。它既能避免烦琐的修宪手续，又能重新赋予宪法以生机和活力。但由于这种解释方法弹性太大，有可能产生一些弊端，所以在运用过程中必须慎重。

（四）宪法解释的程序

1. 宪法解释的主体与事由：明确规定宪法解释主体。在我国，依据宪法的规定，全国人大常务委员会解释宪法。

2. 宪法解释请求的提起：由哪些主体提起宪法解释，各国的规定是不尽相同的。

3. 宪法解释请求的受理：规定接受解释请求的工作机构和决定解释宪法的相关主体与程序。

4. 宪法解释的审查：提出宪法解释要求后，宪法解释机关依照一定程序进行审查，决定是否作出解释。

5. 宪法解释案的起草：在程序上要规定如何起草宪法解释案以及如何对解释案进行审议。为了保证宪法解释的科学性，在宪法解释案的起草过程中有些国家成立专门的宪法解释咨询委员会等机构。

6. 宪法解释的通过：为了保证宪法解释的权威性，应规定比法律解释更为严格的程序。通常宪法解释案以全体委员的 2/3 以上的多数才能通过。宪法解释公布后，相关的法律、法规等应及时作出必要的修改。

四、宪法监督

（一）宪法监督的内容

宪法监督是由宪法授权或宪法惯例所认可的机关，以一定的方式进行合宪性审查，取缔违宪事件，追究违宪责任，从而保证宪法实施的一种制度。就监督对象来说，宪法监督主要包括两大方面：

1. 规范的合宪性审查和监督，即审查法律、法规、规章等规范性文件的合宪性，使其与宪法不抵触；

2. 行为的合宪性审查和监督，即对国家机关及其工作人员、各政党、武装力量、社会团体、企业事业组织和全体公民的违宪行为进行审查，追究违宪责任，维护宪法权威。

注意：

违宪审查，是指为保障宪法实施，对法律、法规和法律性文件，以及一切国家机关、组织和公民的行为进行审查，并对其是否违宪作出裁决的活动。

（二）宪法监督的体制

1. 立法机关保障型，源自英国。我国由全国人大及其常委会负责监督宪法实施。

2. 司法机关保障型，源自美国。采取由普通司法机关作为宪法监督机关的方式，通过具体案件的审理以审查确定其所适用的法律是否符合宪法。

3. 专门机关保障型，源自 1799 年法国宪法设立的护法元老院，后来德国的宪法法院、法国的宪法委员会均属此类。

（三）宪法监督的方式

1. 事先审查和事后审查。

（1）事先审查，又称预防性审查，是指在规范性法律文件制定过程中，尚未正式颁布实施之前，由有关机关对其是否合宪所进行的审查。我国称之为批准制度。

（2）事后审查，是指在规范性法律文件颁布实施以后，由有关机关对其是否合宪所进行的审查。我国称之为改变或撤销制度。

2. 附带性审查和宪法控诉。

（1）附带性审查，是指司法机关在审理案件过程中，因提出对所适用的规范性法律文件是否违宪的问题，而对该规范性法律文件所进行的合宪性审查；

（2）宪法控诉，是指当公民个人的宪法权利受到侵害后向宪法法院提出控诉的制度。

注意：

我国没有附带性审查和宪法控诉。

1800 年，联邦党人在总统大选和国会选举中均失败，为了保证联邦党人在美国权力体系中的地位，亚当斯总统在卸任前任命了一批司法官员，其中包括 13 名治安法官，由于这批治安法官是在午夜任命的，因而又被称为"午夜法官"，马伯里是其中之一。但是，亚当斯总统尚未签署完马伯里等人的任命状就告卸任，杰佛逊总统上任后，要求国务卿麦迪逊将马伯里等人的任命状"扔进垃圾篓"。马伯里诉至最高法院，根据 1789 年的《美国司法条例》，要求最高法院向麦迪逊发布强制令，向马伯里发放任命状。

（1）审查的对象包括国会通过的一切法律、法令和政府制定的一切包括行政法规、行政命令和规章制度的合宪性，可以撤销违反宪法的任何法律、法令和命令；

（2）美国的司法审查制度属事后审查，最高法院不得主动审查国会和政府的法律、决议和命令；

（3）美国的司法审查制度属具体审查，而非抽象审查，对法律合宪性的审查必须有具体案件以为附丽，而且最高法院不得径直宣告违宪的法律无效，只能宣告在本案中不适用，但依遵循先例的原则，该法律实际上被宣告无效。

陈璐琼讲理论法学 2018 年国家统一法律职业资格考试专题讲座系列

（四）我国的宪法监督制度

在宪法监督体制上，我国属于代议机关作为宪法监督机关的模式。这种模式是由1954年宪法确立的。在保留全国人大行使宪法监督职权的基础上，1982年宪法授予全国人大党委会"监督宪法的实施"的职权。

1. 事先审查。主要体现为法规等规范性文件经批准后生效。根据宪法和立法法的规定，自治区人大制定的自治条例和单行条例报全国人大常委会批准后生效；自治州、自治县的自治条例和单行条例报省、自治区、直辖市人大常委会批准后生效；设区的市、自治州人大及其常委会制定的地方性法规报省、自治区人大常委批准后施行。

2. 事后审查。根据宪法和立法法、监督法的规定，全国人大常委会接受行政法规、地方性法规、自治州和自治县的自治条例和单行条例以及司法解释备案。省、自治区、直辖市人大常委会接受本级政府制定的规章的备案。设区的市、自治州人民政府制定的规章应当报省、自治区人大常委会和本级人大常委会备案。上述规范性文件应当在公布后的30日内报有关机关备案。法规、规章等规范性文件的备案审查是我国宪法监督的重要方式。《中共中央关于全面推进依法治国若干重大问题的决定》提出：完善全国人大及其党委会宪法监督制度……加强备案审查制度和能力建设，把所有规范性文件纳入备案审查范围，依法撤销和纠正违宪违法的规范性文件，禁止地方制发带有立法性质的文件。这是完善我国宪法监督制度的重要方向。

同时，立法法规定，如果认为行政法规、地方性法规、自治条例和单行条例同宪法或者法律相抵触，国务院、中央军委、最高人民法院、最高人民检察院和各省、自治区、直辖市人大常委会可以向全国人大常委会书面提出进行审查的要求，由常委会工作机构分送有关的专门委员会审查、提出意见。有关的专门委员会和常务委员会工作机构可以对报送备案的规范性文件进行主动审查。

根据《宪法》和《立法法》的规定，全国人大有权改变或者撤销全国人大常委会制定的不适当的法律和决定，有权撤销全国人大批准的违背宪法和立法法的自治条例和单行条例；全国人大常委会有权撤销国务院制定的同宪法、法律相抵触的行政法规、决定和命令，有权撤销同宪法、法律和行政法规相抵触的地方性法规，有权撤销省、自治区、直辖市人大常委会批准的违背宪法和立法法的自治条例和单行条例；省、自治区、直辖市人大有权改变或者撤销其常委会制定的和批准的不适当的地方性法规；地方人大常委会有权撤销本级政府制定的不适当的规章；县级以上地方各级人大常委会有权撤销本级政府不适当的决定和命令；县级以上地方各级人大常委会有权撤销下一级人大不适当的决议；县级以上地方各级人大有权改变或者撤销本级人大常委会不适当的决定。

（五）宪法实施的保障

宪法实施的保障是指国家为了促进宪法的贯彻落实而建立的制度和开展活动的总称。宪法实施的保障可以分为三个方面：一是政治保障，是宪法外在的保障方式之一，主要是指作为执政党的中国共产党对于宪法的遵守；二是社会保障，也属于宪法外在的保障，即宪法本身没有规定，但在其所处的社会中可以推动宪法实施的社会心理与制度环境，如公民良好的宪法意识、稳定的政治环境等；三是法律保障，即宪法自身的保障，是指由宪法本身所规定的维护宪法尊严、保护宪法实施的理念宣示与制度程序，如宪法明确宣示它是国家的根本法，具有最高法律效力。在制度上，除上述针对违宪行为的宪法监督制度外，宪法还规定了严格的宪法修改程序，以保证宪法的稳定性和权威性，因此，严格的宪法修改程序是保障宪法实施的一种重要措施。

1.2003年，俞江等三博士上书全国人大常委会建议废止《城市流浪乞讨人员收容遣送办法》。

2.2010年1月，北大五教授上书全国人大常委会，建议修改《拆迁条例》。

3.2013年3月，黑龙江籍公民刘杰上书吴邦国、贾庆林，建议本次全国人大会议废止劳动教养制度。

4.2015年，江平等76位法学家向人大常委会提出《卖淫收容条例》的审查建议。

法制史

专题二十四
西周至秦汉、魏晋时期的法制

相◆关◆法◆理

　　西周是我国奴隶制的鼎盛时期，在法制上，随着明德慎罚及礼治思想的确立，西周建立起一套礼治秩序，法制呈现出完备的状态。西周的法律制度对日后中华法系的形成具有重大影响，中华法系"礼法结合"的特征即渊源于此。随后，秦朝继承秦国商鞅变法的成果，坚持先秦法家"法治"、"重刑"的法制原则，建立君主专制集权的法制体系。虽然其法制以烦琐苛刻著称，也没有留下完整的法典，但从史籍的记载与出土文物的印证可知，秦朝法治是中国法律传统形成的关键环节之一，对汉代及后世法制均产生深远的影响。汉承秦制，形成以改造的儒家思想为主体的正统法治指导思想，为后世所继承，在法制发展史上起着承前启后的作用。汉文、景帝对刑制的改革，促使中国刑罚由野蛮走向文明，为后世封建五刑的确立奠定基础，司法实践中盛行的"春秋决狱"更是法律儒家化的标志，对后世影响深远。不得不提的是，三国两晋南北朝的法律制度在中国法制史上具有重要的承上启下的地位，其突出的特色是法律日益儒家化，表现在八议、官当、准五服以制罪、重罪十条等内容被纳入法典中。这一讲的重点包括：西周的礼法制度、《法经》、商鞅变法、秦代的犯罪与刑法、魏晋南北朝的代表性法典与主要法律制度、西汉的"春秋决狱"等。法制史无需理解，只要准确记忆即可。

知识点及实例

一、西周以降的法制思想与法律

（一）"以德配天，明德慎罚"

　　1. "明德慎罚"的具体要求可以归纳为"实施德教，用刑宽缓"。其中"实施德教"是前提，是第一位的。德包括敬天、敬祖和保民。西周时期各种具体法律制度以"礼"、"刑"结合为结构的宏观法制特色，使这一思想深深植根于中国传统政治法律理论中，被后世奉为政治法律制度理想的原则与标本。

　　2. 汉代中期以后，"以德配天，明德慎罚"的主张被儒家发挥成"德主刑辅，礼刑并用"的基本策略，从而为以"礼律结合"为特征的中国传统法制奠定了理论基础。

（二）出礼入刑的礼刑关系

　　1. 礼的内容与性质。

　　（1）抽象的精神原则。可归纳为"亲亲"与"尊尊"两个方面。"亲亲父为首"和"尊尊君为首"。

　　（2）具体的礼仪形式。"五礼"：吉礼（祭祀之礼）、凶礼（丧葬之礼）、军礼（行兵仗之礼）、宾礼（迎宾待客之礼）、嘉礼（冠婚之礼）。

2. "礼"与"刑"的关系。

（1）"出礼入刑"。"礼"正面、积极规范人们的言行，而"刑"则对一切违背礼的行为进行处罚。"礼之所去，刑之所取，失礼则入刑，相为表里"。

（2）"礼不下庶人，刑不上大夫"。"礼不下庶人"强调礼有等级差别，禁止任何越礼的行为；"刑不上大夫"强调贵族官僚在适用刑罚上的特权。

《左传》云："礼，所以经国家，定社稷，序民人，利后嗣也"，系对周礼的一种评价。关于周礼，下列哪一表述是正确的？[1]

A. 周礼是早期先民祭祀风俗自然流传到本周的产物

B. 周礼仅属于宗教、伦理道德性质的规范

C. "礼不下庶人"强调"礼"有等级差别

D. 西周时期"礼"与"刑"是相互对立的两个范畴

（三）契约与婚姻继承法律

1. 西周的契约法规。

（1）买卖契约。西周的买卖契约称为"质剂"。"质"，是买卖奴隶、牛马所使用的较长的契券；"剂"，是买卖兵器、珍异之物所使用的较短的契券。"质"、"剂"由官府制作，并由"质人"专门管理。

（2）借贷契约。西周的借贷契约称为"傅别"。"傅"，是把债的标的和双方的权利义务等写在契券上；"别"，是在简札中间写字，然后一分为二，双方各执一半。

西周商品经济发展促进了民事契约关系的发展。《周礼》载："听买卖以质剂"。汉代学者郑玄解读西周买卖契约形式："大市谓人民、牛马之属，用长券；小市为兵器、珍异之物，用短券"。对此，下列哪一说法是正确的？[2]

A. 长券为"质"，短券为"剂"

B. "质"由买卖双方自制，"剂"由官府制作

C. 契约达成后，交"质人"专门管理

D. 买卖契约也可采用"傅别"形式

2. 婚姻制度。

（1）婚姻缔结的三大原则，即一夫一妻制、同姓不婚、父母之命。一夫一妻制是西周婚姻制度的基本要求。虽然古代男子可以有妾（媵嫁制度）有婢，但法定的妻子只能是一个，如《芈月传》中的芈月就是陪嫁。

西周实行同姓不婚原则。首先，"男女同姓，其生不蕃"。其次，禁止同姓为婚，多与异姓通婚，是为了"附远厚别"，即通过联姻加强与异姓贵族的联系，进一步巩固家天下与宗法制度。

---

① 答案：C。

② 答案：A。

陈璐琼讲理论法学

2018年国家统一法律职业资格考试专题讲座系列

注意：

在宗法制下，必然要求由父母家长决定子女的婚姻大事，通过媒人的中介来完成，否则称为"淫奔"。

（2）婚姻"六礼"。纳采：男家请媒人向女方提亲；问名：女方答应议婚后男方请媒人问女子名字、生辰等，并卜于祖庙以定凶吉；纳吉：卜得吉兆后即与女家订婚；纳征：男方送聘礼至女家，故又称纳币；请期：男方携礼至女家商定婚期；亲迎：婚期之日男方迎娶女子至家。至此，婚礼始告完成，婚姻也最终成立。

（3）婚姻关系的解除。西周时期解除婚姻的制度，称为"七出"。所谓"七出"，又称"七去"，是指女子若有下列七项情形之一的，丈夫或公婆即可休弃之，即不顺父母去、无子去、淫去、妒去、恶疾去、多言去、盗窃去。

按照周代的礼制，女子若有"三不去"的理由，夫家即不能离异休弃。"三不去"即是：有所娶而无所归，不去；与更三年丧，不去；前贫贱后富贵，不去。

3. 继承制度。西周时期，在宗法制下已经形成了嫡长子继承制。即立嫡以长不以贤，立子以贵不以长。

关于西周法制的表述，下列哪一选项是正确的？[①]

A. 周初统治者为修补以往神权政治学说的缺陷，提出了"德主刑辅，明德慎罚"的政治法律主张

B.《汉书·陈宠传》称西周时期的礼刑关系为"礼之所去，刑之所取，失礼则入刑，相为表里"

C. 西周的借贷契约称为"书约"，法律规定重要的借贷行为都须订立书面契约

D. 西周时期在宗法制度下已形成子女平均继承制

（四）铸刑书与铸刑鼎

1. 铸刑书。郑国执政子产将郑国的法律条文铸在象征诸侯权位的金属鼎上，向全社会公布，史称"铸刑书"，这是中国历史上第一次公布成文法的活动。

2. 铸刑鼎。晋国赵鞅把前任执政范宣子所编刑书正式铸于鼎上，公之于众，这是中国历史上第二次公布成文法的活动

春秋时期，针对以往传统法律体制的不合理性，出现了诸如晋国赵鞅"铸刑鼎"，郑国执政子产"铸刑书"等变革活动。对此，下列哪一说法是正确的？[②]

A. 晋国赵鞅"铸刑鼎"为中国历史上首次公布成文法

B. 奴隶主贵族对公布法律并不反对，认为利于其统治

C. 打破了"刑不可知，则威不可测"的壁垒

D. 孔子作为春秋时期思想家，肯定赵鞅"铸刑鼎"的举措

（五）《法经》和商鞅变法

1.《法经》。《法经》是中国历史上第一部比较系统的成文法典。它是战国时期魏国魏文侯的丞相李悝在总结春秋以来各国成文法的基础上制定的。《法经》共六篇：

[①] 答案：B。

[②] 答案：C。

专题二十四　西周至秦汉、魏晋时期的法制

《盗法》、《贼法》、《网法》、《捕法》、《杂法》、《具法》。

（1）《盗法》、《贼法》是关于惩罚危害国家安全、危害他人及侵犯财产的法律规定。李悝认为"王者之政莫急于盗贼"，所以将此两篇列为法典之首。

（2）《网法》又称《囚法》，是关于囚禁和审判罪犯的法律规定。《捕法》是关于追捕盗贼及其他犯罪者的法律规定。《网法》、《捕法》二篇多属于诉讼法的范围。

（3）《杂法》是关于"盗贼"以外的其他犯罪与刑罚的规定，主要规定了"六禁"，即淫禁、狡禁、城禁、嬉禁、徒禁、金禁等。

（4）《具法》是关于定罪量刑中从轻从重法律原则的规定，起着"具其加减"的作用，相当于近代刑法典中的总则部分。

2. 商鞅变法。

（1）改法为律，扩充法律内容。"范天下不一而归于一"。

（2）运用法律手段推行"富国强兵"的措施。如颁布了《分户令》、《军爵律》。

（3）用法律手段剥夺旧贵族的特权。例如，废除世卿世禄制度，实行按军功授爵。

（4）全面贯彻法家"以法治国"和"明法重刑"的主张。以吏为师；轻罪重刑；不赦不宥；鼓励告奸；实行连坐。

二、秦汉、魏晋时期的法律

（一）秦代的罪名与刑罚

1. 主要罪名。

（1）危害皇权罪。如谋反；泄露机密；偶语诗书、以古非今；诽谤、妖言；诅咒、妄言；非所宜言；投书；不行君令等。

（2）侵犯财产和人身罪。秦代侵犯财产方面的罪名主要是"盗"。秦代还有共盗（五人以上）、群盗（聚众谋反）之分。侵犯人身方面的罪名主要是贼杀、伤人。

（3）渎职罪。①"见知不举"罪："有敢偶语《诗》、《书》者，弃市。以古非今者，族。吏见知不举者，与同罪"。②"不直"罪和"纵囚"罪：前者指罪应重而故意轻判，应轻而故意重判；后者指应当论罪而故意不论罪。③"失刑"罪：指因过失而量刑不当（若系故意，则构成"不直"罪）。

（4）妨害社会管理秩序罪。违令卖酒罪；"逋事"与"乏徭"等逃避徭役罪；逃避赋税罪等。

（5）破坏婚姻家庭秩序罪。一类是关于婚姻关系的，包括夫殴妻、夫通奸、妻私逃等；另一类是关于家庭秩序的，包括擅杀子、子不孝、子女控告父母、卑幼殴尊长、乱伦等。

秦律明确规定了司法官渎职犯罪的内容。关于秦朝司法官渎职的说法，下列哪一选项是不正确的？[①]

A. 故意使罪犯未受到惩罚，属于"纵囚"

B. 对已经发生的犯罪，由于过失未能揭发、检举，属于"见知不举"

C. 对犯罪行为由于过失而轻判者，属于"失刑"

D. 对犯罪行为故意重判者，属于"不直"

---

① 答案：B。

陈璐琼讲理论法学

2018年国家统一法律职业资格考试专题讲座系列

2. 刑罚种类。答刑、徒刑、流放刑、肉刑、死刑、羞辱刑、经济刑、株连刑，其中前五类相当于现代的主刑，后三类相当于现代的附加刑。

（1）答刑。

（2）徒刑。①城旦舂；②鬼薪、白粲；③隶臣妾；④司寇；⑤候，是秦代徒刑的最轻等级。

（3）流放刑。包括迁刑和谪刑（主要是官员）。

（4）肉刑。肉刑即黥（或墨）、劓、刖（或斩趾）、宫四种残害肢体的刑罚。

（5）死刑。①弃市；②戮；③磔；④腰斩；⑤车裂；⑥枭首；⑦族刑；⑧具五刑。

（6）羞辱刑。"髡"、"耐"。

（7）赀赎刑。秦律中对轻微罪适用的强制缴纳一定财物的刑罚主要是"赀"；同时，赎刑也可归入这一范畴。

（8）株连刑。主要是"族"和"收"。

（二）秦代的刑罚适用原则

1. 刑事责任能力的规定。秦律以身高判定是否成年，大约六尺五寸为成年身高标准，低于六尺五寸的为未成年人。同时，男女不同。

2. 区分故意（端）与过失（不端）的原则。故意诬告者，实行反坐；主观上没有故意的，按"不告不审"从轻处理。

3. 盗窃按赃值定罪的原则。

4. 共犯罪与集团犯罪加重处罚的原则。集团犯罪（5人以上）较一般犯罪处罚从重。

5. 累犯加重原则。本身已犯罪，再犯诬告他人罪，加重处罚。

6. 教唆犯罪加重处罚的原则。教唆未成年人犯罪者加重处罚。

7. 自首减轻处罚的原则。凡携带所借公物外逃，主动自首者，不以盗窃论处，而以逃亡论处。

8. 诬告反坐原则。秦律规定，故意捏造事实与罪名诬告他人，即构成诬告罪。诬告者实行反坐原则，即同罪处罚。

（三）汉代文帝、景帝废肉刑

1. 缇萦上书。齐太仓令获罪当施黥刑，其女缇萦上书请求将自己没官为奴，替父赎罪。文帝为之所动，下令废除肉刑。

2. 文帝的改革，把黥刑（墨刑）改为髡、钳、城旦舂（去发颈部系铁圈服苦役五年）；劓刑改为答三百；斩左趾（砍左脚）改为答五百，斩右趾改为弃市死刑。评论：外有轻刑之名，内实杀之。

3. 景帝继位后，在文帝基础上对肉刑制度作进一步改革，他又颁布《箠令》，规定答杖尺寸，以竹板制成，削平竹节，以及行刑不得换人等。

（四）汉律的儒家化

1. 上请与恤刑。汉高祖刘邦七年下诏：郎中有罪耐以上，请之。年80岁以上的老人，8岁以下的幼童，以及怀孕未产的妇女、老师、侏儒等，在有罪监禁期间，给予不戴刑具的优待。老人、幼童及连坐妇女，除犯大逆不道诏书指明追捕的犯罪外，一律不再拘捕监禁。

2. 亲亲得相首匿（汉宣帝）。主张亲属间首谋藏匿犯罪可以不负刑事责任。来源于儒家"父为子隐，子为父隐，直在其中"的理论，对卑幼亲属首匿尊长亲属的犯罪行为，不追究刑事责任。尊长亲属首匿卑幼亲属，罪应处死的，可上请皇帝宽贷。

（五）魏晋南北朝时期法典的发展变化

1. 法典结构与法律形式的发展变化。

（1）《魏律》（曹魏律）魏明帝818。共18篇，它对秦汉旧律有较大改革。一方面，将《法经》中的"具律"改为"刑名"置于律首；另一方面，将"八议"制度正式列入法典。

（2）《晋律》（泰始律）晋武帝520。共20篇602条。在刑名律后增加法例律，丰富了刑法总则的内容。律学家张斐、杜预为之作注，与《晋律》具有同等法律效力。故《晋律》及该注解亦称"张杜律"。

（3）《北魏律》。北魏统治者吸收汉晋立法成果，采诸家法典之长，经过综合比较，"取精用宏"，修成《北魏律》20篇，成为当时著名的法典。

（4）《北齐律》。共12篇。其将刑名与法例律合为名例律一篇，充实了刑法总则；精练了刑法分则，使其成为11篇，即禁卫、户婚、擅兴、违制、诈伪、斗讼、贼盗、捕断、毁损、厩牧、杂律。《北齐律》在中国法律史上起着承前启后的作用，对后世的立法影响深远。

（5）法律形式的变化。这一时期法律形式发生了比较大的变化，形成了律、令、科、比、格、式相互为用的立法格局。

2. 法典内容的发展变化。

（1）"八议"入律与"官当"制度确立。魏明帝在制定《魏律》时，以《周礼》"八辟"为依据，正式规定了"八议"制度。"八议"包括议亲（皇帝亲戚）、议故（皇帝故旧）、议贤（有传统德行与影响的人）、议能（有大才能）、议功（有大功勋）、议贵（贵族官僚）、议勤（为朝廷勤劳服务）、议宾（前代皇室宗亲）。

"官当"是传统社会允许官吏以官职爵位折抵徒罪的特权制度。它正式出现在《北魏律》与《陈律》中。

口诀：北有北魏南有陈，官当制度律中明。

（2）"重罪十条"。《北齐律》中首次规定"重罪十条"，是对危害统治阶级根本利益的十种重罪的总称。"其犯此十者，不在八议论赎之限"。

（3）刑罚制度改革。一是规定绞、斩等死刑制度；二是规定流刑，北周时规定流刑分五等；三是规定鞭刑与杖刑，北魏增加鞭刑与杖刑，后北齐、北周相继采用；四是废除宫刑制度，自此结束了使用宫刑的历史。

（4）"准五服制罪"。《晋律》与《北齐律》中相继确立"准五服制罪"的制度。服制是中国封建社会以丧服为标志，区分亲属的范围和等级的制度。服制分为五等：斩衰、齐衰、大功、小功、缌麻。服制不但确定继承与赡养等权利义务关系，同时也是亲属相犯时确定刑罚轻重的依据。

口诀：子打父重于侄打叔，父打子轻于叔打侄。

（5）死刑复奏制度。死刑复奏制度是指奏请皇帝批准执行死刑判决的制度。北魏太武帝时正式确立这一制度，为唐代的死刑三复奏打下了基础。

三、司法制度

（一）司法机关

1. 西周时期的司寇。周天子是最高裁判者。中央设大司寇，辅佐周王行使司法权。大司寇下设小司寇，辅佐大司寇审理具体案件。此外，基层设有士师、乡士、遂士等负责处理具体司法事宜。

2. 秦汉时期的廷尉。皇帝掌握最高审判权；廷尉为中央司法机关的长官，审理全国案件。汉承秦制，廷尉仍是中央司法长官；郡守为地方行政长官也是当地司法长官，负责全郡案件审理；县令兼理本县司法，负责全县审判工作。

3. 北齐的大理寺。北齐时期正式设置大理寺，以大理寺卿和少卿为正副长官。

4. 御史制度。秦代御史大夫与监察御史，对全国进行法律监督。汉代时期御史大夫（西汉）、御史中丞（东汉），负责法律监督；西汉武帝以后设立司隶校尉，监督中央百官与京师地方司法官吏；刺史，专司各地行政与法律监督之职。晋以御史台主监察，又设治书侍御史纠举官员。

（二）诉讼制度

1. 狱讼、"五听"与"三刺"制度。

（1）"狱"与"讼"。民事案件称为"讼"，"听讼"；刑事案件称为"狱"，"断狱"。

（2）"五听"。"五听"制度指判案时判断当事人陈述真伪的五种方式。辞、色、气、耳、目。说明西周时已注意到司法心理问题并将其运用到审判实践中。

（3）"三刺"制度。西周时凡遇重大疑难案件，应先交群臣讨论；群臣不能决断时，再交官吏们讨论；还不能决断的，交给所有国人商讨决定。

2. 春秋决狱与秋冬行刑。

（1）汉代的《春秋》决狱。这是法律儒家化在司法领域的反映，其特点是依据儒家经典《春秋》等著作中提倡的精神原则审判案件，而不仅仅依据汉律审案。《春秋》决狱实行"论心定罪"原则，志善而违于法者免，志恶而合于法者诛。但是，它也在某种程度上为司法擅断提供了依据。如有甲、乙二人争言相斗，乙以佩刀刺甲，甲之子丙慌忙以杖击乙，却误伤甲。有人认为丙"殴父也，当枭首"。董仲舒则引用《春秋》事例，主张"论心定罪"，认为丙"非律所谓殴父，不当坐"。

（2）汉代的"秋冬行刑"。汉统治者根据"天人感应"理论，规定春、夏不得执行死刑。唐律规定"立春后不决死刑"，明清律中的"秋审"制度亦溯源于此。

题

董仲舒解说"春秋决狱"："春秋之听狱也，必本其事而原其志；志邪者不待成，首恶者罪特重，本直者其论轻"。关于该解说之要旨和倡导，下列哪些表述是正确的？[①]

A. 断案必须根据事实，要追究犯罪人的动机，动机邪恶者即使犯罪未遂也不免刑责

B. 在着重考察动机的同时，还要依据事实，分别首犯、从犯和已遂、未遂

C. 如犯罪人主观动机符合儒家"忠"、"孝"精神，即使行为构成社会危害，也不给予刑事处罚

D. 以《春秋》经义决狱为司法原则，对当时传统司法审判有积极意义，但某种程度上为司法擅断提供了依据

[①] 答案：A、B、D。

专题二十五
唐宋至明清时期的法制

▸相◆关◆法◆理◂

　　隋唐法律制度特别是唐朝的法律制度，在中国古代法制史上居于承前启后、继往开来的重要地位。它总结了以往法律制度的成功经验，集之前各朝法律制度之大成，同时也为以后封建朝代的法律制度所借鉴、沿用。隋唐时期是中国古代法律制度史上最为辉煌的时期之一。唐朝的灭亡以及五代十国时期的战乱使宋朝统治者深深忧思国家长治久安之道，他们认为强化中央集权应是保证政权长治久安的关键。因此，宋朝以唐朝法制为母本并进行改造，使法制呈现出新的特点。又由于时代的发展，宋朝的民商事法制较唐有较大程度的发展。明朝统治时期，处于中国传统社会的晚期发展阶段，政治上全面加强君主专制中央集权，伴随着当时社会的重大变化，明朝法律制度变化较为显著，烙有其时代特点。明初确立"重典治国"等法制指导思想；制定《大明律》、《大诰》、《大明会典》等；刑法方面确立比附原则与属地主义原则，加重对危害皇权与社会秩序犯罪的处罚，呈现出"重其所重，轻其所轻"的特点；司法方面则加强中央集权，除"三法司"外，还有"厂、卫"特殊司法机构；会审制度化，包括"大审"、"朝审"、"热审"等。清朝统治者继承明代法制的优秀成果，纠正前朝刑罚酷滥、宦官特务干预司法等弊端，建立与专制制度相适应的具有本朝特色的法律制度。

　　比较重大的考点包括：《永徽律疏》、十恶、六杀、六赃、宋代的民法、大明律、唐代和明代的司法机关、明代和清代的会审制度等。

知识点及实例

一、唐律与中华法系

（一）《唐律疏议》——礼律统一

1. 从《武德律》到《贞观律》。唐高祖李渊以《开皇律》为准，撰定律令，是为《武德律》，这是唐代首部法典。唐太宗即位以后，参照隋《开皇律》，制定新的法典，称为《贞观律》。

2. 《永徽律疏》即《唐律疏议》。它是唐高宗永徽年间完成的一部极为重要的法典，计12卷。至元代后称为《唐律疏议》。《永徽律疏》是中国历史上迄今保存下来的最完整、最早、最具有社会影响的古代成文法典。

（二）十恶

1. 从"重罪十条"到"十恶"。"十恶"渊源于《北齐律》的"重罪十条"。隋《开

《皇律》在"重罪十条"的基础上确定了十恶制度。唐律承袭此制，将"十恶"列入名例律之中。

口诀：十恶比"十条"，去"降"多"不睦"，开篇强调"谋"。

2. 唐律中十恶的内容：

（1）谋反：谓谋危社稷，指谋害皇帝、危害国家的行为；

（2）谋大逆：指图谋破坏国家宗庙、皇帝陵寝以及宫殿的行为；

（3）谋叛：谓背国从伪，指背叛本朝、投奔敌国的行为；

（4）恶逆：指殴打或谋杀祖父母、父母等尊亲属的行为；

（5）不道：指杀一家非死罪三人及肢解人的行为；

（6）大不敬：指盗窃皇帝祭祀物品或皇帝御用物、伪造或盗窃皇帝印玺、调配御药误违原方、御膳误犯食禁以及指斥皇帝、无人臣之礼等损害皇帝尊严的行为；

（7）不孝：指控告祖父母、父母，未经祖父母、父母同意私立门户、分异财产，对祖父母、父母供养有缺，为父母尊长服丧不如礼等不孝行为；

（8）不睦：指谋杀或卖五服（缌麻）以内亲属。殴打或控告丈夫大功以上尊长等行为；

（9）不义：指杀本管上司、授业师及夫丧违礼的行为；

（10）内乱：指奸小功以上亲属等乱伦行为。

唐律规定凡犯十恶者，不适用八议等规定，且为常赦所不原。

（三）六杀、六赃与保辜

1. 六杀。《唐律》依犯罪人主观意图区分了"六杀"，即所谓的"谋杀"、"故杀"、"斗杀"、"误杀"、"过失杀"、"戏杀"。"谋杀"指预谋杀人；"故杀"指事先虽无预谋，但情急杀人时已有杀人的意念；"斗杀"指在斗殴中出于激愤失手将人杀死；"误杀"指由于种种原因错置了杀人对象；"过失杀"指"耳目所不及，思虑所不到"，即出于过失杀人；"戏杀"指"以力共戏"而导致杀人。

2. 六赃。

（1）"受财枉法"，指官吏收受财物导致枉法裁判的行为；

（2）"受财不枉法"，指官吏收受财物，但无枉法裁判行为；

（3）"受所监临"，指官吏利用职权非法收受所辖范围内百姓或下属财物的行为；

（4）"强盗"，指以暴力获取公私财物的行为；

（5）"窃盗"，指以隐蔽的手段将公私财物据为己有的行为；

（6）"坐赃"，指官吏或常人非因职权之便非法收受财物的行为。

注意：

官吏因事接受他人财物的即构成"坐赃"，同时禁止监临主守官在辖区内役使百姓，借贷财物，违者以坐赃论处。

3. 保辜。指对伤人罪的后果不是立即显露的，规定加害方在一定期限内对被害方伤情变化负责的一项特别制度。在限定的时间内受伤者死去，伤人者承担杀人的刑责；限外死去或者限内以他故死亡者，伤人者只承担伤人的刑事责任。

（四）五刑与刑罚原则

1. 唐律中的五刑。（1）笞刑，最低，分为五等，由笞十到笞五十，每等加笞十；（2）杖刑，亦分五等，由六十至一百，每等加杖十；（3）徒刑，分为五等，自徒一年至徒三年，以半年为等差；（4）流刑，分为三等，即流二千里、二千五百里、三千里。另有加役流；
（5）死刑，分斩、绞二等。

2. 唐律中的刑罚原则。

（1）区分公、私罪的原则。唐律规定公罪从轻，私罪从重。所谓公罪，是指"缘公事致罪而无私曲者"。所谓私罪包括两种：一种是指"不缘公事私自犯者"。另一种是指"虽缘公事，意涉阿曲"的犯罪，即利用职权，徇私枉法，如受人嘱托、枉法裁判；虽因公事，也以私罪论处。

（2）自首原则。一是严格区分自首与自新的界限。唐代以犯罪未被举发而能到官府交代罪行的，叫做自首。但犯罪被揭发或被官府查知逃亡后，再投案者，唐代称做自新。二是规定谋反等重罪或造成严重危害后果无法挽回的犯罪不适用自首。三是规定自首者可以免罪，但"正赃犹征如法"，即赃物必须按法律规定如数偿还，以防止自首者非法获财。四是自首不彻底的叫"自首不实"，对犯罪情节交代不彻底的叫"自首不尽"。

> **注意：**
> 凡"于人损伤，于物不可备偿"，"越渡关及奸，并私习天文者，并不在自首之列"。

（3）类推原则。《唐律·名例律》规定：诸断罪而无正条，其应出罪者，则举重以明轻；其应入罪者，则举轻以明重。即对律文无明文规定的同类案件，凡应减轻处罚的，则列举重罪处罚规定，比照以解决轻案；凡应加重处罚的罪案，则列举轻罪处罚规定，比照以解决重案。如唐律规定了夜半闯入人家，主人出于防卫而杀死闯入者，不论罪。那么有人半夜闯入人家被主人自卫而致伤，法律虽无规定，但应比照前款规定确认无罪，因为杀死都不论罪，致伤就更不应论罪。

 题

1. 唐永徽年间，甲由祖父乙抚养成人。甲好赌欠债，多次索要乙一祖传玉坠未果，起意杀乙。某日，甲趁乙熟睡，以木棒狠击乙头部，以为致死（后被救活），遂夺玉坠逃走。唐律规定，谋杀尊亲处斩，但无致伤如何处理的规定。对甲应当实行下列哪一处罚？①

A. 按"诸断罪而无正条，其应入罪者，则举轻以明重"，应处斩刑

B. 按"诸断罪而无正条，其应出罪者，则举重以明轻"，应处绞刑

C. 致伤未死，应处流三千里

D. 属于"十恶"犯罪中的"不孝"行为，应处极刑

2. 《唐律·名例律》规定："诸断罪而无正条，其应出罪者，则举重以明轻；其应入罪者，则举轻以明重"。关于唐代类推原则，下列哪一说法是正确的？②

A. 类推是适用法律的一般形式，有明文规定也可"比附援引"

B. 被类推定罪的行为，处罚应重于同类案件

C. 被类推定罪的行为，处罚应轻于同类案件

D. 唐代类推原则反映了当时立法技术的发达

（4）化外人原则。《唐律·名例律》规定：诸化外人，同类自相犯者，各依本俗法；异类相犯者，以法律论。即同国籍外国侨民在中国犯罪的，由唐王朝按其所属本国法

---

① 答案：A。
② 答案：D。

律处理,实行属人主义原则;不同国籍侨民在中国犯罪者,按唐律处罚,实行属地主义原则。

口诀:国籍相同采国籍;国籍不同用唐律。

（五）唐律的特点与中华法系

1."礼律合一"。唐朝承袭和发展了以往礼法并用的统治方法,使得法律统治"一准乎礼",真正实现了礼与律的统一。

2.科条简要与宽简适中。

3.立法技术完善的特点。

4.唐律是中国传统法典的楷模与中华法系形成的标志。朝鲜《高丽律》、日本《大宝律令》和越南的《刑书》,大都参用唐律。

元代人在《唐律疏议序》中说:"乘之(指唐律)则过,除之则不及,过与不及,其失均矣"表达了对唐律的敬畏之心。下列关于唐律的哪一表述是错误的?[①]

A.促使法律统治"一准乎礼",实现了礼律统一

B.科条简要、宽简适中、立法技术高超,结构严谨

C.是我国传统法典的楷模与中华法系形成的标志

D.对古代亚洲及欧洲诸国产生了重大影响,成为其立法渊源

二、宋元时期的法律

（一）《宋刑统》与编敕

1.《宋刑统》。宋太祖颁布《宋建隆重详定刑统》,简称《宋刑统》。成为历史上第一部刊印颁行的法典。它源自唐宣宗的《唐大中刑律统类》。

口诀:《刑统》源于唐大中,敕令格式附于后。

2.编敕。宋代的敕是指皇帝对特定的人或事所做的命令。敕的效力往往高于律,成为断案的依据。从太祖时的《建隆编敕》开始,大凡新皇帝登极或改元,均要进行编敕。（1）仁宗前"敕律并行"。（2）神宗,敕地位提高,"凡律所不载者,一断于敕"。

（二）刑罚的变化

1.折杖法。宋太祖颁行"折杖法"。除死刑外,其他笞、杖、徒、流四刑均折换成臀杖和脊杖。

2.配役。配役刑渊源于隋唐的流配刑。配役刑在两宋多为刺配:刺是刺字,即古代黥刑的复活;配指流刑的配役。

3.凌迟。凌迟始于五代时的西辽。仁宗时使用凌迟刑,神宗熙宁以后成为常刑。至南宋,在《庆元条法事类》中,正式作为法定死刑的一种。到《大清现行刑律》时废止。

（三）契约与婚姻法规

1.契约立法。

（1）买卖契约。宋代买卖契约分为绝卖、活卖与赊卖三种。

（2）租赁契约。宋时对房宅的租赁称为"租"、"赁"或"借"。对人畜车马的租赁称为庸、雇。

---

① 答案:D。

（3）租佃契约。若佃农过期不交地租，地主可于每年十月初一到正月三十向官府投诉，由官府代为索取。

（4）典卖契约。宋代典卖又称"活卖"，即通过让渡物的使用权收取部分利益而保留回赎权的一种交易方式。

（5）借贷契约。借指使用借贷，而贷则指消费借贷。把不付息的使用借贷称为负债，把付息的消费借贷称为出举。

2. 婚姻法规。宋承唐律，规定："男年十五，女年十三以上，并听婚嫁"。违反成婚年龄的，不准婚嫁。宋律禁止五服以内亲属结婚，但对姑舅两姨兄弟姐妹结婚并不禁止（即表兄妹）。另外，《宋刑统》还规定："诸州县官人在任之日，不得共部下百姓交婚，违者虽会赦仍离之"。

在离婚方面，仍实行唐制"七出"与"三不去"制度，但也有少许变通。例如，《宋刑统》规定："夫外出3年不归，6年不通问，准妻改嫁或离婚"；但是"妻擅走者徒三年，因而改嫁者流三千里，妾各减一等"。如果夫亡，妻"不守志"者，宋代《户令》规定："若改适（嫁），其见在部曲、奴婢、田宅不得费用"。严格维护家族财产不得转移的固有传统。

宋承唐律，仍实行唐制"七出"、"三不去"的离婚制度，但在离婚或改嫁方面也有变通。下列哪一选项不属于变通规定？[①]

A."夫外出三年不归，六年不通问"的，准妻改嫁或离婚

B."妻擅走者徒三年，因而改嫁者流三千里，妾各减一等"

C.夫亡，妻"若改适（嫁），其见在部曲、奴婢、田宅不得费用"

D.凡"夫亡而妻在"，立继从妻

3. 继承。除沿袭以往遗产兄弟均分制外，允许在室女享受部分继承财产权；同时承认遗腹子与亲生子享有同样的继承权。

户绝指家无男子承继。户绝立继承人有两种方式：凡"夫亡而妻在"，立继从妻，称"立继"；凡"夫妻俱亡"，立继从其尊长亲属，称为"命继"。继子与户绝之女均享有继承权，但只有在室女的（未嫁女），在室女享有3/4的财产继承权，继子享有1/4的财产继承权；只有出嫁女（已婚女）的，出嫁女享有1/3的财产继承权，继子享有1/3，另外的1/3收为官府所有。

南宋时，霍某病故，留下遗产值银9000两。霍某妻子早亡，夫妻二人无子，只有一女霍甲，已嫁他乡。为了延续霍某姓氏，霍某之叔霍乙立本族霍丙为霍某继子。下列关于霍某遗产分配的哪一说法是正确的？[②]

A.霍甲9000两

B.霍甲6000两，霍丙3000两

C.霍甲、霍乙、霍丙各3000两

D.霍甲、霍丙各3000两，余3000两收归官府

（四）四等人

① 答案：D。

② 答案：D。

陈璐琼讲理论法学　2018年国家统一法律职业资格考试专题讲座系列

蒙古人社会政治地位最优越；色目人（西夏、回回）次之；汉人再次之；南人（原南宋地区的民众）最低。

三、明清时期的法律

（一）律例与大诰、会典

1. 明律与明大诰。

（1）《大明律》。《大明律》是明太祖朱元璋颁行天下的法典，共计7篇30卷460条。它一改传统刑律体例，更为名例、吏、户、礼、兵、刑、工七篇格局。其律文简于唐律，精神严于宋律，成为终明之世通行不改的基本法典。

（2）《明大诰》。朱元璋在修订《大明律》的同时，手订四编《大诰》，共236条，具有与《大明律》相同的法律效力。《明大诰》集中体现了朱元璋"重典治世"的思想。大诰是明初的一种特别刑事法规。它空前普及，且在科举中也有内容。明太祖死后，大诰被束之高阁，不具法律效力。

明太祖朱元璋在洪武十八年（公元1385年）至洪武二十年（公元1387年）间，手订四编《大诰》，共236条。关于明《大诰》，下列哪些说法是正确的？①

A.《大明律》中原有的罪名，《大诰》一般都加重了刑罚

B.《大诰》的内容也列入科举考试中

C."重典治吏"是《大诰》的特点之一

D.朱元璋死后《大诰》被明文废除

2. 清代律例的编撰。

（1）《大清律例》。《大清律例》于乾隆五年完成，颁行天下。《大清律例》的结构、形式、体例、篇目与《大明律》基本相同，共分名例律、吏律、户律、礼律、兵律、刑律、工律七部分。

《大清律例》是中国历史上最后一部传统成文法典。

（2）清代的例。清代最重要的法律形式之一就是例。例是统称，可分为条例、则例、事例、成例等名目。

3. 明清会典。

（1）《大明会典》。《大明会典》基本仿照《唐六典》，以六部官制为纲，分述各行政机关职掌和事例。

（2）《大清会典》。计有康熙、雍正、乾隆、嘉庆、光绪五部会典，合称"五朝会典"，统称《大清会典》。

（二）立法思想与刑罚原则及其罪名和刑罚

1. 明刑弼教。"明刑弼教"一词，最早见于《尚书·大禹谟》："明于五刑，以弼五教"之语。宋以前论及"明刑弼教"，多将其附于"德主刑辅"之后，其着眼点仍是"大德小刑"和"先教后刑"。著名理学家朱熹首先对"明刑弼教"作了新的阐释。他有意提高了礼、刑关系中刑的地位，认为礼律二者对治国同等重要，"不可偏废"。经朱熹阐发，朱元璋身体力行于后世的"明刑弼教"思想，则完全是借"弼教"之口实，为推行重典治国政策提供思想理论依据。

---

① 答案：A、B、C。

2. 从重从新与重其所重，轻其所轻。

（1）从重且从新。《大明律·名例》规定：凡律自颁降日为始，若犯在已前者，并依新律拟断。

（2）重其所重，轻其所轻。明代对于贼盗及有关钱粮等事，明律较唐律处刑为重，且扩大株连范围，此即"重其所重"原则。对于"典礼及风俗教化"等一般性犯罪，明律处罚轻于唐律，此即"轻其所轻"的原则。

口诀：贼盗及有关钱粮等事，记林冲，处罚重。"典礼及风俗教化"等，潘金莲，处罚轻。

3. 奸党罪与充军刑。

（1）"奸党"罪的创设。朱元璋洪武年间创设"奸党"罪，用以惩办官吏结党危害皇权统治的犯罪，并无具体内容。

（2）在流刑外增加充军刑。即强迫犯人到边远地区服苦役，并有本人终身充军与子孙永远充军的区分。

4. 故杀与谋杀。

（1）故杀。故杀的渊源已久，北魏时已经出现了故杀，照清代律学家的定义，故杀是临时起意的故意杀人。

（2）谋杀。明律仍然以为谋杀首先是二人以上共同犯罪。同时，明律也承认一个人也可以成为谋杀罪的主体。到了清代，即谋杀是有预谋的故意杀人，而故杀是没有预谋、突然起意的故意杀人。有无事先预谋是区分谋杀和故杀的根本标准。

四、司法制度

（一）司法机关

1. 唐宋时期的司法机关。

（1）大理寺。大理寺以正卿和少卿为正副长官，行使中央司法审判权，审理中央百官与京师徒刑以上案件。凡属流徒案件的判决，须送刑部复核；死刑案件必须奏请皇帝批准。同时大理寺对刑部移送的死刑与疑难案件具有重审权。

（2）刑部。唐代刑部以尚书、侍郎为正副长官，下设刑部、都官、比部和司门四司。刑部有权参与重大案件的审理，对中央、地方上报的案件具有复核权，并有权受理在押犯申诉案件。

（3）御史台。御史台以御史大夫和御史中丞为正副长官，下设台、殿、察三院，作为中央监察机构，专门负责代表皇帝自上而下地监督中央和地方各级官吏是否遵守国家法律和各项制度。

（4）唐代的"三司推事"。唐代中央或地方发生重大案件时，由刑部侍郎、御史中丞、大理寺卿组成临时最高法庭审理，称为"三司推事"。有时地方发生重案，不便解往中央，则派大理寺评事、刑部员外郎、监察御史为"三司使"，前往审理。

（5）地方司法机关。宋代在州县之上，设立提点刑狱司，作为中央在地方各路的司法派出机构。

2. 明清时期的司法机关。

（1）明代刑部增设十三清吏司，分掌各省刑民案件，加强对地方司法控制。

（2）明代大理寺掌复核驳正。

（3）明代都察院掌纠察。地方设监察御史，大事奏裁，小事立断。

（4）地方司法机关。明朝地方司法机关分为省、府（直隶州）、县三级。沿宋制，省设提刑按察使司。明朝还在各州县及乡设立"申明亭"，张贴榜文，申明教化，由民间德高望重的耆老受理当地民间纠纷，加以调处解决。

3. 管辖制度。明朝在交叉案件的管辖上，继承了唐律"以轻就重，以少就多，以后就先"的原则。此外，明朝实行军民分诉分辖制，凡军官、军人有犯，"与民不相干者"，一律"从本管军职衙门自行追问"。若军案与民相干者，由管军衙门与当地官府"一体约问"。

4. 廷杖与厂卫。

（1）廷杖。廷杖即由皇帝下令，司礼监监刑，锦衣卫施刑，在朝堂之上杖责大臣的制度。

（2）"厂"、"卫"特务司法机关。"厂"是直属皇帝的特务机关。"卫"是指皇帝亲军十二卫中的"锦衣卫"。

（二）诉讼制度

1. 刑讯与仇嫌回避原则。

（1）刑讯的条件与证据。经过主审官与参审官共同决定，可以使用刑讯；未依法定程序拷讯的，承审官要负刑事责任。同时规定，对那些人赃俱获，经拷讯仍拒不认罪的，也可"据状断之"，即根据证据定罪。拷讯数满，被拷者仍不承认的，应当反拷告状之人，以查明有无诬告等情形，同时规定了反拷的限制。注意禁止使用刑讯的情形。规定对两类人禁止使用刑讯，只能根据证据来定罪：一是具有特权身份的人，如应议、请、减之人；二是老幼废疾之人，指年70岁以上15岁以下、一肢废、腰脊折、痴哑、侏儒等。

（2）法官的回避。《唐六典》第一次以法典的形式，肯定了法官的回避制度。

2. 宋代的翻异别勘制度与证据勘验制度。在诉讼中，人犯否认口供（称"翻异"），事关重大案情的，由另一法官或另一司法机关重审，称"别勘"。南宋地方司法机构制有专门的"检验格目"，并产生了《洗冤集录》等世界最早的法医学著作。

3. 明清时期的会审制度。

（1）明代的会审制度。

①九卿会审（明代又称"圆审"）。这是由六部尚书及通政使司的通政使，都察院左都御使，大理寺卿九人会审皇帝交付的案件或已判决但因犯仍翻供不服之案。

②朝审。明英宗命每年霜降之后，三法司会同公侯、伯爵，在吏部尚书或户部尚书主持下会审重案囚犯，从此形成制度。清代秋审、朝审皆渊源于此。

③大审。明宪宗命司礼监（宦官）一员在堂居中而坐，尚书各官列居左右，从此"九卿抑于内官之下"，自此定例，每五年辄大审。

（2）清代会审制度的发展。

①秋审。是最重要的死刑复审制度，因在每年秋天举行而得名。秋审审理对象是全国上报的斩、绞监候案件，每年秋8月在天安门金水桥西由九卿、詹事、科道以及军机大臣、内阁大学士等重要官员会同审理。秋审被看成是"国家大典"，统治者较为重视，专门制定《秋审条款》。

②朝审。是对刑部判决的重案及京师附近斩、绞监候案件进行的复审，其审判组织、方式与秋审大体相同，于每年霜降后十日举行。

案件经过秋审或朝审复审程序后，分四种情况处理：

其一情实，指罪情属实、罪名恰当者，奏请执行死刑；**其二缓决，**案情虽属实，但危害性不大者，可减为流三千里，或发烟瘴极边充军，或再押监候；**其三可矜，**指案情属实，但有可矜或可疑之处，可免于死刑，一般减为徒、流刑罚；**其四留养承嗣，**指案情属实、罪名恰当，但有亲老丁单情形，合乎申请留养条件者，按留养奏请皇帝裁决。

③**热审。**是对发生在京师的**笞杖刑案件**进行重审的制度，于每年小满后十日至立秋前一日，由大理寺官员会同各道御史及刑部承办司共同进行，快速决放在监笞杖刑案犯。

题

1.根据清朝的会审制度，案件经过秋审或朝审程序之后，分四种情况予以处理：情实、缓决、可矜、留养承嗣。对此，下列哪一说法是正确的①

A.情实指案情属实、罪名恰当者，奏请执行绞监候或斩监候

B.缓决指案情虽属实，但危害性不能确定者，可继续调查，待危害性确定后进行判决

C.可矜指案情属实，但有可矜或可疑之处，免于死刑，一般减为徒、流刑罚

D.留养承嗣指案情属实、罪名恰当，但被害人有亲老丁单情形，奏请皇帝裁决

2.《折狱龟鉴》载一案例：张泳尚书镇蜀日，因出过委巷，闻人哭，惧而不哀，遂使讯之。云："夫暴卒"。乃付吏穷治。吏往熟视，略不见其要害。而妻教吏搜顶发，当有验。乃往视之，果有大钉陷其脑中。吏喜，辄矜妻能，悉以告泳。泳使呼出，厚加赏方，问所知之由，并令鞫其事，盖尝害夫，亦用此谋。发棺视尸，其钉尚在，遂与哭妇俱刑于市。关于本案，张泳运用了下列哪一断案方法？②

A.《春秋》决狱　　　　　B."听讼"、"断狱"

C."据状断之"　　　　　D."九卿会审"

---

① 答案：C。

② 答案：C。

专题二十六
清末、民国时期的法制

相◆关◆法◆理

　　鸦片战争后，西方列强用坚船利炮打开了中国的大门，中国一步步沦为半殖民地半封建国家。清政府被迫宣布要"仿行宪政"，并着手修订法律。清廷陆续制定并颁布了一系列近代意义上的法律制度。这一段时期立法数量之多，涉及领域之广，体系之完备，堪称中国历史之最。这些举措直接导致了传统中华法系的解体，为近代资产阶级法律制度的建立打下了基础。晚清的法律制度是中国法制从传统向现代过渡的重要阶段，是中国法制史的重要组成部分。中华民国包括南京临时政府、北洋政府和南京国民政府三时期，是中国历史上最为重要的转折期之一，也是中国大地上饱受军阀混战、日寇入侵、内战战祸的战乱年代。但这一时期基本完成了从中华法系到西方化的现代法律体系的转型。民国时期的法制发展有两条主线，其一为宪政的发展；其二为法律制度的西方化。接续清末的修律，大规模引进西方的法律制度，以此代替传统中国法，民国时期各政府一直延续不断，直至南京国民政府完成了六法体系，标志着中国法律近代化的完成。本专题要了解清末主要修律内容，清末司法体制的变化，理解清末"预备立宪"及其对近代以来宪政发展的影响，准确记忆几部重要宪法性文件的内容与特点。

知识点及实例

一、清末"预备立宪"

（一）清末变法修律的主要特点

1. 在立法指导思想上，清末修律自始至终贯穿着"仿效外国资本主义法律形式，固守中国法制传统"的方针。

2. 在内容上，清末修订的法律表现为皇权专制主义传统与西方资本主义法学最新成果的混合。

3. 在法典编纂形式上，清末修律改变了传统的"诸法合体"形式，明确了实体法之间、实体法与程序法之间的差别，形成了近代法律体系的雏形。

4. 它是统治者为维护其摇摇欲坠的反动统治，在保持皇权专制政体的前提下进行的，因而既不能反映人民群众的要求和愿望，也没有真正的民主形式。

（二）《钦定宪法大纲》与"十九信条"

1. 《钦定宪法大纲》。

（1）性质：清廷宪政编查馆编订，于1908年颁布，是中国近代史上第一个宪法性文件。

（2）结构与内容：共 23 条，分正文"君上大权"和附录"臣民权利义务"两部分。

（3）特点：皇帝专权，人民无权。

（4）实质：给皇权专制制度披上"宪法"的外衣，以法律的形式确认君主的绝对权力，体现了满洲贵族维护专制统治的意志及愿望。

2．"十九信条"。

（1）定义：《宪法重大信条十九条》，是清政府于辛亥革命武昌起义爆发后抛出的又一个宪法性文件。

（2）背景：1911 年清王朝迫于武昌革命风暴，资政院仅用 3 天时间即拟定。

（3）内容：形式上被迫缩小了皇帝的权力，相对扩大了议会和总理的权力，但仍强调皇权至上，且对人民权利只字未提。因此，也未能挽回清王朝的败局。

 题

武昌起义爆发后，清王朝于 1911 年 11 月 3 日公布了《宪法重大信条十九条》。关于该宪法性文件，下列哪一说法是错误的？[1]

A．缩小了皇帝的权力　　　　B．扩大了人民的权利

C．扩大了议会的权力　　　　D．扩大了总理的权力

（三）谘议局与资政院

1．谘议局。

（1）定义：清末"预备立宪"时期清政府设立的地方咨询机关。

（2）实质：各省督抚严格控制下的附属机构。

（3）宗旨、权限：以"指陈通省利病、筹计地方治安"为宗旨，权限包括讨论本省兴革事宜、决算预算、选举资政院议员、申复资政院或本省督抚的咨询等。

2．资政院。

（1）定义：清末"预备立宪"时期清政府设立的中央咨询机构。

（2）性质：它是承旨办事的御用机构，与近现代社会的国家议会有根本性的不同。

（3）内容：一切决议须报请皇帝定夺。

二、清末修律主要内容

（一）《大清现行刑律》与《大清新刑律》

1．《大清现行刑律》。

（1）《大清现行刑律》是一部过渡性法典。

（2）主要内容及变化。改律名为"刑律"；取消了六律总目，将法典各条按性质分隶 30 门；对纯属民事性质的条款不再科刑；废除了一些残酷的刑罚手段，如凌迟；增加了一些新罪名，如妨害国交罪等。

2．《大清新刑律》。

（1）特点与地位。它是清廷于 1911 年公布的中国历史上第一部近代意义上的专门刑法典。

（2）制定过程及篇章结构。1911 年正式公布，但并未真正施行。《大清新刑律》分总则和分则两篇，后附《暂行章程》5 条。

（3）主要内容及发展变化。抛弃了旧律诸法合体的编纂形式，以罪名和刑罚等专

---

[1] 答案：B。

属刑法范畴的条文作为法典的唯一内容；在体例上抛弃了旧律的结构形式，将法典分为总则和分则；确立了新刑罚制度，规定刑罚分主刑、从刑；采用了一些近代西方资产阶级的刑法原则和刑法制度，如罪刑法定原则和缓刑制度等。

（二）《大清商律草案》与《大清民律草案》

1. 清末的商事立法。

（1）商事立法主要由新设立的商部负责。《钦定大清商律》是为清朝第一部商律。此外还陆续颁布了《公司注册试办章程》、《商标注册试办章程》、《破产律》等。

（2）主要商事法典改由修订法律馆主持起草。起草了《大清商律草案》、《改订大清商律草案》，草拟了《交易行律草案》、《保险规则草案》、《破产律草案》等，但均未正式颁行。

2. 《大清民律草案》。该《大清民律草案》条文稿共分总则、债权、物权、亲属、继承五编。其中，总则、债权、物权三编由松冈正义等人仿照德、日民法典的体例和内容草拟而成，吸收了大量的西方资产阶级民法的理论、制度和原则。而亲属、继承两编则由修订法律馆会同保守的礼学馆起草，其制度、风格带有浓厚的封建色彩，保留了许多封建法律的精神。这部民律草案并未正式颁布与施行。

题

1903 年，清廷发布上谕："通商惠工，为古今经国之要政，急应加意讲求，著派载振、袁世凯、伍廷芳，先定商律，作为则例"。下列哪一说法是正确的？[①]

A.《钦定大清商律》为清朝第一部商律，由《商人通例》、《公司律》和《破产律》构成

B. 清廷制定商律，表明随着中国近代工商业发展，其传统工商政策从"重农抑商"转为"重商抑农"

C. 商事立法分为两阶段，先由新设立商部负责，后主要商事法典改由修订法律馆主持起草

D.《大清律例》、《大清新刑律》、《大清民律草案》与《大清商律草案》同属清末修律成果

三、清末司法体制的变化

（一）司法机构的变革与四级三审制

1. 清末司法机关改刑部为法部，掌管全国司法行政事务；改大理寺为大理院，为全国最高审判机关；实行审检合署。

2. 实行四级三审制。审判制度上实行公开、回避等制度。初步规定了法官及检察官考试任用制度；改良监狱及狱政管理制度。

（二）领事裁判权、观审和会审公廨

1. 领事裁判权。凡在中国享有领事裁判权的国家，其在中国的侨民不受中国法律管辖，只由该国的领事或设在中国的司法机构依其本国法律裁判。

2. 观审制度。外国人是原告的案件，其所属国领事官员也有权前往观审，如认为审判、判决有不妥之处，可以提出新证据等。

3. 会审公廨。1864 年清廷与英、美、法三国驻上海领事协议在租界内设立的特殊

---

① 答案：C。

审判机关。凡涉及外国人案件，必须有领事官员参加会审；凡中国人与外国人之间诉讼案，由本国领事裁判或陪审，甚至租界内纯属中国人之间的诉讼也由外国领事观审并操纵判决。

题

鸦片战争后，清朝统治者迫于内外压力，对原有的法律制度进行了不同程度的修改与变革。关于清末法律制度的变革，下列哪一选项是正确的？[①]

A. 《大清现行刑律》废除了一些残酷的刑罚手段，如凌迟

B. 《大清新刑律》打破了旧律维护专制制度和封建伦理的传统

C. 改刑部为法部，职权未变

D. 改四级四审制为四级两审制

四、民国时期的宪法

（一）《中华民国临时约法》

《中华民国临时约法》是民国南京临时政府于1912年公布的一部重要的宪法文件，它是中国历史上最初的资产阶级宪法性文件。

1. 《临时约法》具有中华民国临时宪法的性质。

（1）《临时约法》是辛亥革命的直接产物，它以孙中山的民权主义学说为指导思想。

（2）《临时约法》确定了资产阶级民主共和国的国家制度。

（3）《临时约法》肯定了资产阶级民生共和国的政治体制和组织原则。依照资产阶级三权分立原则，《临时约法》采用责任内阁制，规定临时大总统、副总统和国务院行使行政权力，参议院是立法机关，法院是司法机关，并规定了其他相应的组织与制度。

（4）《临时约法》体现了资产阶级宪法中一般民主自由原则。

（5）《临时约法》确认了保护私有财产的原则。

2. 《临时约法》反映了当时斗争形势和力量对比关系。

（1）在国家政权体制问题上，改总统制为责任内阁制，以限制袁世凯的权力。

（2）在权力关系规定上，扩大参议院的权力以抗衡袁世凯。

（3）在《临时约法》的程序性条款上，规定特别修改程序以制约袁世凯。

（二）"天坛宪草"与"袁记约法"

1. "天坛宪草"即1913年《中华民国宪法（草案）》。它是北洋政府时期的第一部宪法草案。采用资产阶级三权分立的宪法原则，确认民主共和制度。同时，也体现了国民党通过制宪限制袁世凯权力的意图，如肯定了责任内阁制、规定国会对总统行使重大权力的牵制权、限制总统任期。后来袁世凯解散国会，使"天坛宪草"遂成废纸。

2. "袁记约法"即1914年《中华民国约法》。

（1）以根本法的形式彻底否定了《临时约法》确立的民主共和制度，代之以个人独裁。

（2）用总统独裁否定了责任内阁制。

（3）用有名无实的立法院取消了国会制。

[①] 答案：A。

（4）为限制、否定《临时约法》规定的人民基本权利提供了宪法根据。它是对《临时约法》的反动，是军阀专制全面确立的标志。

（三）"贿选宪法"即 1923 年《中华民国宪法》

它是中国近代史上首部正式颁行的宪法。

（1）企图用漂亮的辞藻和虚伪的民主形式掩盖军阀专制的本质。

（2）为平衡各派大小军阀的关系，巩固中央大权，对"国权"和"地方制度"作了专门规定。

（四）（1947 年）《中华民国宪法》

《中华民国宪法》该法共 14 章，基本精神与《训政时期约法》和"五五宪草"一脉相承。

1. 表面上的"民有、民治、民享"和实际上的个人独裁，即人民无权、独夫集权。1948 年颁布的《动员戡乱时期临时条款》使这一特点更趋具体和法律化。

2. 政权体制不伦不类：既非国会制、内阁制，又非总统制。实际上是用不完全责任内阁制与实质的总统制的矛盾条文，掩盖总统即蒋介石的个人专制统治的本质。

3. 罗列人民各项民主自由权利，比以往任何宪法性文件都充分。但依据《中华民国宪法》第 23 条颁布的《维持社会秩序临时办法》、《戒严法》、《紧急治罪法》等，把宪法抽象的民主自由条教加以具体切实的否定。

4. 以"平均地权"、"节制资本"之名，行保护地主剥削、加强官僚垄断经济之实。

专题二十七
罗马法

相◆关◆法◆理

　　它山之石，可以攻玉。法治在国外的历史发展可以给中国法治现代化带来诸多启示。从最早的罗马法的制定和发展，特别是罗马法的复兴，到英美法系和大陆法系的发轫，再到《法国民法典》和《德国民法典》的蔚为大观。其原点是辉煌的罗马法。法治史上，言必称罗马，罗马法的内容丰富，考点众多。《十二表法》、罗马法的渊源和分类、罗马私法的基本内容是考试必背之处。

知识点及实例

一、罗马法的历史沿革

（一）《十二表法》

1. 结构与内容。《十二表法》的篇目依次为传唤、审理、索债、家长权、继承和监护、所有权和占有、土地和房屋、私犯、公法、宗教法、前五表的追补及后五表的追补。其特点为诸法合体、私法为主，程序法优先。

2. 历史地位。《十二表法》是罗马国家第一部成文法，它总结了前一阶段的习惯法，并为罗马法的发展奠定了基础。许多世纪以来，《十二表法》被认为是罗马法的主要渊源。

（二）罗马法的发展

1. 市民法和万民法。市民法仅适用于罗马市民，内容主要是国家行政管理、诉讼程序、财产、婚姻家庭和继承等方面的规范。其渊源包括罗马"立法机构"制定的法律（如《十二表法》）、元老院的决议、裁判官的告示以及罗马法学家对法律的解释等。

万民法适用于罗马市民与外来人以及外来人相互之间的关系，是外事裁判官在司法活动中逐步创制的法律。它的基本内容主要是关于所有权和债权方面的规范，很少涉及婚姻、家庭和继承等内容。

自 212 年卡拉卡拉皇帝颁布《安东尼努斯敕令》，赋予罗马帝国境内所有的自由民以罗马市民权后，市民法与万民法逐渐统一。

2. 《国法大全》——查士丁尼皇帝。

（1）《查士丁尼法典》。它将历代罗马皇帝颁布的敕令进行整理、审订和取舍而成。

（2）《查士丁尼法学总论》，又译为《法学阶梯》。它以盖尤斯的《法学阶梯》为基础加以改编而成，是阐述罗马法原理的法律简明教本，也是官方指定的"私法"教科书，具有法律效力。

（3）《查士丁尼学说汇纂》，又译为《法学汇编》，这是一部法学著作的汇编，均具有法律效力。

（4）《查士丁尼新律》。

以上四部法律汇编，至公元12世纪统称为《国法大全》或《民法大全》。《国法大全》的问世，标志着罗马法已发展到最发达、最完备阶段。

二、罗马法的渊源和分类

（一）罗马法的渊源

包括：习惯法、"立法机构"（民众大会、百人团议会与平民会议）制定的法律、元老院决议、罗马高级行政长官和最高裁判官发布的告示、皇帝敕令、具有法律解答权的法学家的解答与著述（如五大法学家）等。

（二）罗马法的分类

1. 根据法律所调整的不同对象可划分为公法与私法。公法包括宗教祭祀活动和国家机关组织与活动的规范；私法包括所有权、债权、婚姻家庭与继承等方面的规范。

2. 依照法律的表现形式可划分为成文法与不成文法。成文法是指所有以书面形式发布并具有法律效力的规范，包括议会通过的法律、元老院的决议、皇帝的敕令、裁判官的告示等；不成文法是指统治阶级所认可的习惯法。

3. 根据罗马法的适用范围可划分为自然法、市民法和万民法。市民法是指仅适用于罗马市民的法律；万民法是调整外来人之间以及外来人与罗马市民之间关系的法律。

4. 根据立法方式不同可划分为市民法与长官法。长官法专指由罗马高级官吏发布的告示、命令等所构成的法律，内容多为私法。其主要是靠裁判官的司法实践活动形成的。

5. 按照权利主体、客体和私权保护为内容可划分为人法、物法、诉讼法。人法是规定人格与身份的法律；物法是涉及财产关系的法律；诉讼法是规定私权保护的方法。

三、罗马私法的基本内容

（一）人法

1. 自然人。自然人必须具有人格，即享有权利和承担义务的资格。奴隶因其不具有法律人格。罗马法上的人格由自由权、市民权和家父权三种身份权构成。只有年满25岁的、有法律人格的成年男子才享有完全的行为能力。

2. 法人。罗马法上虽没有明确的法人概念和术语，但已有初步的法人制度。罗马法上法人分社团法人和财团法人两种。法人的成立必须具备三个条件：必须具有物质基础；社团要达到最低法定人数（3人以上），财团须拥有一定数额的财产，数额多少没有严格规定；必须经过元老院的批准或皇帝的特许。

3. 婚姻家庭法。实行一夫一妻的家长制家庭制度。家的特点是以家父权为基础。共和国后期，家父的权力逐渐受到限制。罗马法的婚姻有两种，即"有夫权婚姻"和"无夫权婚姻"。

（二）物法

1. 物权。物权的范围和种类皆由法律规定，而不能由当事人自由创设。物权主要有五种：所有权、役权（地役权、人役权）、地上权、永佃权、担保物权（质权、抵押权）。其中所有权为自物权，其他为他物权。

2. 继承。罗马法中的继承分为遗嘱继承和法定继承，遗嘱继承优于法定继承。早期采取"概括继承"的原则，后来逐步确立了"限定继承"的原则。

3. 债。罗马法中债的发生原因主要有两类：一类是合法原因，即由双方当事人因订立契约而引起的债；一类是违法原因，即由侵权行为而引起的债，罗马法称之为私犯。此外，准契约和准私犯也是债的发生原因。

（三）诉讼法

诉讼分为公诉和私诉两种。公诉是对直接损害国家利益案件的审理；私诉是根据个人的申诉，对有关私人利益案件的审理。私诉是保护私权的法律手段，相当于后世的民事诉讼。

四、罗马法的历史地位

（一）注释法学派与罗马法的复兴

公元 1135 年在意大利北部发现《查士丁尼学说汇纂》原稿，揭开了复兴罗马法的序幕。意大利波伦亚大学最先开始了对罗马法的研究。学者采用中世纪西欧流行的注释方法研究罗马法，因而得名为"注释法学派"，该学派在复兴罗马法的运动中起了开创作用。

（二）评论法学派与罗马法研究、适用的新发展

14 世纪，在意大利又形成了研究罗马法的"评论法学派"。该学派的宗旨是致力于罗马法与中世纪西欧社会司法实践的结合，以改造落后的封建地方习惯法，使罗马法的研究与适用有了新的发展。罗马法在意大利复兴以后，很快扩展到西欧各主要国家。

在罗马法的复兴和传播过程中，法学研究起了重要的推动作用。关于罗马法复兴和传播的说法，下列哪些选项是正确的？①

A. 罗马法复兴的原因，在于西欧当时的法律极不适应商品经济发展的需要

B. 为改造落后的封建地方习惯法，在对罗马法与西欧社会司法实践结合的研究过程中，形成了"社会法学派"和"注释法学派"

C. 罗马法的研究，形成了世俗的法学家阶层，将罗马法运用于实践，为成长中的资本主义关系提供了现成的法律形式

D. 在全面继承罗马法的基础上，形成了大陆法系和英美法系

陈璐琼讲理论法学

2018 年国家统一法律职业资格考试专题讲座系列

---

① 答案：A、C。

专题二十八 英美法系

相◆关◆法◆理◆

取其精华，去其糟粕一直是我国法律移植的理想和目标。而要让移植过来的制度与本土思想相切合，还需要对外国法制的产生、发展和未来趋势做一个全面研究，这样才能抓住制度设计的精髓，完成"顶层设计"而不是邯郸学步。对于陌生的英美法系尤其应该如此。本专题主要内容是英美法系的发展历程，特别是普通法、衡平法和制定法这三个法律渊源的相互关系。此外，美国成文宪法的内容也是考试的重中之重。

知识点及实例

一、英美法的历史沿革

（一）英国法的形成与发展

英国法的源头是盎格鲁——撒克逊时代的习惯法。随着王权的强大和完善的王室司法机构的建立，逐渐形成了普通法、衡平法和制定法三大法律渊源，从而确立了英国封建法律体系。

1. 普通法的形成。普通法指的是 12 世纪前后发展起来的、由普通法院创制的通行于全国的普遍适用的法律。它的形成是中央集权和司法统一的直接后果。亨利二世统治时期的司法改革对普通法的形成起了很大的推动作用。通过颁布《温莎诏令》、《克拉灵顿诏令》等一系列命令，确立了陪审制，并将巡回审判制度化。在此类判例的基础上，逐渐形成了通行全国的普通法，所以后人习惯称其为"判例法"。令状成为诉权凭证，无令状就不能起诉。"程序先于权利"的普通法特点与此不无关系。

2. 衡平法的兴起。15 世纪正式形成了大法官法院（又称"衡平法院"），根据大法官的审判实践，逐渐发展出一套与普通法不同的法律规则，即根据"公平"、"正义"的原则形成的"衡平法"，并逐渐成为一套有别于普通法的独立法律体系。相对于普通法，衡平法重内容而轻形式，诉讼程序简便灵活，审判时既不需要令状也不采用陪审制。衡平法适应社会发展，创制出信托、禁令等许多新的权利和救济方法。两者冲突时，衡平法优先。

3. 制定法的发展。1215 年的《大宪章》是制定法发展的重要进程，以其为最早的历史渊源，英国国会逐渐形成。随着国会立法权的加强，制定法的数量逐渐增多，地位也逐渐上升。

（二）资产阶级革命后英国法的变化

国会立法权得到强化，确立了"议会主权"原则，制定法地位提高；内阁成为最高行政机关。

（三）现代英国法的发展

立法程序简化，委托立法大增；选举制进一步完善，基本确立了普遍、秘密、平等、公正的选举制度；社会立法和科技立法活动加强；欧盟法成为英国法的重要渊源。

二、美国法

（一）美国法的形成和发展

1. 18 世纪中期，英国普通法在北美殖民地取得了支配地位。

2. 1830 年之后，《美国法释义》的问世以及各种美国法专著的出现，标志着美国法对英国法的批判吸收以及美国法自身走上独立发展的道路。

3. 南北战争后的美国法。废除奴隶制的宪法修正案正式生效；在财产法方面确立了土地的自由转让制度；对繁琐的诉讼程序实行了改革；建立了富有美国特色的判例法理论；法学教育中心从律师事务所转到法学院校；各州法律出现统一化趋势。

4. 现代美国法。一是制定法大量增加，法律的系统化明显加强。联邦国会制定了《美国法律汇编》（或称《美国法典》）；法学会成立之后，陆续出版了《法律重述》等重要法律文献。二是由于以总统为首的行政机关权力的扩大，行政命令的作用和地位日益显著。三是国家干预经济的立法大量颁布，如"新政"时期颁布了一系列整顿工业、银行、农业以及劳工的法律，反垄断法成为新的法律部门。

（二）美国法的历史地位

美国创造了对宪法产生深刻影响的近代宪政思想和制度，制定了世界上第一部资产阶级成文宪法；创造了立法和司法的双轨制，这种体制及其运作为中央和地方关系的协调提供了经验；美国刑法率先创造了缓刑制度，并将教育观念和人道主义观念引入刑法的改革；最早建立了反垄断法制。

三、英美法的渊源

（一）英国法的渊源

1. 普通法。普通法是英国法最重要的渊源。"遵循先例"是普通法最基本的原则，指一个法院先前的判决对以后相应法院处理类似案件具有拘束力。普通法最重要、影响最大的特征是"程序先于权利"。

2. 衡平法。它通过大法官法院，即衡平法院的审判活动，以法官的"良心"和"正义"为基础发展起来。其程序简便、灵活，法官判案有很大的自由裁量权，因此，衡平法被称为"大法官的脚"。与普通法相比，它只是一种"补偿性"的制度，但当二者的规则发生冲突时，衡平法优先。

3. 制定法。英国制定法在法律渊源中的重要性不如普通法和衡平法两种判例法，但其效力和地位很高，可对判例法进行调整、修改。制定法的种类有：欧洲联盟法、国会立法、委托立法。其中国会立法是英国近现代最重要的制定法，被称为"基本立法"。

（二）美国法的渊源

1. 制定法。美国的联邦和各州都有制定法。

2. 普通法。美国并没有一套联邦统一的普通法规则，各州的普通法自成体系。

陈璐琼讲理论法学　2018年国家统一法律职业资格考试专题讲座系列

3. 衡平法。各州衡平法案件，基于其涉及的具体法律关系的性质，而由各州法院管辖或联邦法院管辖。

（三）美国宪法

1. 1787 年《联邦宪法》的主要内容。由序言和 7 条本文组成。根据联邦法院解释，序言虽在宪法全文中，但不是宪法的组成部分，在审判活动中不能被引用。宪法的主要内容包括：立法权、行政权、司法权、授予各州的权力、宪法修正案提出和通过的程序、强调宪法和根据宪法制定的法律以及缔结的条约是"全国最高法律"、宪法本身的批准问题。

2. 宪法修正案。《宪法修正案》是《美国宪法》规定的唯一正式改变宪法的形式。其中影响最大的是关于公民权利的《美国宪法》前 10 条修正案（即"权利法案"）、南北战争后关于废除奴隶制并承认黑人选举权的修正案、20 世纪以降关于扩大选举权、男女享受平等权利的修正案。

四、英美司法制度

（一）法院组织

1. 英国法院组织。英国长期存在普通法院和衡平法院两大法院系统，19 世纪后期司法改革取消了两大法院系统的区别，统一了法院组织体系。现行的英国法院组织从层次上可分为最高法院、高级法院、低级法院；从审理案件的性质上分民事法院、刑事法院。依据 2005 年英国的宪制改革法案，英国将原终审机构——上议院司法委员会独立出来，改为联合王国最高法院，该最高法院已于 2009 年正式成立。原最高法院一词所指的上诉法院、高等法院以及皇家刑事法院改称高级法院。

2. 美国双轨制的法院组织。联邦法院组织系统与州法院组织系统。前者包括联邦最高法院、联邦上诉法院和联邦地区法院。其中联邦最高法院的判决对全国一切法院均有约束力。一般来说，州的最高一级法院称为州最高法院，正式的初审法院是地区法院，基层法院是治安法院。

（二）美国联邦最高法院的司法审查权

此指联邦最高法院通过司法程序，审查和裁决立法和行政是否违宪的司法制度。源于 1803 年的"马伯里诉麦迪逊"案，确立的司法审查的宪法原则是：宪法是最高法律，一切其他法律不得与宪法相抵触；联邦最高法院在审理案件时，有权裁定所涉及的法律或法律的某项规定是否违反宪法；经联邦最高法院裁定违宪的法律或法律规定，不再具有法律效力。

（三）陪审制度

英国是现代陪审制的发源地。陪审团的职责是就案件的事实部分进行裁决，法官则在陪审团裁决的基础上就法律问题进行判决。陪审团裁决一般不允许上诉，但当法官认为陪审团的裁决存在重大错误时，可以加以撤销，重新组织陪审团审判。

现代陪审制发源于英国并长期作为一种民主的象征被广泛运用。关于英国陪审制度，下列哪一说法是正确的？①

　　A. 陪审团职责是就案件的程序部分进行裁决

　　B. 法官在陪审团裁决基础上就事实和法律适用进行判决

　　C. 对陪审团裁决一般不允许上诉

　　D. 法官无权撤梢陪审团裁决

（四）辩护制度

　　1. 当事人对抗制，又称"辩论制"，即民事案件中的原被告以及刑事案件中的公诉人和被告律师在法庭上相互对抗，提出各自的证据，询问己方证人，盘问对方证人，并在此基础上相互辩论。法官主持开庭，并对双方的动议和异议作出裁决，但不主动调查，只充当消极仲裁人的角色。

　　2. 英国的律师传统上分为两大类：<u>出庭律师和事务律师。</u>

（五）英美法系特点

　　1. 以判例法为主要法律渊源。

　　2. 以日耳曼法为历史渊源。普通法系的核心——英国法，是在较为纯粹的日耳曼法——盎格鲁—撒克逊法的基础上发展起来的。

　　3. 法官对法律的发展所起的作用举足轻重。普通法系素有"法官造法"之称。

　　4. 以归纳为主要推理方法。

　　5. 不严格划分公法和私法，而分普通法和衡平法。

题

①美国《独立宣言》与《美国联邦宪法》给予了人权充分保障

②法国《人权宣言》明确宣布人们生来并且始终是自由的，并在权利上是平等的，该宣言成为此后多部法国宪法的序言

③日本《明治宪法》对公民自由权作出充分规定，促进了日本现代民主政体的建立

④德国《魏玛宪法》扩大了人权范围，将"社会权"纳入到宪法保护范围

　　关于各国"人权与宪法"问题的说法，下列哪些选项不成立？②

　　A.①② 　　　B.③④ 　　　C.①③ 　　　D.②④

---

① 答案：C。

② 答案：A、B、C。

陈璐琼讲理论法学

2018年国家统一法律职业资格考试专题讲座系列

专题二十九
大陆法系

相◆关◆法◆理

　　不可否认，中国法治现代化主要是移植大陆法系的结果，因此，大陆法系的很多法治的观点和发展模式也被中国所采纳。本专题考查内容不多，主要集中于《法国民法典》和《德国民法典》等法典编纂对中国的影响，特别是2017年中国将编纂"民法典"。此外，大陆法系的宪法文本也是考查的重点之一。

知识点及实例

一、法国法、德国法的历史沿革

（一）法国法律制度的形成与发展

1. 封建法律制度的形成和发展。在法国封建制法律的形成和发展中，历经三个阶段，即公元9世纪至13世纪以习惯法为主时期、公元13世纪至16世纪习惯法成文化时期和公元16世纪至18世纪王室立法成为主要的法律渊源时期，它为近代法国资产阶级法律制度的形成与发展奠定了基础。

2. 资产阶级法律制度的建立。在拿破仑统治时期，法国制定了《民法典》、《商法典》、《刑法典》、《民事诉讼法典》和《刑事诉讼法典》五部重要法典，再加上《宪法》，构成了法国"六法"体系。注意，法国行政法是判例法，没有成文法典。

3. 现代法国法的发展。进行了两次选举制度的改革，对原来的法典进行某些修改与补充。判例作用有所提高。

（二）德国法律制度的形成与发展

1. 封建法制的形成与发展。封建时代最著名的习惯法汇编是《萨克森法典》，其内容主要是关于民事、刑事问题的地方习惯法和诉讼规则，以及调整封建关系的采邑法。封建时代后期出现了一部以帝国名义颁布的刑法典——《加洛林纳法典》，主要包括刑法和刑事诉讼法方面的内容，在德国封建法的发展中具有重要影响。

2. 德意志帝国的建立与近代德国法律体系的形成。统一后的德国以原普鲁士邦国的法律制度为基础，建立了近代法律体系，先后颁布了《宪法》、《刑法典》、《刑事诉讼法典》、《民事诉讼法典》、《法院组织法》、《民法典和商法典》，成为大陆法系的又一个典型。

3. 魏玛共和国时期法律的发展。1919年，战败的德国进入魏玛共和国时期。由于政体的变化和社会化思潮的影响，德国加快了民主政治的进程。在沿用原有法律的同时，颁布了大量的"社会化"法律，如调整社会经济的法律和保障劳工利益的法律，使德国成为经济立法和劳工立法的先导。

4. 法西斯专政时期德国法的蜕变。希特勒颁布了一系列法律、法令，将国家政治生活全面纳入战时轨道。在宪政方面，颁布了《消除人民和国家痛苦法》、《保护德意志人民紧急条例》、《禁止组织新党法》、《德国改造法》等一系列法西斯法令，废除了资产阶级议会民主制和联邦制，维护希特勒个人独裁和纳粹一党专政。在民事法律方面，颁布了《卡特尔变更法》、《强制卡特尔法》等法令加强对垄断组织的扶持，强化垄断资产阶级对国家政治生活的控制，并且颁布了《世袭农地法》、《德意志血统及名誉保护法》等单行法律，推行种族歧视和种族灭绝政策，巩固法西斯政权的统治基础。

5. 第二次世界大战后德国法的变化。战后西德建立了德意志联邦共和国，延续了魏玛共和国时期的大部分法制原则，并根据 1949 年波恩基本法确立的和平民主原则，对原有的法律进行了修改，使其中的封建因素大为减轻。两德统一后，基本上实行原西德的法律制度，但也根据新情况、新问题进行了若干修改。

二、各国宪法

（一）法国人权宣言与法国宪法

1.《人权与公民权利宣言》。法国革命开始后，国民会议于 1789 年通过了著名的《人权与公民权利宣言》（简称《人权宣言》）。这一历史性文件第一次明确而系统地提出了资产阶级民主和法制的基本原则，是建立资产阶级统治的纲领性文件。《人权宣言》不仅奠定了法国宪政制度的基础，而且成为多部法国宪法的序言。

《人权宣言》宣布人权是"天赋的"，是"神圣不可侵犯的"。宣言第 1 条明确指出：人们生来并且始终是自由的，在权利上是平等的。第 2 条规定：一切政治结合的目的都在于保护人的天赋和不可侵犯的权利；这些权利是：自由、财产、安全和反抗压迫。

《人权宣言》确立了"人民主权"、"权力分立"的资产阶级民主原则。规定执政者的权力来自人民，任何团体或个人都不能行使人民没有赋予的权利。同时提出了资产阶级法制原则，包括：法律是公共意志的表现、法律面前人人平等、法无明文规定不为罪、罪刑法定主义、法不溯及既往、无罪推定以及禁止非法控告、逮捕或拘留等刑法、刑事诉讼法的基本原则。

2. 几部有代表性的宪法。

（1）1791 年宪法。这部宪法以《人权宣言》为序言，正文由前言和 8 篇组成。其基本内容是：①以孟德斯鸠的君主立宪和分权思想为指导，宣布法国为君主立宪国，实行三权分立。立法权由选举产生的一院制的国民议会行使，它是最高权力机关。行政权由国王行使，他是行政最高首脑、海陆军最高首长。司法权由选举产生的法官行使。②确认资产阶级的各项权利。宣布取消封建贵族爵位和特权，废除等级制、卖官和官职世袭制。规定了若干公民的自由和权利，肯定了私有财产的神圣不可侵犯。③把公民划分为"积极公民"和"消极公民"。④继续维护法国殖民统治。这部宪法的制定和实施，结束了法国的封建统治，巩固了资产阶级革命的胜利成果，标志着资产阶级君主立宪制的正式确立。

（2）1875 年宪法。1875 年宪法是法国历史上实施时间最长的一部宪法。这部宪法最终确立了资产阶级共和制。1875 年宪法由三个宪法性文件组成，即《参议院组织法》、《政权组织法》和《国家政权机关相互关系法》。其基本内容是：①宪法规定，议会是立法机关，由上院（参议院）和下院（众议院）组成。两院都有立法权和行政监督权。②宪法规定，总统是国家元首，由参、众两院联席会议选出，任期 7 年，连选连任。③宪法规定法国实行责任内阁制。内阁是国家的最高管理机关，由议会多数党组成，内阁成员名单由总理提出，以总统的名义任命。④宪法还肯定了拿破仑一世创立的参事院这一国家机构。它既是咨议机关，对立法和行政方面的事务进行咨询；同时又是法国最高行政法院，是行政诉讼案件的终审法院。

（3）战后宪法。"二战"后法国先后制定了 1946 年第四共和国宪法和 1958 年第五共和国宪法。这两部宪法在形式和内容上互有差异，反映了各个时期阶级力量的对比关系以及统治阶级内部当权集团和派别的利益。1958 年宪法经过四次修改一直实施到现在，是法国现行宪法。

（二）日本宪法

1. "明治宪法"。1889 年颁布，正式名称为《大日本帝国宪法》，后通称"明治宪法"。宪法的基本内容和特点是：它是基于君主主权思想制定的一部"钦定"宪法；深受德国宪法的影响，有 46 个条文抄自普鲁士宪法，仅有 3 条为日本所独创；带有"大纲目"性质，对一些问题没有作出明确规定；对公民自由权利的规定，不仅范围狭窄，而且随时可加以限制；宪法规定国家管理形式为君主立宪政体，但却赋予天皇至高无上的权威，事实上是用议会民主外衣，掩盖天皇专制制度。总之，1889 年宪法是一部带有明显封建性和军事性的宪法。

2. "和平宪法"。天皇成为象征性的国家元首；实行三权分立与责任内阁制；规定放弃战争原则，仅保留自卫权；扩大了国民的基本权利和自由。

三、民法典

（一）《法国民法典》

1. 民法典的制定。1804 年拿破仑签字正式颁布实施，定名为《法国民法典》，习惯上也称为《拿破仑法典》。（1）它是第一部典型的资产阶级早期的民法典。在法典中，与自由竞争经济条件相适应，体现了"个人最大限度的自由、法律最小限度的干涉"这一立法精神。（2）法典贯彻了资产阶级民法原则，具有鲜明的革命性和时代性。（3）法典保留了若干旧的残余，在一定程度上维护了传统法律制度。（4）法典在立法模式、结构和语言方面也有特殊性。

这部法典的基本原则主要有四个：（1）全体公民民事权利平等的原则。这是"天赋人权"理论在民法中的体现。（2）资本主义私有财产权无限制和不可侵犯的原则。法典对所有权明确的定义强调了所有权具有绝对无限制的特点。（3）契约自由的原则。即契约一经有效成立，不得随意变动，当事人须依约定，善意履行。（4）过失责任原则。即承担损害赔偿责任以过失为基础。

2. 民法典的世界影响。《法国民法典》是资本主义社会第一部民法典，是大陆法系的核心和基础，对法国以及其他资本主义国家的民法产生深远影响，而且随着法国和在其影响下制定本国民法典的国家的扩张，法国民法典的影响又传播到美洲、非洲和亚洲广大地区。

（二）《德国民法典》

1. 立法前的学术讨论。在德国民法典的制定过程中，法学家们围绕着民法典的制定展开了激烈的争论。多数法学家提出应尽快制定全德通行的民法典，以法律的统一促进国家的统一，但历史法学派的代表萨维尼反对匆忙制定民法典，其主要观点是：法律是民族精神的产物，每个民族都有其特有的法律制度。法律应该是被发现而不是被制定出来的；法律是分阶段发展的，德国制定民法典为时尚早；法典这种法律形式本身存在局限性，任何法典都不可能涵盖全部社会生活和预知一切未来。无论编纂者如何努力，法典都会留有空白与遗漏。

19世纪中后期，制定统一民法典已是大势所趋。围绕民法典的制定，历史法学派内部出现了日耳曼法学派（认为日耳曼习惯法是德意志民族精神的体现）和潘德克顿法学派（强调罗马法是德国历史上最重要的法律渊源）的争鸣。后一学派按照罗马法《学说汇纂》阐发的民法"五编制"体例，为《德国民法典》最终采用。前后近一个世纪的法学争论使德国民法学研究日益深入，理论更加成熟，也使《德国民法典》具有较高的科学性和学理性。

2. 民法典的主要内容和特点。《德国民法典》是19世纪末自由资本主义向垄断资本主义过渡时期制定的法典，也是德国资产阶级和容克贵族相妥协的产物，具有时代的特征和特点：

（1）法典适应垄断资本主义经济发展需要，在贯彻资产阶级民法基本原则方面有所变化。首先，法典肯定了公民私有财产权不受限制的原则；其次，法典肯定了资本主义"契约自由"原则，并直接保护资产阶级和容克贵族对雇佣劳动者的剥削；最后，法典在民事责任方面，也确认了"过失责任"原则。

（2）法典规定了法人制度。《德国民法典》中单独规定了法人制度，承认法人为民事权利主体，依法独立享有民事权利和承担民事义务。这是资产阶级民法史上第一部全面规定法人制度的民法典。

（3）法典保留了浓厚的封建传统。其主要表现在：第一，以大量篇幅对容克贵族的土地所有权以及基于土地私有而产生的其他权利，如对地上权、地役权等加以特别保护；第二，在亲属法方面保留有中世纪家长制传统。

（4）法典在立法技术上，逻辑体系严密、概念科学、用语精确。

（三）大陆法系的特点

1. 从法律渊源传统来看，大陆法系具有制定法的传统，制定法为其主要法律渊源，判例一般不被作为正式法律渊源（除行政案件外），对法院审判无拘束力。

2. 从法典编纂传统来看，大陆法系的一些基本法律一般采用系统的法典形式。

3. 从法律结构传统来看，大陆法系法律的基本结构是在公法和私法的分类基础上建立的，传统意义上的公法指宪法、行政法、刑法以及诉讼法，而私法主要指民法和商法。

4. 从运用法律的推理方法来看，大陆法系的法官通常采用的是演绎法，即将蕴涵于法典中的高度概括的法律原理进行演绎和具体化，然后适用于具体案件。在进行演绎时，往往需要对法律原理、概念、术语等进行法律解释。

5. 从诉讼程序传统来看，大陆法系倾向于职权主义，法官在诉讼中起积极主动的作用。

题

关于外国法律制度，下列哪些表述是正确的？[1]

A. 按照罗马私法，私诉是根据个人的申诉对有关私人利益案件的审理，这是保护私权的法律手段，相当于后世的民事诉讼

———————————
[1] 答案：A、B、D。

B. 直到 1875 年司法改革前，普通法院与衡平法院的并列一直是英国司法的显著特征

C. 在法国，判例从来不被作为正式法律渊源，对法院判决无拘束力

D. 从诉讼程序传统来看，大陆法系倾向于职权主义，法官在诉讼中起积极主动的作用

论述题

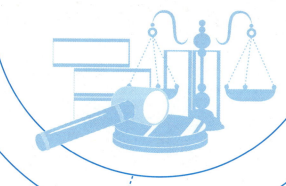

引言　论述题其实只是一个"填空题"

——从法律思维构建而非答题内容的模式化说起

当我在 2007 年提出"论述题其实只是一个填空题"的理念开始，赞誉不断的同时，还是有很多考生，甚至是辅导班的老师，都很"客气"地提出了他们的"疑惑"，论述题怎么会变成填空题呢？这个和司法部的主观题的命题思路是不相符合的，跟考试对考生的能力培养的要求亦是违背的，这不是"误导"考生的复习吗？十一年过去了，即使司法部把社会主义法治理论的简答题升级成了论述题，我们发现，模板依然能用。并且我教过的很多考生卷四都取得了突破 100 分的良好成绩，其中不乏以前从来不复习论述题的考生，给我留言表示感谢的最多的一句话是："您的论述题真的变成了填空题，我第一次做论述题发现格子不够写"！这些评论使我更加努力让自己的论述题讲课更为犀利、模板应用更为有效和预测更为准确！在 2011 年考试前，我又提出了"不押题，只押答案"的豪言壮语，并且在 2011 年考场上给听过我的课的考生一份大礼。2011 年卷四第一题不出所料地考查了"社会主义法治理论"的认识，而我提出的"定概念"、"说联系"、"析材料"和"喊口号"的万能模板获得了全面的应用，又一次证明了，"社会主义法治理论必考"的判断。2012 年，实践又再一次证明了该判断！社会主义法治理论果然进行了考查，而且考查的模式果然还是领导人讲话加谈谈你（考生）对谈话内容的认识。看完本书的考生，应该会轻松用本书中提出的"万能模板"四段内容进行应对。那么，更多考生想问的是，卷四最后一道论述题是否也能用"万能模板"进行回答？2013 年和 2014 年，卷四第一题也不出意料地分别考查了和"胡总书记说"和"习总书记说"，但是考查的本质没有变化。2015 年，在几乎所有的老师都认为（本人除外）卷四不可能考查社会主义法治理论的同时，司法部却出人意料的考查了两个大题。2016 年和 2017 年，恍然大悟的考生都扎堆背起了社会主义法治理论的最新考点。余下的问题不是考不考社会主义法治理论，问题是考生真的理解了"万能模版"的精髓、真的"联系材料"了吗？真的"谈角度"了吗？如果没有，那哪里算用上模版了呢？考生一定会问，本书是如何做到"论述题变成填空题"，从而达到不管题目是什么，而答案是固定的，即"不押题，押答案"的境界的。这到底是一种噱头还是一种科学的方法？其实，如果考生认真阅读完本书，就会知道，"万能模板"不仅仅是一种答案，而且是一种答题的模式，其实它本质上是一种"法律思维"模式的固化（即模式化）。它背后蕴含的对法律关系、法律理念和法律价值判断的深刻理解和精确应用。

一、命题方式的模式化

自 2003 年首次推出论述题至今，命题机构就论述题所作的解释性文字并不多。但是在 2003 年，命题机构在答记者问中首次就论述题题型进行了说明，命题机构认为论述题的命题意图是通过论述题重点检测应试人员的综合分析能力、文字表达能力及其逻辑思维能力和法学基本理论素养。在 2004 年答记者问中就论述题型的有关说明中，提出考试应当加大并突出对考生分析能力、应用能力、文字能力及法律思维等方面的综合考查。从 2003 年要求对"交警执法"行为提出法律判断开始，到 2012 年考查对"刑讯逼供"获取证据的合法性与合理性判断，再到 2013 年对"调解和审判的关系"背后价值选择的考查，2014 年考查《公司法》修改的意义，2015 年考查"非法证据排除"的要求，2016 年结合行政法和《行政诉讼法》的修改，考查"行政信息公开的意义"，2017 年结合盐业管理制度改革，谈谈深化简政放权放管结合优质服务改革，对推进政府职能转变，建设法治政府的意义等其考查规律和命题意图是显而易见的，即希望通过考生对热门社会事件的判断，考查考生的法律思维能力，并且用主观题的方式来考查考生的文字组织和表达能力。如果用心分析历年考题，其主题都可以归纳为一个，命题人要求考生从法律职业者的角度，从法学理论或者部门法的角度来分析热门事件中各个主体的行为的合法性与合理性，以及其背后的价值选择。具体包括：

第一，热门事件。一般集中于考试当年或者前一年引起社会广泛关注和讨论并且具有一定社会影响力的案例（如 2008 年裸聊事件和 2007 年超市搜身事件等），但一般限定于具有一定法律意义和法律价值的社会事件。2013 年最大热门的法制事件无疑是《民事诉讼法》的修订，果不其然，2013 年最后一题考查了这个内容。2014 年《公司法》的修订和考查亦是。此外，领导人的言论也会指导考试的方向，比如 2013 年"科学立法与民主立法"的关系问题，正是 2013 年大纲的新增考点，也是习近平总书记在法治问题上重要讲话"新十六字方针"的总结。2015 年的法治最强音就是《中共中央关于全面推进依法治国若干重大问题的决定》，2015 年果然考查的是其中关于"推进以审判为中心的诉讼制度改革，确保侦查、审查起诉的案件事实证据经得起法律的检验"这一部署的认识。这个和目前如火如荼的司法改革的内容又不谋而合。2016 年举世瞩目的就是十八大五中全会和"十三五规划"中的法治内容。在司法改革方面，中央全面深化改革领导小组第 15 次会议审议通过《关于完善人民法院司法责任制的若干意见》和《关于完善人民检察院司法责任制的若干意见》，为司法改革指明方向。2016 年卷四第一题果然考查了"严格司法"和"司法公正"。2017 年最火的莫过于习近平总书记视察中国政法大学时的重要讲话（即五三讲话），2017 年卷四第一题果不其然的进行了考察。

第二，主体。这里的主体是指热门事件的当事人，在行政法上往往表现为行政主体（如 2006 年的市政府），在民法上往往是利害关系人（如 2009 年的商业银行与信用卡持卡人），在诉讼法中往往是法官（如 2010 年行政诉讼主审法官和 2011 年的执行法官）。

第三，法律职业人。这个是评价主体的定位，考生和阅卷老师都是被假定为受过法律训练的法律职业者，具有一定的法律知识和法律思维能力。因此，对热门社会事件的判断应集中于法律判断，而不要求也不应该涉及道德与伦理标准。2015 年最后一题就是要求从法官的角度，根据《刑事诉讼法》及相关司法解释的规定，对案例中的证据分别进行分析，并作出是否有罪的结论，已经场景化了。

第四，合法性与合理性及其背后的价值选择。这个是评价标准，既然是法律共同体、法律职业者，其与普通人的区别就在于有着法律的理性和思辨，要求对热门事件的当事人的行为做部门法上的法律定位，如一般行政法主体要求符合行政法依法行政的要求。同时，法律职业者还要从法学理论的角度对热门事件的当事人的行为做法理学的合理性判断。2016年和2017年卷四最后一题其实问的就是"行政公开"的合法性与合理性的纠结。

以上分析说明，由于命题人的命题意图是固定的，其命题方式也随之模板化下来，而且从历年真题的分析中也可以进行验证。这个为"论述题其实只是一个填空题"奠定了基础。

二、法律思维的模式化

根据上文的分析，论述题主要考查法律职业者（考生）对社会热门事件的合法性与合理性判断。因此，对社会热门事件的分类就至关重要，因为它牵涉不同的法律思维的模式。无论社会热门事件多么复杂，其主体就两种法律关系，一种是平权性法律关系，即事件当事人之间的地位是平等的，如2009年商业银行与信用卡持卡人之间；另一种是非平权性法律关系，即事件的当事人之间的地位是不平等的，他们之间是管理与被管理的关系，如2007年市政府与行政相对人之间。而根据法学理论，不同的法律关系适用的法律思维是决然不同的，如行政法法律关系是适用"法无授权即禁止"，而换成平等主体的民事法律关系就变成了"法不禁止即自由"了。因此，要求根据以下的思维导图，按步骤进行分析：

（一）第一步——确定主体，明确学科

确定社会热门事件当事人的关系，即法律关系的性质，是平权性还是非平权性，然后确定适用的基本思路。

（二）第二步——分门别类，确定基调

1. 对于平权性法律关系，一般可以定位为民法中的法律关系，那么就强调权利的重要性，强调权利本位。但是，同时要认识到当事人的权利是有边界的，要受到其他人的权利和公序良俗的限制。

2. 对于非平权性法律关系，一般可以定位为行政法或者刑法中的法律关系，甚至是诉讼法中的法律关系，主要强调国家权力行使的合法性，包括实体法上的授权和程序法上自然公正。如果是行政法，则具体到行政法上为依法行政原则；如果是刑法，则具体到刑法上为罪刑法定原则；如果是诉讼法，则考量其行为是否符合程序正义。总之，考生主要评价该国家权力的行使的正当性（合法性与合理性）。"法不禁止即自由" VS "法不授权就越权"。牢记"有权不可任性"的权力清单理论。

（三）第三步——理论拔高，提升境界

无论是平权性还是非平权性法律关系，在法理学上体现的都是自由及其限制。首先，可以强调自由的重要性；其次，指出自由也存在边界，无论是他人的自由还是秩序价值；最后要求在法律的范围内作出平衡，即"真正的自由不是随心所欲，而是法律下的自由"！

以上分析说明，由于论述题的法律思维是模式化的，其价值取向和理论定位具有一定的稳定性和可反复适用性，此为"论述题其实只是一个填空题"科学性和可行性的最强例证。

三、逻辑表达的模式化

论述题作为主观题，除了命题方式（试题）是固定的，法律思维（答案）是确定的，更为重要的是其书写方式、逻辑表达也是稳定的，即采用传统演绎三段论。大前提是法条规定（或者是法学理论与法律原则），小前提是事实（或者是材料），结论是合法性与合理性的界定。同时，由于命题倾向于评论性，一般采用议论文体，受议论文的模式限制，如开头"开门见山"地提出论点与主题，中间用理由论证其论点的正确性，结尾提升理论。和议论文一样，论述题答题规律是分为三步思考法（起、承、合），下表只是"总纲"，更加具体的写作流程和步骤，可以见本书正文部分。

第一部分（120字）起	【定事实，站立场】	对材料的内容（谁，做了什么事，即行为，有什么法律后果，即法律关系的内容）进行描述，界定其中的行为所涉及的主要法学概念和法学原理，提出考生的观点（全面而不偏激）
第二部分（500字）承	【析概念，说理由】	结合法学基本概念和基本原理的定界，按一定的逻辑顺序分层阐释考生支持或者反对的理由（一定要分理由一、理由二、理由三阐释，分法条、理法、事例、数据、逻辑等）
第三部分（100字）合	【再强调，做评论】	结尾重复考生的观点，如果文中的法律行为是值得提倡的，提出美好的愿景；如果文中的法律行为是应该禁止的，提出规制的具体建议（可以立法、司法和执法的多重角度谈）

第一部分（120字）起【定事实，站立场】对材料的内容（谁，做了什么事，即行为，有什么法律后果，即法律关系的内容）进行描述，界定其中的行为所涉及的主要法学概念和法学原理，提出考生的观点（全面而不偏激）。

第二部分（500字）承【析概念，说理由】结合法学基本概念和基本原理的界定，按一定的逻辑顺序分层次阐释考生支持或者反对的理由（一定要分理由一、理由二、理由三阐释，分法条、法理、事例、数据、逻辑等）。

第三部分（100字）合【再强调，做评论】结尾重复考生的观点，如果文中的法律行为是值得提倡的，提出美好的愿景；如果文中的法律行为是应该禁止的，提出规制的具体建议（可从立法、司法和执法的多重角度谈）。

以上的分析说明，所谓"万能模板"并不是坊间谣传的"死板"，其本质是逻辑思维的正确化训练，如果不按以上的模式写作，就会导致前后矛盾，相互冲突，东一个榔头、西一个锤子，甚至会语无伦次、不知所云。而按照以上的"万能模板"进行论述，则符合正常人的思维模式，也给阅卷老师有一定的期待，符合议论文体的要求。

综上所述，本文从命题要求的固定化、法律思维的模式化到写作表达的确定性，证明了"论述题其实只是一个填空题"的可能性。因为论述题的答案必须按照前面三个内容和维度进行论述。此外，还有人担心出现"雷同卷"。事实上，本书所运用的"万能模板"和答题技巧是我仔细分析了历年真题和司法部、最高人民法院、最高人民检察院在《法制日报》、《人民法院报》等权威报刊中刊登的近千篇考生优秀范文后总结的一套规律性的写作技巧，在我的授课经验和阅卷经历中还没有遇到所谓的"雷同卷"，因为我们雷同的是正确的法律价值观、正确的论证文体，绝不会雷同的是你的语言表达方式，毕竟文如其人，如果你想一模一样的表达，记忆力和记忆量也要惊人哦。

作为卷四论述题"万能模板"的创始人，凭借中国知识分子一种强烈的社会使命感，希望通过自己的努力，把这个"论述题其实只是一个填空题"理念推广下去。一方面，通过论述题的模板化训练，可以让考生知道法律思维和价值取向是确定的，具有一定的普法作用；另一方面，力求操作性强，可以让考生在最短的时间内理清思路，轻松应对考试，在卷四取得好的成绩，实现通关的梦想！

专题三十
导论

　　论述题，每年考试最大的"哈姆雷特式"的猜想，从 2003 年开始就一直为考生所"嫉恨"。到底 2018 年会考哪个部门法的内容呢？民法、刑法、行政法亦或是诉讼法？会采用哪些法治事件来做背景提示呢？会不会单纯地考查法理学或者宪法的基本原则和法治理论呢？每一个问题都在每年的备考中提出，答案却年年不一样。唯一不变的就是 2018 年必然会有新的变化。作为考试中综合性最强、学科跨度最大、答案最不明确、分值又巨大，最让考生头痛的一种试题类型，论述题已经成为考生的心头之痛。特别是 2017 年卷四整体的分值偏低，论述题高达 46 分，又让考生对论述题的答题方式更加迷惑，对做论述题更加敬畏。2018 年改革明确了加大案例考察，加强对法律思维的培养。但是，即使年年有新的变化，作为法考（原司考）的一类考试题目，其最本质的部分却从来没有发生变化——从法律思维角度来分析社会事件，即用法学的基本理论、基本制度和基本思维方式来分析试卷中所说的具体社会事件，它不是新闻报道和媒体评论，也非个人的道德评价，而是运用现有的法律规定和相关法理，从法律的角度来评判该事件的合法性问题。本专题从为什么要考论述题、怎么考论述题、阅卷老师如何评阅论述题和考生如何备考论述题等几个方面进行一次概括性的探讨。

一、为什么一直在加大论述题的考查力度

　　目前，考试似乎过于密集地考查法律知识，而相对较少考查法学素养。从题型看，客观题占到了 75% 的比重。同时，每一年考试中，记忆性考核内容比理解性考核内容要多得多。

　　同时，法学界认为，法考（原司考）的目的是选拔法律职业的精英，而精英不仅仅是法条记忆者而且是法律职业者。随着法考（原司考）改革的深入发展，卷四内容的更新和变化与法考（原司考）改革趋势不谋而合。因为，卷四其他主观题在本质上是"挂着主观题卖着客观题"。因此，在法考（原司考）改革过程中，出现最后一题的论述题考查是一个历史的过渡性选择，也是为改革打下坚实的基础而存在的实验台，并且也为今后的分两次考试探索科学的模式。这个选择可以从 2003 年第一次考查论述题时，司法部答记者问中看出。自 2003 年首次推出论述题至今，命题机构就论述题所作的解释性文字并不多，但以下解说无疑是最权威、最具复习参考价值的。以下进行摘录，供考生参考。

（一）2003 年命题机构在答记者问中首次就论述题题型的说明

　　目前，考生们对 2003 年第四卷第 8 题的讨论最为热烈，请问对于此题的设计司法部是如何考虑的？在下一步的评卷过程中，司法部将如何保证此题评判的质量和公正？[①]

[①] 考试结束后，我们十分关注考生们对今年试题的评价和意见，通过多种渠道了解情况，包括考生们在中国普法网上的评论。我们认为考生们的意见和建议总的来说是十分积极和中肯的。

关于 2003 年试题中第四卷第 8 题的设计，的确是 2003 年试题改革的一次大胆的尝试，其主要目的是通过此试题，重点检测应试人员的综合分析能力、文字表达能力及其逻辑思维能力和法学基本理论素养。在今年的考试中设计此种题型，司法部也是非常慎重的。因为这不仅关系到试题发展的方向，也关系到通过考试选拔真正优秀的人才。虽然目前各方面对此题型看法不一，但有所改革、增加测试考生运用法学综合知识能力的试题分量的观点得到了充分肯定。这也正是我们所期望的。这一次有益的探索，相信会是今后法考（原司考）试题改革的一个方向。因为国家所需要的高素质的法律职业人才，不仅要有丰富的法律知识，要有运用法学知识解决问题、处理问题的能力，还需要有扎实的理论功底、理论素养和各方面的综合素质。这不仅是法律实务部门对所需人才的要求，更是全社会对高素质法律人才的期望，当然也是法考（原司考）要尽力实现的选拔目标。此题正是基于上述目的设计的。①

【小评论】从以上的表述中，可知司法部对于论述题的定位就是为法考（原司考）改革定方向和基调，其目的是培养不仅要有丰富的法律知识，还要有扎实的理论功底、理论素养和各方面的综合素质的高素质的法律职业人才而不是法条记忆者。

有考生问，由于此题涉及一些地方的具体事例，司法部是否对此有所考虑，并希望司法部对此作出评价。应当说，我们的命题人员在设计此题时，更多的是从考试目的、命题技术和考生答题空间上来考虑的，显然不代表与考题相关的任何观点，更无倾向性意见。至于此种题型是否今后就固定下来，是否仍以某一社会性问题为试题，这还需要考试结束后再来讨论，因为这有"押题"之嫌。

此外，由于此题属于无标准答案型试题，在评卷时此题不会也不可能有标准答案，因此考生关心此题具体如何评判是可以理解的。为保证试卷评判结果的公正性，在评判此题时我们拟定了一个相应的参考评分标准，对各个考核目标的分值进行适当分配，以作为评分的原则依据，如法学理论运用、立意观点占几分，文字表述占几分等，最后根据考生答案的情况综合评分。在评卷过程中，为最大限度地保证评判质量，努力克服评卷者的随意性，尽量缩小自由裁量度，对此题首次实行"双线评判"，即全部由两个副教授以上的专家进行"背对背"的分别评判，如果两位专家给出的分数差在 5 分以内，则其平均值为此题的实际得分；如分数差超过了 5 分，则还要由复评专家组的专家进行第三次评分，并最终决定分数。

于是，每年论述题的分值在不断地加大，从 2003 年的一道题到 2016 年的两道题 46 分，2017 年依然是两道题，45 分；同时考查的形式在不断地创新，从 2003 年的部门法论述题到 2005 年法理学论述题，到 2006 年的综合性论述题，2007 ～ 2008 年的选做题，2009 ～ 2013 年又是综合性论述题，"一年一个样，三年大变样"。特别是 2012 年论述题的考查模式，在刑事诉讼法案例分析题后加入了两问论述题的内容，2013 年、2014 年、2015 年、2016 年和 2017 年也沿袭了这个模式，在案例分析题后面加入论述内容。2018 年不出意外，也会保持。在本质上，它其实只有一半是论述题，其余是案例分析题，但是，却让考生有点措手不及。

拨开层层迷雾后，我们发现，十五年的卷四的论述题，无论是选择性还是综合性的论述题，其实都是典型的应试型题目，其规律是显而易见的。由于其特殊的专业性（法学），其考查的类型和材料是特定的，其考查主题也集中于"法律思维"的考查（具

① 《国家法考司法考试办公室负责人答疑解惑今年相关问题》，载新浪网，http://news.sina.com.cn/c/2003-10-20/1443955270s.shtml2。

体看下文的历年真题的分析和解读）。

二、论述题是如何评阅的?

"50 秒定分数"不是一个笑话，而是一个事实！2017 年全国报名人数达到历史最高峰，近 64.9 万人，也是历届考试参考人数最多的一次！几十个教授在短短 1 个月内要阅完，单从数量上计算就是 1 张 50 秒（我计算过，按 30 天计，每天工作 8 小时，25 个教授，工作量是 60 万份，每张卷子所花的时间是 51 秒。）而 2018 年预见报考人数还可能保持稳定，再加上，根据司法部明确规定"双线评判"，即主观题要求"背对背"阅卷，数量上又增加了一倍，阅卷时间怎么能够？因此，评阅考卷的老师一般从以下几个方面快速判定分数：

标题是否准确（能反映出考生概括专业问题的能力）；观点是否明确（观点明确，不是观点正确，因此一定要表明自己的观点，不能含糊不清、模棱两可）；要点是否全面（要通过审题，找全要点）；层次是否分明（要注意答题的逻辑顺序，层层递进）；结尾是否精彩（结尾要深化或升华主题）。阅卷者只能是去寻找题目所要求的有效信息，俗称"踩点给分"。这样一来，将最有效的信息明确无误地提供给阅卷者，就是要求考生遵循模板式技巧答题，就是先给老师一个给你分的理由！

当然，司法部是有明确的评分标准的。根据 2017 年司法部供阅卷老师使用的《2017 年阅卷指南与标准》，其具体规定如下：

（1）运用掌握的法学知识阐释你认为正确的观点和理由（15 分）；

（2）说理充分，逻辑严密，语言流畅，表述准确（9 分）；

（3）答题文体不限，字数要求不低于 500 字（2 分）。

考生可以严格按照以上的提示进行答题，不可天马行空，要保证自己的文章和答题的思路符合阅卷老师的基本期待。根据论述题的阅卷标准，其论述题的答题要求如下：

（一）法学知识专业化——运用掌握的法学知识阐释你认为正确的观点和理由

这里的专业化指的是法律专业化，这是由论述题的法律专业性质决定的。具体到考题当中，就是要运用掌握的法律知识分析、解决问题。一般来说，对于论述题解答过程中涉及的法律概念要及时下定义。论述题的得分点主要就蕴涵在对法律概念的定义及其分析之中。例如，2006 年卷四论述题是行政法论述题，通过审题可以发现该题主要涉及两个行政法上的概念：一个是合法行政原则，另一个是信赖保护原则。此时就要及时对这两个概念下定义，并结合题干的素材进行分析，依据法理提出自己的处理意见。例如，2008 年卷四最后一题考查"裸聊"的合法性，就要从罪刑法定原则进行论述，要求考生对罪刑法定原则有深刻的认知，及时下定义，然后根据罪刑法定的要求来确定"裸聊"的法律性质。2012 年卷四最后一题要求谈"非法证据排除规则"的历史发展沿革和对刑事实体法的意义，即程序正义对实体正义的价值，2013 年卷四最后一题要求从"调解和审判"的角度考查效率与秩序的价值选择。2014 年卷四最后一题要求从行政法的基本原则进行回答，而不能天马行空的回答。2015 最后一题是刑事诉讼法的内容，要求从程序正义的价值观来回答，以上内容基本上囊括了本论述题在法律专业要求上的得分点。2016 年考查"政府信息公开"，可以结合行政合法原则，行政合理原则和程序正当原则进行论述，提出政府信息公开的要求和意义。2017 年考察"简政放权放管结合"的要求，也可以从行政合法性和行政合理性进行论述，指出推进政府职能转变，建设法治政府的意义。

因此，论述题的法律专业性决定了论述题的主要得分点都集中在法律专业概念及其分析之中。论述题的解答必须首先符合法律专业上的要求，其次才是其他要求。否则即使结构如逻辑学家般严谨，语言如文学家般生动，文字如书法家般优美，句读如语言学家般准确，一样不能获得高分。所以，一定要区分法治评论和论述题的写作。法治评论和论述题解答的关系如下：首先，两者读者范围不同。法治评论主要发表在报纸杂志上，阅读对象是普通民众；而论述题的解答是写给评卷的法律专家看的。其次，两者表达方式不同。法治评论要求语言文字通俗易懂、生动严谨，只有这样才可能更好地被民众接受；而后者要求尽可能专业，尽可能使用法律概念和法律专业术语，目的是获得专业认同而无需考虑所谓的通俗性。阅卷老师基本上都是法律专家，而法考（原司考）又是法律职业者共同体的入门考试，故专业性更为重要。同时，也要把论述题与一般的法学家写的随笔区分开来。这些随笔往往不采用议论文体，往往也没有一个明确的论点，也没有任何论证，构成全文的是作者的理论思考，仅仅是以一系列的问句提出了一连串的问题，而对所有的问题作者既没有解决，也没有试图去解决，但这并不影响本文的价值。但是，如果将其作为论述题解答显然是不可以的，论述题必须要有观点。只提出问题，却没有鲜明的立场和观点，是不符合论述题解答要求的。

需要特别说明的是，论述题的答题要求在总体不变的情况下，每一年都有一些微小的变化。例如，字数的要求就年年不同，2015 年的标准是不少于 800 字。2016 年是最后一问不少于 500 字，2017 年还是保持稳定，2018 年可能还会有所调整。所以，考生在答论述题的时候，务必先认真阅读答题要求。字数是否达标，有 2 分分数！

（二）表达方式——说理充分，逻辑严密，语言流畅，表述准确

在解决专业知识问题后，更重要的是组织语言的方式，即文体表现方式更为重要地展现在考生面前。虽然，以往论述题的答题要求一般会加入"文体不限"的提示，但是，考生不能想当然地认为可以用任何文体，比如诗歌等。事实上，从阅卷的情况看，基本上高分或者接近高分的文体都是议论文体，这个和"说理充分，逻辑严密"的要求是密切相关的。

一般论述题最后都要求考生对试题所给的材料谈谈自己的认识，这个就是议论文的观点！这个不能简单地理解为可以随便谈认识，考生的认识必须是考生对该案例的判断和评价，而这个评价只能是一个法律判断，即合法还是非法。也就是说，考生首先要明确自己的观点和看法，之后再去论证自己的观点和看法，这就自然引出了论点、论据和论证问题，这正是议论文的三要素。论述题多为给一个有争议的法律案例，考查考生分析运用法律知识和法理知识的能力，因此对案例材料的分析判断不可能使用诸如诗歌、散文或者说明文体。同时，当年过后一些法制报刊发表的优秀论述题解答文章，均是议论文体。还有一些经过命题机构确认的优秀考生的论述题解答文章，也同样使用了议论文体。

（三）换位思考——细节是魔鬼，细节决定一切

从阅卷老师的角度，建议考生做到以下要求来获得一个好的分数。

1. 字迹清楚：无论考生书法功底如何，都要做到横平竖直、大小一致。字体可适当写得大一些，避免连笔、草书，最好使用行书和楷书，千万别第一题是楷书，第二题是行书，后面就是草书，狂草，最后一题成天书了，所以我一般建议考生先做第一题和最后一题。

2. 卷面整洁：提前花几分钟形成一个简要的提纲，再正式开始写，不仅能保证内在逻辑严谨，而且能保证卷面层次分明。同时对于错别字，尽量不要涂黑修改，以免污染卷面，只要在旁边把正确的字写上即可。

3. 少用长句：长句容易顾此失彼，形成病句，特别不利于在烦躁的情况下阅读。考生应尽可能将长句分成几个短句，这样做不仅能使每一句话的信息量适中，而且还可以使得阅读更加方便。

4. 分段空行：分段空行不仅使排列美观，而且容易阅读，在密集而纷乱的试卷中，容易给改卷老师赏心悦目的感觉。一定要注意，阅卷老师是按段、按点给分的！

5. 时间合理分配：卷四规定的答卷时间是 210 分钟，卷四一般是 8 道题（包括选做题），考生可以选择做其中的 7 题，2015 年和 2016 年是 7 题，今年预计还是 7 道题，其中包含 5 道案例，2 道论述，论述题起码要花掉 50 分钟，包括审题和答题，考试字数要求可能还是 800 字左右。但无论是多少字，考生要在题目的要求上再增加 50 个字，就是答题要求达到的字数。这样，论述题就可能花去 90 分钟，考生还剩下 120 分钟。合理的答题步骤就是拿到试题，先看题型，如果突然出现司法文书，并且是文书写作的话，最先做这个！（因为考前刚刚看过文书的范文，趁热打铁）这个要花去你 30 分钟左右的时间，这样你就剩下 90 分钟。90 分钟，4 道题，平均每道题是 22 分钟多一点。时间有点紧凑。如果没有文书，都是案例，就比较简单了。案例分析题按试题要求答题，应该会分成很多的小问题。刑法案例稍微难一些，花的时间可能会多一些。5 道题，120 分钟，也就是平均答每道题用 24 分钟。当然，具体的题目看难度的大小会有所调整，但是必须给论述题留下一个半小时，否则写字是来不及的。这可是"有字就给分"的试题呀。去年有同学考完后感慨，幸亏听课了，知道了做题的顺序，否则时间肯定来不及！

三、论述题该如何准备

根据对考生应试情况的分析，卷四最大的问题往往是答题时间不够，集中在论述题的最后一题往往没有时间做，而论述题的最大问题是在看到题目以后无从下手，而时间慢慢地在茫茫然手足无措中流逝。究其原因，是因为有三大误区：

（一）盲目自信，忽视原则

很多考生将论述题视为案例分析题的一种，想当然地认为只要掌握了具体的部门法知识，就能应对所有的法律事件，得出唯一正确的法律结论。例如，2008 年卷四最后一题"裸聊"的论述题被很多考生用刑法的"四要件"分析法做了一个刑法的案例分析，最后得出构成或者不构成犯罪的结论，完全忽视了题目中要求用"罪刑法定"原则的基本内容进行分析的要求，导致自我感觉很好，但分数很低的情况。同时，由于客观题部分基本不考查各个部门法的基本理论，授课老师在授课中也往往回避或者简略地提及，所以考生以为部门法的基本原则并不重要，故也不拿出任何时间进行复习。2012 年卷四最后一题"刑事诉讼法的价值"也是一样的，很多考生都记住了刑事诉讼法的具体规定，却忘记了刑事诉讼法的价值内容是什么，基本原则有哪些，对"保障人权"和"惩罚犯罪"的目的之间的关系认识不明确，缺乏对"程序正义"的独立价值的了解，从而导致最终丢分。

事实上，从司法部的论述题命题思路来看，论述题的设置本身就是要让考生跳出"法条主义"的窠臼，提升法律分析和法律思辨能力。论述题往往没有标准答案，言之有理即可给分，这是和案例分析题的最大区别，也是为什么在案例分析题外设置论述题的根本原因。出题人希望考生能开阔视野，找到法律原则与法律实践的切合点，更好地服务实践。

（二）盲目悲观，直接放弃

与上面的考生不同，另外一部分考生，特别是好久没有动笔写过专业论文的社会考生，在没有认真了解论述题的情况下，偏听偏信，无端地认为论述题难度大而自己基础差，索性放弃训练和提高，到考场时再临时发挥，写成什么样就什么样，能得几分就得几分，把考试过关的宝都押在其他题型上，甚至有人直接交论述题白卷，而不知道在阅卷中，只要不是空白页，上面写有跟题目相关的内容，即使是把题目抄一抄，阅卷老师也会心怀慈悲地给一些安慰的分数，而交空白卷的人就没有办法享受到这样的优惠了。当然，也有一部分考生认为论述题不是一朝一夕可以提高的，花很多时间精力，效果也不明显，而且论述题在阅卷时主观性很强，即使自己写得不错，也有可能得不到理想的分数。相比之下，基础知识可以背，可以突击，一分耕耘一分收获，多下点死功夫是可以有很大提高的。

以上考生的想法有一定的道理，但是又极其有害。法考（原司考）点多面广、内容庞杂，考题目前都已经是题库制，几乎把犄角旮旯的地方都考到了，考生不可能把大纲中所有的内容都准确无误地掌握，也不容易将其他题型的分全部拿到手。实践证实，绝大部分考生只能拿到330分左右（包括前三卷客观题及卷四案例部分），如果将论述题（含简答题）放弃，或者论述题得分很少，那么通过考试的可能性很小。因此，论述题无论如何不能放弃，而且还必须要争取得到一个好的分数。

（三）押宝猜题，缺乏练习

尽管，目前考生对论述题的重视程度在提高，但一部分考生仍不愿把功夫花在基本功的训练上，喜欢走所谓捷径。准备一两篇现成的范文对付，而一旦没有押上题，就心里发慌，乱了方寸，没了思路。

论述题其实并不是高深莫测的，它也有规律可循。考试设置论述题的目的，不是要考生都写出法学家一样水平的专业文章来，也不是以专家的尺度来要求考生，而是考查考生对法律专业知识的运用及语言文字的表达。其基本要求是审题准确、内容充实、结构完整、条理清楚、文字通顺、标点正确和书写行文合乎规范。有的考生对论述题的常识和要求把握得不好，文章没有层次，通篇只有一个段落，一个逗号点到底；或者有开头，没有结尾；或者只有开头结尾，没有中间段，等等。其实只要稍加注意和训练就可以做到合乎书写行文规范，而正确地运用标点使文字通顺对大多数考生来说还是非常容易做到的。较有难度的是如何做到审题准确、逻辑严谨、条理清楚、分析专业。因此，只要我们把论述题的答题要求、注意事项把握准确，再加上一定的实践训练，就一定可以达到基本要求。要想论述题有所提高，只能在老师的指导下扎扎实实地练习，没有什么捷径可走。

为了让考生更好地进行训练，在本书的试题演练外，我以及众合学校还会在新浪微博@理论法学陈璐琼，地址：http://weibo.com/chenluqiong发布今年最新的热门事件作为论述题的素材，从7月1日到考前持续发布，作为本书的补充部分，便于考生下载后进行练笔。敬请关注！

专题三十一

法律思维与写作模式总论

历年论述题在本质上大多为情境分析题，其考查模式是先给出一个具体的法律事件，然后要求考生用法理学的基本原理或者某个具体学科的基本原则和具体规定来分析该法律事件，要求考生能用法律的基本思维和逻辑来提出自己的法律定性和价值取向。该类型是论述题的常见类型，今年考查的可能性极大！

一、法律思维导图

以上思维导图揭示了论述题集中考查的科目和考查方式，具体阐述如下：

法的概念决定了题目中的法律事件一定存在不同主体及其相互利益的冲突，而法律的目的就是调节这些冲突，实现定分止争，而法律调整利益的结果就是法律关系。法律关系根据不同的特点分为平权性法律关系和非平权性法律关系。平权性法律关系主要是权利和权利的冲突，集中体现在民事法律关系中，其本质是自由和法律限制的法理学问题。例如，2009年考查的是商业银行和持卡人之间的冲突和协调，是典型的平等主体之间的关系。非平权性法律关系主要有刑事法律关系和行政法律关系，两者在本质上是私人权利和国家权力的冲突，其背后的法理学问题是自由和秩序的法律价值的冲突。因此，该类型的题目主要考查实体法律关系和法律关系背后的法律价值，如2008年对罪刑法定原则的考查，2012年对"刑讯逼供"获得非法证据的否定，都体现了法律背后坚持的价值。正如山东大学徐显明教授提出的，法治思维包括"合法性思维"，即任何行政措施的采取、任何重大决策的作出都要合乎法律；"程序思维"，要求权力必须在既定程序及法定权限内运行；"权利义务思维"，即以权利义务作为设定人与人关系及人与公共权力关系的准则；"公平正义思维"，即公权力要以追求、维护公平与正义为价值尺度。2015年最后一题就是看得见的正义。2016年考查政府和行政相对人的关系，要求政府信息必须公开。2017年考查深化简政放权放管结合优质服务改革，为加快建设法治政府打下基础。

另外，根据法考（原司考）的不同要求，考生不仅仅要从实体法的角度来分析事例，还要从一个裁判者（法官）或者其他法律职业者（律师等）的角度来具体解决事例中体现的程序问题。把实体法和程序法结合起来综合考查是论述题曾经的考查模式，虽然这些年都没有按这个模式出题，但是，今年这样考查的可能性仍存在。

陈璐琼讲理论法学

2018年国家统一法律职业资格考试专题讲座系列

二、基本思维步骤和价值取向

第一步：确定法律关系的性质，是平权性的还是非平权性的，然后确定适用的基本思路。

第二步：

1. 对于平权性法律关系，要强调权利的重要性，权利本位。但是，要同时认识到权利是有边界的，要受到其他人的权利和公序良俗的限制。"人生而自由，但无不在枷锁之中"！

2. 对于非平权性法律关系，要强调国家权力行使的合法性，包括实体法上的授权和程序法上自然公正，具体到行政法上为依法行政原则，到刑法上为罪刑法定原则。因此，要评价国家权力行使的正当性。个人是"法不禁止即自由"VS 政府是"法不授权就越权"。

第三步：

理论拔高。法理学上的模板体现的是自由及其限制，首先强调自由的重要性，其次指出自由也存在边界，无论是他人的自由还是秩序价值，最后要求法律作出平衡。"真正的自由不是随心所欲，而是法律下的自由"！

三、必背总纲

第一部分（120 字）【定事实，站立场】

对材料的内容（谁，做了什么事，即行为；有什么法律后果，即法律关系的内容）进行描述，界定其中的行为（往往是行政行为）所涉及的主要的法学概念和法学原理，提出考生的观点（全面而不偏激）。

第二部分（500 字）【析概念，说理由】

结合法学基本概念和基本原理的界定，按一定的逻辑顺序分层次阐释考生支持或者反对的理由（分理由一、理由二、理由三阐释）。

第三部分（100 字）【再强调，作评论】

结尾重复考生的观点，如果文中的法律行为是值得提倡的，提出美好的愿景；如果文中的"法律行为"是应该禁止的，提出规制的具体建议（可从立法、司法和执法的多重角度谈）。

四、写作流程

（一）确定主体，明确学科，确定论述主题

根据数年的授课经验，我发现考生对于法律关系的确定不仅具有轻视性，更重要的是往往找不到题目中的暗示。为了说明整个流程，我们以 2009 年的真题为例，来说明确定主体和法律关系的重要性。

【材料】潘晓大学毕业不久，向甲商业银行申领了一张信用卡，透支额度为 2 万元。潘晓每月收入 4000 元，缴纳房租等必需开销 3000 多元。潘晓消费观念前卫，每月刷卡透支 3000 多元，累计拖欠甲商业银行借款近 6 万元。不久，潘晓又向乙商业银行申领了一张信用卡，该卡的透支额度达 3 万元。

据报道，甲商业银行近几年累计发行信用卡近 600 万张，每张信用卡的透支额度从 5000 ～ 10 万元不等。该银行 2009 年 8 月统计发现信用卡持卡人累计透支接近 300

亿元，拖欠期限从 1 个月到 4、5 年不等。不少人至少持有两张甚至多张信用卡，因延期还款产生的利息和罚息达到数千元甚至上万元。由于上述现象大量存在，使得一些商业银行的坏账比例居高不下。对此，银行界拟对透支额度大、拖欠时间长的持卡人建立个人信用档案，列入"黑名单"，相关信息各银行共享；拟采取加大罚息比例、限制发放个人贷款、限制发放信用卡、停止信用卡功能等措施制裁信誉不良持卡人；拟建议在设立企业、购买不动产等方面对持卡人进行限制。

另据反映，为数不少的信用卡持卡人则认为，银行信用卡发放泛滥，安全防范功能不强，申领条件设定偏低，合同用语生涩，还款程序设计复杂且不透明，利息负担不尽合理，呼吁国家出台政策进行干预。

【问题】根据上述材料，请从合法性与合理性的角度就银行权益保护与限制、持卡人权利与法律责任、银行和持卡人的利益平衡与社会发展、资本市场风险的法律防范对策，或者其他任一方面阐述你的观点。（2009-四-七，论述题）

【答题要求】

1. 应结合相关法律规定，运用部门法知识及法理学知识进行论述；

2. 观点明确，逻辑合理，说理充分，表述清晰；

3. 字数不少于 500 字。

本题出现后，很多考生对于本题的描述集于商法和经济法，认为应该由银行管理部门对信用卡滥发行为进行监管。从管理角度进行分析，这种看法是完全错误的。事实上，出题人已经在题目要求中暗示了此事件的主体和他们的法律关系，"请从合法性与合理性的角度就银行权益保护与限制、持卡人权利与法律责任、银行和持卡人的利益平衡与社会发展、资本市场风险的法律防范对策，或者其他任一方面阐述你的观点"。因此，我们应当判断出本事件中的行为主体是商业银行和持卡人。

在确定主体之后，我们看两者的地位关系。从前面的法律思维导图看，如果两者是平等主体，则为民事法律关系，属于民法中的法律关系。如果两者是不平等的主体，则为行政法或者刑法法律关系，属于行政法或者刑法中的法律关系。在本题中，双方明显不是管理与被管理的关系，属于平等主体，故为民事法律关系。在这个基础上，很容易得出该论述题的主题就是法律和自由的关系问题，即法律对个人自由干预的正当性及其限度的原理的具体运用。

（二）安排结构，逻辑严谨，合理论述

论述题的主体部分就是结合材料，对以上的主题进行合理性论证，具体说就是一个演绎推理的逻辑论证过程。这个过程在本质上也是案例分析的逻辑过程。从历年考察的情况来看，需要判断和分析的事实点一般不止一个，在试题中可能有几个行为点需要分析。例如，2009 年试题中的商业银行和信用卡持有人的情况，就包含几个需要法律评价的行为，又如 2004 年的"喜悦家庭"案，也有好几个行为，需要考生一一作出法律评价。

具体地说，论述题的解答包含如下几个过程：

1. 确定论点，表明立场，亮出自己的观点。此部分内容一般应该在开头完成。论述的开头一般采用开门见山式，一般会包含以下内容：

（1）要选择有法律意义的议题。议论文写作的第一步是选择议题，也就是选择所要议论或者评论的问题。选择有法律意义的论题很重要，它在很大程度上决定了你的答案是否跑题。一方面，要有针对性，不能空泛地对所有事情发表评论，要集中于法律实践。例如，之前的例题中潘晓购买的物品内容是否奢侈，是否浪费，其消费观念是否合理都不是考生要考虑的问题，考生要关心的是其行为导致对银行的债务是否能够如期归还的问题。另一方面，要有议论的价值，即对于该法律问题的产生有不同的争议和不同的解决方案，对已经取得共识和一致意见、不言而喻的事物，议论的意义就不大。

（2）要有明确的立场。立场是作者对所议论的问题提出的见解、主张或态度，它是统领全篇的中心。有了明确的论点，才能很好地组织材料，才能保证文章沿着正确的方向发展。确立明确的论点，应该从两方面入手：一方面，要对文中所要议论的事物作出准确的法律关系判断；另一方面，需要从论点到材料、从材料到论点反复思考和验证，使二者相互吻合，相互支持。当然，法律与现实的事物关系往往是十分复杂的，要想对自己所要议论的事物作出准确的判断，就需要我们认真思考，仔细分析，从中找出主流的、本质的东西。如考查传统文化时，不能一棍子把传统文化给打死，而是要"取其精华去其糟粕"。在2013年"审判与调解"的关系问题上，不能一味地强调审判的重要性，也不能"调解为王，久调不判"，而是根据具体情况作出合理安排。这个就是明确的立场，有亮点、有重点、明确但是不偏颇。

（3）选择一个合适的角度。横看成岭侧成峰，看待一个问题要从不同的角度，这样才能看到不同的景象和问题。

对于同一个问题，最弱的一种建议就是呼吁、倡导和期待。第二种相对强些，可以通过对题目中正面人物的赞美，先立后破，然后再批评和反对，希望能向题中的榜样学习。第三种就比较直接，运用法律规则和法律原则直接批评，树立负面的典型，有了更强的批判性和传播效果。最后一种稍微要求高些，进行中外对比，来检讨我们制度存在的不足之处。

2. 运用法律原理，结合案例事实，论证自己的结论。充分运用自己掌握的法律概念、法律原则和法律原理来论证自己的观点。论述题的正文解答部分其实就是论述题的法律判断及推理过程。对此部分的解答要求是：逻辑严谨、说理充分、表达准确。这里必须提出的是，一定要实现对法理的深刻理解，理解不够，导致食之不化，就会仅仅停留在一些抽象的概念上。没有能力驾驭理论，没有把理论和材料分析很好的结合，理论是理论，材料是材料，不是用理论分析材料，而仅仅是简单的引用和生硬的嫁接，生搬硬套的结果就是理论与实践两张皮。比如，2012年在阅卷过程中，阅卷老师大量发现最后一题谈"非法证据排除规则"的价值时，很多考生都能准确定位到"程序正义"的独立价值及其与"实体正义"的关系。但是，比较遗憾的是，通篇都在介绍两者的关系和内涵，却没有联系材料，只是理论的堆砌而没有与材料进行对应。比如，仅仅讲程序正义有助于保障当事人的权益，却没有结合材料中的事例进行阐述，最后分数自然不高。所以，我在授课中经常说，"联系材料"这四个字一定要描粗，让阅卷老师一目了然的看到，这样才不会出现理论与实践两张皮的情况。

论证就是运用论据证明论点的过程，它使论点清晰、突出，具有说服人的力量。好的论证应当是严密有力的，即论据与论点紧密相连，论据有力地证明了论点，论点很好地统领着论据，二者相辅相成完成了说服读者的任务。要想使论证严密有力，产生强有力的说服作用，主要应注意两方面的问题：一是要注意运用正确的法律思维方法；二是要精心地安排组织材料。论述题的论证主要运用演绎三段论的思维方法，即法律原理，案件事实，推论。具体到写作实践当中，人们又创造出多种与之相适应的议论方法，这也是考生应该掌握的。比较常用的方法主要有以下几种：

（1）例证法。用最能表现论点的具体事实作论据来证明论点。通常所说的摆事实、讲道理，实际上就是这种方法。运用这种议论方法的关键之处就是要选择最有代表性的材料。

（2）类比法。用人们熟知的一个事理作为论据来表现另一个道理。运用这种方法，应该注意两个事理要有一定的联系，否则就不会产生相应的说服力。

（3）反证法。不从正面来证明论点，而是从反面来加以证明。这种方法，往往能产生正面证明所不能起到的作用。

（4）对比法。将论据中截然相反的两种事物进行比较，从而达到证明论点的目的。这种议论方法，往往能深刻地揭示事物的本质，运用时，要注意事物的对比性，也就是说这种对比，必须能有力地证明论点。

（三）理论升华，拔高立意、提升境界

在前文论证的基础之上，从具体的个案分析引申出一般性的问题。结尾要简短有力，篇幅不宜过长，但是必须对前面的具体法律分析进行一个提升和拔高，也就是说从具体法律问题提升到一般法律问题，从小问题提升到大问题，从具体到一般，从微观的个案到宏观的一般。主要运用的是法理学和宪法学的相关原理。一般来说，论述题的主要考查模式是部门法加法理或者宪法，正文部分一般是具体的部门法分析，在结尾部分就应当有一些宪法和法理分析。在法理中主要是法与经济、法与道德、法与科技等方面的分析，宪法分析主要是依法治国等方面的分析。例如，2009年的信用卡案例就可以用法理学的"自由及其限制"原理来拔高。2013年的论述题就可以从效率（调解）和秩序（审判）来进行理论提升。

万能结尾模式，以前述2009年真题为例：总之，个人的自由需要保护，毕竟"自由是法律的圣经"，但"人生而自由，却无不在枷锁之中"，良好的社会秩序正是其中的"枷锁"之一，而我们法律人的责任在于寻求、建构一种合理的制度，以求达到个性自由和良好社会秩序的平衡。

【小评论】本文是司法部考试中心在《法制日报》上刊登的2009年优秀高分范文，其标题是《自由的限度》。在正文部分对案例所给的基本事实作了具体法律分析之后，在结尾部分迅速升华到法理分析，不仅简短有力，而且恰如其分地使用了两句名言，是结尾的一个醒目的亮点，取得了非常好的效果。这个结尾从法理入手，迅速把"信用卡滥用"这一具体问题提升到涉及自由及其限度的一般性大问题，完成了从具体法律分析向宪法和法理分析的转折，是一个比较简短有力的结尾，而且这种结尾可以成为一个公式，作为论述题的一般结尾方式来使用。

（四）标题问题——最后但不是最不重要的

1. 要不要有标题。是否需要写标题的问题，本质上是一个审题问题，如果题目中明确有"自拟标题"这个要求，则标题必须写。如果题目中并没有"自拟标题"的说明，那么隐含的意思是这个可以忽略，即可以不写标题。不过，在司法部主办的《法制日报》、最高人民法院主办的《人民法院报》、最高人民检察院主办的《检察日报》等国内主流法制类报纸中发表的一些考生解答论述题的优秀范文中，均使用了标题，说明有标题是一件锦上添花的事情。如果有一个好的标题，能起到画龙点睛的作用，但是一个

差的标题，会成为影响第一印象，甚至最后得分较低的理由。故我们建议，如果没有十足的把握能写出一个简短而明确的标题，则可以不写标题。

2. 怎么写好标题。好标题的标准很简单：简洁有力、立场明确、立意新颖。简短有力，一般要求标题不能多于 10 个字。立场明确是指标题要表明态度。最可怕的标题莫过于"×××之我见"、"谈谈×××"等。立意新颖是要求吸引老师的眼球，如 2009 年信用卡案例有用"我的信用卡我做主"、2011 年的法官能动主义的反对者用的标题是"是法官，不是股神"。2012 年标题，可以用"走你，刑讯逼供"。2013 年的标题可以用"天平的两端，一样的为难——审判和调解"。2014 年的标题可以用"你的公司你做主——法治下的自由"。2015 年的标题可以为"阳光下的审判——程序正义"。2016 年的政府信息公开可以用"阳光是最好的防腐剂——信息公开"。

专题三十二
时政论述题

论述题一直与时俱进，特别是在社会主义法治理论中，当党中央提出新的内容时，考试的内容一定会与之契合。如2010年的"三个创新"就是基于2010年全国政法工作会议报告中的崭新内容，即深入推进社会矛盾化解、社会管理创新、公正廉洁执法三项重点工作。再如2011年的"繁荣法学"也是在中共召开党的十七届六中全会上提出的"文化建设"的要求下而做的命题。2012年"公平正义"的基本要求，也是中央领导同志对当今中国现状的一种诉求。2014年"执法为民"的素材，来自2014年1月7日的全国政法工作会议上的讲话。2015年大纲全面修改，加入十八大四中全会和《中共中央关于全面推进依法治国若干重大问题的决定》的最新提法。2016年也继续考查该内容。同时，在论述题上也同样体现了对当年时事政治的法学关注。如2005年卷四论述题的素材来自《人民法院第二个五年改革纲要》，同样，2010年卷四第7题关于"运用协调、和解方式解决行政争议的做法"也出自《人民法院第二个五年改革纲要》，甚至2011年的关于"能动司法"的提出，也是出自法院改革的需要。还有就是一些社会热点问题，如2007年卷四第7题关于"无诉"、"厌诉"及"滥诉"的问题，2008年卷四第7题关于网上"裸聊"的问题，2009年卷四第7题关于信用卡是否应该限制发放的问题。2014年就考查最新的《公司法》的修订。2015年的非法证据排除和以审判为中心，确保侦查、审查起诉的案件事实证据经得起法律的检验，也是对2015年司法改革的遥相呼应，特别是冤假错案的频频爆发的警示。2016年，结合法治政府的建设，加入行政诉讼法的修改的热门话题，考查了政府信息公开的主题。2017年，结合司法体制改革和人才培养的要求，卷四第一题考查了习总书记的五三讲话，提出"天理、国法和人情"的统一在司法案例中的作用，要求从中华法文化中汲取营养，做到德法兼修，法律效果与社会效果相统一。

因此，在今年的社会主义法治理论备考中，一定要采用最新的理论，结合最新的时事政治，研究"十三五规划"的宏伟蓝图，结合党的十九大报告，紧跟中央领导人的最新讲话和法治思维，才能真正做到与时俱进。

本专题主要是针对论述题部分，集中于社会主义法治理论的内容。不出意外，今年卷四第一题依然会对此进行考查。

一、真题指引

时间	主题	方式	备注
2007年卷四第一题	社会主义法治理论的主要内容	阐释社会主义法治的核心内容	单纯的简答，有问有答即可

陈璐琼讲讲理论法学

2018年国家统一法律职业资格考试专题讲座系列

2008 年卷四第一题（全国版）	法与政治和法的作用	简答对社会主义法治理论的认识	必须联系材料，增加角度
2008 年卷四第一题（四川版）	法律意识与法律职业的关系	简述社会主义法治理论教育的重要性	无材料，直接回答
2009 年卷四第一题	中国法治现代化发展进程	社会主义法治理论和"三个至上"重要观点	观点由明确改为正确，要求价值观
2010 年卷四第一题	当前政法领域的三项重点工作	依法治国基本内涵	明确范围，勿忘材料
2011 年卷四第一题	社会主义法治理论基本特征	繁荣法学事业的要求	题分两问，分别作答，整体一致，才得高分
2012 年卷四第一题	社会主义法治理论	公平正义的基本要求	情理与法理的纠缠，公正与效率的纠结，综合兼顾
2013 年卷四第一题	民主立法和科学立法	依法治国	理念的内涵，注意角度，结合材料
2014 年卷四第一题	执法为民和人民群众权利保护	公正司法	注重理解，厘定概念
2015 年卷四第一题	依法治国的总目标	意义和要求注重理解	联系实际
2016 年卷四第一题	依宪治国、依宪执政的总体要求	人人平等和严格执法	注重理解，联系实际
2017 年卷四第一题	司法公正	法律与道德	联系实际，字数增加

二、考点精析及必背要点

（一）中国特色社会主义法治的基本理论

坚持走中国特色社会主义法治道路，建设中国特色社会主义法治体系

1. 意义。依法治国，是坚持和发展中国特色社会主义的本质要求和重要保障，是实现国家治理体系和治理能力现代化的必然要求，事关我们党执政兴国，事关人民幸福安康，事关党和国家长治久安。全面建成小康社会、实现中华民族伟大复兴的中国梦，全面深化改革、完善和发展中国特色社会主义制度，提高党的执政能力和执政水平，必须全面推进依法治国。

2. 指导思想。高举中国特色社会主义伟大旗帜，以马克思列宁主义、毛泽东思想、邓小平理论、"三个代表"重要思想、科学发展观为指导，深入贯彻习近平总书记系列重要讲话精神，坚持党的领导、人民当家作主、依法治国有机统一。坚定不移走中国特色社会主义法治道路，坚决维护宪法法律权威，依法维护人民权益、维护社会公平正义、维护国家安全稳定，为实现"两个一百年"奋斗目标、实现中华民族伟大复兴的中国梦提供有力法治保障。

3. 总目标。建设中国特色社会主义法治体系，建设社会主义法治国家。这就是，在中国共产党领导下，坚持中国特色社会主义制度，贯彻中国特色社会主义法治理论，形成完备的法律规范体系、高效的法治实施体系、严密的法治监督体系、有力的法治保障体系，形成完善的党内法规体系，坚持依法治国、依法执政、依法行政共同推进，坚持法治国家、法治政府、法治社会一体建设，实现科学立法、严格执法、公正司法、全民守法，促进国家治理体系和治理能力现代化。

4. 基本原则。

（1）坚持中国共产党的领导。党的领导是中国特色社会主义最本质的特征，是社会主义法治最根本的保证。党的领导和社会主义法治是一致的，社会主义法治必须坚持党的领导，党的领导必须依靠社会主义法治。必须坚持党领导立法、保证执法、支持司法、带头守法。

（2）坚持人民主体地位。人民是依法治国的主体和力量源泉，人民代表大会制

度是保证人民当家作主的根本政治制度，以保障人民根本权益为出发点和落脚点。

（3）坚持法律面前人人平等。必须以规范和约束公权力为重点，加大监督力度，做到有权必有责、用权受监督、违法必追究，坚决纠正有法不依、执法不严、违法不究行为。

（4）坚持依法治国和以德治国相结合。一手抓法治、一手抓德治，大力弘扬社会主义核心价值观，以法治体现道德理念、强化法律对道德建设的促进作用，以道德滋养法治精神、强化道德对法治文化的支撑作用，实现法律和道德相辅相成、法治和德治相得益彰。

（5）坚持从中国实际出发。中国特色社会主义道路、理论体系、制度是全面推进依法治国的根本遵循。汲取中华法律文化精华，借鉴国外法治有益经验，决不照搬外国法治理念和模式。

（二）法治工作的基本格局

1. 完善以宪法为核心的中国特色社会主义法律体系，加强宪法实施

法律是治国之重器，良法是善治之前提。建设中国特色社会主义法治体系，必须坚持立法先行，发挥立法的引领和推动作用，抓住提高立法质量这个关键。要恪守以民为本、立法为民理念，贯彻社会主义核心价值观，使每一项立法都符合宪法精神、反映人民意志、得到人民拥护。要把公正、公平、公开原则贯穿立法全过程，完善立法体制机制，坚持立改废释并举，增强法律法规的及时性、系统性、针对性、有效性。

（1）健全宪法实施和监督制度。坚持依法治国首先要坚持依宪治国，坚持依法执政首先要坚持依宪执政。完善全国人大及其常委会宪法监督制度，健全宪法解释程序机制。将每年十二月四日定为国家宪法日。建立宪法宣誓制度，凡经人大及其常委会选举或者决定任命的国家工作人员正式就职时公开向宪法宣誓。

（2）完善立法体制。明确地方立法权限和范围，依法赋予设区的市地方立法权。

凡立法涉及重大体制和重大政策调整的，必须报党中央讨论决定。党中央向全国人大提出宪法修改建议，依照宪法规定的程序进行宪法修改。法律制定和修改的重大问题由全国人大常委会党组向党中央报告。增加有法治实践经验的专职常委比例。依法建立健全专门委员会、工作委员会立法专家顾问制度。明确立法权力边界，从体制机制和工作程序上有效防止部门利益和地方保护主义法律化。对部门间争议较大的重要立法事项，由决策机关引入第三方评估，充分听取各方意见，协调决定，不能久拖不决。

（3）深入推进科学立法、民主立法。完善法律草案表决程序，对重要条款可以单独表决。

（4）加强重点领域立法。社会主义市场经济本质上是法治经济。使市场在资源配置中起决定性作用和更好发挥政府作用，必须以保护产权、维护契约、统一市场、平等交换、公平竞争、有效监管为基本导向，完善社会主义市场经济法律制度。健全以公平为核心原则的产权保护制度，加强对各种所有制经济组织和自然人财产权的保护，清理有违公平的法律法规条款。

制度化、规范化、程序化是社会主义民主政治的根本保障。加强社会主义协商民主制度建设，推进协商民主广泛多层制度化发展，构建程序合理、环节完整的协商民主体系。

完善惩治贪污贿赂犯罪法律制度，把贿赂犯罪对象由财物扩大为财物和其他财产性利益。

制定文化产业促进法，把行之有效的文化经济政策法定化，健全促进社会效益和经济效益有机统一的制度规范。制定国家勋章和国家荣誉称号法，表彰有突出贡献的杰出人士。制定社区矫正法。

2. 深入推进依法行政，加快建设法治政府。

法律的生命力在于实施，法律的权威也在于实施。各级政府必须坚持在党的领导下、在法治轨道上开展工作，创新执法体制，完善执法程序，推进综合执法，严格执法责任，建立权责统一、权威高效的依法行政体制，加快建设职能科学、权责法定、执法严明、公开公正、廉洁高效、守法诚信的法治政府。

（1）依法全面履行政府职能。法定职责必须为、法无授权不可为。坚决纠正不作为、乱作为，坚决克服懒政、怠政，坚决惩处失职、渎职。行政机关不得法外设定权力，没有法律法规依据不得作出减损公民、法人和其他组织合法权益或者增加其义务的决定。推行政府权力清单制度，坚决消除权力设租寻租空间。

（2）健全依法决策机制。公众参与、专家论证、风险评估、合法性审查、集体讨论决定确定为重大行政决策法定程序。建立行政机关内部重大决策合法性审查机制，未经合法性审查或经审查不合法的，不得提交讨论。积极推行政府法律顾问制度。建立重大决策终身责任追究制度及责任倒查机制。

（3）深化行政执法体制改革。理顺城管执法体制，加强城市管理综合执法机构建设，提高执法和服务水平。严格执行罚缴分离和收支两条线管理制度，严禁收费罚没收入同部门利益直接或者变相挂钩。严格实行行政执法人员持证上岗和资格管理制度。健全行政执法和刑事司法衔接机制，完善案件移送标准和程序，建立行政执法机关、公安机关、检察机关、审判机关信息共享、案情通报、案件移送制度，坚决克服有案不移、有案难移、以罚代刑现象，实现行政处罚和刑事处罚无缝对接。

（4）坚持严格规范公正文明执法。坚决排除对执法活动的干预，防止和克服地方和部门保护主义，惩治执法腐败现象。

（5）强化对行政权力的制约和监督。加强党内监督、人大监督、民主监督、行政监督、司法监督、审计监督、社会监督、舆论监督制度建设，努力形成科学有效的权力运行制约和监督体系，增强监督合力和实效。完善政府内部层级监督和专门监督，改进上级机关对下级机关的监督，建立常态化监督制度。完善纠错问责机制，健全责令公开道歉、停职检查、引咎辞职、责令辞职、罢免等问责方式和程序。探索省以下地方审计机关人财物统一管理。推进审计职业化建设。

（6）全面推进政务公开。推进政务公开信息化，加强互联网政务信息数据服务平台和便民服务平台建设。

决策公开、执行公开、管理公开、服务公开、结果公开。

3. 保证公正司法，提高司法公信力

公正是法治的生命线。司法公正对社会公正具有重要引领作用，司法不公对社会公正具有致命破坏作用。必须完善司法管理体制和司法权力运行机制，规范司法行为，加强对司法活动的监督，努力让人民群众在每一个司法案件中感受到公平正义。

（1）完善确保依法独立公正行使审判权和检察权的制度。建立领导干部干预司法活动、插手具体案件处理的记录、通报和责任追究制度。健全行政机关依法出庭应诉、支持法院受理行政案件、尊重并执行法院生效裁判的制度。建立健全司法人员履行法定职责保护机制。非因法定事由，非经法定程序，不得将法官、检察官调离、辞退或者作出免职、降级等处分。

（2）优化司法职权配置。完善司法体制，推动实行审判权和执行权相分离的体制改革试点。切实解决行政诉讼立案难、审理难、执行难等突出问题。最高人民法院设立巡回法庭，审理跨行政区域重大行政和民商事案件。立案登记制。做到有案必立、有诉必理，保障当事人诉权。完善审级制度，一审重在解决事实认定和法律适用，二审重在解决事实法律争议、实现二审终审，再审重在解决依法纠错、维护裁判权威。探索建立检察机关提起公益诉讼制度。

（3）推进严格司法。推进以审判为中心的诉讼制度改革。实行办案质量终身负责制和错案责任倒查问责制。

（4）保障人民群众参与司法。构建开放、动态、透明、便民的阳光司法机制，推进审判公开、检务公开、警务公开、狱务公开，依法及时公开执法司法依据、程序、流程、结果和生效法律文书，杜绝暗箱操作。加强法律文书释法说理，建立生效法律文书统一上网和公开查询制度。

（5）加强人权司法保障。完善对限制人身自由司法措施和侦查手段的司法监督，加强对刑讯逼供和非法取证的源头预防，健全冤假错案有效防范、及时纠正机制。

加快建立失信被执行人信用监督、威慑和惩戒法律制度。依法保障胜诉当事人及时实现权益。

落实终审和诉讼终结制度，实行诉访分离，保障当事人依法行使申诉权利。对不服司法机关生效裁判、决定的申诉，逐步实行由律师代理制度。对聘不起律师的申诉人，纳入法律援助范围。

（6）加强对司法活动的监督。依法规范司法人员与当事人、律师、特殊关系人、中介组织的接触、交往行为。严禁司法人员私下接触当事人及律师、泄露或者为其打探案情、接受吃请或者收受其财物、为律师介绍代理和辩护业务等违法违纪行为，坚决惩治司法掮客行为，防止利益输送。

坚决破除各种潜规则，绝不允许法外开恩，绝不允许办关系案、人情案、金钱案。坚决反对和克服特权思想、衙门作风、霸道作风，坚决反对和惩治粗暴执法、野蛮执法行为。对司法领域的腐败零容忍，坚决清除害群之马。

4. 增强全民法治观念，推进法治社会建设

法律的权威源自人民的内心拥护和真诚信仰。人民权益要靠法律保障，法律权威要靠人民维护。必须弘扬社会主义法治精神，建设社会主义法治文化，增强全社会厉行法治的积极性和主动性，形成守法光荣、违法可耻的社会氛围，使全体人民都成为社会主义法治的忠实崇尚者、自觉遵守者、坚定捍卫者。

（1）推动全社会树立法治意识。把法治教育纳入国民教育体系，从青少年抓起，在中小学设立法治知识课程。实行国家机关"谁执法谁普法"的普法责任制，建立法官、检察官、行政执法人员、律师等以案释法制度，加强普法讲师团、普法志愿者队伍建设。

（2）推进多层次多领域依法治理。坚持系统治理、依法治理、综合治理、源头治理，提高社会治理法治化水平。

（3）建设完备的法律服务体系。推进覆盖城乡居民的公共法律服务体系建设，加强民生领域法律服务。完善法律援助制度，扩大援助范围，健全司法救助体系，保证人民群众在遇到法律问题或者权利受到侵害时获得及时有效法律帮助。

（4）健全依法维权和化解纠纷机制。把信访纳入法治化轨道，保障合理合法诉求依照法律规定和程序就能得到合理合法的结果。多元化纠纷解决机制。加强行业性、专业性人民调解组织建设，完善人民调解、行政调解、司法调解联动工作体系。

（三）法治工作的重要保障

1. 加强法治工作队伍建设

全面推进依法治国，必须大力提高法治工作队伍思想政治素质、业务工作能力、职业道德水准，着力建设一支忠于党、忠于国家、忠于人民、忠于法律的社会主义法治工作队伍，为加快建设社会主义法治国家提供强有力的组织和人才保障。

（1）建设高素质法治专门队伍。把思想政治建设摆在首位，加强理想信念教育，深入开展社会主义核心价值观和社会主义法治理念教育，坚持党的事业、人民利益、宪法法律至上，加强立法队伍、行政执法队伍、司法队伍建设。推进法治专门队伍正规化、专业化、职业化，提高职业素养和专业水平。完善法律职业准入制度，健全国家统一法律职业资格考试制度，建立法律职业人员统一职前培训制度。

【法官员额制】建立法官、检察官逐级遴选制度。初任法官、检察官由高级人民法院、省级人民检察院统一招录，一律在基层法院、检察院任职。上级人民法院、人民检察院的法官、检察官一般从下一级人民法院、人民检察院的优秀法官、检察官中遴选。

（2）加强法律服务队伍建设。加强律师队伍思想政治建设，把拥护中国共产党领导、拥护社会主义法治作为律师从业的基本要求，增强广大律师走中国特色社会主义法治道路的自觉性和坚定性。构建社会律师、公职律师、公司律师等优势互补、结构合理的律师队伍。各级党政机关和人民团体普遍设立公职律师，企业可设立公司律师，参与决策论证，提供法律意见，促进依法办事，防范法律风险。

（3）创新法治人才培养机制。坚持用马克思主义法学思想和中国特色社会主义法治理论全方位占领高校、科研机构法学教育和法学研究阵地，加强法学基础理论研究，形成完善的中国特色社会主义法学理论体系、学科体系、课程体系。

健全政法部门和法学院校、法学研究机构人员双向交流机制，实施高校和法治工作部门人员互聘计划。

2. 加强和改进党对全面推进依法治国的领导

党的领导是全面推进依法治国、加快建设社会主义法治国家最根本的保证。必须加强和改进党对法治工作的领导，把党的领导贯彻到全面推进依法治国全过程。

（1）坚持依法执政。依法执政是依法治国的关键。不能以言代法、以权压法、徇私枉法。

完善党委依法决策机制，发挥政策和法律的各自优势，促进党的政策和国家法律互联互动。政法委员会是党委领导政法工作的组织形式，必须长期坚持。

（2）加强党内法规制度建设。党章是最根本的党内法规，全党必须一体严格遵行。党的纪律是党内规矩。党规党纪严于国家法律。依纪依法反对和克服形式主义、官僚主义、享乐主义和奢靡之风，形成严密的长效机制。

（3）提高党员干部法治思维和依法办事能力。

把法治建设成效作为衡量各级领导班子和领导干部工作实绩重要内容，纳入政绩考核指标体系。

（4）推进基层治理法治化。

发挥基层党组织在全面推进依法治国中的战斗堡垒作用，增强基层干部法治观念、法治为民的意识，提高依法办事能力。

（5）深入推进依法治军从严治军。党对军队绝对领导是依法治军的核心和根本要求。

（6）依法保障"一国两制"实践和推进祖国统一。

（7）加强涉外法律工作。加强反腐败国际合作，加大海外追赃追逃、遣返引渡力度。共同打击暴力恐怖势力、民族分裂势力、宗教极端势力和贩毒走私、跨国有组织犯罪。

附录一：十三五规划纲要精选与法治中国的建设

中国共产党第十八届中央委员会第五次全体会议，于2015年10月26日至29日在北京举行。全会听取和讨论了习近平受中央政治局委托作的工作报告，审议通过了《中共中央关于制定国民经济和社会发展第十三个五年规划的建议》。"十三五"时期（二〇一六年至二〇二〇年），是全面建成小康社会的关键时期，是深化改革开放、加快转变经济发展方式的攻坚时期。到二〇二〇年全面建成小康社会，是我们党确定的"两个一百年"奋斗目标的第一个百年奋斗目标。"十三五"时期是全面建成小康社会决胜阶段，"十三五"规划必须紧紧围绕实现这个奋斗目标来制定。

第一、全面建成小康社会决胜阶段的形势和指导思想

（一）"十二五"时期我国发展取得重大成就。

全面深化改革有力推进，人民民主不断扩大，依法治国开启新征程。尤为重要的是，党的十八大以来，以习近平同志为总书记的党中央毫不动摇坚持和发展中国特色社会主义，勇于实践、善于创新，深化对共产党执政规律、社会主义建设规律、人类社会发展规律的认识，形成一系列治国理政新理念新思想新战略，为在新的历史条件下深化改革开放、加快推进社会主义现代化提供了科学理论指导和行动指南。

（二）"十三五"时期我国发展环境的基本特征。

和平与发展的时代主题没有变，世界多极化、经济全球化、文化多样化、社会信息化深入发展，世界经济在深度调整中曲折复苏，新一轮科技革命和产业变革蓄势待发，全球治理体系深刻变革，发展中国家群体力量继续增强，国际力量对比逐步趋向平衡。同时，国际金融危机深层次影响在相当长时期依然存在，全球经济贸易增长乏力，保护主义抬头，地缘政治关系复杂变化，传统安全威胁和非传统安全威胁交织，外部环境不稳定不确定因素增多。

我国物质基础雄厚、人力资本丰富、市场空间广阔、发展潜力巨大，经济发展方式加快转变，新的增长动力正在孕育形成，经济长期向好基本面没有改变。同时，发展不平衡、不协调、不可持续问题仍然突出，主要是发展方式粗放，创新能力不强，部分行业产能过剩严重，企业效益下滑，重大安全事故频发；城乡区域发展不平衡；资源约束趋紧，生态环境恶化趋势尚未得到根本扭转；基本公共服务供给不足，收入差距较大，人口老龄化加快，消除贫困任务艰巨；人们文明素质和社会文明程度有待提高；

法治建设有待加强；领导干部思想作风和能力水平有待提高，党员、干部先锋模范作用有待强化。

（三）"十三五"时期我国发展的指导思想。

高举中国特色社会主义伟大旗帜，全面贯彻党的十八大和十八届三中、四中全会精神，以马克思列宁主义、毛泽东思想、邓小平理论、"三个代表"重要思想、科学发展观为指导，深入贯彻习近平总书记系列重要讲话精神，坚持全面建成小康社会、全面深化改革、全面依法治国、全面从严治党的战略布局，坚持发展是第一要务，以提高发展质量和效益为中心，加快形成引领经济发展新常态的体制机制和发展方式，保持战略定力，坚持稳中求进，统筹推进经济建设、政治建设、文化建设、社会建设、生态文明建设和党的建设，确保如期全面建成小康社会，为实现第二个百年奋斗目标、实现中华民族伟大复兴的中国梦奠定更加坚实的基础。

如期实现全面建成小康社会奋斗目标，推动经济社会持续健康发展，必须遵循以下原则。

——坚持人民主体地位。人民是推动发展的根本力量，实现好、维护好、发展好最广大人民根本利益是发展的根本目的。必须坚持以人民为中心的发展思想，把增进人民福祉、促进人的全面发展作为发展的出发点和落脚点，发展人民民主，维护社会公平正义，保障人民平等参与、平等发展权利，充分调动人民积极性、主动性、创造性。

——坚持科学发展。发展是硬道理，发展必须是科学发展。我国仍处于并将长期处于社会主义初级阶段，基本国情和社会主要矛盾没有变，这是谋划发展的基本依据。必须坚持以经济建设为中心，从实际出发，把握发展新特征，加大结构性改革力度，加快转变经济发展方式，实现更高质量、更有效率、更加公平、更可持续的发展。

——坚持深化改革。改革是发展的强大动力。必须按照完善和发展中国特色社会主义制度、推进国家治理体系和治理能力现代化的总目标，健全使市场在资源配置中起决定性作用和更好发挥政府作用的制度体系，以经济体制改革为重点，加快完善各方面体制机制，破除一切不利于科学发展的体制机制障碍，为发展提供持续动力。

——坚持依法治国。法治是发展的可靠保障。必须坚定不移走中国特色社会主义法治道路，加快建设中国特色社会主义法治体系，建设社会主义法治国家，推进科学立法、严格执法、公正司法、全民守法，加快建设法治经济和法治社会，把经济社会发展纳入法治轨道。

——坚持统筹国内国际两个大局。更好利用两个市场、两种资源，推动互利共赢、共同发展。

——坚持党的领导。党的领导是中国特色社会主义制度的最大优势，是实现经济社会持续健康发展的根本政治保证。必须贯彻全面从严治党要求，不断增强党的创造力、凝聚力、战斗力，不断提高党的执政能力和执政水平，确保我国发展航船沿着正确航道破浪前进。

第二、"十三五"时期经济社会发展的主要目标和基本理念

（一）全面建成小康社会新的目标要求。

——经济保持中高速增长。在提高发展平衡性、包容性、可持续性的基础上，到二〇二〇年国内生产总值和城乡居民人均收入比二〇一〇年翻一番。主要经济指标平衡

协调，发展空间格局得到优化，投资效率和企业效率明显上升，工业化和信息化融合发展水平进一步提高，产业迈向中高端水平，先进制造业加快发展，新产业新业态不断成长，服务业比重进一步上升，消费对经济增长贡献明显加大。户籍人口城镇化率加快提高。农业现代化取得明显进展。迈进创新型国家和人才强国行列。

——人民生活水平和质量普遍提高。

——国民素质和社会文明程度显著提高。中国梦和社会主义核心价值观更加深入人心，爱国主义、集体主义、社会主义思想广泛弘扬，向上向善、诚信互助的社会风尚更加浓厚，人民思想道德素质、科学文化素质、健康素质明显提高，全社会法治意识不断增强。

——生态环境质量总体改善。生产方式和生活方式绿色、低碳水平上升。

——各方面制度更加成熟更加定型。国家治理体系和治理能力现代化取得重大进展，各领域基础性制度体系基本形成。人民民主更加健全，法治政府基本建成，司法公信力明显提高。人权得到切实保障，产权得到有效保护。开放型经济新体制基本形成。中国特色现代军事体系更加完善。党的建设制度化水平显著提高。

（二）完善发展理念。

创新、协调、绿色、开放、共享的发展理念。创新是引领发展的第一动力。协调是持续健康发展的内在要求。绿色是永续发展的必要条件和人民对美好生活追求的重要体现。开放是国家繁荣发展的必由之路。共享是中国特色社会主义的本质要求。

第三、坚持创新发展，着力提高发展质量和效益

（一）培育发展新动力。

优化劳动力、资本、土地、技术、管理等要素配置，激发创新创业活力，推动大众创业、万众创新，释放新需求，创造新供给，推动新技术、新产业、新业态蓬勃发展，加快实现发展动力转换。

（二）拓展发展新空间。

以"一带一路"建设、京津冀协同发展、长江经济带建设为引领，形成沿海沿江沿线经济带为主的纵向横向经济轴带。推广新型孵化模式，鼓励发展众创、众包、众扶、众筹空间。发展天使、创业、产业投资，深化创业板、新三板改革。

加快开放电力、电信、交通、石油、天然气、市政公用等自然垄断行业的竞争性业务。

拓展网络经济空间。实施"互联网＋"行动计划，发展物联网技术和应用，发展分享经济，促进互联网和经济社会融合发展。实施国家大数据战略，推进数据资源开放共享。维护我国海洋权益，建设海洋强国。

（三）深入实施创新驱动发展战略。

推动政府职能从研发管理向创新服务转变。加快突破新一代信息通信、新能源、新材料、航空航天、生物医药、智能制造等领域核心技术。加强技术和知识产权交易平台建设，建立从实验研究、中试到生产的全过程科技创新融资模式，促进科技成果资本化、产业化。构建普惠性创新支持政策体系，加大金融支持和税收优惠力度。深化知识产权领域改革，加强知识产权保护。

（四）大力推进农业现代化。

稳定农村土地承包关系，完善土地所有权、承包权、经营权分置办法，依法推进土地经营权有序流转，构建培育新型农业经营主体的政策体系。培养新型职业农民。深化农村土地制度改革。完善农村集体产权权能。深化农村金融改革，完善农业保险制度。

坚持最严格的耕地保护制度，坚守耕地红线，实施藏粮于地、藏粮于技战略，提高粮食产能，确保谷物基本自给、口粮绝对安全。全面划定永久基本农田，大规模推进农田水利、土地整治、中低产田改造和高标准农田建设，加强粮食等大宗农产品主产区建设，探索建立粮食生产功能区和重要农产品生产保护区。

（五）构建产业新体系。

加快建设制造强国，实施《中国制造二〇二五》。开展加快发展现代服务业行动，放宽市场准入，促进服务业优质高效发展。

（六）构建发展新体制。

深化行政管理体制改革，进一步转变政府职能，持续推进简政放权、放管结合、优化服务，提高政府效能，激发市场活力和社会创造力。坚持公有制为主体、多种所有制经济共同发展。毫不动摇巩固和发展公有制经济，毫不动摇鼓励、支持、引导非公有制经济发展。推进产权保护法治化，依法保护各种所有制经济权益。

加快形成统一开放、竞争有序的市场体系，建立公平竞争保障机制，打破地域分割和行业垄断。深化财税体制改革，建立健全有利于转变经济发展方式、形成全国统一市场、促进社会公平正义的现代财政制度，建立税种科学、结构优化、法律健全、规范公平、征管高效的税收制度。建立全面规范、公开透明预算制度，完善政府预算体系，实施跨年度预算平衡机制和中期财政规划管理。建立规范的地方政府举债融资体制。

（七）创新和完善宏观调控方式。

减少政府对价格形成的干预，全面放开竞争性领域商品和服务价格，放开电力、石油、天然气、交通运输、电信等领域竞争性环节价格。

第四、坚持协调发展，着力形成平衡发展结构

（一）推动区域协调发展。

（二）推动城乡协调发展。

深化户籍制度改革，促进有能力在城镇稳定就业和生活的农业转移人口举家进城落户，并与城镇居民有同等权利和义务。实施居住证制度，努力实现基本公共服务常住人口全覆盖。

（三）推动物质文明和精神文明协调发展。

牢牢把握正确舆论导向，健全社会舆情引导机制，传播正能量。

（四）推动经济建设和国防建设融合发展。

第五、坚持绿色发展，着力改善生态环境

（一）促进人与自然和谐共生。

根据资源环境承载力调节城市规模，依托山水地貌优化城市形态和功能，实行绿色规划、设计、施工标准。

（二）加快建设主体功能区。

以市县级行政区为单元，建立由空间规划、用途管制、领导干部自然资源资产离任审计、差异化绩效考核等构成的空间治理体系。

（三）推动低碳循环发展。

（四）全面节约和高效利用资源。

建立健全用能权、用水权、排污权、碳排放权初始分配制度，创新有偿使用、预算管理、投融资机制，培育和发展交易市场。推行合同能源管理和合同节水管理。

（五）加大环境治理力度。

以提高环境质量为核心，实行最严格的环境保护制度，形成政府、企业、公众共治的环境治理体系。改革环境治理基础制度，建立覆盖所有固定污染源的企业排放许可制，实行省以下环保机构监测监察执法垂直管理制度。

（六）筑牢生态安全屏障。

第六、坚持开放发展，着力实现合作共赢

（一）完善对外开放战略布局。

完善投资布局，扩大开放领域，放宽准入限制，积极有效引进境外资金和先进技术。

（二）形成对外开放新体制。

完善法治化、国际化、便利化的营商环境，健全有利于合作共赢并同国际贸易投资规则相适应的体制机制。建立便利跨境电子商务等新型贸易方式的体制，健全服务贸易促进体系，全面实施单一窗口和通关一体化。提高自由贸易试验区建设质量，在更大范围推广复制。

全面实行准入前国民待遇加负面清单管理制度，促进内外资企业一视同仁、公平竞争。完善境外投资管理，健全对外投资促进政策和服务体系。有序扩大服务业对外开放，扩大银行、保险、证券、养老等市场准入。

扩大金融业双向开放。有序实现人民币资本项目可兑换，推动人民币加入特别提款权，成为可兑换、可自由使用货币。转变外汇管理和使用方式，从正面清单转变为负面清单。放宽境外投资汇兑限制，放宽企业和个人外汇管理要求，放宽跨国公司资金境外运作限制。加强国际收支监测，保持国际收支基本平衡。推进资本市场双向开放，改进并逐步取消境内外投资额度限制。

构建海外利益保护体系。完善反洗钱、反恐怖融资、反逃税监管措施，完善风险防范体制机制。

（三）推进"一带一路"建设。

秉持亲诚惠容，坚持共商共建共享原则，完善双边和多边合作机制，以企业为主体，实行市场化运作，推进同有关国家和地区多领域互利共赢的务实合作，打造陆海内外联动、东西双向开放的全面开放新格局。

（四）深化内地和港澳、大陆和台湾地区合作发展。

（五）积极参与全球经济治理。

加快实施自由贸易区战略，推进区域全面经济伙伴关系协定谈判，推进亚太自由

贸易区建设，致力于形成面向全球的高标准自由贸易区网络。

（六）积极承担国际责任和义务。

坚持共同但有区别的责任原则、公平原则、各自能力原则，积极参与应对全球气候变化谈判，落实减排承诺。

维护国际公共安全，反对一切形式的恐怖主义，积极支持并参与联合国维和行动，加强防扩散国际合作，参与管控热点敏感问题，共同维护国际通道安全。推动国际反腐败合作。

第七、坚持共享发展，着力增进人民福祉

（一）增加公共服务供给。

加大对革命老区、民族地区、边疆地区、贫困地区的转移支付。加强对特定人群特殊困难的帮扶。

（二）实施脱贫攻坚工程。

把革命老区、民族地区、边疆地区、集中连片贫困地区作为脱贫攻坚重点。

（三）提高教育质量。

普及高中阶段教育，逐步分类推进中等职业教育免除学杂费，率先从建档立卡的家庭经济困难学生实施普通高中免除学杂费。发展学前教育，鼓励普惠性幼儿园发展。

（四）促进就业创业。

（五）缩小收入差距。推行企业工资集体协商制度。完善最低工资增长机制。

（六）建立更加公平更可持续的社会保障制度。

（七）推进健康中国建设。

深化医药卫生体制改革，实行医疗、医保、医药联动，推进医药分开，实行分级诊疗，建立覆盖城乡的基本医疗卫生制度和现代医院管理制度。

（八）促进人口均衡发展。

坚持计划生育的基本国策，完善人口发展战略。全面实施一对夫妇可生育两个孩子政策。

第八、加强和改善党的领导，为实现"十三五"规划提供坚强保证

（一）完善党领导经济社会发展工作体制机制。

反腐倡廉建设永远在路上，反腐不能停步、不能放松。要坚持全面从严治党，落实"三严三实"要求，严明党的纪律和规矩，落实党风廉政建设主体责任和监督责任，健全改进作风长效机制，强化权力运行制约和监督，巩固反腐败成果，构建不敢腐、不能腐、不想腐的有效机制，努力实现干部清正、政府清廉、政治清明，为经济社会发展营造良好政治生态。

（二）动员人民群众团结奋斗。

（三）加快建设人才强国。

（四）运用法治思维和法治方式推动发展。

厉行法治是发展社会主义市场经济的内在要求。必须坚持依法执政，全面提高党依据宪法法律治国理政、依据党内法规管党治党的能力和水平。加强党对立法工作的领导。加快重点领域立法，坚持立改废释并举，深入推进科学立法、民主立法，加快形成完备的法律规范体系。加强法治政府建设，依法设定权力、行使权力、制约权力、监督权力，依法调控和治理经济，推行综合执法，实现政府活动全面纳入法治轨道。深化司法体制改革，尊重司法规律，促进司法公正，完善对权利的司法保障、对权力的司法监督。弘扬社会主义法治精神，增强全社会特别是公职人员遵法、学法、守法、用法观念，在全社会形成良好法治氛围和法治习惯。

（五）加强和创新社会治理。

建设平安中国，完善党委领导、政府主导、社会协同、公众参与、法治保障的社会治理体制，推进社会治理精细化，构建全民共建共享的社会治理格局。健全利益表达、利益协调、利益保护机制，引导群众依法行使权利、表达诉求、解决纠纷。增强社区服务功能，实现政府治理和社会调节、居民自治良性互动。

完善社会治安综合治理体制机制，以信息化为支撑加快建设社会治安立体防控体系，建设基础综合服务管理平台。落实重大决策社会稳定风险评估制度，完善社会矛盾排查预警和调处化解综合机制，加强和改进信访和调解工作，有效预防和化解矛盾纠纷。严密防范、依法惩治违法犯罪活动，维护社会秩序。

牢固树立安全发展观念，坚持人民利益至上，加强全民安全意识教育，健全公共安全体系。完善和落实安全生产责任和管理制度，实行党政同责、一岗双责、失职追责，强化预防治本，改革安全评审制度，健全预警应急机制，加大监管执法力度，及时排查化解安全隐患，坚决遏制重特大安全事故频发势头。实施危险化学品和化工企业生产、仓储安全环保搬迁工程，加强安全生产基础能力和防灾减灾能力建设，切实维护人民生命财产安全。

贯彻总体国家安全观，实施国家安全战略，落实重点领域国家安全政策，完善国家安全审查制度，完善国家安全法治，建立国家安全体系。依法严密防范和严厉打击敌对势力渗透颠覆破坏活动、暴力恐怖活动、民族分裂活动、极端宗教活动，坚决维护国家政治、经济、文化、社会、信息、国防等安全。

附录二：十八大五中全会与发展新理念

法律助推五大社会发展理念，体现和保障创新、协调、绿色、开放、共享的社会发展。当前，我国经济发展已经进入新常态，作为社会发展调整器的法律应该积极适应社会的变动，保障和促进新时期的社会发展，这就要求法律体现和保障全新的社会发展理念。

第一，依法实施创新驱动发展战略。将创新摆在第一位，是因为创新是引领发展的第一动力。发展动力决定发展速度、效能、可持续性。对我国这么大体量的经济体来讲，如果动力问题解决不好，要实现经济持续健康发展和"两个翻番"是难以做到的。当然，协调发展、绿色发展、开放发展、共享发展都有利于增强发展动力，但核心在创新。抓住了创新，就抓住了牵动经济社会发展全局的牛鼻子。

第二，依法增强发展的整体协调性。"有上则有下，有此则有彼"。唯物辩证法认为，事物是普遍联系的，事物及事物各要素相互影响、相互制约，整个世界是相互联系的整体，也是相互作用的系统。坚持唯物辩证法，就要从客观事物的内在联系去把握事物，去认识问题、处理问题。马克思主义经典作家十分重视并善于运用唯物辩证法来认识和探索人类社会发展中的矛盾运动规律。比如，马克思把社会再生产分为生产资料生产和消费资料生产两大类，认为两大类之间必须保持一定比例关系才能保证社会再生产顺利实现。

第三，依法推进人与自然和谐共生绿色发展观。绿色发展，就其要义来讲，是要解决好人与自然和谐共生问题。人类发展活动必须尊重自然、顺应自然、保护自然，否则就会遭到大自然的报复，这个规律谁也无法抗拒。因此，依法绿色发展成为必然选择。

第四，依法形成对外开放新体制。我国30多年来的发展成就得益于对外开放。一个国家能不能富强，一个民族能不能振兴，最重要的就是看这个国家、这个民族能不能顺应时代潮流，掌握历史前进的主动权。因此，应依法形成对外开放新体制。

第五，依法践行以人民为中心的共享发展思想。这是党的十八届五中全会首次提出来的，体现了我们党全心全意为人民服务的根本宗旨，体现了人民是推动发展的根本力量的唯物史观。这也符合人民主体地位的法律原则。

三、真题演练与解析

【2015年真题】

一、（本题20分）

材料一：法律是治国之重器，法治是国家治理体系和治理能力的重要依托。全面推进依法治国，是解决党和国家事业发展面临的一系列重大问题，解放和增强社会活力、促进社会公平正义、维护社会和谐稳定、确保党和国家长治久安的根本要求。要推动我国经济社会持续健康发展，不断开拓中国特色社会主义事业更加广阔的发展前景，就必须全面推进社会主义法治国家建设，从法治上为解决这些问题提供制度化方案。（摘自习近平《关于〈中共中央关于全面推进依法治国若干重大问题的决定〉的说明》）

材料二：同党和国家事业发展要求相比，同人民群众期待相比，同推进国家治理体系和治理能力现代化目标相比，法治建设还存在许多不适应、不符合的问题，主要表现为：有的法律法规未能全面反映客观规律和人民意愿，针对性、可操作性不强，立法工作中部门化倾向、争权诿责现象较为突出；有法不依、执法不严、违法不究现象比较严重，执法体制权责脱节、多头执法、选择性执法现象仍然存在，执法司法不规范、不严格、不透明、不文明现象较为突出，群众对执法司法不公和腐败问题反映强烈。（摘自《中共中央关于全面推进依法治国若干重大问题的决定》）

【问题】

根据以上材料，结合全面推进依法治国的总目标，从立法、执法、司法三个环节谈谈建设社会主义法治国家的意义和基本要求。

【答题要求】

1. 无观点或论述、照搬材料原文的不得分；

2. 观点正确，表述完整、准确；

3. 总字数不得少于 400 字。

【解题思路】

2015 年的材料保持了之前的特点，不出意料地考查了"习说"。同样，出题模式依然没有发生变化，依然是"结合材料"（根据以上材料），从某个角度（从结合全面推进依法治国的总目标角度），谈谈你对建设社会主义法治国家的意义和基本要求的理解。因此模板管用，答案分四步走，第一步，定概念，指出总目标。第二步，说联系，谈角度，指出法治国家与立法、执法和司法关系。第三步，"抄材料"，从材料中找出有意义的词句，注意不要抄多。第四步，"喊口号"，指出意义。

【参考答案】

【定概念】依法治国的总目标是建设中国特色社会主义法治体系，建设社会主义法治国家的题中之义。即在中国共产党领导下，坚持中国特色社会主义制度，贯彻中国特色社会主义法治理论，形成完备的法律规范体系、高效的法治实施体系、严密的法治监督体系、有力的法治保障体系，形成完善的党内法规体系，坚持依法治国、依法执政、依法行政共同推进，坚持法治国家、法治政府、法治社会一体建设，实现科学立法、严格执法、公正司法、全民守法，促进国家治理体系和治理能力现代化。

【说联系】法治国家的建设要求在立法上坚持党的领导，在执法上坚持人民主体地位，在司法上坚持法律面前人人平等。此外，建设社会主义法治国家还要坚持依法治国和以德治国相结合。一手抓法治、一手抓德治。最后，必须坚持从中国实际出发，借鉴国外法治有益经验，决不照搬外国法治理论和模式。

【"抄材料"】联系材料，要推动我国经济社会持续健康发展，不断开拓中国特色社会主义事业更加广阔的发展前景，就必须全面推进社会主义法治国家建设，从法治上为解决这些问题提供制度化方案。

【"喊口号"】建设法治国家是坚持和发展中国特色社会主义的本质要求和重要保障，是实现国家治理体系和治理能力现代化的必然要求，事关我们党执政兴国，事关人民幸福安康，事关党和国家长治久安。全面建成小康社会、实现中华民族伟大复兴的中国梦，全面深化改革、完善和发展中国特色社会主义制度，提高党的执政能力和执政水平，必须全面建设法治国家。

【2016 年真题】

一、（本题 20 分）

材料一：平等是社会主义法律的基本属性。任何组织和个人都必须尊重宪法法律权威，都必须在宪法法律范围内活动，都必须依照宪法法律行使权力或权利、履行职责或义务，都不得有超越宪法法律的特权。必须维护国家法制统一、尊严、权威，切实保证宪法法律有效实施，绝不允许任何人以任何借口任何形式以言代法、以权压法、徇私枉法。必须以规范和约束公权力为重点，加大监督力度，做到有权必有责、用权受监督、违法必追究，坚决纠正有法不依、执法不严、违法不究行为。（摘自《中共中央关于全面推进依法治国若干重大问题的决定》）

材料二：全面推进依法治国，必须坚持公正司法。公正司法是维护社会公平正义的最后一道防线。所谓公正司法，就是受到侵害的权利一定会得到保护和救济，违法犯罪活动一定要受到制裁和惩罚。如果人民群众通过司法程序不能保证自己的合法权利，那司法就没有公信力，人民群众也不会相信司法。法律本来应该具有定分止争的功能，司法审判本来应该具有终局性的作用，如果司法不公、人心不服，这些功能就难以实现。（摘自习近平：《在十八届中央政治局第四次集体学习时的讲话》）

【问题】

根据以上材料，结合依宪治国、依宪执政的总体要求，谈谈法律面前人人平等的原则对于推进严格司法的意义。

【答题要求】

1. 无观点或论述、照搬材料原文的不得分；

2. 观点正确，表述完整、准确；

3. 总字数不得少于 400 字。

【解题思路】

2016 年的材料保持了之前的特点，不出意料地考查了"习说"。同样，出题模式依然没有发生变化，依然是"结合材料"（根据以上材料），从某个角度（结合依宪治国、依宪执政的角度），谈谈你对法律面前人人平等的原则在推进严格司法的意义上的理解。因此模板管用，答案分四步走。第一步，定概念，依宪治国、依宪执政的总体要求。第二步，说联系，谈角度，指出法律面前人人平等和严格司法关系。第三步，"抄材料"，从材料中找出有意义的词句，注意不要抄多。第四步，"喊口号"，指出严格司法的意义。

【参考答案】

【定概念】依宪治国、依宪执政的总体要求是建设中国特色社会主义法治体系，建设社会主义法治国家的题中之义。它要求形成完备的法律规范体系、高效的法治实施体系、严密的法治监督体系、有力的法治保障体系。坚持依法治国、依法执政、依法行政共同推进，坚持法治国家、法治政府、法治社会一体建设，实现科学立法、严格执法、公正司法、全民守法。

【说联系】法律面前人人平等原则与严格司法密切相关。一手抓人人平等、一手抓严格司法，以法律面前人人平等来体现严格司法的理念，以严格司法来保障法律面前人人平等，实现法律面前人人平等和严格司法相辅相成、法律面前人人平等和严格司法相得益彰。

【"抄材料"】联系材料，要实现人人平等，必须严格司法，坚持公正司法。公正司法是维护社会公平正义的最后一道防线。必须维护国家法制统一、尊严、权威，切实保证宪法法律有效实施，绝不允许任何人以任何借口任何形式以言代法、以权压法、徇私枉法。

【"喊口号"】严格司法是坚持和发展中国特色社会主义的本质要求和重要保障，是实现国家治理体系和治理能力现代化的必然要求，事关我们党执政兴国，事关人民幸福安康，事关党和国家长治久安。坚持严格司法是保障法律面前人人平等的必由之路。

【2017年真题】

一、论述题（本题22分）

材料一：法律本来应该具有定分止争的功能，司法审判本来应该具有终局性的作用，如果司法不公、人心不服，这些功能就难以实现。……我们提出要努力让人民群众在每一个司法案件中都感受到公平正义，所有司法机关都要紧紧围绕这个目标来改进工作，重点解决影响司法公正和制约司法能力的深层次问题。（摘自习近平：《第十八届中央政治局第四次集体学习时的讲话》）

材料二：新华社北京2017年5月3日电：中共中央总书记、国家主席、中央军委主席习近平3日上午来到中国政法大学考察。习近平指出，我们有我们的历史文化，有我们的体制机制，有我们的国情，我们的国家治理有其他国家不可比拟的特殊性和复杂性，也有我们自己长期积累的经验和优势。

【问题】

请根据材料一和材料二，结合自己对中华法文化中"天理、国法、人情"的理解，谈谈在现实社会的司法、执法实践中，一些影响性裁判、处罚决定公布后，有的深获广大公众认同，取得良好社会效果，有的则与社会公众较普遍的认识有相当距离，甚至截然相反判断的原因和看法。

答题要求：

1. 无观点或论述、照搬材料原文的不得分；
2. 观点正确，表述完整、准确；
3. 总字数不少于500字。

【解题思路】

2017年的材料保持了之前的特点，不出意料地考查了"习说"，并且和预测的一样，考查了习总书记的五三讲话。同样，出题模式依然没有发生变化，依然是"结合材料"（请根据材料一和材料二），从某个角度（中华法文化中"天理、国法、人情"），谈谈一些影响性裁判、处罚的法律效果和社会效果的理解。因此，模板管用，答案分四步走，第一步，定概念，中华法文化中"天理、国法、人情"背后体验的法律与道德的关系。第二步，说联系，谈角度，指出天理、国法、人情、法律与道德，法律效果与社会效果的关系。第三步，"抄材料"，从材料中找出有意义的词句，注意，不要抄多了。第四步，"喊口号"，指出德法兼修的意义。

特别注意：今年考题有一个重大变化，一个是字数要求不少于500字，而不是400字。分值是22分，上升了2分。

【参考答案一】模板1.0

【定概念】中华法文化中"天理、国法、人情"的要求是建设中国特色社会主义法治体系，建设社会主义法治国家的题中之义。它要求法律与道德，法律效果与社会效果相统一，做到坚持依法治国、依法执政、依法行政共同推进，坚持法治国家、法治政府、法治社会一体建设，实现科学立法、严格执法、公正司法、全民守法，做到人民群众在每一个司法案件中都感受到公平正义。

【说联系】中华法文化中"天理、国法、人情"三者密切相关，背后是法律效果与社会效果不可分离。天理离不开国法，法律无外乎人情。以天理与国法来体现人情与道德的理念，以天理与国法来保障人情与道德，实现天理、国法和人情、道德相辅相成、天理、国法和人情、道德相得益彰。

【"抄材料"】联系材料，如果司法不公、人心不服，小康社会就没有办法实现。现实中，如于欢案等，一些影响性裁判、处罚决定公布后，有的深获广大公众认同，取得良好社会效果，有的则与社会公众较普遍的认识有相当距离，需要实现法律效果和社会效果的统一。

【"喊口号"】中华法文化中"天理、国法、人情"相结合，实现德法兼修是坚持和发展中国特色社会主义的本质要求和重要保障，是实现国家治理体系和治理能力现代化的必然要求，事关我们党执政兴国，事关人民幸福安康，事关党和国家长治久安。

【参考答案二】模板2.0

【定概念】大国治理，机杼万端。中华法文化中"天理、国法、人情"相结合就是用法律的准绳去衡量、规范、引导社会生活。一个现代国家要走向现代化，必须走向法治化。"天理、国法、人情"相结合是着眼于实现中华民族伟大复兴中国梦、实现党和国家长治久安的长远考虑，做到人民群众在每一个司法案件中都感受到公平正义。

【说联系】法律是成文的道德，道德是内心的法律。中华法文化中"天理、国法、人情"相结合，礼法并施，德法兼容，是中华民族长期以来探索形成的社会治理之道。治理国家、治理社会必须一手抓法治、一手抓德治，既重视发挥法律的规范作用，又发挥道德的教化作用，实现法律和道德相辅相成、法治和德治相得益彰。坚持依法治国和以德治国相结合，体现出社会主义法治的鲜明中国特色。

【"抄材料"】联系材料，如果司法不公、人心不服，小康社会就没有办法实现。现实中，如于欢案等，一些影响性裁判、处罚决定公布后，有的深获广大公众认同，取得良好社会效果，有的则与社会公众较普遍的认识有相当距离，需要实现法律效果和社会效果的统一。

【"喊口号"】时代大潮中，法治中国的宏伟蓝图已经磅礴展开；神州大地上，全面依法治国的崭新画卷正在激情绘就。中国人民在中国共产党领导下，以震撼世界的姿态大踏步行进民族复兴的步伐。宏伟的目标、壮阔的蓝图，激励着全党全国各族人民坚定信心、团结奋斗，共同建设一个充满生机、成就辉煌的法治中国！

四、社会主义法治理论主观题的万能模板——押题？押答案

（一）预测

今年大纲最大的变化可能是依然将"社会主义法治理论"载入大纲的考查范围，将在卷一和卷四中进行考查，考查分值预计在50分以上。以领导人的重要讲话为引言，从不同的法理学角度指出社会主义法治理论的基本内涵后，结合目前司法改革的热门问题，分析和评价有关现实的案例、实例，从而达到用社会主义法治理论指导立法、司法工作的作用。

根据"与时俱进"的"新增必考"的规律，故请考生务必关注我在新浪的陈璐琼微博地址：http://weibo.com/chenluqiong@理论法学陈璐琼发布的最新消息，供考生备考使用。

（二）万能模板

今年题目中的材料预计是关于社会主义法治理论的最新表述，结合十八大四中全会和五中全会的主要法治精神，加上习近平总书记讲话的重要精神，再加上十九大报告，联系某个热门事件，如《民法典》的编纂，司法体制改革，《行政复议法》等新法修改，要求你从某个（如A）角度，来谈一下对社会主义法治理论的认识。

【问题】

联系材料，从A的角度，论述你对中国特色法治理论的认识。

【定概念】建设中国特色社会主义法治体系，建设社会主义法治国家。即在中国共产党领导下，坚持中国特色社会主义制度，贯彻中国特色社会主义法治理论，形成完备的法律规范体系、高效的法治实施体系、严密的法治监督体系、有力的法治保障体系，形成完善的党内法规体系，坚持依法治国、依法执政、依法行政共同推进，坚持法治国家、法治政府、法治社会一体建设，实现科学立法、严格执法、公正司法、全民守法，促进国家治理体系和治理能力现代化。

【说联系】A和法治理论关系密切，相辅相成，缺一不可。A对法治理论有重大的影响，法治理论对A有指导作用。同样，法治理论对A有独立的反作用，A对法治理论有促进作用。因此，A的水平的好坏决定了中国特色法治理论的发展的好坏。他们犹如飞机的双翼，缺一不可。

【"抄材料"】联系材料，……（附上材料内容）

【"喊口号"】依法治国，是坚持和发展中国特色社会主义的本质要求和重要保障，是实现国家治理体系和治理能力现代化的必然要求，事关我们党执政兴国，事关人民幸福安康，事关党和国家长治久安。全面建成小康社会、实现中华民族伟大复兴的中国梦，全面深化改革、完善和发展中国特色社会主义制度，提高党的执政能力和执政水平，必须全面推进依法治国。

坚持依法治国和以德治国相结合。一手抓法治、一手抓德治，大力弘扬社会主义核心价值观，以法治体现道德理念、强化法律对道德建设的促进作用，以道德滋养法治精神、强化道德对法治文化的支撑作用，实现法律和道德相辅相成、法治和德治相得益彰。

（三）试题演练

2016年中共中央办公厅、国务院办公厅近日印发了《关于贯彻落实党的十八届四中全会决定进一步深化司法体制和社会体制改革的实施方案》（以下简称《实施方案》）。该《实施方案》是贯彻落实四中全会决定的部署，在协调衔接三中全会相关改革任务和四中全会改革举措的基础上，为进一步深化司法体制和社会体制改革绘就的路线图和时间表。

《实施方案》提出了进一步深化司法体制和社会体制改革的目标任务：着眼于加快建设公正高效权威的社会主义司法制度，完善司法管理体制和司法权力运行机制，规范司法行为，加强对司法活动的监督，保证公正司法，依法维护人民群众权益，提高司法公信力；着眼于推进国家治理体系和治理能力现代化，加快形成科学有效的社会治理体系和公共法律服务体系，提高社会治理水平；着眼于建设高素质法治专门队伍，推进正规化、专业化、职业化，建设一支忠于党、忠于国家、忠于人民、忠于法律的社会主义法治工作队伍。

2014年7月9日，最高人民法院召开新闻发布会，介绍《人民法院第四个五年改革纲要（2014—2018）》情况。这份与党的十八届三中全会决定和中央司改意见"对表"、指导未来五年法院改革工作的重要纲领性文件明确了改革的总体思路，提出到2018年初步建成具有中国特色的社会主义审判权力运行体系，实现让每个人在每个案件都感受到公平正义。

【问题】

联系材料，结合当前司法改革的目标和方式，从保证司法公正、提高司法公信力的角度谈一谈你的理解。

【参考答案】

司法公正对社会公正具有重要引领作用，司法不公对社会公正具有致命破坏作用。必须完善司法管理体制和司法权力运行机制，规范司法行为，加强对司法活动的监督，努力让人民群众在每一个司法案件中感受到公平正义。

1. 完善确保依法独立公正行使审判权和检察权的制度。建立领导干部干预司法活动、插手具体案件处理的记录、通报和责任追究制度。健全行政机关依法出庭应诉、支持法院受理行政案件、尊重并执行法院生效裁判的制度。建立健全司法人员履行法定职责保护机制。非因法定事由，非经法定程序，不得将法官、检察官调离、辞退或者作出免职、降级等处分。

2. 优化司法职权配置。完善司法体制，推动实行审判权和执行权相分离的体制改革试点。切实解决行政诉讼立案难、审理难、执行难等突出问题。最高人民法院设立巡回法庭，审理跨行政区域重大行政和民商事案件。立案登记制，做到有案必立、有诉必理，保障当事人诉权。完善审级制度，一审重在解决事实认定和法律适用，二审重在解决事实法律争议、实现二审终审，再审重在解决依法纠错、维护裁判权威。探索建立检察机关提起公益诉讼制度。

3. 推进严格司法。推进以审判为中心的诉讼制度改革。实行办案质量终身负责制和错案责任倒查问责制。

4. 保障人民群众参与司法。构建开放、动态、透明、便民的阳光司法机制，推进审判公开、检务公开、警务公开、狱务公开，依法及时公开执法司法依据、程序、流程、结果和生效法律文书，杜绝暗箱操作。加强法律文书释法说理，建立生效法律文书统一上网和公开查询制度。

5. 加强人权司法保障。完善对限制人身自由司法措施和侦查手段的司法监督，加强对刑讯逼供和非法取证的源头预防，健全冤假错案有效防范、及时纠正机制。加快建立失信被执行人信用监督、威慑和惩戒法律制度。依法保障胜诉当事人及时实现权益。落实终审和诉讼终结制度，实行诉访分离，保障当事人依法行使申诉权利。对不服司法机关生效裁判、决定的申诉，逐步实行律师代理制度。对聘不起律师的申诉人，纳入法律援助范围。

6. 加强对司法活动的监督。依法规范司法人员与当事人、律师、特殊关系人、中介组织的接触、交往行为。严禁司法人员私下接触当事人及律师、泄露或者为其打探案情、接受吃请或者收受其财物、为律师介绍代理和辩护业务等违法违纪行为，坚决惩治司法掮客行为，防止利益输送。坚决破除各种潜规则，绝不允许法外开恩，绝不允许办关系案、人情案、金钱案。坚决反对和克服特权思想、衙门作风、霸道作风，坚决反对和惩治粗暴执法、野蛮执法行为。对司法领域的腐败零容忍，坚决清除害群之马。

专题三十三

非平权性法律关系中的行政法和刑法

　　非平权性法律关系主要解决的是公民与国家的利益冲突与平衡问题，主要涉及公民与行政机关和公民与司法机关的关系，其基本理念是"法无规定即禁止"。对于行政法，往年的论述题存在一个定律——行政法与商法互斥理论，即每年在卷四必然考查行政法这个学科，但是，考查方式有时候为案例分析题，有时候为论述题。如果某年卷四没有出现行政法方向的案例分析题，那么论述题一定是行政法方向的，同时，案例分析题中就会出现商法案例分析题。如果某年的卷四出现了行政法方向的案例分析题，则论述题考查的方向往往是民法、刑法或者诉讼法，同时，商法案例分析题就不会出现了。但是这个惯例在2012年卷四中被打破了，因为2012年卷四史无前例地出现了行政法案例分析题和商法的案例分析题，而把论述题给了刑事诉讼法这个2012年的热点问题。2013年，由于《民事诉讼法》修订成为了热点，故论述题考查了《民事诉讼法》。2014年，针对《公司法》的修改就进行了考查。2015年，由于行政法中的《行政诉讼法》进行了修改，所以对其进行了考查，2016年是行政诉讼改革的开局之年，果然2016年考查了行政法的相关原则。2017年，我国编纂《民法典》总则，考试的重心可能会投向民法部分。

　　此外，在论述题中，刑法属于较偏僻的一个科目，只在2008年考过一题，却引起了很大的争议。到底论述题与案例分析题有多大的区别。能不能把论述题作为案例分析题来答，从解决实际问题和定罪处罚的角度来谈，还是应严格按照题目的要求，从刑法的基本原则的要求来进行分析，从而解决一个有争议的案例。从阅卷的结果来看，2008年出现的唯一一道刑法题给我们的启示是，案例分析题的答法绝对不适用于论述题，因为其明确要求"根据罪刑法定原则，评述上述两个网上'裸聊'案的处理结果"，其实谈论的是处理结果的合理性与合法性。如果今年刑法出现论述题，必须按照题目的提示进行回答，而不能用什么"四要件"理论进行简单的定罪量刑。

　　此外，关于先救女友还是先救母亲？婚内是否有强奸？"换妻行为是否构成犯罪"这些选择题其实也可以是论述题的好素材。

第一部分　非平权性法律关系中的行政法

一、行政法真题指引

年份	题目	题型	学科	考点
2003	交警执法	材料分析题	行政法	行政合法性和合理性
2006	政府毁约	材料分析题	行政法	依法行政和信赖保护原则
2007	行政许可	材料分析题	行政法	行政许可的合法性和信赖保护原则续上表

2010	调解与行政诉讼	材料分析题	行政法	在行政纠纷中引入调解机制，体现和谐社会与"大调解"的思想
2016	政府信息公开	材料分析题		政府信息公开与行政法的基本原则

二、行政法考点精析与必背

从上面的真题指引可以得出，行政法考查的重心在于行政法的基本原则，即案例中行政行为的合法性与合理性判断，其主要依据是国务院颁布的《全面推进依法行政实施纲要》。该纲要第一次较为详尽地提出了行政活动的基本原则，包括合法行政、合理行政、程序正当、高效便民、诚实守信、权责统一六项，这里将其进一步概括为"合法、合理、正当、高效、诚信、有责"十二个字。①但是，根据 2014 年和 2015 年的论述题考查趋势，论述题考查已经由原则考查进入了制度与制度背后价值的考查。今年行政法论述题考查趋势是在新制度的基础上考查其背后的原则和价值。

（一）合法行政原则

行政机关的活动必须符合法律的规定，不得与法律的规定相抵触。合法行政是所有行政活动必须遵循的首要原则。合法行政原则的根据，是行政机关在政治制度上对立法机关从属性的体现。

1. 行政机关必须遵守现行有效的法律。行政机关实施行政管理，应当依照法律、法规、规章的规定进行，禁止行政机关违反现行有效的立法性规定。

2. 行政机关应当依照法律授权活动。没有法律、法规、规章的规定，行政机关不得作出影响公民、法人和其他组织合法权益或者增加公民、法人和其他组织义务的决定。

（二）合理行政原则

合理行政原则指的是所有行政活动，尤其是行政机关根据其裁量权作出的活动，都必须符合理性。合理行政原则的主要含义是行政决定应当具有理性，属于实质行政法治的范畴，尤其适用于裁量性行政活动。

1. 公平公正原则。要平等对待行政相对人，不偏私、不歧视。

2. 考虑相关因素原则。作出行政决定和进行行政裁量，只能考虑符合立法授权目的的各种因素，不得考虑不相关因素。

3. 比例原则。

（1）合目的性。是指行政机关行使裁量权所采取的具体措施必须符合法律目的。需要行政机关根据立法背景、法律的整体精神、条文间的关系、规定含义等因素作出综合判断。

（2）适当性。是指行政机关所选择的具体措施和手段应当为法律所必需，结果与措施和手段之间存在着正当性。

（3）损害最小。是指行政机关在可以采用多种方式实现某一行政目的的情况下，应当采用对当事人权益损害最小的方式。即行政机关能用轻微的方式实现行政目的，就不能选择使用手段激烈的方式。

（三）程序正当原则（今年论述题考查重点）

在行政法律规范中，程序性规范占据着极大比例，因此程序正当也是法律上对行政活动提出的基本要求。随着《政府信息公开条例》的实施，这个考点将是热点。程

---

① 《2017 年国家司法考试辅导用书（第二卷）》，法律出版社 2017 年版，第 561 ～ 563 页。

序正当的具体内容也可以被分解为几个方面：

1. 行政公开原则。除涉及国家秘密和依法受到保护的商业秘密、个人隐私之外，行政机关实施行政管理应当公开，以实现公民的知情权。

2. 公众参与原则。行政机关作出重要规定或者决定，应当听取公民、法人和其他组织的意见。特别是作出对公民、法人和其他组织不利的决定，要听取他们的陈述和申辩。

3. 回避原则。行政机关工作人员履行职责，与行政管理相对人存在利害关系时，应当回避。

（四）高效便民原则

高效便民原则是针对行政活动的效率所提出的要求，因为一个好的政府，其行为既应当是合法的，也应当是有效的。高效便民原则具体包括两个方面的要求：

1. 行政效率，即行政机关应当积极、迅速、及时地履行其职责、实现其职能，严守时限规定，并不断降低行政成本。遵守法定时限，禁止超越法定时限或者不合理延迟。延迟是行政不公和行政侵权的表现。迟来的正义是非正义。

2. 便利当事人，即行政机关应当尽可能减少当事人的程序性负担，节约当事人的办事成本。

（五）诚实守信原则

行政法上的诚实守信原则与民法上的诚实信用原则，在外观上有一定的相似之处，但切不可混同。因为民法上的诚信是双向的，即民事活动的当事人都应当对其他当事人保持诚信；而行政法上的诚信则是单向的，仅指行政机关应当对相对人保持诚信。这一原则之所以不包括对相对人诚实信用的要求，其原因就在于如果相对人对行政机关作出欺瞒的行为，行政机关自可依法对其加以制裁，因而无需对此另行约束；而行政机关一旦欺骗或者失信，则势必对相对人造成极大的损害，因此需要在法律上强调对此类行为的禁止。诚实守信原则包括两个方面的要求：

1. 诚实，即信息真实，这要求行政机关无论是面对特定对象，还是普通公众，它所提供的信息都应当是真实、有效的，行政机关不能通过提供虚假信息对当事人或社会公众加以欺骗。

2. 信用，即信赖保护，指的是行政机关的规定或者决定一旦作出，就不能轻易更改，如果确因国家利益、公共利益的需要而必须改变它们时，除了必须有充分的法律依据并遵循法定程序之外，还应当给予权益受损的人以一定补偿。信赖保护的核心在于公民对政府的信任，基于政府的权威，其行为一旦作出，往往能够获得公民的信赖，而公民基于这种信赖又可能采取相应行动并产生一定利益，一旦这种信赖因政府行为的变更而受到损害，就可以要求政府补偿。《行政许可法》第8条规定：公民、法人或者其他组织依法取得的行政许可受法律保护，行政机关不得擅自改变已经生效的行政许可。行政许可所依据的法律、法规、规章修改或者废止，或者准予行政许可所依据的客观情况发生重大变化的，为了公共利益的需要，行政机关可以依法变更或者撤回已经生效的行政许可。由此给公民、法人或者其他组织造成财产损失的，行政机关应当依法给予补偿。

（六）权责统一原则

权责统一原则是指行政机关的权力行使必须有法律责任的制约，具体包括：

1. 行政效能原则。行政机关依法履行经济、社会和文化事务管理职责，要通过法律、法规赋予其相应的执行手段，保证政令有效。

2. 行政责任原则。行政机关违法或者行使职权不当，应当依法承担法律责任。这一原则的基本要求是行政权力和法律责任的统一，即执法有保障、有权必有责、用权受监督、违法受追究、侵权须赔偿。

三、行政法历届真题演练与解析

【2017年真题】

七、（本题23分）

案情：某省盐业公司从外省盐厂购进300吨工业盐运回本地，当地市盐务管理局认为购进工业盐的行为涉嫌违法，遂对该批工业盐予以先行登记保存，并将《先行登记保存通知书》送达该公司。其后，市盐务管理局经听证、集体讨论后，认定该公司未办理工业盐准运证从省外购进工业盐，违反了省政府制定的《盐业管理办法》第20条，决定没收该公司违法购进的工业盐，并处罚款15万元。公司不服处罚决定，向市政府申请行政复议。市政府维持市盐务管理局的处罚决定。公司不服向法院起诉。

材料一：

1.《盐业管理条例》（国务院1990年3月2日第51号令发布，自发布之日起施行）

第24条 运输部门应当将盐列为重要运输物资，对食用盐和指令性计划的纯碱、烧碱用盐的运输应当重点保证。

2.《盐业管理办法》（2003年6月29日省人民政府发布，2009年3月20日修正）

第20条 盐的运销站发运盐产品实行准运证制度。在途及运输期间必须货、单、证同行。无单、无证的，运输部门不得承运，购盐单位不得入库。

材料二：2016年4月22日，国务院发布的《盐业体制改革方案》指出，要推进盐业体制改革，实现盐业资源有效配置，进一步释放市场活力，取消食盐产销区域限制。要改革食盐生产批发区域限制。取消食盐定点生产企业只能销售给指定批发企业的规定，允许生产企业进入流通和销售领域，自主确定生产销售数量并建立销售渠道，以自有品牌开展跨区域经营，实现产销一体，或者委托有食盐批发资质的企业代理销售。要改革工业盐运销管理。取消各地自行设立的两碱工业盐备案制和准运证制度，取消对小工业盐及盐产品进入市场的各类限制，放开小工业盐及盐产品市场和价格。

材料三：2017年6月13日，李克强总理在全国深化简政放权放管结合优化服务改革电视电话会议上的讲话强调，我们推动的"放管服"改革、转变政府职能是一个系统的整体，首先要在"放"上下更大功夫，进一步做好简政放权的"减法"，又要在创新政府管理上破难题，善于做加强监管的"加法"和优化服务的"乘法"。如果说做好简化行政审批、减税降费等"减法"是革自己的命，是壮士断腕，那么做好强监管"加法"和优服务"乘法"，也是啃政府职能转变的"硬骨头"。放宽市场准入，可以促进公平竞争、防止垄断，也能为更好的"管"和更优的"服"创造条件。

问题：

（二）请基于案情，结合材料二、材料三和相关法律作答（要求观点明确，说理充分，文字通畅，字数不少于400字）：

谈谈深化简政放权放管结合优质服务改革，对推进政府职能转变，建设法治政府的意义。

【参考答案一】

【定事实】在材料中，国务院发布的《盐业体制改革方案》指出，要推进盐业体制改革，实现盐业资源有效配置，进一步释放市场活力，取消食盐产销区域限制。同时，李克强总理在全国深化简政放权放管结合优化服务改革电视电话会议上的讲话强调，我们推动的"放管服"改革，推进政府职能转变，建设法治政府。

【站立场】我们认为，国家权力的重要性不言而喻，但是本案中就产生了相应的冲突，最后导致国家权力行使的合法性和合理性问题，要求相关主体在行使国家权力同时注意其他的国家权力，防止国家权力突破合法和合理的边界。

【说理由一】首先，国家权力的行使应当符合合法性原则。对于权力主体，合法性原则要求权力行使的主体和权力行使的范围以及种类等预先由法律来规定。因此，对国家权力的限制上，"法无授权即禁止"。结合材料，国务院发布的《盐业体制改革方案》要改革食盐生产批发区域限制。其措施具有明确的法律规定，具有合法性。

【说理由二】其次，国家权力的行使应当坚持合理性原则。所谓合理性原则就是符合社会整体价值观，具体可以概括为目的正当、手段合理以及结果均衡。结合本材料，盐业管理深化简政放权放管结合优质服务改革，受到了群众的广泛好评，具有合理性。

【说理由三】最后，法治的理想就是实现合法和合理的平衡，否则"无合理性的合法性会变为僵化，无合法性的合理性则沦为恣意"。法律已经为国家权力设定了边界，则任何人都不得超越该界限，否则即为违法。具体到本案，国务院发布的《盐业体制改革方案》为盐业管理体制改革提供了法律依据，其目的是正当的，手段是合理的，结果是均衡。

【再强调，做评论】综上所述，"法治乃合法性和合理性之平衡器"。合法性始终是法律最基本的内容。因此要求法治国家在"依法治国"的基础上尊重现行法律。它要求法律在具体的制度当中进行权衡，为应对新型的法律纠纷提供了坚实的基础，实现合法性和合理性的和谐共存。

【参考答案二】

【解题思路】

根据本题的提问方式，"结合材料"（结合材料二、材料三和相关法律作答），从某个角度（深化简政放权放管结合优质服务改革），谈谈你对推进政府职能转变，建设法治政府的意义的理解。因此，模板管用，答案分四步走，第一步，深化简政放权放管结合优质服务改革的总体要求。第二步，说联系，谈角度，指出深化简政放权放管结合优质服务改革和建设法治政府的关系。第三步，"抄材料"，从材料中找出有意义的词句，注意，不要抄多了。第四步，"喊口号"，指出建设法治政府的意义。

【参考范文】

【定概念】深化简政放权放管结合优质服务改革的总体要求是建设中国特色社会主义法治体系，建设社会主义法治国家。它要求形成完备的法律规范体系、高效的法治实施体系、严密的法治监督体系、有力的法治保障体系。坚持依法治国、依法执政、依法行政共同推进，坚持法治国家、法治政府、法治社会一体建设，实现科学立法、严格执法、公正司法、全民守法。努力推进政府职能转变，建设法治政府。

【说联系】简政放权放管结合优质服务改革和建设法治政府密切相关。一手抓简政放权放管结合、一手抓法治政府，以简政放权放管结合优质服务改革来体现建设法治政府的理念，以建设法治政府来实现简政放权放管结合优质服务改革，实现简政放权放管结合优质服务改革和建设法治政府相辅相成、简政放权放管结合优质服务改革和建设法治政府相得益彰。

【"抄材料"】联系材料，简政放权放管结合优化服务改革是加减乘法，进一步做好简政放权的"减法"，又要在创新政府管理上破难题，善于做加强监管的"加法"和优化服务的"乘法"。

【"喊口号"】建设法治政府是坚持和发展中国特色社会主义的本质要求和重要保障，是实现国家治理体系和治理能力现代化的必然要求，事关我们党执政兴国，事关人民幸福安康，事关党和国家长治久安。深化简政放权放管结合优质服务改革是推进政府职能转变，建设法治政府的必由之路。

【2016 年真题】

七、（本题 24 分）

材料一（案情）：孙某与村委会达成在该村采砂的协议，期限为 5 年。孙某向甲市乙县国土资源局申请采矿许可，该局向孙某发放采矿许可证，载明采矿的有效期为 2 年，至 2015 年 10 月 20 日止。

2015 年 10 月 15 日，乙县国土资源局通知孙某，根据甲市国土资源局日前发布的《严禁在自然保护区采砂的规定》，采矿许可证到期后不再延续，被许可人应立即停止采砂行为，撤回采砂设施和设备。

孙某以与村委会协议未到期、投资未收回为由继续开采，并于 2015 年 10 月 28 日向乙县国土资源局申请延续采矿许可证的有效期。该局通知其许可证已失效，无法续期。

2015 年 11 月 20 日，乙县国土资源局接到举报，得知孙某仍在采砂，以孙某未经批准非法采砂，违反《矿产资源法》为由，发出《责令停止违法行为通知书》，要求其停止违法行为。孙某向法院起诉请求撤销通知书，一并请求对《严禁在自然保护区采砂的规定》进行审查。

孙某为了解《严禁在自然保护区采砂的规定》内容，向甲市国土资源局提出政府信息公开申请。

材料二：涉及公民、法人或其他组织权利和义务的规范性文件，按照政府信息公开要求和程序予以公布。推行行政执法公示制度。推进政务公开信息化，加强互联网政务信息数据服务平台和便民服务平台建设。（摘自《中共中央关于全面推进依法治国若干重大问题的决定》）

问题：……

（二）结合材料一和材料二作答（要求观点明确，逻辑清晰、说理充分、文字通畅；总字数不得少于 500 字）：

谈谈政府信息公开的意义和作用，以及处理公开与不公开关系的看法。

《政府信息公开条例》第一条就指出了政府信息公开的意义和作用，即为了保障公民、法人和其他组织依法获取政府信息，提高政府工作的透明度，促进依法行政，充分发挥政府信息对人民群众生产、生活和经济社会活动的服务作用。具体阐述如下：

第一，保障公民、法人和其他组织的知情权。知情权是指知悉、获取信息的自由与权利，包括从官方或非官方知悉、获取相关信息。它是我国公民基本权利的一项应有内容。而要充分实现公民的知情权，就必须建立政府信息公开制度予以保障。结合材料，甲市国土资源局应当向孙某公开《严禁在自然保护区采砂的规定》这一文件，以保障相对人的知情权。

第二，提高政府工作的透明度，促进依法行政。阳光是最好的防腐剂。实现最大限度的政府信息公开，就可以压缩各种"暗箱操作"的空间，提升政府管理的公平、信任感。结合材料，材料二中《中共中央关于全面推进依法治国若干重大问题的决定》也提出推行行政执法公示制度。推进政务公开信息化，加强互联网政务信息数据服务平台和便民服务平台建设，从而更好的依法行政。

第三，充分发挥政府信息对人民群众生产、生活和经济社会活动的服务作用。政府信息重要性不言而喻，这些信息对于人民群众的生产、生活等经济社会活动往往具有丰富的利用价值，能够创造出巨大的社会财富。将这些信息充分公开和共享，能够推定社会的直接进步。

政府信息，是指行政机关在履行职责过程中制作或者获取的，以一定形式记录、保存的信息。处理政府信息公开与不公开关系，应当坚持"以公开为原则、不公开为例外"，最大限度地予以公开。除了少数涉及国家秘密、个人隐私和商业秘密的信息之外，政府信息应当普遍公开。

【2014年真题】

【材料一】2012年3月，建筑施工企业原野公司股东王某和张某向工商局提出增资扩股变更登记的申请，将注册资本由200万元变更为800万元。工商局根据王某、张某提交的验资报告等材料办理了变更登记。后市公安局向工商局发出10号公函称，王某与张某涉嫌虚报注册资本被采取强制措施，建议工商局吊销原野公司营业执照。工商局经调查发现验资报告有涂改变造嫌疑，向公司发出处罚告知书，拟吊销公司营业执照。王某、张某得知此事后迅速向公司补足了600万元现金，并向工商局提交了证明材料。工商局根据此情形作出责令改正、缴纳罚款的20号处罚决定。公安局向市政府报告，市政府召开协调会，形成3号会议纪要，认为原野公司虚报注册资本情节严重，而工商局处罚过轻，要求工商局撤销原处罚决定。后工商局作出吊销原野公司营业执照的25号处罚决定。原野公司不服，向法院提起诉讼。

【材料二】2013年修改的《公司法》，对我国的公司资本制度作了重大修订，主要体现在：一是取消了公司最低注册资本的限额；二是取消公司注册资本实缴制，实行公司注册资本认缴制；三是取消货币出资比例限制；四是公司成立时不需要提交验资报告，公司的认缴出资额、实收资本不再作为公司登记事项。

2014年2月7日，国务院根据上述立法精神批准了《注册资本登记制度改革方案》，进一步明确了注册资本登记制度改革的指导思想、总体目标和基本原则，从放松市场主体准入管制，严格市场主体监督管理和保障措施等方面，提出了推进公司注册资本及其他登记事项改革和配套监管制度改革的具体措施。

【问题】结合材料一和材料二，运用行政法基本原理，阐述我国公司注册资本登记制度改革在法治政府建设方面的主要意义。

【答题要求】

1. 无本人观点或论述、照搬材料原文不得分；

2. 观点明确，逻辑清晰，说理充分，文字通畅；

3. 请按提问顺序逐一作答，总字数不得少于600字。

【参考答案】

贯彻依法治国基本方略，推进依法行政，建设法治政府，是治国理政从理念到方式的革命性变化。我国公司注册资本登记制度改革在法治政府建设方面的主要意义包括：

（1）进一步落实比例原则。根据比例原则，行政机关实施行政管理，所采取的措施和手段应当必要、适当；行政机关实施行政管理可以采用多种方式实现行政目的的，应当避免采用损害当事人权益的方式。上述改革要求从对企业微观活动的干预转向对市场主体行为、市场活动的监管，从传统的"重审批轻监管"转变为"宽准入严监管"，这将推动政府管理方式由事前审批为主向事中、事后监管为主转变，更加有利于形成宽松准入、公平竞争的市场秩序。

（2）进一步落实高效便民原则。根据高效便民原则，行政机关实施行政管理应当遵守法定时限，积极履行法定职责，提高办事效率，提供优质服务，方便公民、法人和其他组织。上述改革按照条件适当、程序简便、成本低廉的要求，方便申请人办理市场主体登记注册。鼓励投资创业，创新服务方式，提高登记效率。这有利于激发创业活力，催生发展新动力。

四、行政法突破预测

【材料】

公安部出台的《机动车驾驶证申领和使用规定》等两个新部令自2013年1月1日实施以来，受到社会广泛关注。从实施一周的效果来看，新规在规范驾驶行为、减少交通违法、预防重大交通事故等方面的积极作用已初步显现。目前一些群众比较集中地对"闯黄灯"的相关处罚规定提出了意见和建议。如武汉市公安交管部门已经对路口的470套电子警察抓拍系统进行调整可以抓拍"闯黄灯"的交通违法行为，已经查获了两起"闯黄灯"的交通违法行为。

司机角度：很多司机认为，避免"闯黄灯"存在操作上的难度，暂不处罚，加强宣传教育周期，更易于让大家接受。黄灯本来是红灯的预警，提醒后车减速观察。如果对"闯黄灯"也做同等处罚，那么红灯就失去了存在意义。也有人认为，黄灯亮便罚，不仅易造成追尾，还会大大降低过路口车速，带来更严重的堵塞。

行人角度：也有人认为，从新规施行的实际效果看，路口变成黄灯前，准备通过路口的车辆都有减速的迹象，在变成黄灯时，没有越过停止线的车辆基本都能稳稳地停在停止线内，可见司机对于"闯黄灯"处罚的规定，已经入心入脑。

作为一名法律职业者，请你谈谈对此问题的认识和思考。

【答题要求】

1. 运用你所掌握的法学知识和相关的社会知识阐述你的观点和理由；

2. 说理充分，逻辑严密，语言流畅，表述准确；

3. 答题文体不限，字数不少于500字。

【参考例文一】

对于"闯黄灯"行政处罚的作出，行政机关不仅应当将处罚结果向相对人和社会公开，而且处罚的依据也应公开。材料中就反映了目前某些机关为了提高行政效率，使用现代化的手段（如用电子眼）进行行政处罚，但忽视了行政处罚应该给予公众充分知情权的问题。我们认为，在市场经济社会中，强调行政机关的高效运转是必要的，但同时更应注意是否兼顾了公开、公平的原则。

行政公开是行政处罚的一项基本原则。其要求行政主体在实施行政行为过程中，除非法律另有规定，必须将行政行为作出过程及其相关信息在事前、事中、事后公开于行政相对人和有关利害关系人。

　　行政公开、公正、公平与行政效率是一对对立统一的矛盾体，对任何行政行为的作出都必须两者兼顾。一方面，行政公开、公正、公平强调得越多，行政效率可能越低；另一方面，行政主体如果一味地追求效率，也必然会对行政相对人的权益造成损害，有违公开、公正、公平的原则。所以，从根本上说，必须找到两者的契合点，保证行政行为最大限度地为公众所接受。

　　本案中，交管部门采用了"电子眼"进行交通监控，对"闯黄灯"进行抓拍，虽然众多现代化行政手段大大提高了行政机关的运转效率，节约了有限的行政资源，但却忽视了行政相对人的知情权。众所周知，公众与政府处于信息极其不对称的情况下，行政公开就是为了满足公众的知情权。行政公开是一种手段，公众真正知情才是目的。司机每一次违法，都应当受到相应的处罚。行政处罚的基本要求之一，就是执法者及时、主动地将违法情况及相应处罚明确告知行政相对人。

　　综上所述，我们的行政部门不能仅仅将着眼点放在如何提高行政效率上，还应该注意在维持高效运转的同时，是否保证了相对人的知情权，以及行政行为的公开、公正、公平，只有这样，才能真正达到提高行政效率的目的，为实现社会主义的法治文明作出贡献。

　　【参考例文二】

　　【定事实】在材料中，由于公安部出台了"闯黄灯"的新规，对行政相对人的利益造成了一定的影响，引发了对此的讨论。

　　【站立场】行政机关处罚"闯黄灯"的行为是违法的，因为它从根本上违背了政府的行政公开和行政公正程序的原则。

　　【析概念】行政公开，又称阳光行政，指的是行政机关应向社会大众公开其活动的依据、过程以及结果，当然，涉及国家秘密和依法受到保护的商业秘密、个人隐私的信息，不在公开之列。这个是行政公开原则和行政正当程序原则的重要体现，是公民知情权的重要保障。

　　【说理由一】

　　行政行为应该符合合法行政原则，行政机关实施行政管理，应当依照法律、法规、规章的规定进行；没有法律、法规、规章的规定，行政机关不得作出影响公民、法人和其他组织合法权益或者增加公民、法人和其他组织义务的决定。结合本案，交警在处罚"闯黄灯"的规定上，采用的是政府规章而不是法律，这个不具有合法性。

　　【说理由二】行政行为应该符合合理行政原则。行政机关实施行政管理，应当遵循公平公正的原则。要平等对待行政管理相对人，不偏私、不歧视；行使自由裁量权应当符合法律目的，排除不相关因素的干扰；所采取的措施和手段应当必要、适当；行政机关实施行政管理可以采用多种方式实现行政目的，应当避免采用损害当事人权益的方式。结合本案，交警处罚"闯黄灯"，其目的仅仅是为了获得罚款，这样的行为是不合理的。行政主体应当将行为的依据在实施行政权或者作出最终行政决定之前，向社会或行政相对人公开，展示公开的方式应当符合法律的规定。如果没有法律规定，而仅仅是行政法规，则行政主体应当采用便于社会和行政相对人了解的方式。

　　【说理由三】行政行为应该符合正当程序原则。行政机关实施行政管理，除涉及国家秘密和依法受到保护的商业秘密、个人隐私外，应当公开，应当听取公民、法人和其他组织的意见；要严格遵循法定程序，依法保障行政管理相对人、利害关系人的知情权、参与权和救济权。行政机关工作人员履行职责，与行政管理相对人存在利害关系时，应当回避。具体到本案，交警处罚"闯黄灯"时并没有给予行政相对人知情权、参与权和救济权。而公开原则要求行政主体应当将行政决定的形成过程的有关事项向行政相对人和社会公开。

【再强调，做评论】综上所述，只有行政公开才能保障行政权力的行使，这符合依法治国的要求，保证行政行为在法律限定的范围内行使。同时，行政公开是人民参与政治的前提，是行政活动置于人民群众的监督之下的民主政治的基本要求，是公民宪法上知情权在行政法中的具体体现，是实现公民知情权的重要前提。只有行政公开，才能促进公民对行政的参与，加强对行政机关的监督，防止行政腐败，维护公民合法和正当的权利。

【小评论】

结尾的套话。考点 + 法治社会：如依法行政和依法治国的关系是密不可分的。可以写下以下模式：依法行政是依法治国的重要组成部分。依法治国由依法立法、依法行政、依法司法和依法监督等内容组成。在这些内容中，依法行政是依法治国的核心和重点。因为一个国家的整个管理活动，不是靠立法机关、司法机关和军事机关，而主要是靠各级人民政府进行的。如果各级行政机关都能依法行使职权，依法进行管理，那么，依法治国就有了基本保证。

坚持依法治国的方略，为依法行政创造了大环境和前提条件。如果没有依法治国的方略和大环境，就根本谈不上依法行政。没有了依法行政，依法治国就会落空。因此，依法行政是现代法治国家里政府行使行政权力所普遍遵循的基本准则，也是实现依法治国的根本保证。

第二部分　非平权性法律关系中的刑法

一、刑法真题指引

年份	题目	题型	学科	考点
2008	裸聊	材料分析题	刑法	罪刑法定原则

二、刑法考点精析与必背内容[①]

（一）罪刑法定原则

罪刑法定原则的基本含义是，法无明文规定不为罪，法无明文规定不处罚。罪刑法定原则的思想基础主要是民主主义与尊重人权主义。从实质上说，限制司法机关与立法机关的入罪权、施刑权与制刑权，是为了保障行为人的自由。要求罪和刑都必须是法律明确规定的，而不仅仅看行为有什么样的社会危害结果以及社会危害结果是否严重。对被告人实施的违法或不道德的行为给社会秩序造成的损害是否定罪处罚，必须以法律规定为准。虽然某种行为的危害程度很大，但是根据刑法分则找不到具体条文所规定的犯罪构成与其相对应，则只能按无罪处理。

1. 形式的侧面。

（1）法律主义（成文法主义），排斥习惯法。指规定犯罪及其后果的法律必须是成文的法律，法官只能根据成文法律定罪量刑。规定犯罪及其后果的法律只能是立法

① 参见张明楷：《刑法学》（第四版），法律出版社 2012 年版，第 48～84 页。

机关制定的法律，故行政法规与规章不能制定刑罚；规定犯罪及其后果的法律必须由本国通用的文字表述；习惯法不得作为刑法的渊源；判例也不得作为刑法的渊源。

（2）禁止事后法。指犯罪及其惩罚必须在行为前预先规定，刑法不得对在其公布、施行前的行为进行追溯适用。适用事后法（溯及既往），意味着国民必须遵守行为时根本不存在的"法律"。法律一方面具有安定的机能，另一方面又具有推动或塑造的机能。即法律在保障社会生活的延续，保障国民的权利和正当期盼的同时，能够使所建立的秩序与社会演变相适应，甚至在特定意义上来促进这种演变。法律禁止以下行为：对行为时并未禁止的行为科处刑罚；对行为时虽有法律禁止但并未以刑罚禁止（未规定法定刑）的行为科处刑罚；事后减少犯罪构成要件或者降低犯罪成立条件而增加犯罪可能性；事后提高法定刑或者加重刑罚内容；改变刑事证据规则，事后允许以较少或较简单的证据作为定罪根据。同时，禁止事后法是为了保障国民自由。因此，禁止事后法只是禁止不利于被告人的溯及既往，如果新法有利于被告人，则可以溯及既往，适用新法。

（3）禁止有罪（不利于被告人的）类推。类推解释，是指需要判断的具体事实与法律规定的构成要件基本相似时，将后者的法律效果适用于前者。形式侧面的禁止类推解释，是禁止一切类推解释，但是同时从形式法治和实质法治出发，则对禁止类推解释原则要进行适当的补充。一方面，不仅应禁止类推解释，而且应禁止一切违反民主主义、违反预测可能性的不合理解释。另一方面，类推解释的要求经历了由禁止一切类推解释到只是禁止不利于被告人的类推解释的过程。

（4）禁止绝对不定（期）刑。绝对不确定的刑罚规定，赋予法官无限制的自由裁量权，完全违背罪刑法定原则。

2. 实质的侧面——限制立法权，反对"恶法亦法"。

（1）明确性——禁止类推。规定犯罪的法律条文必须清楚明确，使人能确切了解违法行为的内容，准确地确定犯罪行为与非犯罪行为的范围，以保障该规范没有明文规定的行为不会成为该规范适用的对象。应当根据具有通常判断能力的一般人的理解，在具体场合能否判断某行为是否适用该法规为基准来决定。实现刑法的明确性是刑事立法与刑法理论的共同任务。

（2）禁止处罚不当罚的行为。犯罪与刑罚确实由立法机关规定，但是，这并不意味着立法机关可以随心所欲地确定犯罪的范围。禁止处罚不当罚的行为，就是指刑罚法规只能将具有处罚根据或者说值得科处刑罚的行为规定为犯罪，从而限制立法权。行为是否侵害法益以及侵害的程度，总是随着社会的变化而变化。由于形势的变化，当某种行为对法益的侵害性已经达到了值得科处刑罚的程度时，就需要将其规定为犯罪；反之，就需要将其非犯罪化。有些行为表面上看起来符合犯罪，但实际上被社会所认同的，则不能按照犯罪来处理。对于极其罕见的行为，即使侵害法益较为严重，也没有必要规定为犯罪。

（3）禁止不均衡的、残虐的刑罚。罪刑法定原则是法治主义在刑法中的直接体现，是法治社会刑法与专制社会刑法的根本分野所在。它表明刑法的机能不仅在于保护社会安宁，更要立足于保障人权。刑法不但要面对罪犯以保护国家，也要面对国家保护犯罪人的合法权益。

考生还要注意，罪刑法定的人权保护意义。这一知识点无论在刑法和刑事诉讼法论述题中都可能涉及。

（二）法益保护原则

1. 法益，是指根据宪法的基本原则，由法所保护的、客观上可能受到侵害或者威胁的利益（犯罪客体）。

2. 法益保护原则对刑事立法的要求：

（1）对于严重侵犯法益或者侵犯重大法益的行为，刑法必须将其规定为犯罪，尽可能地保护法益。在某种法益以前不值得刑法保护，而现在值得刑法保护时，立法机关也应当适时增设新的犯罪类型。

（2）只能将侵犯法益的行为规定为犯罪。

> **注意：**
>
> 不能将单纯违反伦理的行为规定为犯罪。对于没有被害人或者自己是被害人，也没有侵犯个人法益、国家或者社会法益的行为，不得规定为犯罪。对于参与有处分权的自我损害行为，不能规定为犯罪。

3. 法益保护原则对刑事司法的要求：

（1）构成要件的解释结论，必须以法条的保护法益为指导，而不能仅停留在法条的字面含义上；

（2）侵犯法益的行为同时保护了另一法益时，需要通过法益的比较衡量，即侵犯法益的行为是否救济了另一同等或者更高价值的法益，判断行为是否存在正当化事由；

（3）以具体法条的保护法益是否受到侵害为标准来判断犯罪的既遂与未遂。

（三）责任主义原则

只有当行为人对侵害法益的行为与结果具有非难可能性（有责性）时，才能将其行为认定为犯罪；而且量刑不得超出非难可能性的范围与程度。没有责任就没有犯罪。

（四）平等适用刑法原则

指刑法规范在根据其内容应当得到适用的所有场合，都予以严格适用。对刑法所保护的合法权益予以平等的保护；对于实施犯罪的任何人，都必须严格依照法律认定犯罪；对于任何犯罪人，都必须根据其犯罪事实与法律规定量刑；对于被判处刑罚的任何人，都必须严格按照法律的规定执行刑罚。

（五）罪刑相适应原则

刑罚既要与犯罪性质相适应，又要与犯罪情节相适应，还要与犯罪人人身危险性相适应。在立法上实现罪刑相适应原则，要求注重对各种犯罪的社会危害程度的宏观预测和遏制手段的总体设计，确定合理的刑罚体系、刑罚制度与法定刑；在量刑方面实现罪刑相适应原则，要求将量刑与定罪置于同等重要地位，强化量刑公正的执法观念，实现刑与罪的均衡协调；在行刑方面实现罪刑法定原则，要求注重犯罪人的人身危险程度的消长变化情况，合理地运用减刑、假释等制度。

三、刑法真题演练与解析

【2008 年真题】

【案例一】2005 年 9 月 15 日，B 市的家庭主妇张某在家中利用计算机 ADSL 拨号上网，以 E 话通的方式，使用视频与多人共同进行"裸聊"被公安机关查获。对于本案，B 市 S 区检察院以聚众淫乱罪向 S 区法院提起公诉，后又撤回起诉。

【案例二】从 2006 年 11 月到 2007 年 5 月，Z 省 L 县的无业女子方某在网上从事有偿"裸聊"，"裸聊"对象遍及全国 22 个省、自治区、直辖市，在电脑上查获的聊天记录就有 300 多人，网上银行汇款记录 1000 余次，获利 2.4 万元。对于本案，Z 省 L 县检察院以传播淫秽物品牟利罪起诉，L 县法院以传播淫秽物品牟利罪判处方某有期徒刑 6 个月，缓刑 1 年，并处罚金 5000 元。

关于上述两个网上"裸聊"案，在司法机关处理过程中，对于张某和方某的行为如何定罪存在以下三种意见：第一种意见认为应定传播淫秽物品罪（张某）或者传播淫秽物品牟利罪（方某）；第二种意见认为应定聚众淫乱罪；第三种意见认为"裸聊"不构成犯罪。

【问题】根据罪刑法定原则，评述上述两个网上"裸聊"案的处理结果。

【答题要求】

1. 在综合分析基础上，提出观点并运用法学知识阐述理由；

2. 观点明确，论证充分，逻辑严谨，文字通顺；

3. 不少于 500 字，不必重复案情。

《刑法》参考条文：

第 3 条　法律明文规定为犯罪行为的，依照法律定罪处刑；法律没有明文规定为犯罪行为的，不得定罪处刑。

第 363 条（第 1 款）　以牟利为目的，制作、复制、出版、贩卖、传播淫秽物品的，处 3 年以下有期徒刑、拘役或者管制，并处罚金；情节严重的，处 3 年以上 10 年以下有期徒刑，并处罚金；情节特别严重的，处 10 年以上有期徒刑或者无期徒刑，并处罚金或者没收财产。

第 364 条（第 1 款）　传播淫秽的书刊、影片、音像、图片或者其他淫秽物品，情节严重的，处 2 年以下有期徒刑、拘役或者管制。

第 301 条（第 1 款）　聚众进行淫乱活动的，对首要分子或者多次参加的，处 5 年以下有期徒刑、拘役或者管制。

第 367 条　本法所称淫秽物品，是指具体描绘性行为或者露骨宣扬色情的诲淫性的书刊、影片、录像带、录音带、图片及其他淫秽物品。

有关人体生理、医学知识的科学著作不是淫秽物品。包含有色情内容的有艺术价值的文学、艺术作品不视为淫秽物品。

【解题思路】

从刑法学的角度，本题的核心问题是罪刑法定原则下的"裸聊"行为的定性问题。考生可以持支持或者反对的态度。同时，由于和刑法相关，必然涉及罪刑法定原则和有关构成犯罪的三大特征中的严重社会危害性、刑事违法性和应受刑罚处罚性，以及犯罪的构成要件问题。

1. 第一步，阐释罪刑法定原则。罪刑法定原则是刑法的基本原则。该原则有两个基本要求：一是法定化，即何种行为构成犯罪必须由全国人大或者全国人大常委会通过的法律事先作出明文规定。后通过的法律只有在对犯罪嫌疑人或者被告人有利时才适用。二是明确化，即什么行为是犯罪行为必须用文字表述清楚，禁止适用习惯法、禁止类推解释。针对本案所涉的"裸聊"问题，应当根据罪刑法定原则来分析评价。

罪刑法定原则要求认定犯罪与刑罚必须有法律的明文规定，如果没有法律的明文规定，行为即使具有社会危害性，司法者也不得按照犯罪来追究。"裸聊"行为使性公开化，有违社会的性道德，违背了人类的性羞耻感情。但是否应当按照犯罪来处理，首先取决于刑法是否有明文的禁止性规定。

2. 第二步，讨论"裸聊"是否属于淫乱的范畴。聚众淫乱罪是指聚众（三人以上）群奸群宿的犯罪。此处的"淫"并不指淫秽物品，而是特指性活动，不包括性行为以及对于满足性欲具有相当重要性的行为之外的语言挑逗和淫秽物品浏览。如三人在一起看黄色电影不得被认为构成聚众淫乱罪。

"裸聊"的核心在于裸体展示和语言挑逗。这二者都没有生殖器结合的性活动或者类似的性活动，不符合聚众淫乱罪的客观方面。如果将裸体展示和语言挑逗解释为性活动，便超出了国民对于性活动范围的理解，涉嫌类推解释，违反罪刑法定原则，所以"裸聊"不构成聚众淫乱罪。

3. 第三步，集中讨论"裸聊"是否属于淫秽物品。物品属于物质的范畴，不依赖于人的意志而存在。与物质相对的是意识，语言属于意识的范畴，是对人思想的表达方式。《刑法》第367条规定：淫秽物品指具体描绘性行为或者露骨宣扬色情的诲淫性的书刊、影片、录像带、录音带、图片及其他淫秽物品。此处的物品也指具有物质形态的书刊、影片、图片等，并未将语言信息纳入物品的范畴。如果认为语言属于物品，那么在公众场合讲黄色笑话会触犯传播淫秽物品罪的规定，偷录他人讲话也会触犯盗窃罪的规定。这样的解释明显超出了物品用语的本身含义，涉嫌类推解释，违反罪刑法定原则，所以"裸聊"不应该构成传播淫秽物品（牟利）罪。但是，如果行为人将自己的"裸聊"内容制作成影音文件，刻成光盘或者录音（像）带出售或者传播的，则可以构成制作、贩卖淫秽物品牟利罪或者传播淫秽物品罪。

4. 第四步，得出结论。由于"裸聊"既不符合淫乱的要求，也不满足物品的要求，不能构成聚众淫乱罪或者传播淫秽物品（牟利）罪。虽然行为具有侵犯公众性羞耻感情的特征，具有社会危害性，但根据罪刑法定原则、禁止有罪类推的具体要求，在目前的立法状况下，应该按照无罪处理。

【写作模板】

第一部分（100字）

【定事实，站立场】

对原材料进行归纳，描述材料中行为人的具体行为和公安机关、检察机关的处理，从罪刑法定原则的角度提出考生的观点。

第二部分（500字）

【析概念，说理由】

首先定义"裸聊"的行为和罪刑法定原则的含义，然后从罪刑法定原则、犯罪的本质和犯罪的构成要件出发，结合材料进行论述。

第三部分（80字）

【再强调，做评论】

结尾强调考生支持的观点，提出立法等方面具体的建议或者展望未来。

【参考例文】

【定事实】

材料中，家庭主妇张某使用视频与多人共同进行"裸聊"被公安机关查获。但最后却又撤回起诉。而Z省L县的无业女子方某在网上从事有偿"裸聊"，检察院以传播淫秽物品牟利罪起诉，L县法院以传播淫秽物品牟利罪判处方某有期徒刑6个月，缓刑1年，并处罚金5000元，从而引发一次"裸聊"的罪与非罪的讨论。

陈璐琼讲理论法学

2018年国家统一法律职业资格考试专题讲座系列

【站立场】

从罪刑法定的原则出发，结合犯罪的基本特征和犯罪的构成要件，我们认为"裸聊"的行为目前还不构成犯罪。

【析概念】

"裸聊"的核心在于：一是裸体展示；二是语言挑逗。这二者都没有生殖器结合的性活动或者类似的性活动。因此，在界定具体罪名时必须有所认识。

【说理由一】

我国《刑法》将罪刑法定作为一项基本原则，即法律明文规定为犯罪行为的，依照法律定罪处罚，法律没有规定为犯罪行为的，不得定罪处罚。其目的是为了更好地实施法治、保障人权，限制国家刑罚权的滥用，同时要求定罪必须做到依法定罪、疑罪从无。结合本案，"裸聊"这样的行为在我国《刑法》中并没有明文规定，因此将其作为犯罪处理有悖于罪刑法定原则。

【说理由二】

从犯罪的特征来看，任何一种犯罪都必须具备三个特征：严重的社会危害性、刑事违法性和应受刑罚处罚性。这是区分罪与非罪的重要标志，其中严重的社会危害性是最基本最本质的特征。结合本案，"裸聊"中涉及的人员不多，也没有造成大量的财产和人身的伤亡，纯粹是一种自愿的行为。因此，它可能存在一定的危害社会的性质，但是却不能算是严重的。因此，严格限制条件下的实施"裸聊"的行为不具备犯罪的本质特征，不应将其作为犯罪处理。

【说理由三】

从犯罪的构成要件来说，"裸聊"不构成聚众淫乱罪和传播淫秽物品（牟利）罪。聚众淫乱罪是指聚众（三人以上）群奸群宿的犯罪。此处的"淫"并不指淫秽物品，而是特指性活动，不包括性行为以及对于满足性欲具有相当重要性的行为之外的语言挑逗和淫秽物品浏览。如果将裸体展示和语言挑逗解释为性活动，则违背了一般人对于"性活动"范围的理解，涉嫌类推解释，违反罪刑法定原则。所以"裸聊"不构成聚众淫乱罪。"裸聊"中的语言挑逗是一种意识行为，而淫秽物品指具体描绘性行为或者露骨宣扬色情的诲淫性的书刊、影片、录像带、录音带、图片及其他淫秽物品。此处的物品也指具有物质形态的书刊、影片、图片等，并未将语言信息纳入物品的范畴。所以"裸聊"不应该构成传播淫秽物品（牟利）罪。

【再强调，做评论】

综上所述，"裸聊"既不符合淫乱的要求，也不满足物品的要求，不能构成聚众淫乱罪或者传播淫秽物品（牟利）罪。虽然行为具有侵犯公众性羞耻感情的特征，具有一定的社会危害性，但根据罪刑法定原则、禁止有罪类推的具体要求，在目前的立法状况下，应该按照无罪处理。

【点睛语】

此万能模式的应用领域使案例中的法律行为处于罪与非罪之间。根据现代法治的先进理念、罪刑法定类似的语言一定是要写的，大多数的行为做无罪处理是比较妥当的。

四、刑法突破预测

中国首次对"强奸"男性者追究刑事责任。

【材料】2010 年 5 月 9 日深夜 11 点多，张华在保安宿舍内对 18 岁的男同事李军（化名）实施"强奸"，"强奸"过程中导致李军轻伤。此后，李军报案，第二天张华被抓。2010 年 8 月 30 日，检方以故意伤害罪将张华提起公诉。尽管故意伤害案一般为公开审理案件，但基于该案涉及个人隐私，法官最终决定不公开审理。经过审理朝阳法院认为，张华故意将他人致伤，且造成轻伤的后果，其行为已构成故意伤害罪。法院审理期间，经调解，张华赔偿给李军 2 万元。

鉴于张华积极赔偿被害人经济损失，并得到被害人的谅解，当庭自愿认罪，法院对其酌情予以从轻处罚，最终判处其有期徒刑 1 年。但是舆论认为，张华的性侵犯行为应当构成强奸罪，双方争议不断。

【问题】

从正确把握罪刑法定的原则角度，谈一谈你对上述案例中司法机关判断的认识。

【答题要求】

1. 在综合分析基础上，提出观点并运用法学知识阐述理由；

2. 观点明确，论证充分，逻辑严谨，文字通顺；

3. 不少于 500 字，不必重复案情。

《刑法》参考条文：

第 3 条　法律明文规定为犯罪行为的，依照法律定罪处刑；法律没有明文规定为犯罪行为的，不得定罪处刑。

第 234 条　故意伤害他人身体的，处 3 年以下有期徒刑、拘役或者管制。

犯前款罪，致人重伤的，处 3 年以上 10 年以下有期徒刑；致人死亡或者以特别残忍手段致人重伤造成严重残疾的，处 10 年以上有期徒刑、无期徒刑或者死刑。本法另有规定的，依照规定。

第 236 条　以暴力、胁迫或者其他手段强奸妇女的，处 3 年以上 10 年以下有期徒刑。

奸淫不满 14 周岁的幼女的，以强奸论，从重处罚。

第 237 条　以暴力、胁迫或者其他方法强制猥亵妇女或者侮辱妇女的，处 5 年以下有期徒刑或者拘役。

【参考例文】

【定事实】

材料中，张华在保安宿舍内对男同事李军实施"强奸"，"强奸"过程中导致李军轻伤，法院判决故意伤害罪，舆论认为应当定"强奸罪"，从而引发一次"男性强奸男性"定强奸罪是否符合罪刑法定原则的讨论。

【站立场】

从罪刑法定的原则出发，结合犯罪的基本特征和犯罪的构成要件，我们认为"男性间强奸"的行为目前还不构成"强奸罪"，可以按"故意伤害罪"进行处罚。

【析概念】

"强奸罪"的核心在于对妇女性权利的特殊保护。因此，在界定具体罪名时必须有所认识。

【说理由一】

我国《刑法》将罪刑法定作为一项基本原则，即法律明文规定为犯罪行为的，依照法律定罪处刑，法律没有规定为犯罪行为的，不得定罪处刑。其目的是为了更好地实施法治、保障人权，限制国家刑罚权的滥用，同时要求定罪必须做到依法定罪、疑罪从无。结合本案，"男性强奸男性"这样的行为在我国《刑法》中并没有明文规定为强奸罪，恰恰相反，强奸罪的对象明确规定是妇女。因此，将其作为强奸罪定罪处罚有悖于罪刑法定原则。

【说理由二】

从犯罪的特征来看，任何一种犯罪都必须具备三个特征：严重的社会危害性、刑事违法性和应受刑罚处罚性。这是区分罪与非罪的重要标志，其中严重的社会危害性是最基本、也是最本质的特征。结合本案，由于造成了被害人的轻伤，因此，可以通过故意伤害罪来对其危害行为进行处罚，而无需用强奸罪进行处罚。

【说理由三】

从犯罪的构成要件来说，"男性强奸男性的行为"不构成强奸罪。《刑法》明确规定，以暴力、胁迫或者其他手段强奸妇女的，处 3 年以上 10 年以下有期徒刑。因此，强奸罪的客体只能是妇女的性权利。

【再强调，做评论】

综上所述，"男性强奸男性的行为"不符合强奸罪的客体要求，不能构成强奸罪。但由于该行为具有侵犯公众性羞耻感情的特征，具有一定的社会危害性，可以通过判处故意伤害罪来进行定罪处罚，所以根据罪刑法定原则、禁止有罪类推的具体要求，在目前的立法状况下，不应该按照强奸罪处断。

专题三十四

平权性法律关系中的民法和诉讼法

平权性法律关系主要针对平等主体间的权利和义务关系，主要是民法。但是由于我国"等边三角形"的诉讼构造，诉讼法其实也可以归为平权性法律关系。事实上民法情境分析题，其实是一个很好回答的论述题，因为其特征是明显的，答案是固定的。特征明显主要表现在所有民法情境性分析题都是平等主体之间的权利冲突问题；答案是固定的，就是在法无明文规定即自由的前提下，知道自由是有限度的，其限度在于其他人的自由或者社会公共秩序。如果进行民法的考查，也必将在两个或者两个以上的平等主体间展开权利之争，必有一方进行了"权利滥用"，最后达到利益的相互平衡。

此外，对于诉讼法法律关系，无论是民事诉讼还是刑事诉讼，甚至是行政诉讼都在提醒人们重视程序问题，提醒着程序正义的重要性。从"自己不能做自己的法官"的自然程序正义到"阳光是最好的防腐剂"的信息公开程序要求，程序正义正在修正中国传统法制中"重实体、轻程序"的弊端。而在论述题中考查诉讼法，往往会结合诉讼法的具体规定，探究其具体规定背后的法学原理和程序正义的诉求。只有这样的分析，才能摆脱诉讼法论述题"沦落"为单纯程序的问答，从而达到命题人真正的目的。当然，由于程序法与实体法密不可分，所以在考查诉讼法原则时，往往与具体的民事、刑事或者行政案例相关联。但是，必须将这个和之前的民法、行政法和刑法的实体法的论述题区分开来。

第一部分　平权性法律关系中的民法

一、民法真题指引

年份	题目	题型	学科	考点
2004	照片合成	材料分析题	民法	秩序和自由的价值冲突
2009	信用卡滥发和诚信	材料分析题	民法	商业银行信用卡滥发和持卡人透支的冲突和协调

二、民法考点精析与必背①

《民法总则》对我国的民法原则作了规定，可分为两类：一类是对民法内容有普遍约束力的原则，是指导民事立法、民事审判和民事活动的基本原则，如平等原则、自愿原则；另一类是适用于特定民事法律关系的原则，如公平、诚实信用、禁止权利滥用（含公序良俗）等原则。

> **注意：**
> 　　2017年修订的"民法典"总则部分，对于民法的基本原则没有进行大规模的变动，依然与《民法通则》的基本原则保持一致。

① 《2017年国家司法考试辅导用书（第三卷）》，法律出版社2017年版，第2～3页。

陈璐琼讲理论法学　　2018年国家统一法律职业资格考试专题讲座系列

（一）公序良俗原则

公序，即公共秩序，其是指国家社会的存在及其发展所必需的一般秩序；良俗，即善良风俗，其是指国家社会的存在及其发展所必需的一般道德。公序良俗指民事主体的行为应当遵守公共秩序，符合善良风俗，不得违反国家的公共秩序和社会的一般道德。公序良俗原则始于民法制定之初，乃是对契约自由进行限制，但于今，公序良俗原则与诚信原则同等地被视为私法领域的重要原则，私法上权利的行使、义务的履行，须在此范围内，始视为正当。诚信原则是在法律自由之基调上，从法律内部对当事人间的权益加以调整修补，而公序良俗则是在同样的基调上自外部对之加以限制。

（二）诚实信用原则

所谓诚实信用，其本意是要求按照市场制度的互惠性行事。在缔约时，诚实并不欺不诈；在缔约后，守信用并自觉履行。民法规定该原则，使法院在审理具体案件中，能主动干预民事活动，调整当事人利益摩擦，使民事法律关系符合正义的要求；另一方面，法院可根据该原则作出司法解释，填补法律的漏洞。由于该原则位阶高、不确定性强的特点，用而不当可能会成为司法专横的工具，对该原则的运用，必须与其他原则结合起来统筹考虑。《民法总则》第7条规定：民事主体从事民事活动应当遵循诚信原则，秉承诚实，恪守承诺。诚实信用原则是市场伦理道德准则在民法上的反映。《民法通则》将诚实信用原则规定为民法的一项基本原则。不难看出，诚实信用原则在我国法律上有适用于全部民法领域的效力。因此，诚实信用原则常被奉为"帝王条款"。

（三）禁止权利滥用原则

禁止权利滥用原则，是指民事主体在进行民事活动中必须正确行使民事权利，如果行使权利损害同样受到保护的他人利益和社会公共利益时，即构成权利滥用。民事活动首先必须遵守法律，法律没有规定的，应当遵守国家政策及习惯，行使权利应当尊重社会公德，不得损害社会公共利益，扰乱社会经济秩序。

（四）平等原则

平等原则指主体的身份平等。身份平等是特权的对立物，是指不论其自然条件和社会处境如何，其法律资格亦即权利能力一律平等。

（五）自愿原则——意思自治

自愿原则即当事人可以根据自己的判断，去从事民事活动，国家一般不干预当事人的自由意志，充分尊重当事人的选择。其内容应该包括自己行为和自己责任两个方面。自己行为，即当事人可以根据自己的意愿决定是否参与民事活动，以及参与的内容、行为方式等；自己责任，即民事主体要对自己参与民事活动所导致的结果承担责任。

（六）公平原则

公平原则，是指在民事活动中以利益均衡作为价值判断标准，在民事主体之间发生利益关系摩擦时，以权利和义务是否均衡来平衡双方的利益。当民法规范缺乏规定时，可以根据公平原则来变动当事人之间的权利义务；同时，法官的司法判决要做到公平合理，当法律缺乏规定时，应根据公平原则作出合理的判决。

（七）有利于节约资源和保护生态环境的原则【绿色原则】【新增】

《民法总则》第9条规定：民事主体从事民事活动，应当有利于节约资源、保护生态环境。

作为民事活动的基本原则,这个原则应适用于民事活动的全部领域,而非局部领域。要求民事法律关系的当事人在行使权利或在履行义务时,要有节约资源、有利生态环境的自律,不应作出与此原则相悖的行为。这个原则也是一个限制性原则,对不符合甚至违反这一原则的法律行为,应该有所约束。

三、民法真题演练与解析

【2009 年真题】

【材料】潘晓大学毕业不久,向甲商业银行申领了一张信用卡,透支额度为 2 万元。潘晓每月收入 4000 元,缴纳房租等必需开销 3000 多元。潘晓消费观念前卫,每月刷卡透支 3000 多元,累计拖欠甲商业银行借款近 6 万元。不久,潘晓又向乙商业银行申领了一张信用卡,该卡的透支额度达 3 万元。

据报道,甲商业银行近几年累计发行信用卡近 600 万张,每张信用卡的透支额度从 5000 元至 10 万元不等。该银行 2009 年 8 月统计发现,信用卡持卡人累计透支接近 300 亿元,拖欠期限从 1 个月到四五年不等。不少人至少持有两张甚至多张信用卡,因延期还款产生的利息和罚息达到数千元甚至上万元。由于上述现象大量存在,使得一些商业银行的坏账比例居高不下。对此,银行界拟对透支额度大、拖欠时间长的持卡人建立个人信用档案,列入"黑名单",相关信息各银行共享;拟采取加大罚息比例、限制发放个人贷款、限制发放信用卡、停止信用卡功能等措施制裁信誉不良持卡人;拟建议在设立企业、购买不动产等方面对持卡人进行限制。

另据反映,为数不少的信用卡持卡人则认为,银行信用卡发放泛滥,安全防范功能不强,申领条件设定偏低,合同用语生涩,还款程序设计复杂且不透明,利息负担不尽合理,呼吁国家出台政策进行干预。

【问题】

根据上述材料,请从合法性与合理性的角度就银行权益保护与限制、持卡人权利与法律责任、银行和持卡人的利益平衡与社会发展、资本市场风险的法律防范对策,或者其他任一方面阐述你的观点。

【答题要求】

1. 结合相关法律规定,运用部门法知识及法理学知识进行论述;
2. 观点明确,逻辑合理,说理充分,表述清晰;
3. 字数不少于 500 字。

【解题思路】

本题中的核心问题是"法律和自由的关系问题",即法律对个人自由干预的正当性及其限度原理的具体运用。本题紧贴社会经济生活,难度适中,既充分体现了法律的专业性,又对社会经济知识有所考查,还照顾到了各个知识层面的考生。其体现出的命题思路和趋势应当引起考生的高度注意和深刻思考,在坚持法律专业性的前提下,其开放的答题角度要求,为所有考生自由而充分的发挥给出了广阔的空间。

同时,本题是比较典型的案例类论述,即通过一个具体案例引出问题,并附相关背景材料进一步扩展问题。与以往案例类论述题的区别在于,不再是一般性的要求对案例做评价,还进一步引申到法理学的高度,如权利的保护、限制、利益平衡与社会发展。

第一步：审问题。即审查命题人要求考生回答的问题。通过对该题问题的审查，可以很容易地发现命题人的意图是要求考生做"合法性与合理性"评价。其中，合法性评价是部门法问题，而合理性评价是法理学问题。

第二步：确定行为。从法理学角度看，法律人评价的对象只有行为，而一切行为都有主体。本题的主体是两类：发卡主体（商业银行）和持卡主体（潘晓）。一方面，发卡主体（商业银行）的行为有：信用卡发放泛滥，安全防范功能不强，申领条件设定偏低，合同用语生涩，还款程序设计复杂且不透明，利息负担不尽合理；拟对透支额度大、拖欠时间长的持卡人建立个人信用档案，列入"黑名单"，相关信息各银行共享；采取加大罚息比例、限制发放个人贷款、限制发放信用卡、停止信用卡功能等措施制裁信誉不良持卡人；拟建议在设立企业、购买不动产等方面对持卡人进行限制。另一方面，持卡主体的行为有：一人申请并持有两张甚至多张信用卡；透支超过商业银行和持卡人约定的额度；透支额度大，拖欠时间长，导致商业银行坏账比例居高不下。

第三步：确定主题，强调价值。从上述的分析中可以确定本题是部门法和法理两个学科。由于发卡银行和持卡用户是平等主体的双方，进而确定该部门法主要是民法。（1）合法性评价主要是民法，也可以引申到立法法、宪法等。确定了民法部门以后，民法的原则如诚实信用、禁止权利滥用等基本考点就随之明确了。（2）合理性评价：主要是法理学中法的价值，法与自由、法与秩序、法与正义等评价，也可以引申到和谐社会的高度。

【写作模板】

第一部分（100字）

【定事实，站立场】

对原材料进行概述，描述材料中各个当事人的行为和导致的后果，从法律关系中认定案例中的各个当事人的行为是否违背"权利不得滥用原则"。

第二部分（500字）

【析概念，说理由】

从权利的重要性和权利不得滥用的原理分析文中当事人的各个行为，来说明自己的观点（后面分成理由一、理由二和理由三）。

第三部分（80字）

【再强调，做评论】

结尾重复考生支持的观点，提出立法等方面具体的建议或者展望未来。

【参考例文】

【定事实（析材料）】材料中，由于个别银行审查不严，导致了银行卡的滥发，同时，部分持卡人还款意识淡薄，使得一些商业银行的坏账比例居高不下，故引起了公众呼吁国家出台政策进行干预。

【站立场】以上的冲突说明自由的行使是有边界的，并不是随心所欲的，法律保护的自由必须在法律的限制下才能真正实现。

【析概念】法的价值上所说的自由，是指法以确认、保障人的这种行为，从而使主体和客体间能够达到一种和谐的状态。

【说理由一】个人自由的价值是不可否认的。就法的本质来说，它以自由为最高的价值目标。诚如马克思所言"法典就是人民自由的圣经"，法律是用来保卫、维护人民自由的；如果法律不恰当地限制了自由，就是对人性的一种践踏。因此，对自由的法律限制是有严格条件的，"法不禁止即自由"。结合材料，公民申请信用卡和银行按照规定发放信用卡的行为是意思自治的体现，是公民的私人权利和自由，应当得到法律的保护。

【说理由二】"人生而自由，但无不在枷锁之中"。自由从来都不是绝对的，自由并不意味着为所欲为，个人意志的实现要受到社会道德和法律的约束。从法的价值来说，自由尽管是最高价值，但不是唯一的价值。除此之外，秩序、正义都是法的价值。一个良好的法律体系必然要在自由、正义、秩序之间谋求恰当的平衡，从而使自由受到秩序和正义的限制，这也就是法律干预自由的正当性。结合本材料，由于银行的信用卡发放泛滥，安全防范功能不强等原因导致了持卡人延期还款，导致商业银行的坏账比例居高不下的不良后果，说明银行和持卡人滥用了自己的自由，导致了社会公共的利益受到损害。因此，需要法律进行干预。

【说理由三】个人自由与法律限制的紧张关系始终存在，因为法律背后往往是社会道德和公共秩序的价值要求。一部自由的历史，就是自由不断地与秩序、正义碰撞、融合，随着法律所容许的道德限度而扩张或者收缩的历史。结合材料，当持卡人的行为还可以通过银行对透支额度大、拖欠时间长的持卡人建立个人信用档案，列入"黑名单"等方式可以控制时，法律一般尊重当事人私力救济而不干预。但是，当持卡人和银行的矛盾影响公共秩序和公共利益时，法律就有干预的必要了，特别是因为银行是强势群体时，需给持卡人这个弱者进行倾斜性保护才能达到法律的平衡。

【再强调】综上所述，自由始终是法律最根本的追求，是评价法律的最深刻的尺度。因此，法律对自由的限制不能超出合理的范围，尤其是不能以维护秩序和正义为借口肆意地限制个人自由。在用法律限制自由的时候，我们要时刻牢记：（1）坚持价值位阶，自由始终是最高的价值，除非万不得已，法律不得限制人们的自由；（2）坚持比例原则，对自由的限制不得超过维护秩序和正义所必需的限度；（3）坚持个案平衡的原则，有必要综合考虑行为人的权利、行为动机、社会影响等各种因素来评价行为人的行为。

【做评论】信用卡的信用危机是新形势下出现的新问题，涉及个人自由和社会秩序的平衡问题，需要尽快纳入法律的考量范围之中，尽早划出个人行为的边界，在维护社会秩序的同时，保障行为人应有的自由。

【小评论】此"万能模式"的应用领域是民事关系中权利冲突的案件，特别是某种行为违背一般的公序良俗原则，要求对"权利的滥用"加以限制。

四、民法突破预测

【材料】随着互联网技术的广泛应用和迅猛发展，互联网领域信息安全问题日益突出。当前，随意收集、擅自使用、非法泄露甚至倒卖公民个人电子信息，网络诈骗、诽谤等违法犯罪活动大量发生，严重损害公民、法人和其他组织的合法权益。如每天手机短信不断，但大多数都是推销产品的垃圾短信。如陌生的电话，"喂，您好，您的房子出售吗？"，"我不卖房，你怎么知道我的手机号？"，这是梁先生这个月接到的第12个中介电话，每当他质问对方如何获得他的个人信息时，电话就挂断了。

针对社会各方面和人民群众反映强烈的垃圾短信、诈骗信息等问题，2013年全国人大常委会作出了《关于加强网络信息保护的决定》来保护该网络上的电子信息。"从国外情况来看，一些国家已制定相关法律对发送商业性电子信息行为予以规范。我国电信运营商也采取了一些措施对发送商业性电子信息的行为予以规范、控制"。

"垃圾短信和垃圾邮件严重干扰个人生活安宁，侵害个人隐私，更有一些不法分子通过发送短信，实施诈骗活动，侵害公民的合法权益。从国外来看，有的国家已经通过立法或判例，禁止发送垃圾短信"。

同时，公民个人信息遭受侵害，但却因实施侵害的行为人的身份信息没有登记，或者登记的信息虚假，导致取证、查处难，是目前个人信息频频遭受侵害的原因之一。对此，专家指出，有必要加强网络用户身份管理。"实行网络身份管理，是许多国家的通行做法。许多国家都通过立法要求固定电话、手机等电信用户在办理入网手续时须提供身份证明。有关部门、地方和社会公众普遍要求通过立法完善这一制度"。

但是，也有人认为，实行网络身份管理（实名制）在一定程度上也侵犯了公民自由表达的权利，使有些意见不能表达，也不敢表达，一定程度上限制了言论自由。

【答题要求】

1. 运用你所掌握的法学知识和相关的社会知识阐述你的观点和理由；

2. 说理充分，逻辑严密，语言流畅，表述准确；

3. 答题文体不限，字数不少于 500 字。

【参考例文】

【定事实】在材料中，垃圾短信，垃圾邮件，随意收集、擅自使用、非法泄露甚至倒卖公民个人电子信息，网络诈骗、诽谤等违法犯罪活动大量发生，严重损害公民、法人和其他组织的合法权益，要求对网络身份进行管理，可能会侵犯个人的言论自由，由此引发了一场讨论。

【站立场】言论表达自由的权利的重要性不言而喻，但是本案中就产生了不同的私人权利的冲突和平衡问题，要求我们在行使权利的同时注意他人的权利，防止权利滥用。

【析概念】权利滥用是指权利的行使超出了边界，触及到了他人权利的范围或者公共利益和善良风俗。权利滥用理论是随着近代权利理论中的个人自由至上向社会利益保护转变的产物。

【说理由一】个人权利保护是近代法治的重大成果。就其法的目的来说，它是权利本位的。法律是用来保卫、维护人民权利的。法律规定义务的目的是更好地行使权利，如果法律不恰当地用义务限制了权利，就是对法治的一种践踏。因此，对权利的限制是有严格条件的。结合材料，个人或者企业发送商业性电子信息行为如果符合法律的规定，具有一定的合法性。

【说理由二】权利不仅很重要，而且很容易被侵害。除了国家权力对个人权利的侵犯外，个人的行为也可能侵害他人的权利。因此，必须划出权利的边界，达到各自权利的平衡点。结合本材料，如果企业或者个人发送商业性电子信息的行为干扰到他人的安宁，侵害个人隐私，更有一些不法分子通过发送短信，实施诈骗活动，侵害公民的合法权益，则构成权利的滥用，法律应当对此进行规制。

【说理由三】个人权利之间的紧张关系始终存在，因为权利冲突的背后往往是社会道德和公共秩序的价值要求。现代法学理论普遍承认权利的行使不能损害他人的利益和自由，即权利不得滥用。因此，每个人的权利空间是有限的，界限就在于他人的自由和权利。法律已经为每个人设定了行使权利的边界，则任何人都不得超越该界限，否则即为违法。结合材料，个人或者企业在网络上具有一定的表达自由，但是这个自由不能损害他人的权利。

【再强调，做评论】综上所述，权利始终是法律最根本的内容，因此要求法治国家在"以人为本"的基础上尊重人的权利。因此，一方面，我国强调人权，特别是人格权的保障，如我国不仅在《宪法》中规定了人权的保障内容，而且在民法中也有具体的体现。另一方面，通过对诚实信用等原则的规定，对权利的行使进行了一定的限制，防止权利滥用，从而达到法律与自由的动态平衡。

第二部分　平权性法律关系中的诉讼法

一、诉讼法真题指引

年份	题目	题型	学科	考点
2004	邻里纠纷	材料分析题	民事诉讼法	纠纷的社会解决机制
2005	政府毁约	材料分析题	民事诉讼法	诉讼时效的性质和民事意思自治原则的限制
2008（延期区）	法官是否应当告知被告提出诉讼时效的抗辩	材料分析题	民事诉讼法	诉讼时效的性质和民事意思自治原则的限制
2011	能动司法	材料分析题	法理学、民事诉讼法	在司法及执行中引入"能动司法"的理念，达到法律效果与社会效果的有效统一
2012	非法证据	排除材料分析题	法理学、新刑事诉讼法修改	对非法证据排除规则的理解，达到保障人权与打击犯罪的有效统一
2013	审判与调解的关系	材料分析题	法理学、新民事诉讼法修改	确定审判和调解的定位，达到效率与正义的有效统一
2015	非法证据排除规则	材料分析题法理学	新刑事诉讼法	确定非法证据排除规则，克服冤假错案

二、诉讼法考点精析与必背

从上面的真题指引可以得出，诉讼法考查的重心在于不仅仅是程序法的具体规定，更重要的是考查程序正义与实体正义、公正与效率的关系问题。而之前的考法只是作为一种有益的探索而存在，即诉讼法考查的内容都是法律的具体规定而不涉及基本原理，而且在近三年中再也没有出现类似的考查方式。2012年第一次采用了案例分析题和论述题的混合考法，2013年、2014年和2015年进行了延续，如果不出意外，2018年会出现类似的案例，前面部分的程序法内容的回答按法律规定回答，后面部分的内容，看下文诉讼法的总结。2018年要特别注意全国人大常务会刚刚通过的"认罪认罚从宽"制度。

（一）程序公正（论述题的重点）

所谓程序公正，是过程的公正，具体是指司法人员在执法的过程中严格按照行政程序法、民事程序法和刑事程序法的规定处理各种行政、民事和刑事案件。程序公正的内容包括程序公开、程序中立、程序参与、程序平等、程序安定与程序保障。

程序公正不仅要求严格执行程序法，而且还要在执法过程中体现司法的人性化。司法的人性化是指司法过程中要尊重人，关心人，充分保障当事人的各项诉讼权利。

实体公正是结果的公正，是指司法裁判应以客观存在的事实为依据，且适用法律正确。实体公正的实现有利于保障当事人的合法权益，增进民众对诉讼的信赖，能起到稳定社会秩序的作用。

程序公正是过程的公正，指诉讼参与人对诉讼能充分有效的参与，程序得到遵守，程序违法得到救济。程序公正的内容包括程序公开、程序中立、程序参与、程序平等、程序安定、程序保障。

实体公正与程序公正孰优孰劣，主要有三种观点：（1）实体优先论，认为实体是目标，程序只是保证目标的手段。（2）并重论，即实体与程序并重，将程序公正和实体公正比作"车之两轮，鸟之双翼"。（3）程序优先论，这一观点认为程序公正是司法公正的逻辑起点，当程序与实体发生冲突时，程序比实体优先。

程序公正与实体公正具有内在的一致性，其终极目的都在于追求纠纷的公正解决。程序公正具有保障实体公正实现的作用。

程序公正相对实体公正又具有独立性，因为程序公正具有不同于实体公正的评判标准，程序公正与实体公正还可能出现价值冲突，如非法证据排除规则的适用。实体公正对裁判可接受性的重要性不言而喻，由于发现事实和适用法律的不确定性，实体公正具有不确定性，而程序公正有助于给这种不确定提供正当性的基础。况且，受大陆法系司法传统的影响，我国司法实践中长期存在"重实体、轻程序"，也要求我们在追求实体正义的过程中将程序正义放在优先地位。

1. 没有程序公正，就没有司法公正。实体公正和程序公正是司法公正不可分割的两个方面，缺一不可。

2. 最大限度地保障在司法活动中实现实体公正，减少冤假错案。

3. 程序公正是看得见的公正，是可操作的公正，是社会公正，是一国是否为法治国家的检验标准，而实体公正则是个案公正。

4. 程序公正可以吸收当事人的不满，有助于息诉止争，保障司法活动中的当事人或参与者的正当权利得到平等地保护。

5. 程序公正优先于实体公正（有限优先）。

（二）诉讼效率

诉讼效率，是指在诉讼中所投入的司法资源（包括人力、物力、设备等）与所取得的成果之比例。讲求诉讼效率就是要求以一定的司法资源投入换取尽可能多的诉讼结果，即降低诉讼成本，提高工作效率，加速诉讼运作。基于此，诉讼中的效率价值主要体现在两个方面：一是诉讼过程的经济合理性；二是诉讼效果的合目的性。如刑事诉讼效率价值的内涵就是通过诉讼程序的设计和优化配置司法资源，最大限度地实现刑事诉讼目的，即满足社会、国家和个人对正义、秩序和自由的需求。如2013年《民事诉讼法》对"小额速裁"和"简易程序"的修改，体现了对"意思自治"和"司法效率"的价值追求。

诉讼效率的两项内容之间的联系同时也体现了公正与效率之间的辩证关系。首先，效率与实体公正统一（比如在审判阶段遵循的一个重要原则——不中断原则或集中审理原则）。其次，效率与程序公正统一。诉讼效率越低，诉讼程序的持续时间就越长，被告人和被害人的权利再遭到损害的可能性就越大。同时，程序的公正有时也有利于诉讼效率的提高。

但是，诉讼效率与公正毕竟属于不同的范畴。在一定情况下，效率与司法公正必然会发生矛盾。如在刑事诉讼价值中，公正处于首要地位。因为刑事诉讼的根本目的就是在查清案情的基础上，惩罚犯罪、保障人权，以一种和平和非自助的方式解决国家与被告人、被害人与被告人之间的矛盾，从而恢复被犯罪行为破坏的社会秩序。而这种目的的达到就体现为实现实体公正和程序公正。只有在正义得到实现的前提下，才能提高诉讼效率；对诉讼效率的追求，不能妨碍公正价值的实现。当然，公正的优先地位不是绝对的，在一定情况下，为了效率，不得不对公正价值作出适当牺牲。在特定情况和特殊的案件中，诉讼的效率处于优先地位。

同时，西方国家进行的提高诉讼效率、降低诉讼成本的司法改革本质上属于在其特定的体制中适应时代社会的需要所进行的技术性调整或发展。另一方面，这种改革也说明其司法审判制度本身也存在着内在的机能性弊病，甚至可以说，诉讼的延迟和诉讼成本的昂贵以及由此导致的当事人在司法资源利用中的不平等，是现代普遍主义司法审判制度无法根除的现象。如果我国的司法改革不能进行通盘的考虑，只将其重点置于审判模式的选择和举证责任的分担等一些程序上的问题，那么在西方各国出现的"诉讼膨胀"的现象也会出现在我国。进一步而言，诉讼是社会真正的实践活动，在没有配套纠纷解决制度的情况下，实际的诉讼压力必然使得许多改革的努力化为乌有。亡羊补牢还是未雨绸缪，其利弊不言自明。因此，有必要在改革之初就做全面的考虑，找到公正与效率的最佳结合点。

（三）多元化解决纠纷机制

我国现行的民事纠纷解决机制概括起来主要有四种：和解、调解、仲裁和诉讼。前三种可概括为非诉讼纠纷解决机制，国外则称其为替代性纠纷解决机制（ADR），又称为多元化纠纷解决机制，或称为非诉讼纠纷解决机制、法院外纠纷解决机制。替代性纠纷解决机制主要特征包括（非公力救济的优越性）：

1. 纠纷当事人具有高度的自主性，当事人意思自治在其中占有重要地位；

2. 具有较大的灵活性，当事人可视争议的具体情况来选择合适的解决方案和程序；

3. 解决纠纷快捷且费用低廉；

4. 所达成的协议、裁断（仲裁裁决除外）一般不具有法律约束力，但由于协议完全是在双方当事人友好协商、互谅互让的基础上达成的，故一般容易得到双方当事人的承认和自觉执行；

5. 以非对抗和非公开的方式解决纠纷，这样更有利于维护双方当事人之间长久存在的经贸交往和人际关系，并有助于保守当事人的个人隐私和商业技术秘密。

替代性纠纷解决机制是一种开放的、发展的体系，对新颖的民事纠纷的处理具有较强的适应性。

三、诉讼法真题演练与解析

【2013年真题】

【案情】孙某与钱某合伙经营一家五金店，后因经营理念不合，孙某唆使赵龙、赵虎兄弟寻衅将钱某打伤，钱某花费医疗费2万元，营养费3000元，交通费2000元。钱某委托李律师向甲县法院起诉赵家兄弟，要求其赔偿经济损失2.5万元，精神损失5000元，并提供了医院诊断书、处方、出租车票、发票、目击者周某的书面证言等证据。甲县法院适用简易程序审理本案。二被告没有提供证据，庭审中承认将钱某打伤，但对赔偿金额提出异议。甲县法院最终支持了钱某的所有主张。

二被告不服，向乙市中院提起上诉，并向该法院承认，二人是受孙某唆使。钱某要求追加孙某为共同被告，赔偿损失，并要求退伙析产。乙市中院经过审查，认定孙某是必须参加诉讼的当事人，遂通知孙某参加调解。后各方达成调解协议，钱某放弃精神损害赔偿，孙某即时向钱某支付赔偿金1.5万元，赵家兄弟在7日内向钱某支付赔偿金 1 万元,孙某和钱某同意继续合伙经营。乙市中院制作调解书送达各方后结案。

【问题】

1. 请结合本案,简要概括钱某的起诉状或法院的一审判决书的结构和内容(起诉状或一审判决书择一作答;二者均答时,评判排列在先者)。

2. 如果乙市中院调解无效,应当如何处理?

3. 如果甲县法院重审本案,应当在程序上注意哪些特殊事项?

4. 近年来,随着社会转型的深入,社会管理领域面临许多挑战,通过人民调解、行政调解、司法调解和民事诉讼等多种渠道化解社会矛盾纠纷成为社会治理的必然选择;同时,司法改革以满足人民群众的司法需求为根本出发点,让有理有据的人打得赢官司,让公平正义通过司法渠道得到彰显。请结合本案和社会发展情况,试述调解和审判在转型时期的关系。

【答题要求】

1. 根据法律、司法解释规定及民事诉讼法理知识作答;

2. 观点明确,逻辑清晰,说理充分,文字通畅;

3. 请按提问顺序逐一作答,总字数不得少于 600 字。

【试题分析】

本题沿用了 2012 年以来的"论述题客观化"的命题模式,即用一个部门法的基本事例,前几问主要考查该部门法的法律的明确规定和要求,最后一问指出结合材料,运用该部门法的基本原则或者基本价值来论述该部门法的一些基本制度背后的法学原理。随着 2013 年、2014 年和 2015 年这种考查势头的蔓延,要求考生不仅对部门法的具体规定要熟知,还要掌握该部门法具体制度背后的基本原则或者基本价值,从而实现"法律工作者"向"法律职业者"的升华。

回顾历史,本题与 2010 年"用调解手段解决行政纠纷"、2011 年"能动司法保障经济"和 2012 年和 2015 年"非法证据排除规则"实现程序正义的司法改革思路不谋而合。我们相信,2018 年论述题会继续沿着司法公正这个司法改革的终极目标而不断前行。

【答题要求】

从表面上看,该题目的考查方式与之前几年的论述题考查模式有很大的不同,但是,我们拨开云雾,其实考查内容和角度依然没有发生变化,依然考查当年的热门问题。虽然 2013 年最热的问题是《民事诉讼法》的修改和新增的"诚实信用"和"小额速裁"原则。但是,司法部却回避了"热点",考查了一个老生常谈的问题——"多元化纠纷解决机制"中的调解问题。具体要求是,联系材料和社会发展情况,试述调解和审判在转型时期的关系。题目的关键词在于"联系材料",由于当事人之间有合伙关系,经调解后又再次合伙经营了,具有调解的基础。"调解与审判的关系",他们两者制度背后的价值是效率与公正的辩证关系。最后一个关键词是"转型时期",要求结合时代背景,通过司法改革以满足人民群众的司法需求为根本出发点,让有理有据的人打得赢官司,让公平正义通过司法渠道得到彰显,实现"公正优先,兼顾效率"的价值判断。

【解题思路】

本题答案(第四问)可以分为以下几个方面。首先,定事实,站立场。指出在转型时期调解和审判的关系是密切相关,不可分割的。其背后的价值取向是效率和正义的辩证关系。其次,定概念,说理由。指出效率价值、公正价值的概念和基本关系。一方面强调效率和公正的联系,指出调解的优势,从而弥补审判的不足,要求结合案情进行说明。另一方面，如果两者产生紧张关系，如调解时间过长，阻碍了权利的实现，需要合理协调，也需要结合案情进行说明。最后，再强调，做评论。支持调解，并不是"久调不判"，损害当事人的利益。

【参考答案】

【定事实，站立场】在材料中，孙某和钱某作为合伙人，由于经营理念的不同而相互伤害，最后在法院调解中达成一致意见，继续合伙经营，从而体现了调解制度对审判制度的一种重要的补充，完善了我国多元化纠纷解决机制，实现了效率价值与公正价值的完美统一。

【定概念，说理由】效率，是指在诉讼中所投入的司法资源与所取得的成果之比例，包括诉讼过程的经济合理性和诉讼效果的合目的性。公正，是指司法裁判应以客观存在的事实为依据，且适用法律的程序正当。公正的实现有利于保障当事人的合法权益，增进民众对诉讼的信赖，稳定社会秩序的作用。

一方面，调解的优势在于程序简单，能节约司法成本，弥补审判的不足。同时，由于是双方自愿达成，有利于诉讼的顺利解决，从而保障诉讼效率的价值。在本案中，如果在二审时不能及时达成调解协议，则按照法律只能发回重审，从而浪费了司法资源，不能体现司法效率的价值。

另一方面，审判的优势在于明确事实，树立权威，却与中国传统文化中"以和为贵"的观念有一定的冲突。同时，如果坚持"调解为王"，"久调不判"，诉讼的拖延则也损害了当事人按照法律的规定所享有的诉权和公正审判的权利。结合本案，如果本案中没有经过审判来查明事实，则当事人各方的权益就没有办法明确，也违反了公平正义的原则。

【再强调，做评论】综上，在实践中应当调解优先、注重调解、能调则调。但也要注意，调解并非审理案件的必经程序，对于一些不能或不宜调解的案件要及时判决，从而达到"公正优先，兼顾效率"的目的，实现定分止争，达到纠纷顺利解决和案结事了的法律效果。

【2015年真题】

七、（本题26分）

案情：某日凌晨，A市某小区地下停车场发现一具男尸，经辨认，死者为刘瑞，达永房地产公司法定代表人。停车场录像显示一男子持刀杀死了被害人，但画面极为模糊，小区某保安向侦查人员证实其巡逻时看见形似刘四的人拿刀捅了被害人后逃走（开庭时该保安已辞职无法联系）。

侦查人员在现场提取了一只白手套，一把三棱刮刀（由于疏忽，提取时未附笔录）。侦查人员对现场提取的血迹进行了ABO血型鉴定，认定其中的血迹与犯罪嫌疑人刘四的血型一致。

刘四到案后几次讯问均不认罪，后来交代了杀人的事实并承认系被他人雇佣所为，公安机关据此抓获了另外两名犯罪嫌疑人康雍房地产公司开发商张文、张武兄弟。

侦查终结后，检察机关提起公诉，认定此案系因开发某地块利益之争，张文、张武雇佣社会人员刘四杀害了被害人。

法庭上张氏兄弟、刘四同时翻供，称侦查中受到严重刑讯，不得不按办案人员意思供认，但均未向法庭提供非法取证的证据或线索，未申请排除非法证据。

公诉人指控定罪的证据有：①小区录像；②小区保安的证言；③现场提取的手套、

刮刀；④ABO血型鉴定；⑤侦查预审中三被告人的有罪供述及其相互证明。三被告对以上证据均提出异议，主张自己无罪。

【问题】

1. 请根据《刑事诉讼法》及相关司法解释的规定，对以上证据分别进行简要分析，并作出是否有罪的结论。

2. 请结合本案，谈谈对《中共中央关于全面推进依法治国若干重大问题的决定》中关于"推进以审判为中心的诉讼制度改革，确保侦查、审查起诉的案件事实证据经得起法律的检验"这一部署的认识。

【答题要求】

1. 无本人分析、照抄材料原文不得分；

2. 结论、观点正确，逻辑清晰，说理充分，文字通畅；

3. 请按问题顺序作答，总字数不得少于800字。

【参考答案】

1. 略。

2.《中共中央关于全面推进依法治国若干重大问题的决定》指出公正是法治的生命线。司法公正对社会公正具有重要引领作用，司法不公对社会公正具有致命破坏作用。必须完善司法管理体制和司法权力运行机制，规范司法行为，加强对司法活动的监督，努力让人民群众在每一个司法案件中感受到公平正义。

本案中，非法证据排除制度的严格执行最大程度地体现了恢复正义的具体要求。正义的恢复属于公正价值范畴，但它除了具有公正价值外，还具有程序正义价值。实体正义和程序正义的兼顾与平衡构成了非法证据排除制度合法化的价值基础。

（一）实体公正价值

非法证据排除的实体公正价值以其对被害人、加害人及公共利益的全面保护为基本蕴含。非法证据排除以被害人的利益保护为核心，同时兼顾犯罪嫌疑人及公共利益的保护，在刑事司法的宏观系统内促进了被害人、加害人及公共利益保护的价值平衡，促进了刑事司法的整体公正性。在本案中，非法证据的排除可以减少冤假错案，是结果正义的要求。

（二）程序正义价值

所谓程序公正，是过程的公正，具体是指司法人员在执法的过程中严格按照程序法的规定处理各种案件。程序公正的内容包括程序公开、程序中立、程序参与、程序平等、程序安定与程序保障。程序公正不仅要求严格执行程序法，而且还要在执法过程中体现司法的人性化。司法的人性化是指司法过程中要尊重人，关心人，充分保障当事人的各项诉讼权利。

（三）程序正义和实体正义的统一

（1）没有程序公正，就没有司法公正。实体公正和程序公正是司法公正不可分割的两个方面，缺一不可。（2）最大限度地保障在司法活动中实现实体公正，减少冤假错案。（3）程序公正是看得见的公正，是可操作的公正，是社会公正，是一国是否为法治国家的检验标准；而实体公正则是个案公正。（4）程序公正可以吸收当事人的不满，有助于息诉止争，保障司法活动中的当事人或参与者的正当权利得到平等地保护。

四、诉讼法的突破预测

【材料】近日，牡丹江铁路运输法院仅仅用 25 分钟就审结了一起故意伤害案。被伤害人王玉杰与被告人孟广虎因车辆争道而发生争吵，后被告人孟广虎及同伙将被害人王玉杰打成重伤。案发后 15 个月内，因公安机关未能抓到孟广虎同案的其他犯罪嫌疑人，故无法判断被害人的重伤后果是何人所为。为尽快了结本案，经公诉机关与辩护人协商：只要被告人认罪，并自愿承担民事责任，控方同意建议法院对被告人适用缓刑从轻处罚。最后法院采纳了控辩双方的交易结果，以故意伤害罪判处被告人孟广虎有期徒刑 3 年，缓刑 3 年。作为一名法律职业者，请根据刑事诉讼法学的基本原理对上述材料加以评论。

【答题要求】

1. 运用掌握的法学知识阐述你的观点和理由；

2. 说理充分，逻辑严谨，语言流畅，表述准确；

3. 答题内容不限，字数不少于 500 字。

【参考例文一】

【定事实】材料中的案例是我国首例认罪认罚从宽案。认罪认罚从宽是指刑事案件在法院开庭审理前，控方检察官与被告在法庭外就定罪与量刑进行讨价还价而形成的一种司法制度。由于该制度可以在很大程度上节约司法成本，同时高效、迅捷地惩罚犯罪，在英美法系国家颇为流行。作为我国首次进行认罪认罚从宽的司法实践，该案公布后便引发了学术界的广泛讨论。

【站立场】结合刑事诉讼的基本原理，我们认为，认罪认罚从宽在中国的实践主要考虑如何在刑事诉讼的两大价值——公正与效率之间进行抉择。

【析概念】刑事诉讼的公正包括了实体公正与程序公正。程序公正相对于实体公正又具有独立性。刑事诉讼效率是指在刑事诉讼中所投入的司法资源（包括人力、物力、设备等）与所得的成果之比例。

【说理由一】刑事诉讼中公正与效率的统一性具体表现为以下两个方面：首先，效率与实体公正统一（比如在审判阶段遵循的一个重要原则——不中断原则或集中审理原则）。其次，效率与程序公正统一。诉讼效率越低，诉讼程序的持续时间就越长，被告人和被害人的权利遭到损害的可能性就越大。同时，程序的公正有时也有利于诉讼效率的提高。结合材料，本案采用"诉辩交易"的目的就是为了能"尽快结案"，节约司法资源。

【说理由二】但是在一定情况下，效率与司法公正必然会发生矛盾。我们应当明确：在刑事诉讼价值中，公正处于首要地位。因为刑事诉讼的根本目的就是在查清案情的基础上，惩罚犯罪、保障人权，以一种和平和非自助的方式解决国家与被告人、被害人与被告人之间的矛盾，从而恢复被犯罪行为破坏的社会秩序。而这种目的的达到就体现为实现实体公正和程序公正。只有在正义得到实现的前提下，才能提高诉讼效率；对诉讼效率的追求，不能妨碍公正价值的实现。结合本材料，该案适用诉辩交易的理由是因为案件事实比较清楚，在不影响公正的情况下才适用效率原则。

【说理由三】当然，公正的优先地位不是绝对的，在一定情况下，为了效率，不得不对公正价值做出适当牺牲。在特定情况和特殊的案件中，诉讼的效率处于优先的地位。结合材料，该案通过诉讼程序的设计和司法资源的优化配置，最大限度地实现刑事诉讼目的，即满足国家、社会和个人对正义、秩序和自由的需求。

【再强调，做评论】综上所述，就刑事诉讼两个价值的内在关系而言，认罪认罚从宽制度的存在自有其合理的理论基础。基于此，刑事诉讼中的效率价值主要体现刑事诉讼过程的经济合理性和刑事诉讼效果的目的性。"迟来的正义为非正义"，在特定的情形下，把诉讼效率放在优先的地位，更能在整体上实现法律正义的价值。

专题三十五

法理学——抽象理论阐释题

法理学作为法学的基本理论，在一定程度上，无论是行政法、刑法、民法与诉讼法，无论是具体的情境性分析题还是抽象理论的阐释题，都可以用法理学的基本原理解决。而事实上，历年论述题的答题要求上都无一例外地写上了用法学理论（法理学）的知识来分析材料与事实，即使是单纯的部门法的答题要求，如果在结尾处用上法理学的基本理论进行拔高，也会有所提升得分的档次。此外，论述题在考查历史上还存在过单纯法理学知识的考查，包括对法条解读，归纳抽象出法条背后的基本法理进行论述等。本专题着力于让考生在建立部门法的知识体系外，加入法理学的法律理念和法律思维，起到醍醐灌顶的作用，从"法学工匠"向"法学职业人"方向发展，树立法律信仰。

一、真题指引

年份	题目	题型	学科	考点
2005	判例和司法解释	理论阐释题	法理学	司法活动的特征和司法改革方向
2006	《瑞士民法典》第1条	理论阐释题	法理学	法律渊源、法律解释和法律推理，公法和私法的区别
2007	诉讼数量	材料分析题	法理学	权利意识
2008	裸聊事件	材料分析题	法理学	个人自由干预的正当性及其限度

二、考点精析必背

（一）法的价值及其冲突解决方案

1. 秩序。秩序是法最重要的价值之一。失去了秩序的保障，法律所有的价值和功能就会因为缺乏必要的保障而在现实中面临威胁，从而失去意义。因此，法必须服务于秩序，保证秩序的稳定、安定，保证社会行为的规则性和可预期。而要做到这一点，首要任务就是要确保统治阶级秩序的建立；其次是要建立和维护社会生活秩序，保证人们在社会生活中能够获得安全、和平的预期；再次是建立社会生产交换秩序，从宏观和微观两个方面实现对生产交换分配秩序的调整；最后还要保证国家权利运行秩序的合法性，并对其进行监督。正如古希腊哲学家亚里士多德所说：法律就是秩序，有好的法律才有好的秩序。没有秩序，法律根本没有施展的空间，也失去了实施的意义；而没有法律，秩序就没有了最重要最可靠的保证。

2. 正义。正义与法是无法分开的。法是实现正义的手段，同时法的价值也在于实现正义。法对正义的实现分为两个部分：在实质正义方面，法把指导分配资源的正义原则法律化、制度化、并具体化为权利和义务，实现对资源的权威性的公正分配。然而，实质正义是一个相对的范畴，在一部分人看来是公正的分配，在另一部分人看来却可能是不公正的。因此，法必须通过形式正义的实现，来使每个人都获得公正的感觉，

陈璐琼讲理论法学

2018年国家统一法律职业资格考试专题讲座系列

得到法与正义的滋润。在形式正义方面，法律的作用表现为一方面为纠纷和冲突的和平解决提供规则程序；另一方面通过程序来确保纠纷解决过程中的公正性。

3. 自由。自由意味着从束缚中解放出来，它体现了人性最深刻的需要，它可以分为积极自由和消极自由两个部分。前者强调主体行为的现实可能性，后者强调行为的不受干涉。这一划分深刻地反映了个人意志与社会秩序的对立统一。正如卢梭所说：人生来自由，但又无往不在枷锁之中。要化解这一矛盾，就必须承认和保护个人的自由，并把自由置于社会的普遍利益之中，使社会成员平等地享有基本自由，使自由的个体性与社会性实现统一。

法律在这一过程中，将发挥重大的作用。首先，法律通过预测作用，为人们的自由选择提供信息；其次，法律可以为自由的实现排除社会领域中某些人为的不适当的束缚；再次，法把自由转化为权利，使其从一种个体意志追求变为一种国家承认的权利，同时为这种权利表明边界，使全社会的自由成为可能；最后，法把自由与责任相连，为平等的自由提供了保护机制。总之，只要在法律允许的范围内，一切自由都受到国家法律的保护。

4. 解决方式：

（1）价值位阶原则。就是指在不同位阶的法的价值发生冲突时，在先的价值优于在后的价值。具体说来，是自由大于正义，正义大于秩序。例如，某地方出台了治理交通的新举措，为了治理日益混乱的交通秩序，该市规定，行人如果违章过马路，被车撞死或撞伤，司机完全不承担责任。为了治理交通，形成良好的交通秩序，出台了这个措施。但它是以人的生命为代价或是以漠视人的生命来换取秩序的，显然违反了自由大于秩序的价值位阶原则。

（2）个案平衡原则。

（3）比例原则。又称为必要性原则，是指这种侵犯是必要的，是迫不得已的。适当性原则，即这种侵犯行为应该要讲究分寸，应该要适当，要适度。均衡原则，即利益要均衡，要平衡。例如，很多城市为了治理社会秩序出台一项措施：禁止乞丐在商场、地铁、车站等地方乞讨。"禁讨令"的出台是为了治理秩序，虽然侵犯了乞丐的自由，但是设定了范围，因此符合比例原则。

（二）法律与道德的关系

1. 法与道德的联系：

（1）本质上的联系。以自然法学派为代表，肯定法与道德存在本质上的必然联系，认为法在本质上是内含一定道德因素的概念。只有在符合自然法，具有道德上的善的时候，才具有法的本质而成为法，即"恶法非法"。以分析实证主义法学派为代表，否定法与道德存在本质上的必然联系，认为不存在适用于一切时代、民族的永恒不变的正义或道德准则；法律规则不会因违反道德而丧失法的性质和效力，即"恶法亦法"。

（2）内容上的联系。近代以前的法在内容上与道德的重合程度极高，有时甚至浑然一体。如中国古代法就具有浓厚的伦理法特征。近现代法学家倾向于将法律标准与道德标准相对分离，"法律是最低限度的道德"通说。

（3）功能上的联系。法律调整与道德调整各具优势，且形成互补。古代法学家更多强调道德在社会调控中的首要或主要地位，对法的强调也更多在其惩治功能上。近现代以后，法学家们一般都倾向于强调法律调整的突出作用，法治国家成为普遍的政治主张。

2. 法与道德的区别：

	法	道德
生成方式	建构性：法在生成上往往与有组织的国家活动相关，由权威主体经程序主动制定认可，具有形式上的建构性	非建构性：道德在社会生产生活中自然演进生成，不是自觉制定和程序选择的产物，自发而非建构是其本质属性
行为标准	确定性：法有特定的表现形式或渊源，有肯定、明确的行为模式和法律后果，因而具体、确切，可操作性强；同时，其被任意解释和滥用的余地小，易排斥恣意擅断。当然法的确定性也是相对的	模糊性：道德无特定、具体的表现形式，往往体现在一定的学说、舆论、传统和典型行为及后果中，其对行为的要求笼统、原则，标准模糊，只具一般倾向性，理解和评价易生歧义。当然道德的这种特征，亦可使道德在发展中有相当大的弹性和空间
存在形态	一元性：法在特定国家的体系结构基本是一元的，法律上的决策一致是其本性和要求，而这种决策上的一致是通过程序上的正统性达到的。法的一元化存在形态，也使它具有统一性和普适性	多元性：由于信念和良心是道德的存在方式，因而道德在本质上是自由、多元、多层次的
	法律评价的共通性：法的评价是以法的专门化、职业化为背景的，建立在法律概念、规则、原则的相对确定性之上，也建立在对法律概念、知识、职业伦理的共识之上，因而具有最基本的共通性、一致性和可预期性	道德评价的个体化：道德评价是一种个体化的、非法定性的、主观的、观念性的评价，建立在道德标准的模糊性和多元性之上
调整方式	外在侧重：法一般只规范和关注外在行为，一般不离开行为过问动机，其所有缜密的设置都主要针对外在行为	内在关注：道德首先和主要关注内在动机，不仅侧重通过内在信念影响外在行为，且评价和谴责主要针对动机，这是道德作为内省自律控制方式的理由，因此成为促进人类自身提升和进步的深刻力量
运作机制	程序性：法是程序性的，程序是法的核心。法的实体内容通过程序选择和决定，其生成和实现也与程序相关。程序的本质是交涉性，法以权利、义务为实质内容，所调整的关系往往具有交涉性，因而就特别需要程序提供交涉方式和途径，提供制度性协商和对话机制，以使选择和决定能被交涉中的各方认同和接受	非程序性：道德的重心在于义务或责任。在道德上，权利不应成为履行道德义务的诱因，义务不对应权利，也不以权利为前提，因而，不存在以交涉为本质的程序；再者，道德以主体内省和自决的方式生成和实现，也使道德与程序无关
强制方式	外在强制：法与有组织的国家强制相关，通过程序进行，针对外在行为，表现为一定的物质结果。专门机构、暴力后盾、程序设置、行为针对性和物质结果构成法的外在强制标志	内在约束：道德在本质上是良心和信念的自由，因而强制是内在的，主要凭靠内在良知认同或责难，即便是舆论压力与谴责也只能在主体对谴责所依据的道德准则认同的前提下发挥作用
解决方式	可诉性：可诉性是法区别于一切行为规则的显著特征，这意味着对与法相关的行为的个别处理是可能和可操作的，且是有预设的实体标准和程序规则作为依据的，故可实现对相类行为和情形的非差别对待，保证处理和决定的一致性和平等性。此外，法的可诉性还意味着争端和纠纷解决的终局性和最高权威性	不可诉性：道德不具有可诉性，主要表现为无形的舆论压力和良心谴责，且舆论的评价或谴责往往是多元的

（三）法律规则与法律原则的联系与区别

1. 法律原则。法律原则是为法律规则提供某种基础或本源的综合性的、指导性的价值准则或规范，是法律诉讼、法律程序和法律裁决的确认规范。

2. 法律规则。法律规则是采取一定的结构形式具体规定人们的法律权利、法律义务以及相应的法律后果的行为规范。

3. 法律原则的适用。现代法理学一般都认为法律原则可以克服法律规则的僵硬性缺陷，弥补法律漏洞，保证个案正义，在一定程度上缓解了规范与事实之间的缝隙，

陈璐琼讲理论法学　2018年国家统一法律职业资格考试专题讲座系列

从而能够使法律更好地与社会相协调一致。但由于法律原则内涵高度抽象，外延宽泛，不像法律规则那样对假定条件和行为模式有具体明确的规定，所以当法律原则直接作为裁判案件的标准发挥作用时，会赋予法官较大的自由裁量权，从而不能完全保证法律的确定性和可预测性。

4. 对法律原则的适用条件：为了将法律原则的不确定性减小在一定程度之内，需要对法律原则的适用设定严格的条件：（1）穷尽法律规则，方得适用法律原则；（2）除非为了实现个案正义，否则不得舍弃法律规则而直接适用法律原则；（3）没有更强理由，不得径行适用法律原则。

（四）司法改革

1. 司法的含义。司法即法的适用，是法律实施的一种方式，是根据法定职权和法定程序，具体应用法律处理案件的活动。司法是由特定的国家机关及其公职人员按照法定职权实施法律的专门活动，具有国家权威性。司法以国家强制力保障实施，具有国家强制性。司法要严格依照法定程序，运用法律处理案件，具有严格的程序性及合法性；同时司法还必须有表明法适用结果的法律文书。从以上特点可以看出，司法对实现立法目的，发挥法律的功能有着重要意义。

2. 司法的基本原则：

（1）司法公正。司法公正是社会正义的一个重要组成部分。它既包括实体公正，也包括程序公正，尤其以程序公正为重点。司法公正有着无比重要的意义。英国哲学家培根在《论司法》中有一段精彩的论述：一次不公的裁判比多次的违法行为更严重，因为这些违法行为不过弄脏了水流，而不公的裁判则把水源败坏了。司法公正的重要意义在于它是法的内在精神要求，是由其司法活动裁判案件的性质决定的。同时公正司法也是其自身存在的合法性基础。如果司法机关不能保证其公正性，司法机关也就失去了自我存在的社会基础，所以公正是司法的生命。

（2）司法独立。在我国，司法机关独立行使职权，《宪法》、《刑事诉讼法》、《民事诉讼法》、《人民法院组织法》、《人民检察院组织法》等都明确规定了这一原则。它体现了如下含义：司法权专属于审判机关和检察机关，其他任何机关、团体和个人都无权行使，而且不受他们的非法干涉，但是司法机关在审理案件时必须严格依照法律的规定，正确适用法律，不得滥用职权、枉法裁判。

3. 司法改革的方向。司法改革的目标就是公正，包括程序公正与实体公正；高效，指司法要以尽可能低的成本获得尽可能大的收益；权威，包括司法过程的独立行使职权和生效法律裁判文书的有效执行。

（1）司法公开——阳光是最好的防腐剂。司法公开透明，将一线法官、检察官、公安民警的作为与不作为置于全社会监督之下，无疑给一线执法人员带来压力。但这种压力也是工作进步的动力。

（2）制度规范——以权力制约权力，实现司法公正。法庭量刑过程引入检察机关量刑建议，是司法体制改革中的一大亮点。在这项改革中，公诉人可就量刑问题，提出刑罚的种类、幅度、执行方式及其理由和依据。刑事案件审判上诉率、抗诉率、发回改判率大幅下降，当庭认罪率、退赔退赃率、当庭宣判率和服判息诉率明显上升。以量刑建议改革为例，改革前，公诉人只需对被告人行为的性质进行正确的法律评价；改革后，公诉人不但要审查案件的定罪部分，还要全面掌握案件事实和量刑情节，更要对量刑部分的证据和影响量刑的情节准确把握。监督质量的提高，有效促进了司法公正的实现。同时，为完善诉讼监督范围，2011年最高人民检察院会同公安部制定《关于刑事立案监督有关问题的规定（试行）》，对公安机关的违法立案行为加大监督。

（3）执法为民——执法者应始终站在正义一边。刑事被害人救助工作在全国范围陆续开展；国家赔偿法的修改进一步完善刑事赔偿制度；法律援助制度改革稳步推进；社区矫正工作体系和保障机制基本形成。以上措施强调司法为民，要求司法工作者依法行使职权。行使权力的范围要有法的授权，权力行使过程要有法的程序，作出任何处理决定要有法的依据。依法办案，才能实现公平正义，才是最好的社会和谐。执法为民是执法者应有的职业道德、执法素养。

（4）坚持司法的专业性与群众路线的统筹兼顾。人民法院审理案件，要按照法律精神与法律思维来准确适用法律，要积极向人民群众汲取司法智慧，倾听人民群众的心愿，"切莫让司法成为技术的竞技场"。如2011年考查的"马锡五审判方式"，其理论基础是主权在民的宪法原则要求和实现两个效果（法律效果与社会效果）统一的必然要求。要求做到：

①司法要注意倾听民意。司法不能关门断案，需要在坚持专业性的前提下积极倾听人民群众对于个案的感受，汲取人民群众对于个案判断的智慧。

②司法要以专业精神来鉴别民意。民意有的时候也是非理性的，因此司法的专业性就体现在并非唯民意马首是瞻，而是能够运用专业精神独立地对符合法律精神的民意进行筛选与判断，对不符合法律精神的民意则要坚持法的原则。

③司法要以专业精神来表达民意。司法的专业性要求不能仅仅将民意直接作为审判的依据，而要学会运用法律思维与法律知识来表达和转化民意。

（五）依法治国与法治国家

1. 法治。法治是指依据法律治理。社会主义法治是指社会主义国家依法治国的原则和方略，与人治相对的治国理论、原则、制度和方法：（1）法治明确了法律在社会生活中的最高权威性。法治是众人之治。在我国，法律是在党的领导下通过人民代表大会制定的，是党的主张和人民意志的协调和统一。一切国家机关、政党、武装力量、社会团体、企事业单位和全体公民都必须在法律的范围内活动，不允许任何人、任何组织凌驾于法律之上。（2）法治显示了法律介入社会生活的广泛性，在全部国家生活和社会生活中都必须依法办事。（3）法治表达了法律调整社会生活的正当性。法治与专制对立，与民主联系，维护公民自由，符合社会生活理性化的要求。所以，在当今中国建立法治，具有空前的意义，是国家长治久安的正确抉择。1999年3月15日第九届全国人民代表大会第二次会议通过的《宪法修正案》就明确把"中华人民共和国实行依法治国，建设社会主义法治国家"写进了《宪法》，使法治在我们的社会生活和国家发展中扮演着越来越重要的角色。

2. 法治的基本原则。法治原则是法治精神品格之所在，法治的条件是影响法治的重要的基本因素，依法治国，建设法治国家，需要研究和确立正确的法治原则，也需要具备必要的法治条件。

（1）法律应当成为国家生活和社会生活的基本准则。目前中国大约只有400个法律，离实现法治的要求还相距甚远，中国还需要进一步制定法律。

（2）法律应当在整体上臻于良法之境。在当代中国，良法的主要标志应当在于法律是人民意志和利益的体现，充分反映和保障人民主权和其他各种需要以法律形式反映和保障的权利；法律是国家生活和社会生活基本需要的适当反映，能够对实际生活的需要适时地予以制度描述和制度满足；法律是技术水平比较高超的科学的法律，融合了现代各国法律制度中先进的并且可以引进为我国所用的法律技术，是完全可以用来实施的法律。只有坚持良法原则，才能划清新法治与旧法治的界限，现代法治应当以良法为基础。

（3）法律应当在国家生活和社会生活中具有极大的权威。所有个人和组织的法律权利都能得到应有的保障，所有个人和组织的法律义务都要得到应有的兑现。任何合法行为都要受到法律的保护，任何违法行为都要受到法律的追究。不允许存在超越法律或凌驾于法律之上的特权人物和特权组织。法律就是国家生活和社会生活最重要、最权威的准则。

（4）法律应当体现和保障国家权力的分权与制衡，即在国家权力资源配置方面实行科学而有效的分工，化集权为分权，并用法律制度确认下来，以法律制度保障权力分工得以有效实施；另一方面又需要通过法律对分工行使的各种权力实行有效的制衡，以避免分权之后，出现以小专权、多专权代替大集权的现象。

3. 法治国家的制度要求：

（1）必须具有完备的法律及系统的法律体系。

（2）社会主义法治国家必须具有相对平衡和相互制约的符合社会主义制度运行需要的法律机制。不能对权力进行有效约束的国家不是法治国家，不能运用法律约束权力的国家也不是法治国家。

（3）社会主义法治国家必须具有一个独立的并有着极大权威性的司法系统和一支高素质的司法队伍。

（4）社会主义法治国家必须具有健全的律师制度。

（六）《人民法院第四个五年改革纲要（2014-2018）》（以下简称"四五改革纲要"，2014年7月9日）

1. 总体思路：紧紧围绕让人民群众在每一个司法案件中都感受到公平正义的目标，始终坚持司法为民、公正司法工作主线，着力解决影响司法公正和制约司法能力的深层次问题，确保人民法院依法独立公正行使审判权，加快建设公正高效权威的社会主义司法制度，着力推进国家治理体系和治理能力现代化，到2018年初步建成具有中国特色的社会主义审判权力运行体系，为建设法治中国、实现"两个一百年"奋斗目标和中华民族伟大复兴的中国梦提供强有力的司法保障。

2. 八大部分：

（1）深化法院人事管理改革。要坚持以法官为中心、以服务审判工作为重心，建立分类科学、结构合理、分工明确、保障有力的法院人员管理制度。

①配合省以下法院人事统管改革，推动在省一级设立法官遴选委员会，从专业角度提出法官人选，由组织人事、纪检监察部门在政治素养、廉洁自律等方面考察把关，人大依照法律程序任免。

②推进法院人员分类管理制度改革，将法院人员分为法官、审判辅助人员和司法行政人员，实行分类管理。与之配套的，则是拓宽审判辅助人员的来源渠道，建立审判辅助人员的正常增补机制，减少法官事务性工作负担。

③建立法官员额制，对法官在编制限额内实行员额管理，确保法官主要集中在审判一线，高素质人才能够充实到审判一线。

④完善法官等级定期晋升机制，确保一线办案法官即使不担任领导职务，也可以正常晋升至较高的法官等级。

⑤完善法官选任制度，针对不同层级的法院，设置不同的法官任职条件。初任法官首先到基层人民法院任职，上级法院法官原则上从下一级法院遴选产生。

（2）探索建立与行政区划适当分离的司法管辖制度。

①在管辖制度方面，通过提级管辖和指定管辖，确保行政案件、跨行政区划的民商事案件和环境保护案件得到公正审理。

②在法院管理方面，巩固铁路运输法院管理体制改革成果，将林业法院、农垦法院统一纳入国家司法管理体系，改革部门、企业管理法院的体制。

③在机构设置方面，建立上级法院在重大、疑难、复杂案件较多的地方派出巡回法庭工作机制。进一步推动环境资源审判机构建设。

④在法院设置方面，推动在知识产权案件较集中的地区设立知识产权法院。

（3）健全审判权力运行机制。让审理者裁判，由裁判者负责，是司法规律的客观要求。

①完善主审法官、合议庭办案机制。选拔政治素质好、办案能力强、专业水平高、司法经验丰富的审判人员担任主审法官，作为独任法官或合议庭中的审判长。完善合议庭成员在阅卷、庭审、合议等环节中的共同参与和制约监督机制。

②改革裁判文书签发机制，主审法官独任审理案件的裁判文书，不再由院、庭长签发。

③建立科学合理、客观公正、符合规律的法官业绩评价体系，实现法官评价机制、问责机制、惩戒机制与退出机制的有效衔接。

④科学界定合议庭成员的责任，既要确保其独立发表意见，也要明确其个人意见、履职行为在案件处理结果中的责任。

⑤建立法官惩戒制度，设立法官惩戒委员会，既确保法官的违纪违法行为及时得到应有惩戒，又保障其辩解、举证、申请复议和申诉的权利。

（4）主审法官、合议庭审判责任制与院、庭长的审判监督制约机制并不是对立关系。

①在加强专业化合议庭建设基础上，实行随机分案为主、指定分案为辅的案件分配制度，建立分案情况内部公示制度。

②对于变更审判组织或承办法官的，应当说明理由并公示。

③规范案件审理程序变更、审限变更的审查报批制度。

④规范院、庭长对重大、疑难、复杂案件的监督机制，建立院、庭长在监督活动中形成的全部文书入卷存档制度。

⑤依托现代信息化手段，建立主审法官、合议庭行使审判权与院、庭长行使监督权的全程留痕、相互监督、相互制约机制，确保监督不缺位、监督不越位、监督必留痕、失职必担责。

（5）加大人权司法保障力度。为强化对公民人身权利、财产权利和诉讼权利的司法保障，"四五改革纲要"提出要建立和完善以庭审为中心的审判机制，有效发挥审判对侦查、起诉的制约和引导作用，确保司法公正。

①严格实行非法证据排除规则，进一步明确排除非法证据的程序和标准。

②建立对被告人、罪犯的辩解、申诉和控告认真审查、及时处理的机制。完善审判环节重视律师辩护、代理意见工作机制。

③健全司法过错追究机制，统一司法过错责任认定标准。

④规范处理涉案财物的司法程序，明确人民法院处理涉案财物的范围、标准和程序。

⑤进一步完善轻微刑事案件快速办理机制。在立法机关的授权和监督下，有序推进刑事案件速裁程序改革。

（6）进一步深化司法公开。最高人民法院已于去年启动审判流程公开、裁判文书公开和执行信息公开三大平台建设。

①完善庭审公开制度。建立庭审公告和旁听席位信息的公示与预约制度。推进庭审全程同步录音录像。规范以图文、视频等方式直播庭审的范围和程序。

②完善审判信息数据库，方便当事人自案件受理之日起，在线获取立案信息和审判流程节点信息。

③继续加强中国裁判文书网网站建设，严格按照"以公开为原则，不公开为例外"的要求，实现四级人民法院依法应当公开的生效裁判文书统一在中国裁判文书网公布。

④整合各类执行信息，方便当事人在线了解执行工作进展，实现执行信息公开平台与各类征信平台的有效对接。

（7）明确四级法院职能定位。建立定位科学、职能明确、监督得力、运行有效的审级制度。

①进一步改革民商事案件级别管辖制度，逐步改变主要以诉讼标的额确定案件级别管辖的做法，将绝大多数普通民商事一审案件的管辖权下放至基层人民法院，辅之以加强人民法庭和诉讼服务中心建设，强化基层人民法院化解矛盾的职能。

②规范上下级法院审级监督关系。完善提级管辖制度，明确一审案件管辖权从下级法院向上级法院转移的条件、范围和程序，充分发挥中级、高级人民法院通过提级审理重大、疑难、复杂和新类型案件，指导类案审判工作，确保法律统一适用的功能，压缩个案请示空间。

③改革法院考评机制，废止没有实际效果的考评指标和措施，取消违反司法规律的排名排序做法，消除不同审级法院之间的行政化。

④推进最高人民法院内设机构改革，建立真正符合最高人民法院法律职能的机构设置模式。同时，最高人民法院还将建立将本院作出的裁判转化为指导性判例的机制，充分发挥其确保法律统一正确实施、维护国家法制统一的职能。

（8）健全司法行政事务保障机制。

①配合中央有关部门，推动省级以下地方法院经费统一管理机制改革。

②严格"收支两条线"管理，地方各级人民法院收取的诉讼费、罚金、没收的财物，以及追缴的赃款赃物等，统一上缴省级国库。

③推进法院内设机构改革。建立以服务审判工作为重心的机构设置模式和人员配置方式。完善人民法院购买社会服务的工作机制，凡属事务性管理服务，原则上都要引入竞争机制，通过合同、委托等方式向社会购买。

④深化司法统计改革，以"大数据、大格局、大服务"理念为指导，建立司法信息大数据中心。

（9）推进涉法涉诉信访改革。

①完善诉访分离工作机制，明确诉访分离的标准、范围和程序。

②建立就地接访督导机制，创新网络办理信访机制。

③探索建立律师为主体的社会第三方参与机制，增强涉诉信访矛盾多元化解合力。

④推动完善司法救助制度，研究出台人民法院司法救助实施细则，切实发挥司法救助在帮扶群众、化解矛盾中的积极作用。

（七）《中国法院的司法改革》白皮书十大变化

变化之一：放权与监督相结合司法责任制落地生根。

人民群众最盼望的是司法公正。司法改革首先要着眼于解决影响司法公正的制度性问题，牢牢牵住司法责任制这个"牛鼻子"。推动实现"让审理者裁判、由裁判者负责"，奠定司法公正的制度基石。但在有序放权同时，院长、庭长依法监督、监督留痕，做到放权不放任。

变化之二："动自己的奶酪"法官员额制改革有序推进。

审判权也是判断权，人民群众普遍希望行使判断权的法官品行端正、精通业务、经验丰富，能够把精力主要放在审好案子上，而不是陷入到各类行政性或事务性工作中。要当法官就得办案，院长、庭长入额后也必须在一线办案，从在办公桌前批案子，变为在法庭上审案子。

变化之三：保障跨区划案件公正审理探索完善法院组织体系。

最高人民法院在深圳、沈阳设立第一、第二巡回法庭，北京市第四中级人民法院、上海市第三中级人民法院作为跨行政区划法院试点也先后设立。这些法院按照新的审判权运行机制和扁平化管理模式运行，成为司法改革的"试验田"和"样板间"。

变化之四：多措并举诉讼更便民立案制度重大变革。

一是实行立案登记制。从2015年5月1日开始，最高人民法院出台规定将立案审查制改革为立案登记制，对人民法院依法应当受理的案件，做到有案必立、有诉必理。二是拓展诉讼服务平台。最高人民法院指导各地依托现代信息化技术，加强诉讼服务中心建设，创建了诉讼服务大厅、人民法院诉讼服务网、12368诉讼服务热线等诉讼服务平台。三是健全多元化纠纷解决机制。各级人民法院对家事纠纷、道路交通事故、消费者权益保护、物业服务纠纷、保险理赔等民事诉讼案件与人民调解组织、行业调解组织、商事调解组织等建立诉调对接机制，引导群众选择非诉讼方式解决纠纷，在诉讼外化解了大量纠纷，节约了司法资源。

变化之五：彰显司法文明加强司法人权保障。

最高人民法院积极推进以审判为中心的诉讼制度改革，推进庭审实质化，防止庭审"走过场"。坚持罪刑法定、疑罪从无。在北京等18个城市开展刑事速裁程序改革，对轻微刑事案件快立快审快判，切实防止超期羁押。

变化之六：共同维护司法公正依法保障律师权利。

最高人民法院印发了关于依法保障律师诉讼权利的文件，依法保障律师知情权、阅卷权、出庭权、辩论辩护权、申请调取证据权、申请排除非法证据权、代理申诉权等执业权利。为了方便律师诉讼，最高人民法院及其巡回法庭以及地方各级法院普遍建立律师工作室，开通律师服务平台，确保网上立案、网上阅卷、联系法官等功能畅通实现。

变化之七：阳光司法促公信司法公开进一步提升。

深入推进审判流程公开、裁判文书公开、执行信息公开三大平台建设。通过打造全方位、立体化的信息公开平台，人民群众切实感受到了各种诉讼便利，增强了对法院公正司法的信心。中国裁判文书网全面升级改版。

变化之八：开展人民陪审员制度改革试点切实推进司法民主。

经全国人大常委会法律授权，最高人民法院会同司法部，在北京等10个省（区、市）50个法院实行人民陪审员制度改革试点工作。通过改革，试点法院进一步扩大了人民陪审员参审案件的范围，明确了参审职权，强化了任职保障。

变化之九：打击"老赖"出重拳失信被执行人信用惩戒加快推进。

一是对失信被执行人全面限制非生活或经营必需的消费；二是拓宽被限制主体，从个人扩展到单位负责人、实际控制人；三是惩戒的范围从现实的社会活动扩展到网络虚拟空间；四是建立全社会失信惩戒联动机制。

变化之十：防范内外部干预过问案件司法公信有制度保障。

2015年，最高人民法院认真落实中央"两个规定"要求，出台专门文件，确定在全国法院的案件信息管理系统中设立内外部人员过问案件信息录入专库，对法院外领导干部干预司法活动和司法机关内部人员过问案件的，人民法院工作人员均将全面、如实、及时地予以记录，并对责任人员进行通报。

（八）最高人民检察院发布《"十三五"时期检察工作发展规划纲要》

《纲要》共分11篇52章133节，从为全面建成小康社会提供有力司法保障、完善法律监督体系和工作机制、推进司法公信力建设、深化司法体制改革和检察改革、推进过硬检察队伍建设、深入推进全面从严治检、强化检务保障、深入实施科技强检战略、全面推进基层检察院建设等9个方面对"十三五"时期检察工作作出规划。

《纲要》从健全规范司法常态化机制、加强案件管理、推进阳光司法、自觉接受外部监督、加强检察公共关系建设等5个方面，对推进司法公信力建设作出部署。从健全检察机关法律监督制度、完善检察管理体制和检察权运行机制、推进跨行政区划检察院改革、稳步推进检察机关内设机构改革等方面，对全面完成司法体制改革和检察改革任务作出部署。

第一、"十三五"时期检察机关将在重点区域推动建立新型良性互动检警关系。

《纲要》指出，以实现侦查监督法治化现代化为目标，以规范办案、精细监督为抓手，以现代司法理念和信息技术为支撑，认真履行审查逮捕、刑事立案监督、侦查活动监督三项侦查监督基本职责。

《纲要》要求，完善介入侦查、引导取证机制，建立重大疑难案件侦查机关听取检察机关意见和建议制度，从源头上提高报捕案件质量，推动建立新型良性互动检警关系。坚持全面审查证据，认真听取犯罪嫌疑人供述、辩解和律师意见，强化对证据收集活动的审查监督，依法排除非法证据。坚持少捕慎捕，落实逮捕社会危险性条件证明制度，加强逮捕社会危险性证据审查。围绕审查逮捕向司法审查转型，探索建立诉讼式审查机制。完善捕诉衔接机制，减少捕后诉前监督盲区。制定延长侦查羁押期限的规定，规范延长侦查羁押期限的审批。

《纲要》明确，坚持"突出重点、有节制、讲方式、重成效"的原则，依法加强对刑事立案和侦查活动的监督。紧紧抓住侦查违法突出问题，适时开展专项立案监督和侦查活动监督。以建立完善和深度应用与行政执法部门信息共享平台为重点，健全行政执法和刑事司法衔接机制。探索实行重大监督事项案件化，加大监督力度，提升监督实效。落实介入职务犯罪案件侦查、指定居所监视居住监督有关规定，强化对职务犯罪侦查活动的监督。以刑事拘留监督为重点，通过日常巡检、专项检察等方式，探索建立对限制人身自由司法措施和侦查手段的监督制度。完善对公安派出所刑事侦查活动监督机制，选择主城区、城乡结合部、刑事案件高发等重点区域的公安派出所探索设立驻所检察室（官）。

《纲要》强调，借力科技手段，破解侦查监督工作"知情难、核实难、纠正难"问题，促进规范侦查行为，提升监督效能。加快搭建侦查活动监督信息平台，实现审查逮捕与立案监督、侦查活动监督深度融合。积极推动"电子监控"运用的立法进程，充分发挥取保候审等非羁押性强制措施的制度功效。积极运用远程视频讯问系统，推动有条件的地方每案讯问犯罪嫌疑人和听取律师意见。

第二、"十三五"时期检察机关将构建以证据为核心的刑事指控体系。

"十三五"时期检察机关将构建以证据为核心的刑事指控体系，建立健全与多层次诉讼体系相适应的公诉模式。《纲要》强调，落实"指控犯罪有力、诉讼监督有效、社会治理有为"的公诉工作总要求，推进公诉工作理念、工作模式、工作重心转型升级。

《纲要》明确构建以证据为核心的刑事指控体系。全面贯彻证据裁判规则，建立书面审查与调查复核相结合的亲历性办案模式，推行以客观性证据为主导的证据审查模式，实行技术性证据专门审查制度，重视瑕疵证据补正和定罪量刑关键证据补强，巩固、完善证据体系。强化出庭支持公诉，着力提高当庭讯问询问、示证质证、发表公诉意见和辩论、出庭应变、运用现代科技手段出庭等能力，强化公诉主张说理和证据合法性证明，保证庭审在查明事实、认定证据、保护诉权、公正裁判中发挥决定性作用。

《纲要》同时明确构建新型诉侦、诉审、诉辩关系。完善对侦查取证的引导监督制度，强化对搜查、查封、扣押、冻结等强制性侦查措施和技术侦查措施的监督，完善同步录音录像审查机制。严格执行非法证据排除规则，准确界定需要排除的"非法证据"范围，规范调查核实程序。完善指定管辖制度，明确指定管辖的原则、依据和程序；规范鉴定人、侦查人员、有专门知识的人出庭作证工作，完善证人出庭作证制度，提高证人出庭率；规范撤回起诉制度；健全无罪案件逐案分析通报制度。

《纲要》指出，要善于运用抗诉手段强化审判监督工作，坚持敢抗与抗准、抗轻与抗重并举。坚持把监督纠正个案问题与保证法律统一正确适用、开展经常性监督与开展专项监督、监督纠正违法与查处司法腐败等有机结合起来，完善监督方式，提高监督水平。落实对职务犯罪案件第一审判决上下两级检察院同步审查机制。

《纲要》要求，适应普通程序、简易程序、速裁程序相互衔接的多层次诉讼体系需要，形成简易案件效率导向、疑难案件精准导向、敏感案件效果导向的公诉模式，做到"简案快办"、"繁案精办"。合理简化简易程序案件公诉人庭前准备工作，会同公安机关、人民法院健全简易程序案件"三集中"办案模式，在有条件的地方推行远程视频提讯、远程视频出庭。完善认罪认罚从宽制度，探索被告人认罪与不认罪案件相区别的出庭支持公诉模式。

第三、"十三五"时期检察机关将建立健全未成年人检察工作体系和业务类别。

《纲要》要求，准确把握未成年人司法规律和发展方向，以专业化建设为基础，以规范化建设为保障，以社会化配套体系建设为支撑，建立健全未成年人检察工作体系和业务类别，完善中国特色未成年人检察制度。

《纲要》要求，积极应对未成年人犯罪新形势新特点，健全完善贯彻宽严相济刑事政策的标准和机制，对涉嫌轻微犯罪的未成年人坚持"少捕、慎诉、少监禁"，坚决依法惩处未成年人实施的严重暴力犯罪。健全对涉罪未成年人教育、感化机制，严格落实附条件不起诉、社会调查、法律援助、合适成年人到场、犯罪记录封存等特殊程序和制度，加强心理测评和矫正，强化教育、感化效果。健全未成年人检察异地协助机制，破解流动未成年人帮教难题。制定未成年人检察工作指引，细化讯问询问、审查批捕、审查起诉、出庭支持公诉、帮教考察等工作标准、程序，完善性侵未成年人等案件证据标准。

《纲要》强调，加强与其他政法机关沟通协调，建立未成年人司法联席会议制度，努力在评价标准、社会调查、逮捕必要性证据收集与移送、法律援助、分案起诉等方面形成共识，促进各机关在未成年人司法保护上协调发展、紧密衔接，共同推动建立中国特色未成年人司法制度。

《纲要》要求，健全与综治、共青团、民政、学校、社区等方面的联系配合机制，促进党委领导、政府支持、社会协同、公众参与的未成年人保护和犯罪预防社会化体系建设。完善对未达到刑事责任年龄有严重不良行为未成年人的矫治干预机制。

第四、"十三五"时期检察机关将推进全院全员全过程案件质量效率监督管理。

《纲要》要求，强化对司法办案的监督管理，提升案件管理科学化、程序化、精细化、信息化、专业化水平。

《纲要》强调，加强案件管理部门对司法办案活动的统一集中管理，改革完善检察长、办案部门负责人管理机制，逐步从以个案审批、文书签发为重点的管理模式，有序转向为全院、全员、全过程的案件质量、效率监督管理，构建纵横结合、责任明晰、运行高效、权威有力的案件管理机制。

《纲要》提出建立健全案件流程监控工作制度，升级完善案件流程管理模块，强化对司法办案活动的全程、同步、动态监督管理。配合相关部门建立健全涉案财物跨部门集中管理信息平台，推动建立政法机关涉案财物集中管理场所。

《纲要》要求，建立健全办案质量评价机制，制定案件质量评查工作规定，以统一业务应用系统为基础，研发案件质量评查模块。强化评查结果公开和运用，发挥质量评查在查错纠错和选树先进典型、强化正面引导中的作用。

《纲要》明确提出要建立健全数据统一发布制度，编制检察数据开放目录，稳步推进检察业务数据向社会开放，严格涉密数据使用管理制度，保障数据安全。

第五、"十三五"时期检察机关将全面完成司法体制改革和检察改革任务。

《纲要》强调，按照中央政法委统一部署，在全国检察机关全面推开司法责任制改革。深入研究检察工作规律，增强改革系统性，加强顶层设计，完善配套制度措施，统筹协调推进改革。

《纲要》指出，围绕完善对权利的司法保障、对权力的司法监督，健全检察机关行使监督权的法律制度，加强对侦查活动、审判活动和执行活动的法律监督。完善刑事、民事和行政诉讼法律监督的范围、程序和方式。推进以审判为中心的诉讼制度改革，完善检察环节相关制度和工作机制。

《纲要》要求，全面落实人民检察院司法责任制，坚持"谁办案谁负责、谁决定谁负责"，完善检察权运行机制。突出检察官司法办案主体地位，健全检察办案组织，建立案件承办确定机制；推行各类办案人员权力清单制度，建立上级人民检察院对下级人民检察院办案工作、检察长对检察官办案工作的指令、指示书面化制度，明确办案权限和司法责任；完善检察委员会制度体系和工作机制，加强专业化建设，提高议事质量和决策水平；完善司法责任认定体系，建立检察官惩戒委员会及其工作机制。

《纲要》明确，依托铁路运输检察院，探索设立跨行政区划的人民检察院，构建普通案件由行政区划检察院办理、特殊案件由跨行政区划检察院办理的诉讼格局。

第六、"十三五"时期将把检察人才工作摆在优先发展战略位置。

《纲要》强调，要按照完善规划、健全体系、加大力度、提升质效要求，大规模培训检察人员，同时，坚持把人才工作摆在优先发展战略位置，以法律专业人才为主体、其他专业人才为补充，加快建设专业齐备、结构合理、数量充足、素质优良的检察人才队伍。

《纲要》指出，要推行应用岗位素能基本标准，制定检察机关岗位素能基本标准实施指导意见，建立各主要业务条线的岗位素能基本标准培训主体班次和课程体系。全面开展专业化实战化教育培训，分步分类推进检察官、检察辅助人员、司法行政人员素能培训，建立预备检察官训练制度，推行青年干警培养导师制。构建现代化科学化检察教育培训体系，推进教学实践示范基地、特色培训基地、实践教研基地、双语培训基地建设，制定检察教育培训课程和教材建设指导意见，建设门类齐全、质量一流的课程和教材资源库。

《规划》强调，要深入推进检察人才队伍建设。一是加强检察人才工作规划实施。完善检察官人才、检察辅助人才、司法行政人才工作规划，明确各类人才需求和标准。规范和强化全国检察机关人才库和人才工作信息库建设，加强人才动态监测和规范管理。二是推进检察人才重点工程。制定检察人才队伍建设重点工程指导意见，全面推进铸才、聚才、育才、扶才、优才、引才工程。加强高层次专门人才培养选拔，完善基层聚才倾斜政策，健全激励人才向基层流动机制。改进边远贫困地区招录制度，深入开展东西部检察机关互派干部挂职锻炼。制定急需紧缺人才建设规划，完善特殊职位招录政策。三是创新完善检察人才工作机制。逐步完善初任检察官由省级检察院统一招录机制，打通特需人才引进的绿色通道。探索建立重品德重能力重业绩的人才评价机制、尊重和实现人才价值的人才激励机制、与检察事业发展深入融合的人才保障机制，探索专门人才特别待遇、特殊保障政策。

第七、推进检察队伍管理改革，促进检察人员全面发展。

《纲要》强调，要深刻把握司法活动规律与队伍管理规律，统筹检察工作创新发展要求与检察人员全面发展需求，积极稳妥推进检察队伍管理改革。

《纲要》指出，要完善检察队伍管理体系。推进检察人员分类管理改革，完善检察官、检察辅助人员、司法行政人员分类管理办法、单独职务序列和工资制度，合理确定各层级各类检察人员比例。实行检察官员额制，完善检察官选任条件和程序。完善检察职业准入制度，制定不同类别检察人员招录条件和标准，健全不同类别、不同层级检察人员之间规范交流机制。建立检察官逐级遴选、从符合条件的律师和法学专家中招录检察官制度，完善检察官职业回避和管理考核制度，健全以履职情况、办案数量、办案质效等为主要内容的检察官业绩评价体系，建立员额检察官退出机制。完善聘用制检察辅助人员管理和保障规定。完善未入额检察官使用管理办法，探索建立东西部地区检察官交流使用机制。健全人员编制省级统管和动态调整机制，管住、盘活、用好各类编制。以干部人事档案数字化管理为基础，建成全国检察队伍管理系统，推动检察队伍管理信息化，建立检察队伍建设目标责任考核制度。

《纲要》要求，深化检察干部人事制度改革。贯彻《党政领导干部选拔任用工作条例》，探索检察机关岗位素能基本标准在人力资源方面的应用，完善干部选拔任用工作，构建有效管用、简便易行的选人用人机制。完善民主推荐、民主测评制度，健全优秀年轻干部培养选拔机制。健全检察机关干部考核评价制度，科学设置实绩考核指标体系。完善平时考核机制，加强考核结果在干部选任中的科学运用。对不同区域、不同层级、不同职位检察机关领导班子、领导干部实行分类考核。

《纲要》提出，进一步完善检察职业保障体系。完善薪酬待遇体系，加快建立与检察官单独职务序列相配套的薪酬制度，建立检察官助理等职务序列，推动适当提高检察辅助人员和司法行政人员待遇。建立检察官按期晋升和择优晋升相结合的等级晋升制度。健全检察人员依法履职保护机制，完善保障人格尊严和人身安全的制度措施，探索建立依法履职免责制度，健全履行职务受到侵害保障救济机制。推动完善因公伤残殉职干警抚恤优待政策，建立因公负伤保险、人身意外伤害保险制度和紧急救治绿色通道，建立牺牲伤残特困干警救助制度。完善检察人员带薪休假、定期体检以及心理咨询、疏导和危机干预机制。

第八、强化内部监督制约，加强检察巡视巡察监督，加大监督执纪问责力度。

《纲要》明确强调，要坚决贯彻中央全面从严治党战略，积极落实全面从严治党主体责任，坚持全面从严治检，持之以恒落实中央八项规定精神，着力纠正"四风"和司法作风突出问题，健全完善法规禁令，强化内部监督制约，加大监督执纪问责力度，建设清廉队伍，推进廉洁司法。

《纲要》指出，要严明党的纪律和检察纪律，建立符合全面从严治党、全面从严治检要求和检察队伍新特点的纪律条令体系，进一步强化纪律执行监督检查，严肃查处违反纪律的行为。

《纲要》要求，进一步强化内部监督。一是完善检察机关党内监督体系。健全党内重要情况通报和请示报告制度，完善落实领导干部个人有关事项报告制度，加强和改进干部选拔任用工作监督，探索建立干部选拔任用失职失察问责制度。二是加强司法办案活动监督。健全与司法责任制改革相适应的检察权运行监督体系，健全廉政风险防控机制，完善和落实案件回访工作机制，探索建立纪检监察专员制度。三要强化检察巡视巡察监督，建立健全巡视巡察工作机构，完善巡视巡察工作人才库。实现对省级检察院、最高检内设机构及直属事业单位、地市级检察院巡视全覆盖，对基层检察院巡察80%以上。四要坚持不懈抓好作风建设，健全纪律作风状况经常性分析研判和对人民群众反映问题及时核查机制。

《纲要》强调，要坚决查处自身腐败问题，重点审查党的十八大后不收敛不收手，问题线索反映集中、群众反映强烈，现在重要岗位且可能还要提拔使用的领导干部的违纪违法问题。坚决查处办关系案、人情案、金钱案和索贿受贿、徇私枉法等知法犯法问题。

《纲要》还强调，要严格落实"两个责任"，完善"两个责任"检查考核和责任追究机制，坚决夯实主体责任和监督责任，以严肃问责推动责任落实。

第九、"十三五"时期将推进基层检察队伍专业化职业化建设。

《纲要》提出，要适应形势发展和改革要求，制定指导意见和示范标准，组织开展创建活动，推进基层检察院司法规范化标准化、队伍专业化职业化、管理科学化信息化、保障现代化实用化建设。

《纲要》指出，制定实施基层司法标准化规程，完善办案质量和流程标准体系，强化司法规范和标准体系学习培训和贯彻实施。全面实行司法档案制度，建立健全司法不规范、司法瑕疵问题的常态化检查、纠正、追责机制。制定实施基层检察院检务公开考评办法。探索建立基层检察院司法公信力评价制度。

《纲要》提出，要推进基层队伍专业化职业化建设。加大省、市两级检察院直训基层检察人员力度，组织开展讲师团赴基层巡回培训活动。力争到2020年，基层检察官队伍中法律专业本科以上学历人员达到100%，研究生以上学历人员达到30%左右。健全基层优秀检察人才、少数民族地区检察人员跨地区、跨层级交流任职和挂职锻炼机制，出台鼓励优秀检察人才尤其高层次人才和急需专门人才到边远贫困地区基层检察院任职的优惠政策。开展"职业信仰在基层"等主题实践活动，加强职业信仰、职业精神、职业道德、职业纪律教育。

《纲要》要求，推进基层管理科学化信息化建设。健全司法办案管理、队伍管理、检务管理机制，开发应用队伍建设管理系统、检务保障管理系统和办公管理系统，完善"两微一端"等网上检务公开和联系服务群众机制，全面推行网上办公、办案、办事，构建管理大数据平台。加大基层信息化应用支持力度，推动在省、市级检察院集中建设服务于基层检察院的应用平台，实现建设上移、应用下移、一体管理。

《纲要》强调，推进基层保障现代化实用化建设。加大基层经费保障力度，按照适度超前、突出实用，厉行节约、量力而行的原则完善基层检察业务装备配备，加快司法办案科技装备更新升级。着力抓好电子检务工程在基层检察院的实施，推进"数字检察"、"智慧检务"建设。完善"两房"功能配置，加强其他专门用房建设，全面推进基层检察院多功能检察服务大厅建设，逐步实现基层服务群众专门场所建设标准化。

第十、"十三五"时期将加快建立智慧检务五大体系。

《纲要》明确强调，要坚持科技引领、信息支撑，加快建立智慧检务五大体系，促进现代科技与检察工作深度融合，推进检察工作现代化。

《纲要》指出，要建立检察信息感知体系。进一步提升检察机关信息收集利用能力，整合各类信息资源，逐步实现检察机关与其他政法部门、行政管理部门信息资源交换共享。其中，《纲要》提出，建设数据标准体系和内外部数据共享平台，逐步实现与政法部门信息交换、业务协同，推进侦查和诉讼活动网上监督，完善职务犯罪侦查与预防信息系统。提升检察科技装备管理智能化水平，建立检察机关音视频资源智能调度中心，开展绿色数据中心机房试点建设。

《纲要》要求构建高效网络传输体系。强化基础网络建设，优化网络结构，提升网络传输质量，在网络层面实现上下贯通和内外交换。

《纲要》提出打造智能信息服务体系。参与国家"互联网+"重大工程和大数据发展行动，重视云计算、大数据、移动互联网、物联网、人工智能、虚拟现实等新技术的应用，打造数据驱动的智慧检务。

《纲要》强调建立智慧检务应用体系。建设检务辅助决策支持平台，提高宏观态势把握能力。强化司法办案智能服务，研发满足检察工作需求的侦查装备，探索推进移动侦查指挥和远程专家辅助办案应用。建设智能一体化出庭支持系统，构建侦查活动监督平台，推进统一业务应用系统未成年人检察、刑事执行检察、检察统计等模块建设，稳妥推动移动办案应用，探索智能辅助接访。加强综合管理应用，完善办公信息系统和档案管理系统，推广移动办公应用。建设检务保障信息系统、检察机关廉政风险防控系统、队伍管理信息系统与教育培训信息系统。

《纲要》提出优化科技强检管理体系。建立检察科技部门与业务部门协同机制，将检察技术工作全面纳入司法办案流程。加强信息技术支撑体系建设，构建"前期预警、中期处理、后期反馈"的三段式运维保障模式。设立科技强检工作专家咨询委员会，建设开放的检察科研基地和科技人才专家库，建立检察信息化自主研发和运维团队。建立检察技术信息化标准规范体系，制定完善相关标准和规范。

（九）司法体制改革最新动向——啃硬骨头、涉险滩、闯难关

1. 强调公平正义是司法工作的生命线。

公正是法治的生命线。司法公正对社会公正具有重要引领作用，司法不公对社会公正具有致命破坏作用。必须完善司法管理体制和司法权力运行机制，规范司法行为，加强对司法活动的监督，努力让人民群众在每一个司法案件中感受到公平正义。

2. 统筹推进司法责任制等司法基础体制改革。

司法责任制改革是司法改革的关键，"让审理者裁判，由裁判者负责"是司法改革的目标。推动省以下地方法院检察院人财物统一管理是司法体制改革的基础性、制度性措施。中央全面深化改革领导小组第三次会议审议通过的《司法体制改革试点意见》中明确提出了法院省级统管的改革路径：对人的统一管理，主要是建立法官（检察官）统一由省提名、管理并按法定程序任免的机制。对财物的统一管理，主要是建立省以下地方法院（检察院）经费由省级政府财政部门统一管理机制。

3. 健全和完善以审判为中心的诉讼制度改革。

中央深改组第二十五次全体会议通过的《关于推进以审判为中心的刑事诉讼制度改革的意见》强调，推进以审判为中心的诉讼制度改革，要立足我国国情和司法实际，发挥好审判特别是庭审在查明事实、认定证据、保护诉权、公正裁判中的重要作用，促使办案人员树立办案必须经得起法律检验的理念，通过法庭审判的程序公正实现案件裁判的实体公正，防范冤假错案发生，促进司法公正。要着眼于解决影响刑事司法公正的突出问题，把证据裁判要求贯彻到刑事诉讼各环节，健全非法证据排除制度，严格落实证人、鉴定人出庭作证，完善刑事法律援助，推进案件繁简分流，建立更加符合司法规律的刑事诉讼制度。中央深改组第十七次全体会议通过的《关于完善矛盾纠纷多元化解机制的意见》指出，要坚持源头治理、预防为主，将预防矛盾纠纷贯穿重大决策、行政执法、司法诉讼等全过程；坚持人民调解、行政调解、司法调解联动，鼓励通过先行调解等方式解决问题。要着力完善制度、健全机制、搭建平台、强化保障，推动各种矛盾纠纷化解方式的衔接配合，建立健全有机衔接、协调联动、高效便捷的矛盾纠纷多元化解机制。

4. 推进司法为民机制改革提高司法公信力。

首先是切实解决立案难。中央深改组第十一次全体会议通过的《关于人民法院推

行立案登记制改革的意见》指出，改革人民法院案件受理制度，变立案审查制为立案登记制，目的是要通过改进工作机制、加强责任追究，切实解决人民群众反映强烈的"立案难"问题，保障当事人诉权。其次是高度重视执行改革。一方面，高度重视解决"执行难"，加大失信被执行人信用惩戒力度。中央深改组第二十五次全体会议通过的《关于加快推进失信被执行人信用监督、警示和惩戒机制建设的意见》指出，加快推进对失信被执行人信用监督、警示和惩戒建设，有利于促使被执行人自觉履行生效法律文书决定的义务，提升司法公信力，推进社会诚信体系建设。要建立健全跨部门协同监管和联合惩戒机制，明确限制项目内容，加强信息公开与共享，提高执行查控能力建设，完善失信被执行人名单制度，完善党政机关支持人民法院执行工作制度，构建"一处失信、处处受限"的信用惩戒大格局，让失信者寸步难行。另一方面，积极探索审判权和执行权分离改革。党的十八届四中全会决定提出：完善司法体制，推动实行审判权和执行权相分离的体制改革试点。

5. 推进检察机关提起公益诉讼制度改革。

《中华人民共和国民事诉讼法》第 55 条第 2 款：人民检察院在履行职责中发现破坏生态环境和资源保护、食品、药品安全领域侵害众多消费者合法权益等损害社会公共利益的行为，在没有前款规定的机关和组织或者前款规定的机关和组织不提起诉讼的情况下，可以向人民法院提起诉讼。前款规定的机关或者组织提起诉讼的，人民检察院可以支持起诉。

《中华人民共和国行政诉讼法》第 25 条第 4 款：人民检察院在履行职责中发现生态环境和资源保护、食品、药品安全、国有财产保护、国有土地使用权出让等领域负有监督管理职责的行政机关违法行使职权或者不作为，致使国家利益或者社会公共利益受到侵害的，应当向行政机关提出检察建议，督促其依法履行职责。行政机关不依法履行职责的，人民检察院依法向人民法院提起诉。

党的十八届四中全会提出探索建立检察机关提起公益诉讼制度，目的是充分发挥检察机关法律监督职能作用，促进依法行政、严格执法，维护宪法法律权威，维护社会公平正义，维护国家和社会公共利益。要牢牢抓住公益这个核心，重点是对生态环境和资源保护、国有资产保护、国有土地使用权出让、食品、药品安全等领域造成国家和社会公共利益受到侵害的案件提起民事或行政公益诉讼，更好维护国家利益和人民利益。

6. 互联网不是法外之地。

2017 年 6 月 26 日，中央深改组第三十六次会议通过的《关于设立杭州互联网法院的方案》指出，设立杭州互联网法院，是司法主动适应互联网发展大趋势的一项重大制度创新。要按照依法有序、积极稳妥、遵循司法规律、满足群众需求的要求，探索涉网案件诉讼规则，完善审理机制，提升审判效能，为维护网络安全、化解涉网纠纷、促进互联网和经济社会深度融合等提供司法保障。

三、真题演练与解析

【2008 年真题】

【案例一】2005 年 9 月 15 日，B 市的家庭主妇张某在家中利用计算机 ADSL 拨号上网，以 E 话通的方式，使用视频与多人共同进行"裸聊"被公安机关查获。对于本案，B 市 S 区检察院以聚众淫乱罪向 S 区法院提起公诉，后又撤回起诉。

【案例二】从 2006 年 11 月到 2007 年 5 月，Z 省 L 县的无业女子方某在网上从事有偿"裸聊"，"裸聊"对象遍及全国 22 个省、自治区、直辖市，在电脑上查获的聊天记录就有 300 多人，网上银行汇款记录 1000 余次，获利 24 万元。对于本案，Z 省 L 县检察院以传播淫秽物品牟利罪起诉，L 县法院以传播淫秽物品牟利罪判处方某有期徒刑 6 个月，缓刑 1 年，并处罚金 5000 元。

关于上述两个网上"裸聊"案，在司法机关处理过程中，对于张某和方某的行为如何定罪存在以下三种意见：第一种意见认为应定传播淫秽物品罪（张某）或者传播淫秽物品牟利罪（方某）；第二种意见认为应定聚众淫乱罪；第三种意见认为"裸聊"不构成犯罪。

以上述两个网上"裸聊"案为例，从法理学的角度阐述法律对个人自由干预的正当性及其限度。

【解题思路】

问题一要求从法理学的角度，于是问题转化为"法律和自由的关系问题"，即法律对个人自由干预的正当性及其限度的原理的具体运用。

【写作模板】

第一部分（100 字）**【定事实，站立场】**

对原材料进行归纳，描述材料中行为人的具体行为和公安机关和检察机关的处理，从两者法律关系中认定案例中的行为人的行为是否是法律限制下的自由，提出自由和法律之间的冲突和协调的问题。

第二部分（500 字）**【析概念，说理由】**

用自由作为法律的价值目标和"法律下的自由才是真正的自由"的观点来分析材料中的各个行为人的行为来说明自己的观点（后面分成理由一、理由二和理由三）。

第三部分（80 字）**【再强调，做评论】**

结尾重复考生支持的观点，提出立法等方面具体的建议或者展望未来。

【参考例文】

【定事实】材料中，家庭主妇张某使用视频与多人共同进行"裸聊"被公安机关查获。但最后检察院却又撤回起诉。而 Z 省 L 县的无业女子方某在网上从事有偿"裸聊"，检察院以传播淫秽物品牟利罪起诉，L 县法院以传播淫秽物品牟利罪判处方某有期徒刑 6 个月，缓刑 1 年，并处罚金 5000 元。

【站立场】以上的处理结果说明自由的行使是有边界的，并不是随心所欲的，法律保护的自由必须在法律的限制下才能真正实现。

【析概念】法的价值上所说的自由，是指法以确认、保障人的这种行为，从而使主体和客体间能够达到一种和谐的状态。

【说理由一】个人自由的价值是不可否认的。就法的本质来说，它以自由为最高的价值目标。诚如马克思所言：法典就是人民自由的圣经，法律是用来保卫、维护人民自由的；如果法律不恰当地限制了自由，就是对人性的一种践踏。因此，对自由的法律限制是有严格的条件的，"法不禁止即自由"。结合材料，家庭主妇张某的行为是一个自由处分自己身体的行为，是个人隐私的自愿公开和裸露。因此，她的自由是受法律保护的。

【说理由二】"人生而自由，但无不在枷锁之中"。自由从来都不是绝对的，自由并不意味着为所欲为，个人意志的实现要受到社会道德和法律的约束。从法的价值上来说，自由尽管是最高价值，但不是唯一的价值，除此之外，秩序、正义都是法的价值。一个良好的法律体系必然要在自由、正义、秩序之间谋求恰当的平衡，从而使自由受到秩序和正义的限制，这也就是法律干预自由的正当性。结合本材料，Z省L县的无业女子方某在网上从事有偿"裸聊"，"裸聊"对象遍及全国22个省、自治区、直辖市，获利2.4万元。这样的行为严重扰乱了公共秩序和公序良俗，是对自由的滥用和边界的突破，因此检察机关介入是符合法律的公正和秩序价值的。

【说理由三】个人的自由与法律限制的紧张关系始终存在，因为法律背后往往是社会道德和公共秩序的价值要求。一部自由的历史，就是自由不断地与秩序、正义碰撞、融合，随着法律所容许的道德限度而扩张或者收缩的历史。结合材料，当"裸聊"完全是一种个人化、私密化的行为时，法律从保障个人选择的角度出发，区分了私人的道德和公共的道德，认为"聊天"属于私人感情交流的一种手段，尚不构成对社会道德秩序的破坏，从而予以容忍和保障。当"聊天"由一对一发展到一对多的时候，情感交流已经被恶俗娱乐所取代，达到了滥用自由的边界，行为对社会道德秩序的侵犯已经达到相当严重的程度，此时就有了法律干预的必要。即使根据罪刑法定原则不构成犯罪，也理所当然地属于违法行为，因而应当被查处、取缔。

【再强调，做评论】综上所述，自由始终是法律最根本的追求，是评价法律最深刻的尺度。因此，法律对自由的限制不能超出合理的限制，尤其是不能以维护秩序和正义为借口肆意地限制个人自由。在用法律限制自由的时候，我们要时刻牢记这种限制的限度：一是坚持价值位阶，自由始终是最高的价值，除非万不得已，法律不得限制人们的自由；二是坚持比例原则，对自由的限制不得超过维护秩序和正义所必需的限度；三是坚持个案平衡的原则，有必要综合考虑行为人的权利、行为动机、社会影响等各种因素来评价行为人的行为。

"裸聊"是新形势下出现的新问题，涉及网络自由和社会秩序的平衡问题，需要尽早划出个人行为的边界，在维护社会道德的同时，保障行为人应有的自由。

【小评论】此万能模式的应用领域是刑法中任何案件，特别是某种行为违背一般的公序良俗原则，但是在法律中又没有明文的规定，如果确定其行为的边界，在具体案例中要求对个人自由和法律限制之间做一个权衡。

四、突破预测

第一题

【材料】2009年8月17日，秦淮公安分局在一家连锁酒店的房间里将5名参与"换妻"的网民抓获，随后又牵出17人。这些人中，年龄最小者为1983年出生，年龄最大的则是53岁的马××，顶着"大学教授"的头衔，又是"换妻"游戏的组织者，他被列为22名被告人之首。22人的被告阵容，创造了1997年修订《刑法》13年以来，以"聚众淫乱"罪名起诉的最高记录。2010年4月7日至8日，南京市秦淮区法院对马××等人"聚众淫乱"案进行了不公开审理。

在两天的庭审中，马××的辩护人与检方就"聚众淫乱"的罪与非罪展开了辩论。马××的辩护人对其进行了无罪辩护。马××也高调地对外宣称"自己无罪"。北京旗鉴律师事务所律师刘晓原认为，从起诉内容可知，马××的性活动都是在家中这种私人场所进行的，没有社会危害性，不应该用"聚众淫乱罪"论处。

法院最终判决马××成立"聚众淫乱罪"。2010年3月23日，中国著名社会学家、性学研究者李银河在博客上呼吁取消"聚众淫乱罪"，保护马××的性权利，让这场争论达到了高峰。她认为不能以一部分公民的生活方式为准，订立法律来惩罚另一部分公民的生活方式，不能用法律尤其是刑法来解决道德问题。

【答题要求】

1. 运用你所掌握的法学知识和相关的社会知识阐述你的观点和理由；

2. 说理充分，逻辑严密，语言流畅，表述准确；

3. 答题文体不限，字数不少于500字。

【相关法规】

《刑法》第301条规定：聚众进行淫乱活动的，对首要分子或者多次参加的，处5年以下有期徒刑、拘役或者管制。

【参考例文】

【定事实】材料中，南京某高校副教授马××自2007年开始，2年多的时间内多次参与"换妻"，实施多人性行为，后被公安机关查获。近日，南京市秦淮区检察院对包括他在内的22名参与者，以聚众淫乱罪提起公诉。2010年4月7日至8日，江苏省南京市秦淮区法院依法不公开审理该案。

【站立场】以上的法律事件的产生说明一个人的行为有选择的自由，但是必须在法律的制约下进行选择，而不是随心所欲的。法律保护的自由必须在法律的限制下才能真正实现。

【析概念】"换妻"行为是指不同夫妻相互间交换妻子发生性关系。而法的价值上所说的"自由"，是指法以确认、保障人的这种行为，从而使主体和客体间能够达到一种和谐的状态。

【说理由一】诚然，个人自由的价值是不可否认的。就法的本质来说，它以自由为最高的价值目标。诚如马克思所言："法典就是人民自由的圣经"，法律是用来保卫、维护人民自由的；如果法律不恰当地限制了自由，就是对人性的一种践踏。因此，对自由的法律限制是有严格的条件的，"法不禁止即自由"。

【说理由二】但同时我们应强调，"人生而自由，但无不在枷锁之中"。自由从来都不是绝对的，自由并不意味着为所欲为，个人意志的实现要受到社会道德和法律的约束。从法的价值来说，自由尽管是最高价值，但不是唯一的价值，除此之外，秩序、正义都是法的价值。一个良好的法律体系必然要在自由、正义、秩序之间谋求恰当的平衡，从而使自由受到秩序和正义的限制，这也就是法律干预自由的正当性。结合本材料，"换妻"其实在一定程度上侵犯了社会公共秩序和性的社会风尚，侵蚀婚姻制度，危害家庭稳定。它交换的是女性的性权利和人格的尊严，损害的是女性的身体，它打破了赖以维持夫妻之间感情联系的纽带——性关系的界限，是对现有婚姻道德和家庭模式的公然挑战，因此，法律具有对"换妻"行为进行干涉的合理性。

【说理由三】个人自由与法律限制的紧张关系始终存在，因为法律背后往往是社会道德和公共秩序的价值要求。一部自由的历史，就是自由不断地与秩序、正义碰撞、融合，随着法律所容许的道德限度而扩张或者收缩的历史。结合材料，"换妻"出现大规模的扩张，并且危害了社会秩序和婚姻制度，必须对其自由加以严格限制，以防止以性自由为手段，从而达到非法的目的。此时就有了法律干预的必要。即使根据罪刑法定原则不构成犯罪，也理所当然地属于违法行为，因而应当被查处、取缔。

【再强调，做评论】综上所述，自由始终是法律最根本的追求，是评价法律最深刻的尺度。但自由并非"随心所欲"，法律保护的自由必须在法律的限制下才能真正实现。在用法律限制自由的时候，我们要时刻牢记这种限制的限度：一是坚持价值位阶，自由始终是最高的价值，除非万不得已，法律不得限制人们的自由；二是坚持比例原则，对自由的限制不得超过维护秩序和正义所必需的限度；三是坚持个案平衡的原则，有必要综合考虑行为人的权利、行为动机、社会影响等各种因素来评价行为人的行为。

【点睛语】此万能模式的应用领域是案例中的行为处于"罪与非罪"之间。要求考生一方面认识到个人自由的重要性，另一方面也要认识到自由有滥用的可能性，因此必须由法律作出边界性规定。

第二题

【材料】2012年12月14日，广东省卫生监视所近日向媒体揭露了去年年底发生的"富商生八胞胎"事情初步调查和处理结果，认定富商夫妇借试管婴儿和代孕母亲代孕生下八个胎儿，此事让代孕母亲这个敏感事件浮出水面。对于代孕，我国目前尚无系统的法律规制，仅卫生部2001年颁布的《人类辅助生殖技术管理办法》第3条规定："医疗机构和医务人员不得实施任何形式的代孕技术"。因此，在我国，失去法律规制的代孕市场混乱无序。代孕的方式五花八门。在诸多案例中，不育的妻子不仅要和孕母争夺孩子，往往还得争夺丈夫，引发的纠纷更严重。而代孕一旦发生纠纷，由于于法无据，法官难以处理；一些案件依据现行法处理又显失公正。

专家认为，"把他人当作实现目的之手段，不论结果如何，都应受到道德谴责"。子宫出租论、工具论、奴役说等都支持了上述观点。但是，也有专家表示反对，"我们不会描述一个头脑快捷、能干的董事的工作仅仅是出租他的头脑；或快速的打字员的工作本质是仅仅出租了她的手指；甚至模特儿是出租了她们美丽动人的身体为衣架"。

【答题要求】

1. 运用你所掌握的法学知识和相关的社会知识阐述你的观点和理由；

2. 说理充分，逻辑严密，语言流畅，表述准确；

3. 答题文体不限，字数不少于500字。

【答题思路】

本题考查的是社会上争议很大的代孕问题，体现了对社会热点的关注，以及对考生法律功底的考查。代孕问题涉及法律、道德、人情、技术操作等各方面问题，这也是为何相关法律迟迟不能出台的重要原因。对立法而言，加以禁止是最方便、最简单的，但并不能从根本上解决问题。不考虑个体的利益和要求，简单地加以禁止，其结果只会是各种规避法律的现象不断出现，立法的目的将无法实现，法律的权威势必受到动摇。鉴于代孕问题的复杂性，建议考生不要面面俱到，而就一个问题，如代孕的合法性发表观点、言之成理、富有逻辑即可。

参考例文

代孕现象越来越多，讨论也从未停止，对于代孕是否合法，各方看法分歧甚大。

陈璐琼讲理论法学

2018年国家统一法律职业资格考试专题讲座系列

我们认为，代孕应当有条件地予以合法化。理由在于：

第一，我国法律对于代孕没有明文禁止。就私权而言，"法无明文禁止即许可"，相关主体应有进行代孕的基本权利。今天代孕所遭遇的否定评价和当年人们反对人工授精、试管婴儿技术使用的理由许多是相同的，但是法律并没有因此禁止其他辅助生殖技术的应用，实践证明反对者当初的担忧也是多余的。现在禁止代孕，是对不育夫妇的一种不公正。严格控制的代孕可以实现一部分欠缺生育能力主体的生育权，对公共利益的损害也可以控制在较小的范围内，法律对此禁止欠缺应有的说服力。

第二，身体权属于人格权范畴，是指自然人维护其身体组织完整并支配其身体或身体组成部分的人格权。身体权是绝对权，权利人有权对客体直接进行支配并排除他人干涉，禁止他人妨碍其人格利益的实现。进行代孕是行使自己身体权的表现。

第三，代孕是不孕妇女对自己生育权的保障方式。生育权的核心在于生育自由，主要包括生育的自由和不生育的自由。对于采用各种手段而不能够怀孕的妇女，若禁止代孕，则其生育权将无法实现，也不利于家庭关系的和谐。

第四，代孕并不违反公序良俗，反而是公序良俗的一种新体现。对于不能生育的夫妻而言，代孕刚好符合了他们延续血脉的渴望。对于代孕者而言，其接受代孕是建立在其独立自愿意思表示基础上的。求孕夫妻与代孕者也是建立在协商一致的基础上。代孕技术的实施，虽有可能打破传统的伦理道德观念，但其毕竟为一种科学技术服务于人类繁衍的福祉之所在。代孕的成功实施对于维护家庭和睦、社会稳定方面也会起到实际的促进作用。

总之，代孕现象的存在是社会需求的产物，对于这种需求，我们应当有条件地予以合法化，而非一味禁止和压制，这样只能促使不规范的地下代孕中介更为发达，以及各种社会矛盾（包括家庭矛盾和代孕主体之间矛盾）的增多，不利于社会的和谐和相关主体正当权利的保护。

附：论述题不得不背诵的 73 个法律格言

1.在民主的国家里，法律就是国王；在专制的国家里，国王就是法律。

2.自然公平的第一个原则是：必须给予诉讼当事人各方充分的机会来陈述本方的理由。这意味着必须将诉讼程序告知他们，并及时通知其任何可能受到的指控，以便于他们行使权利。

3.服从法律：无论是我或任何人都不能摆脱法律的光荣的束缚。

4.法律不保护权利上的睡眠者。

5.为了不使刑罚成为某人或某些人对其他公民施加的暴行，从本质上说，刑罚应该是公开的、及时的、必需的、在既定条件下尽量轻微的、同犯罪相对称的并由法律规定的。

6.法官是法律世界的国王，除了法律就没有别的上司。

7.无保障的权利不是权利。

8.正义不仅应当得到实现，而且应以人们能够看得见的方式加以实现。

9.行政权力退缩的空间有多大，民事权利伸展的空间就有多大。

10.良法得到普遍遵从乃法治。

11.法无明文规定不为罪，法无明文规定不处罚。

12.有一百条法律，却有一百零一个问题。

13.法律必有漏洞。

14.类似事项应予类似判决。

15.认真地对待权利。

16.程序是法治和恣意而治的分水岭。

17.法是关于人世和神世的学问，关于正义与不正义的科学。

18.法律是一切人类聪明智慧的结晶，包括一切社会思想和道德。

19.世界上唯有两样东西能让我们的内心受到深深的震撼，一是我们头顶上灿烂的星空，一是我们内心崇高的道德法则。

20.法律需要被信仰，否则它形同虚设。没有任何行为比起法官的徇私枉法对一个社会更为有害的了。司法的腐败，即使是局部腐败，也是对正义的源头活水的玷污。司法独立是司法公正的大前提。每一个人都不可以成为自己事务的法官。在由意志而不是由法律行使统治的地方没有正义可言。

21.法律不能使人人平等，但是在法律面前人人是平等的。

22.法官乃会说话的法律，法律乃沉默的法官。

23.法律绝非一成不变的，相反地，正如天空和海面因风浪而起变化一样，法律也因情况和时运而变化。

24.法不阿贵，绳不绕曲。

25.谁握有国家的立法权或最高权力，谁就应该以既定的、向全国人民公布周知的、经常有效的法律，而不是以临时的命令来实行统治；应该由公正无私的法官根据这些法律来裁判纠纷。

26. 刑罚可以防止一般邪恶的许多后果，但是刑罚不能铲除邪恶本身。

27. 只要法律不再有力量，一切合法的东西也都不会再有力量。

28. 公正不是德性的一个部分，而是整个德性；相反，不公正也不是邪恶的一个部分，而是整个邪恶。

29. 法律是显露的道德，道德是隐藏的法律。

30. 一切违背人的自然感情的法律的命运，就同一座直接横断河流的堤坝一样，或者被立即冲垮和淹没，或者被自己造成的漩涡所侵蚀，并逐渐地溃灭。

31. 好的法律应该提供的不只是程序正义，它应该既强有力又公平，应该有助于界定公众利益并致力于达到实体正义。

32. 人与人是不相同的，人们不能将法律面前人人平等理解成平等就是一视同仁、人人相等。

33. 你所说的话不一定正确，但我誓死捍卫你说话的权利。

34. 法律应在任何方面受到尊重而保持无上的权威，执法人员和公民团体只应在法律（通则）所不及的"个别"事例上有所抉择，两者都不该侵犯法律。（法律的权威）

35. 法律之内，应有天理人情在。（法律与人情）

36. 理解法律，特别是要理解法律的缺陷。（法律缺陷）

37. 一切法律的总目标一般是或应该是全面增进社会幸福。（法律诉求）

38. 陛下虽在万人之上，却在上帝和法律之下。（法律至上）

39. 只有在人民中活着的法才是唯一合理的法。（灵动的法律）

40. 法律是使人服从规则治理的事业。（法律）

41. 法律的生命从来不是逻辑，而是经验。（法律的经验性）

42. 法律应该是稳定的，但不能停止不前。（法律是稳定性与灵活性的统一）

43. 以公正的逻辑代替武力的逻辑是法律本质的全部所在。（法律本质）

44. 法律是社会习俗和思想的结晶。（法律精髓的源泉）

45. 法者，定分止争也。（法的作用）

46. 神让一切人自由，自然并没有使任何人成为奴隶。（自由）

47. 自由就是做法律许可范围内的事情的权利。（自由）

48. 在民法慈母般的眼神中，每个人就是整个国家。（个体自由）

49. 个人的自由以不侵犯他人的自由为自由。（自由的界限）

50. 人类之所以有理有权，可以个别地或者集体地对其中任何分子的行动自由进行干涉，唯一的目的只是自我防卫。这就是说，对于文明群体中的任一成员，之所以能够施用一种权力以反其意志而不失为正当，唯一的目的只是要防止对他人的危害。（有限的自由）

51. 自由预设了个人具有某种确获保障的私域，亦预设了他的生活环境中存有一组情境是他人所不能干涉的。（自由）

52. 每个人理所当然地应当成为自己的主人，这是他们天生的权利。（自由）

53. 国家没有了正义，就会成为巨大的匪帮。（国家与正义）

54. 实现正义，哪怕天塌下来。（正义的价值）

55. 良好的秩序是一切的基础。（秩序的价值）

56.法律的目的不是废除或限制自由，而是保护和扩大自由。哪里没有法律，哪里就没有自由。（法律与自由）

57.唯有服从人们自己为自己所规定的法律，才是自由。（自由与法律）

58.自由是做法律所许可的一切事情的权利；如果一个公民能够做法律禁止的事情，他就不再有自由了，因为其他的人也同样会有这个权利。（自由与法律）

59.正义只有一个，它约束整个人类社会，并且是建立在一个应用于支配和禁止的正当的理性的法的基础之上的。所以无论人们是否了解那个法，无论何地曾用书面形式记载与否，它都是正义的。（正义与法律）

60.法律应当与正义保持一致。（法律与正义）

61.公正是一种完善的理性，它解释并修正着成文法；任何法典均无法写尽它的含义，而它只与理性相伴随。（公正与法律）

62.法律就是秩序，有好的法律才有好的秩序。（法律与秩序）

63.法律应当与道德保持一致。（法律与道德）

64.德治不是万能的，法治也不是万能的。两者相得益彰，刚柔相济。然德治在时间上总是先于法治的，所以，法治的源头在德治。（法治与德治）

65.从现实出发，对每一个谋求法治的国家或民族来说，都是具体的。它要求我们立足自己本国的政治、法制、历史、传统、观念等客观现实，而不是好高骛远，不切实际。这种从现实出发的法治建设，不是指要抱残守缺，而是指要革故鼎新；不是指要讳疾忌医，而是指要对症下药。既要临渊羡鱼，更要退而结网，把法治建设落在实处，使法治是在发展，而不是在虚涨或停滞。（建立法治国家要立足于现实）

66.美国人赋予法学家的权威和任其对政府施加的影响，是美国今天防止民主偏离正轨的最坚强壁垒。（维护民主的方法）

67.民主政治的本质，在于多数人对政府的统治是绝对的，因为在民主制度下，谁也对抗不了多数。（民主政治的本质）

68.民主也是一种生活方式，需要全社会进行政治文化的改造和培育。教育首当其冲，在教师就每个问题上都提供唯一的标准答案，课堂上死气沉沉、一言堂，不能容忍不同意见的教育制度下，不可能产生具有自觉民主意识的现代公民。（民主与教育）

69.在法律帝国里，法院是帝国的首都，而法官则是帝国的王侯。法院和法官对于法治的实现至关重要，他们是正义的守护者。（法院、法官与正义）

70.法律就是法官要做什么的预言。（法官受制于法律）

71.为权利而斗争是权利人对自己的义务。（为权力而斗争）

72.言论自由是一切权利之母。（言论自由与权利）

73.没有救济就没有权利。